国家社科基金项目研究成果

外国短期高等教育史

History of Foreign Short-Cycle Higher Education

朱文富 何振海 等 著

人民出版社

责任编辑:李椒元
装帧设计:肖　辉　胡欣欣
责任校对:吕　飞

图书在版编目(CIP)数据

外国短期高等教育史/朱文富等 著. —北京:人民出版社,2019.12
ISBN 978－7－01－021234－0

Ⅰ.①外… Ⅱ.①朱… Ⅲ.①高等职业教育-教育史-研究-国外
　Ⅳ.①G719.1

中国版本图书馆 CIP 数据核字(2019)第 200021 号

外国短期高等教育史

WAIGUO DUANQI GAODENG JIAOYU SHI

朱文富 何振海 等　著

人民出版社 出版发行
(100706　北京市东城区隆福寺街 99 号)

河北文盛印刷有限公司印刷　新华书店经销

2019 年 12 月第 1 版　2019 年 12 月北京第 1 次印刷
开本:710 毫米×1000 毫米 1/16　印张:30.5
字数:460 千字　印数:0,001－3,000 册

ISBN 978－7－01－021234－0　定价:65.00 元

邮购地址 100706　北京市东城区隆福寺街 99 号
人民东方图书销售中心　电话 (010)65250042　65289539

目　录

前　　言

呈现在读者面前的这部著作,是国家社科基金教育学一般项目"外国短期高等教育史研究"(BOA130114)的最终研究成果。

我们之所以选择这个专题进行研究,主要是出于以下几点考虑。

第一,20世纪60年代以来,发达国家短期高等教育的发展十分迅速,不仅在各国高等教育结构体系中占据了日益重要的位置,在各国经济社会发展中也起到了不可替代的作用。

短期高等教育属于中等后教育范畴,学制一般为2—3年,主要以培养中高级职业技术人才为目标。按照经济合作与发展组织(OECD)在1973年给出的定义,短期高等教育是指具有强烈职业因素、一般在高等教育的非大学领域实施的持续时间比较短的中学后教育。2011年联合国教科文组织发布的《国际教育标准分类法》,将短期高等教育列为全部9级教育中的第5级,处于高等教育的第一阶段;为了便于归类,还列举了短期高等教育的其他不同表述方式,如高等技术教育、社区学院教育、技师或高级职业培训、副学位阶段等。

短期高等教育的大规模发展虽然起步于20世纪60年代,但其历史可以追溯到19世纪末20世纪初起源于美国的"初级学院运动"。19世纪后期,美国工业快速发展,社会对劳动者素质提出了更高要求;与此同时,急剧扩充的中等教育对高等教育形成了入学冲击,但当时美国高等教育发展却相对缓慢,无法满足愈加旺盛的入学需求。在这种情况下,一些颇具影响力的高等教育界人士开始思考美国高等教育的未来走向问题,并尝试进行了探索性的改革。1892年,时任芝加哥大学校长哈珀(William R.Harper)在芝加哥大学率先开展了将大学 4 年划分为两个阶段的改革实践,他将大学一二年级称作"初级学院",三四年级称作"高级学院"。根据他的设计,学生在初级学院的学习既可以是终结性的,也可以是延续性的,这样不仅有利于减少学生的学习成本,扩大高等教育的受众范围,而且也有利于大学教育质量和学术水平的提高。更为重要的是,那些力所不及的众多小规模 4 年制学院也可趁机转型为初级学院,从而办得更好。在芝加哥大学的示范作用下,一大批初级学院经由不同方式陆续设立,到 1939 年,美国已有 575 所初级学院(其中公立 258 所、私立 317 所),在校生规模约 15 万人。作为美国初级学院的"精神之父",哈珀曾对初级学院的发展寄予厚望,他坚信这种新型的教育机构类型将成为美国高等教育的重要组成部分。事实的确如此,20 世纪上半期,初级学院这种新生事物逐渐为美国社会承认和接纳,并在二战之后快速发展和逐渐转型为更具知名度的"社区学院",成为美国对世界高等教育结构体系改革做出的最重要的贡献之一。诞生于 19 世纪末 20 世纪初的初级学院是世界范围内短期高等教育的最早实践。不过,当时除美国外,初级学院或类似的实施短期高等教育的机构在其他国家并未广泛出现。

二战之后,西方主要国家迎来了高等教育发展的黄金期,短期高等教育也随之以崭新的面貌大规模地出现在世界高等教育发展变革的舞台之上。二战之后短期高等教育的大规模发展有其深刻的历史背景。首先,由于大批复转军人要求接受高等教育,加之战后"婴儿潮"时期出生的儿童逐渐成长为适龄青年,西方国家陆续迎来了高等教育的入学浪潮。面对急剧攀升的入学压力,各国原有高等院校无论是数量上还是类型上都难以为继,高等教育结构改革势在必行。其次,二战之后,西方国家普遍进入了经济恢复和快速发展时期,且这一轮经济腾飞是伴随着新兴科技的广泛应用和新能源的大力开发而出现的,由此也带来了产业结构的大规模调整以及职业和就业结构的剧烈变革,经济发展对就业人口的受教育层次、知识结构和技能水平都提出了新的要求,特别是急需培养一大批中高级职业技术人才。那么,为社会输送大量新型人才的职能应该主要由哪类教育机构承担呢?显然,仅仅依靠原有的中等和高等教育机构是远远不够的,"中等教育略显不足,而大学教育又高高在上",各国由此产生了发展一种介于中等教育和传统 4 年制大学之间的新型教育机构的需求。受上述因素的共同驱动,西方主要国家普遍兴起了发展短期高等教育的热潮。在美国,原有的初级学院逐渐转型为更广为人知的社区学院;在日本,1950 年设立了短期大学,1962 年设立了高等专门学校,1976 年又设立了专门学校;在英国,多科技术学院在 1966 年被纳入高等教育范围;在法国,1965 年对短期技术大学进行了实验之后,也于 1966 年初确定倡办;在西德,1968 年出现了高等专业学院,到 20 世纪末转型为应用科技大学;此外,在加拿大、澳大利亚以及很多欧洲国家,区别于传统大学的短期高等教育机构也于 20 世纪后半期陆续建立起来。随着短期高等教育的大规模发展,其教育功能和社会价值日益凸显出来。首先,打破了各国由传统 4 年制大学独统高等教育的传统格局,推动了高等教育多元结构的形成,成为各国顺利实现高等教育大众化和普及化的生力军;其次,向社会输送了大批适应现代工业和科学技术发展需要的中高级职业技术人才,极大地推动了各国的经济社会发展;再次,极大地拓展了现代高等教育社会服务职能的覆盖领域和实现路径,通过发挥其立足社区、面向社区、服务社区的优势,有效促进了所在社区的综合发展。

短期高等教育所发挥的重要作用赢得了各国政府的高度重视和广大民众的普遍认可。为促进短期高等教育在新形势下的进一步发展和完善,20 世纪 90 年代以来发达国家又纷纷采取了一系列改革措施。综合而言,这些措施主要包括加强立法保障和多渠道筹措经费的力度,为短期高等教育的发展营造更好的外部环境;延长修业年限,促使其“高级化”发展,谋求培养更高水平的职业技术人才;设立与完善短期高等教育学位制度,在广泛授予副学士学位的基础上,在某些特殊专业领域甚至可以授予硕士、博士学位,这样既有效解决了短期高等教育毕业生难以进一步升学深造的“断头路”问题,又可使短期高等教育在保持自身特色的前提下实现与普通高等教育的互通互融;争取和扩大短期高等教育的办学自主权,促使其市场化、个性化发展;建立并实施第三方评价制度,确保短期高等教育人才培养质量的不断提高。这些措施的出台和落实,不仅有效促成了短期高等教育与传统 4 年制大学的优势互补和良性互动,为短期高等教育赢得了更大的发展空间,而且为短期高等教育在各国经济社会发展中发挥更大作用提供了强有力的保障。

鉴于短期高等教育在历史发展中的重要作用,系统梳理短期高等教育产生以来的发展脉络,深入分析短期高等教育与各国经济社会发展之间的互动关系,全面考察短期高等教育发展的基本规律,不仅是可行的而且是必要的。

第二,我国高等职业教育的改革和完善需要借鉴发达国家短期高等教育发展的经验和教训。

从办学旨趣上讲,我国的高等职业教育相当于发达国家的短期高等教育。与发达国家相比,我国高等职业教育在历史进程和现实水平方面都存在较大差距,大力推进高等职业教育的发展是需要我国重点坚持的基本教育战略之一。就历史进程而言,我国高等职业教育起步晚、起点低。1985 年《中共中央关于教育体制改革的决定》曾明确指出我国高等职业教育仍处于十分落后的状态,要求采取一切有效措施实现高等职业教育的大发展。此后,我国高等职业教育的发展速度虽有加快,但总体上仍然属于整个教育事业的薄弱环节,仍不能很好地适应经济社会发展的需要。为此,2005 年《国务院关于大力发展职业教育的决定》强调,要从国家现代化建设的大局出发,"增强紧迫感和使命感,采取强有力措施,大力推进职业教育快速健康发展"。2010 年《国家中长期教育改革和发展规划纲要(2010—2020 年)》进一步提出了职业教育发展的基本目标,即"到 2020 年,形成适应经济发展方式转变和产业结构调整要求、体现终身教育理念、中等和高等职业教育协调发展的现代职业教育体系"。2013 年党的十八届三中全会通过的《中共中央关于全面深化改革若干重大问题的决定》明确提出了"加快现代职业教育体系建设,深化产教融合、校企合作,培养高素质劳动者和技能型人才"的要求。2014 年《国务院关于加快发展现代职业教育的决定》则进一步明确了"形成适应发展需求、产教深度融合、中职高职衔接、职业教育与普通教育相互沟通,体现终身教育理念,具有中国特色、世界水平的现代职业教育体系"的目标任务。党和政府及社会各界对职业教育的高度重视极大地加快了我国高等职业教育的发展步伐。根据教育部 2017 年发布的统计数据,至 2016 年,作为我国高等职业教育主要实施机构的高职高专院校已有 1359 所、在校生数 1083 万人,占我国高等院校总数和在校生总数的比例分别达到了 52.3% 和 40.2%。应该说,从办学规模的角度,这一成就的取得是令人欣喜的。然而,在另一方面,就办学水平和质量而言,我国高等职业教育仍然存在着严重不足。例如,高职院校毕业生难以进一步升学深造的"断头路"问题,高等职业教育与普通高等教育不能有效地互通互融问题,高等职业教育办学模式被诟病为"缩小的本科版"的问题,高等职业教育对考生仍然缺少吸引力的问题等等,尚未得到有效解决。很显然,如何在已经取得规模发展成就的基础上,进一步建成具有中国特色的能够充分满足经济社会发展需要的优质高效的高等职业教育,仍然是摆在我们面前的严峻课题。为了解决这一课题,必须发愤图强,锐意进取,结合我国国情,探索自己的道路;同时,也有必要开阔视野,放眼世界,从历史的角度,全面总结其他国家特别是发达国家发展短期高等教育的经验和教训,为我国提供参考和借鉴。

第三,深化外国教育史研究和加强学科建设的需要。

近年来,国内众多学者在外国短期高等教育史研究方面开展了卓有成效的工作,出版和发表了大量高水平的研究成果。这些成果既包括针对某一国家短期高等教育发展状况的研究,也包括针对外国短期高等教育发展的某些突出问题的研究,为外国短期高等教育史研究领域的拓展和整体研究水平的提升奠定了扎实的基础。但另一方面,迄今为止,我国尚未出现一部有关外国短期高等教育史的全面系统的专题史著作,这不能不说是一个遗憾。因此,无论是从我国高等职业教育改革与发展的客观需要来看,还是就外国短期高等教育史研究发展的内在需要而言,撰写一部全面系统反映外国短期高等教育发展历程的专题史著作,都是急需的和必要的。

作为一部专题史著作,本书旨在全面系统地呈现外国短期高等教育发展的历史脉络,并通过作者的分析,使读者充分认识到发展短期高等教育的重要意义,进而把握短期高等教育发展的一般规律。为达成这一目的,作者在研究和撰写过程中着力突出了以下几个方面的特色。

第一,在回顾短期高等教育的起源即19世纪末20世纪初的"美国初级学院运动"的基础上,重点叙述20世纪60年代以后外国短期高等教育大规模发展的历史状况。为保持叙述的连续性和便于进行各国间的比较,采取各国分别叙述的形式,范围涉及美国、日本、英国、法国、德国、加拿大和澳大利亚等发达国家的短期高等教育。

第二,既重视短期高等教育政策、制度、教学内容与教学方法等短期高等教育内部要素的研究,又重视政治、经济、科技、文化传统等影响短期高等教育发展的外部要素的研究,并在此基础上对各种相关要素的互动关系进行深入剖析。

第三,重视探讨短期高等教育内涵的演进,以及短期高等教育与中等教育和大学之间的关系的变化。

第四,在深厚的历史研究和丰富的史料把握的基础上,对外国短期高等教育发展的历史经验进行提炼和总结,对外国短期高等教育发展的现状和趋势进行思考和分析,并在此基础上,对如何改革和完善我国高等职业教育提出意见和建议。

本书是集十余位作者之力完成的,具体执笔情况如下:

前　言:朱文富、何振海;

第一章:周保利;

第二章:朱文富;

第三章:屈书杰;

第四章:高迎爽;

第五章:刘向荣;

第六章:张　宛;

第七章:杜海燕、崔爱林、侯建国;

结语:朱文富、何振海、田山俊、刘奉越。

全书由朱文富、何振海统稿。

本书的研究和撰写得到了全国教育科学规划办和学界专家的鼎力支持,在出版过程中人民出版社领导和李椒元老师付出了诸多辛劳,我们对此深表谢意!同时,本书是在大量吸收、借鉴业界学人研究成果的基础上完成的,在此一并致谢!

最后,我们由衷地希望本书能为我国高等职业教育的改革和发展尽绵薄之力,也希望能有更多的人关心和支持我国高等职业教育事业的发展。由于作者水平所限,书中可能还有纰漏和错误之处,尚祈专家和读者不吝指正。

著者

2019 年 9 月

第一章　美国短期高等教育史

20 世纪 40 年代以前,美国 2 年制高等学校一般被称为"初级学院"(Junior College)。第二次世界大战后,初级学院多指由教会、个人创办的 2 年制学院,人们把综合性的、由公共资金维持的 2 年制学院称为"社区学院"(community college)。随着公立 2 年制院校规模的增长,从 20 世纪 70 年代起美国的私立和公立 2 年制学院逐渐统称为"社区学院"。尽管如此,仍有一些 2 年制学院保留了"城市学院"(City College)、"县学院"(County College)、"技术学院"等称谓。我们在此关注的美国短期高等教育机构,指的是具有认证资质、在文/理科具有副学士学位授予权的综合性或技术性 2 年制公立/私立学院,不包括公立的地区性职业学校、成人教育中心、由全国商业及技术学校协会(National Association of Trade and Technical Schools)而不是由区域性认证机构认证的营利性商业及技术学校。

第一节　19 世纪末至二战美国初级学院的产生与发展

19 世纪末和 20 世纪初,经济的发展对劳动力的教育水平提出了更高的要求,对美国高等教育的既有格局提出了挑战。一些教育界的精英回应社会的需求,借鉴德国发展短期高等教育的模式,建立了多种形式的初级学院。由于符合社区的需求,初级学院发展的速度非常迅猛。这一时期的初级学院主要承担转学教育的职能,对于美国高等教育体系的完善发挥了积极作用。社区学院是美国高等教育领域的创举,对于高等教育的发展具有里程碑式的意义。

一、初级学院产生的背景

诞生于 19 世纪末 20 世纪初的美国初级学院是社区学院的前身。初级学院的产生,有着深刻的历史背景。

第一,工农业生产的发展。1850 年到 1900 年期间,美国人口从 2300 万人增加到近 7600 万人。人口的增加,推动了工农业的高速发展。美国工业生产总值增长了 4 倍,由原来位属的第四位上升到第一位;农业耕地扩大了 2.9 倍,农产品也大致增加了 3 倍,从 16 亿美元上升为 47.7 亿美元;生产技术不断创新,获得专利证书的项目增长了近 10 倍。① 工业和农业的飞跃,推动了社会财富的积累。例如艾奥瓦州农场的货币价值在 1910 年至 1920 年间从 3300 万美元增长到 7600 万美元,10 年间就翻了一番还多。同期,得克萨斯州农场的价值从 1800 万美元增长到 3700 万美元,增长的幅度也同样巨大。工农业生产的飞速发展对劳动者的素质提出了更高的要求,在很多领域高中毕业生已无法满足需求,教育面临着如何培养具有更高知识和技术水平的人才的挑战。

第二,《莫雷尔法案》(Morrill Act)的颁布。美国国会于 1862 年颁布了旨在促进美国农业技术教育发展的《莫雷尔法案》。该法案规定,联邦政府依照各州参加国会的议员人数每人拨给 3 万英亩土地,各州利用这些土地所得的收益至少开办一所农工学院(又称"赠地学院")。赠地学院主要讲授有关农业和机械技艺方面的知识,为工农业的发展培养所需的专门人才。这些学院聚焦所在地的需要,课程极具地方特色,深受民众的欢迎。法案实施后,联邦政府共拨地 1743 万英亩用以赠地学院的建设。其中有 28 个州单独设置了农工学院,其余的州将土地拨给已有的州立学院成立州立大学或在州立大学内增设农工学院。截止到 1922 年,美国共建立了 69 所赠地学院,众多的农家子弟开始涌入大学校门。据统计,1882 年由联邦政府资助的赠地学院在校生仅为 2432 人,到 1885 年已增加到 2.5 万人,到 1916 年约为 13.5 万人,至 1926 年此类院校的学生则接近 40 万人。不过,赠地学院的数量毕竟有限,无法满足更多人接受高等教育的需求,建立收费更为低廉,就学更加方便的高等教育

---

① 滕大春:《美国教育史》,人民教育出版社 2001 年版,第 323—324 页。

机构逐渐成为社会各界的普遍共识。《莫雷尔法案》是19世纪联邦政府在高等教育领域做出的最重要的决策，为之后联邦政府援助初级学院提供了先例。

第三，德国大学模式的影响。19世纪前半期，德国教育家洪堡提出近代大学理念，创立了将教学和科研相结合的柏林大学。由于洪堡等德国大学的改革者反对在大学开设应用性科学技术课程，19世纪中后期他们在研究型大学以外又创立了工科大学和一些专门学院，满足工业化发展的需要。工科大学不仅开设技术课程，同样也设置和研究型大学一样的自然科学方面的内容。专门学院多与商业或其他经济部门有关，包括商业和经济学院、农业和林业学院以及兽医学院。除此之外，还有哲学、神学等专门学院。这些专门学院、工科大学以及研究性大学共同构成了19世纪德国高等教育制度。

美国教育界许多颇具影响力的人士曾赴德留学或去德国进行考察，他们受德国大学教育模式的影响，提倡将大学前2年的教育放到独立的学院。主要倡导者有密歇根大学校长亨利·P.塔潘（Henry P.Tappan）、明尼苏达大学校长威廉·沃茨·福韦尔（William Watts Folwell）、斯坦福大学校长戴维·斯塔尔·乔丹（David Starr Jordan）、加利福尼亚大学伯克利分校校长亚历克西斯·兰格（Alexis Lange）、芝加哥大学校长威廉·赖尼·哈珀（William Riney Harper）。兰格最早倡导在初级学院教授一些技术课程和提供终结性教育，对加利福尼亚州初级学院的发展产生了巨大影响。哈珀最早提出了"初级学院"概念。他14岁大学毕业，19岁在耶鲁大学取得闪族语博士学位，1892年在35岁时当选为芝加哥大学校长。在任芝加哥大学校长期间，哈珀进行了创建初级学院的实践探索，为美国高等教育事业做出了很大的贡献。

第四，高中教育的冲击。南北战争结束后美国基础教育蓬勃发展，在1860年以后的半个世纪内，美国中小学学生人数从570万增为1800万，到1890年美国公立中学总量已超1526所，在校生达到20万人，1900年中学增至6,005所，在校生到52万人。① 在公立中学迅速发展的大背景下，高中在校生人数和毕业生人数的增加更为引人注目。1889—1890学年至1939—

---

① ［美］吉尔伯特·C.菲特、吉姆·E.里斯：《美国经济史》，司徒淳、方秉铸译，辽宁人民出版社1981年版，第597页。

1940 学年的 50 年间,全美高中阶段在校生人数从 29.8 万人增加到 705.9 万人,增长了 22.69 倍。同期,高中在校生占 14 — 17 岁年龄段人口的比例从 5.6% 上升至 72.6%,增长了 11.96 倍。[1]

表 1-1　1889—1890 至 1939—1940 年间美国高中在校生人数统计表[2]

（单位:千）

	所有学校	公立学校	私立学校	14—17 岁人口数量	在校生占 14—17 岁人口的比例
1889—1890	298	203	95	5,355	5.6
1899—1900	630	519	111	6,152	10.2
1909—1910	1,032	915	117	7,220	14.3
1919—1920	2,414	2,200	214	7,736	31.2
1929—1930	4,741	4,399	341	9,341	50.7
1939—1940	7,059	6,601	458	9,720	72.6

　　1879—1880 学年至 1889—1890 学年,全美高中毕业生人数从 2.4 万人增加至 9.5 万人,20 年间增加了 2.96 倍。同期,高中毕业生占 17 岁及其以上人口的比例从 2.5% 增加至 6.4%,增加的幅度为 1.56 倍。[3] 1879—1880 学年至 1939—1940 学年美国高中毕业生人数变动情况详见表 1-2。

表 1-2　1879—1880 至 1939—1940 年间美国高中毕业生人数统计表[4]

（单位:千）

	17 岁人口数量	毕业生总数	学生性别		学校类型		占 17 岁人口比例
			男生	女生	公立	私立	
1879—1880	946	24	11	13	—	—	2.5
1889—1890	1,259	44	19	25	22	22	3.5
1899—1900	1,489	95	38	57	62	33	6.4

①　National Center for Education Statistics.*Digest of Education Statistics*.Washington DC,1990:66.
②　National Center for Education Statistics.*Digest of Education Statistics*.Washington DC,1990:66.
③　National Center for Education Statistics.*Digest of Education Statistics*.Washington DC,1990:66.
④　National Center for Education Statistics.*Digest of Education Statistics*.Washington DC,1990:108.

续表

	17 岁人口数量	毕业生总数	学生性别		学校类型		占 17 岁人口比例
			男生	女生	公立	私立	
1909—1910	1,786	156	64	93	111	45	8.8
1919—1920	1,855	311	124	188	231	80	16.8
1929—1930	2,296	667	300	367	592	75	29.0
1939—1940	2,034	1,221	579	643	1,143	78	50.8

19 世纪后半期中等教育的大发展,尤其是高中毕业生的大幅增加,对以 4 年制为主体的美国高等教育形成了不小的压力。

第五,高等教育发展相对迟缓。19 世纪后期,为了适应社会的需求,满足工业化发展的需要,美国在 9 所殖民地时期学院的基础上建立了一些小型学院,入学人数也有了一定程度的增加。不过,随着经济的快速发展,尤其是高中毕业生人数的激增,美国高等教育中存在的院校布局不合理、类型单一、招生规模较小等问题逐步显现,受到社会上广泛的关注。1889—1900 学年至 1943—1944 学年美国寄宿制本科生在校生人数变动情况详见表 1-3。

表 1-3　1889—1900 学年至 1943—1944 学年美国寄宿制本科生在校生人数统计表①

	18—21 岁人口	本科生在校生	本科生占 18—21 岁人口的比例
1889—1890	5,160,000	154,374	2.99
1899—1900	5,931,000	231,761	3.91
1909—1910	6,934,000	346,060	4.99
1919—1920	7,386,000	582,268	7.88
1929—1930	8,862,000	1,053,482	11.89
1939—1940	9,582,000	1,388,455	14.59
1941—1942	9,703,000	1,318,547	13.59
1943—1944	9,706,000	1,096,041	11.29

---

① Grant W. Vance, Lind C. George. *Digest of Education Statistics Edition*. Washington DC, National Center for Education Statistics, 1975: 80.

1889—1890 至 1909—1910 学年间,美国寄宿制本科在校生由 153374 人增加到 231761 人,增长的幅度为 51.1%。在校生占适龄人口的比例从 3.91% 提升至 4.99%,20 年间仅增加了 1.08%。同样是在这个时期,高中毕业生人数由 4.4 万人增加到 9.5 万人,增长的幅度为 116%。毕业生人数占适龄人口的比例从 3.5% 提升至 6.4%,20 年间增加了 2.9%。由此可见,在世纪之交的美国高等教育本科在校生人数及在校生占适龄人口的比例都显著低于高中教育。

19 世纪末 20 世纪初,美国高等教育固然存在着发展速度相对落后于高中教育的情况;但对初级学院来说,这一时期美国高等教育中的问题还不仅如此。实际上,1900 年美国已有大约 1000 所高等院校,在校生人数仅有 238,000 人,仍有足够的能力录取希望继续学业的高中毕业生。即使到 1930 年高校在校生人数再增加两倍,增长的速度赶上高中毕业生增长的速度,全美高校的平均在校生人数才仅仅 750 人。① 由此可见,当时美国的高等教育面临着调整布局、扩大入学机会的巨大压力。所有这些,都直接刺激了高等教育规模的发展,尤其是收费低廉的 2 年制初级学院的发展。

二、初级学院的诞生和发展

(一)初级学院的定义

2 年制学院从开始创立到 20 世纪 40 年代,通常被称为初级学院。拉玛尔·约翰逊(Lamar Johnson)指出,初级学院是为任何想接受高等教育的人提供灵活的高中后课程的学院机构。埃利斯(Elles)认为初级学院包括下列几种类型:提供低年级课程的大学分校;由州政府的经费支持,受到州委员会控制的初级学院;由中学学区组织的区域性初级学院;没有法律授权的地方社区学院。在 1922 年的美国初级学院协会(AAJC)第二次会议上,初级学院被定义为提供 2 年制的、真正学院水平的教学的机构。1925 年初级学院协会认为,初级学院更应是面向其所处的整个社区,开发一种与众不同的课程,适应

---

① Pedersen,Robert Patrick. *The Origins and Development of the Early Public Junior College*: *1900-1940*.Columbia University. 2000:174.

更广泛的、不断变化的公民、社会、宗教以及职业的需求。在这个意义上，人们一般认为初级学院提供的课程应该适合高中毕业生。

佩德森·罗伯特·帕特里克（Pedersen Robert Patrick）在《早期初级公立初级学院的起源和发展：1900—1940》中指出，初级学院与数量庞大但水平低下的高中后课程、师范课程、成人课程之间存在显著的区别。他认为，初级学院应符合四个标准：①

第一，开设的课程具备学院水准，至少包括传统大学第一年的全部课程，课程门类不少于4门。

第二，招收的学生仅限于高中毕业生。早期的初级学院入学资格审查比较严格，有些初级学院对学生的要求甚至高于认证机构或授权的大学设定的标准。乔利埃特初级学院不仅要求申请的学生取得15个高中学分，还规定学生高中学业成绩处于前三分之一的水平。加利福尼亚州要求申请初级学院的学生不仅要通过指定的学术类课程的考核，而且成绩至少要达到B，达不到这一标准的学生只能学习证书课程（Diploma Program）。证书类课程多为层次较低的职业课程，相应的课程学分在学生申请转学时不被大学所承认。

第三，获得大学、州教育厅或区域性协会的认证，学生所修的课程学分为传统意义上的学院或大学所接受。在已经获得密执安大学课程认证的基础上，1916年乔利埃特学校委员会向中北部协会申请认证资格。因此，有的学者主张这所初级学院成立的时间应该是1916年，而不是1901年、1902年或1913年。

第四，由选举产生的学校委员会管理和监督。

（二）初级学院的诞生

初级学院可追溯到1852年密歇根大学校长亨利·P.塔潘，他建议大学的一部分工作在高中完成。此后，"一些大学校长和院长认为高等教育的前2年与中等教育更接近，并希望将教师从他们所谓的中等教育责任中解放出来，使这些教师更能潜心致力于科研和研究生教育。还有一些人，例如在芝加哥

---

① Robert Patrick Pedersen. *The Origins and Development of the Early Public Junior College：1900-1940*.Columbia University，2000：102-107.

大学推行'2-2'学制的威廉·赖尼·哈珀校长,他认为这种安排不仅可以满足那些无力支付4年大学费用的学生的需要,而且还可以满足那些对科研没有兴趣或无法胜任学术工作学生的需要。1892年,在哈珀校长的领导下,芝加哥大学进行改组,大学一、二年级被命名为'学术学院'(academic college)。大学三、四年级为'大学学院'(university college)。四年后,这一称呼被改称为初级和高级学院(junior and senior college)。学生在完成初级学院学业后,被授予文科副学士学位"。① 哈珀在芝加哥大学创建的初级学院是美国的第一所初级学院。在哈珀看来,大学的使命是借助高深知识的传授培养学生的研究能力,普通教育和职业教育应该下放给初级学院。他甚至主张,一些办学水平平庸的4年制学院与其花费大量的金钱做表面文章,不如改制成初级学院。为宣传初级学院的主张,哈珀到全国各地进行演讲,受到密歇根大学、明尼苏达大学及加利福尼亚大学的欢迎。伊利诺伊大学校长埃德蒙·J.詹姆斯(Edmund J.James)、斯坦福大学校长戴维·斯塔尔·乔丹等人赞同哈珀的观点,主张借鉴欧洲大学及中学的经验,将基础工作放到中学去完成,大学阶段仅进行高深知识的传授。

哈珀在美国初级学院历史上占据重要的地位。正如有学者所言,"尽管今天的社区学院与哈珀设计的初级学院之间存在显著的不同,但哈珀仍然被许多人认为是初级学院运动的'精神之父'"。②

(三)初级学院的规模变化

初级学院在早期分布广泛,但大部分规模很小,有的学院学生人数甚至少于75人,从高中借两到三间教室上课。③ 1909年至1919年十年间,初级学院由10所发展到170所。到1922年,48个州中有37个州建有初级学院。在当时的207所初级学院中,137所是私立的。私立学院更多的分布在南方的州,公立初级学院则大多分布在西部和中部。一般来讲,公立初级学院的在校生

---

① ［美］L.迪安·韦布:《美国教育史:一场伟大的美国实验》,陈璐茜、李朝阳译,安徽教育出版社2010年版,第223页。

② George B.Vaughan.*The Community College in America:A Short History*.Washington D.C.:American Association of Community and Junior Colleges,1985:4.

③ Cohen, Arthur M, Brewer, Florence B.*The American Community College*.San Francisco:Jossey-Bass Inc.,Publishers.,1982:7.

规模要大于私立初级学院。1922年,初级学院在校生总数近2万人,公立初级学院平均在校生规模为150名学生,私立学院平均在校生规模为60名学生。到1930年,除5个州之外的其他各州都设立了初级学院,全美共有450所初级学院,在校生总数约7万人,平均每所学院大约有160名学生。从1919到1939年,学生人数从8102人增加到149854人。到1940年,全美共有610所初级学院,每所学院大约有400名学生。① 初级学院的数量以及学生数量的变化情况详见表1-4、表1-5。

表1-4　1900—1939年公立和私立初级学院的数量②

年份	总数	公立学院		私立学院	
		数量	比例(%)	数量	比例(%)
1900—1901	8	0	0	8	100
1915—1916	74	19	26	55	74
1921—1922	207	70	34	137	66
1925—1926	325	136	42	189	58
1929—1930	436	178	41	258	59
1933—1934	521	219	42	302	58
1938—1939	575	258	45	317	55

表1-5　1917—1928年公立和私立初级学院在校生人数③

	总数	公立学院	私立学院
1917—1918	4504	1367	3137
1919—1920	8102	2940	5162
1921—1922	12124	4771	7353
1923—1924	20559	9240	11319

① Arthur M.Cohen,Florence B.Brewer.*The American Community College*.San Francisco:Jossey-Bass,1982:9.

② Arthur M.Cohen,Florence B.Brewer.*The American Community College*.San Francisco:Jossey-Bass,1982:10.

③ Steven Brint,Jerome Karabel.*The Diverted Dream:Community Colleges and the Promise of Educational Opportunity in America,1900-1985*.New York,Oxford:Oxford University Press,1989:26.

续表

	总数	公立学院	私立学院
1925—1926	27095	13859	13236
1927—1928	44855	28437	16418

当然,初级学院在各州之间的发展并不平衡。加利福尼亚州初级学院的数量占全美总数的 20%,在校生规模占全美总数的三分之一。其他公立初级学院规模较大的州包括伊利诺伊州、得克萨斯州、密苏里州。得克萨斯州和密苏里州在拥有规模较大的公立初级学院的同时,还建立了大量的私立初级学院。各州在初级学院数量及在校生人数方面的差异详见表1-6,表中所列为拥有 9 所(含 9 所)以上初级学院的州的情况。

表1-6　1929—1930 年间各州初级学院及在校生人数①

	总数		公立		私立	
	学院	在校生	学院	在校生	学院	在校生
阿肯色	11	1,956	7	1,363	4	593
加利福尼亚	49	13,922	35	13,392	14	530
佐治亚	13	1,435	4	640	9	795
伊利诺伊	18	6,514	6	4,767	12	1,747
艾奥瓦	28	1,858	21	1,177	7	681
堪萨斯	19	2,232	10	1,178	9	454
肯塔基	17	1,664	1	107	16	1,557
密歇根	9	2,046	7	1,949	2	97
密西西比	18	1,396	11	563	7	833
密苏里	23	5,554	7	2,517	16	3,037
内布拉斯加	9	805	2	159	7	646
纽约	11	1,087	0	—	11	1,087
北卡罗来纳	18	2,439	3	306	15	2,133

---

① Steven Brint, Jerome Karabel. *The Diverted Dream: Community Colleges and the Promise of Educational Opportunity in America, 1900-1985.* New York, Oxford: Oxford University Press, 1989:26.

续表

	总数		公立		私立	
	学院	在校生	学院	在校生	学院	在校生
俄克拉荷马	14	1,744	11	1591	3	153
宾夕法尼亚	9	1,000	0	—	9	1,000
田纳西	13	1,680	1	151	12	1,529
得克萨斯	47	8,886	19	4,755	28	4,131
弗吉尼亚	12	1,586	0	—	12	1,586

（四）初级学院的创建方式

第一，新创建的初级学院。在美国南方的大部以及中西部的部分地区,多数初级学院都是由循道宗教徒、浸理会教徒、天主教徒创办。1900—1916年间,全美超过一半以上的初级学院都是教会性质的机构。只是到了第一批公立初级学院出现之后的1930年,教会性质的初级学院所占的比例才降至50%以下。虽然这些初级学院仍是当时最主要的类型,但规模一般都比较小,学生人数普遍低于100人。①

第二,私立4年制学院转变为初级学院。转制为初级学院的4年制学院多数是私立学院。为了获得认证,维持一定的在校生规模,保证学院的顺利运转,一些私立4年制学院主动放弃大三、大四年级,专注于大一、大二年级的教育,这样学院就演变成了初级学院。在密苏里大学的帮助下,该州的若干所处于困境之中的4年制学院变成私立初级学院。在南方一些4年制学院薄弱现象比较普遍的州,大三、大四年级被放弃的情况时常发生,私立初级学院的数量在这些州有了很大的增加。例如,得克萨斯州4所财力运转困难的4年制浸理会学院中,有3所学院压缩2年学制,转制成初级学院。类似的情况在其他各州也普遍存在。这些转制而来的私立初级学院多数是单一性别的学院,只招男生,面向女生的学院主要集中在新英格兰地区、中西部和南部。20世纪40年代之前,私立4年制学院转制成初级学院的情形比较普遍。据统计,

---

① Steven Brint, Jerome Karabel. *The Diverted Dream : Community Colleges and the Promise of Educational Opportunity in America ,1900-1985.* New York , Oxford : Oxford University Press,1989:29.

在1900年美国203所在校生人数不多于150人的4年制学院中,到1940年有15%改制成初级学院。①

第三,公立4年制大学组建初级学院。自芝加哥大学校长哈珀创建美国第一所初级学院之后,其他公立大学纷纷效仿。宾夕法尼亚州立大学创建了该州的第一批初级学院,这些学院成为宾夕法尼亚大学的分校,是该州州立大学系统的组成部分。肯塔基州、阿拉斯加州、夏威夷州的州立大学也分别创立了初级学院。与此同时,一些公立大学在他们的校园内组建初级学院。

第四,中学延伸。延伸高中教育阶段的建议早在19世纪70年代就已经出现。作为美国第一个教育厅厅长的亨利·巴纳德(Henry Barnard)于1871年建议将哥伦比亚特区的学校划分为五个部分,其中之一就是"高级或特殊学校,此类学校在中学的基础上继续提升学生的学业,在培养学生一般的读写能力的同时传播科技领域的文化,课程难度要达到我们最优秀学院二年级的水平"。哈珀主张高中的课程应提升至学院的水平,认为"今天只有10%的高中毕业生在学院继续求学。如果高中再额外延长2年,完成4年学业的学生中会至少有40%的人坚持到大学二年级结束"。②

芝加哥大学校长哈珀在由高中向初级学院延伸的过程中发挥了重要作用。他到各地演讲游说,宣传创建初级学院的主张,为初级学院的学生提供毕业后到芝加哥大学继续高级课程学习的机会。1901年,与哈珀具有良好个人关系的乔利埃特(Joliet)高中校长J.斯坦利·布朗(J.Stanley Brown)开设了13年级和14年级的课程,乔利埃特初级学院(Joliet Junior College)因此成为美国现存的初级学院中历史最为悠久的一所公立初级学院。③

乔利埃特初级学院经历了缓慢的、探索性的、递进式的发展阶段。早在1884年,乔利埃特城市高中(Joliet Township High School)就设置了具有大学水准的化学和拉丁语课程,1898年密执安大学为这些课程授予认证资格。

---

① Arthur M.Cohen.*The Community College in the American Educational System*.ERIC,1984:7.

② Arthur M.Cohen.*The Community College in the American Educational System*.ERIC,1984:7-8.

③ George B.Vaughan.*The Community College in America:A Short History*.Washington DC:American Association of Community and Junior Colleges,1985:4.

1901 年,该校选读大学水平课程的高中毕业生已达 22 人。1902 年,董事会正式批准高中毕业后课程,并决定实施免除学生学费的政策。乔利埃特初级学院成立后,学生人数增长迅速。不过,"初级学院"一词直到 1913 年才第一次在学校的文件和教职工会议纪要中出现。1916 年,董事会正式将高中毕业后课程命名为乔利埃特初级学院。自此,初级学院与高中正式分离,学生档案两校各自独立保管。1917 年,中北部院校协会(North Central Association of Colleges and Schools)给乔利埃特初级学院颁发认证资格。同年,乔利埃特初级学院搬至独立的校舍,拥有了自己的实验室和健身场所。当时,该学院共有 82 名在册的学生。①

乔利埃特初级学院创建过程非常具有典型性,一些初级学院就是在高中为毕业生开设的课程的基础上发展起来的。印第安纳等州在设立初级学院之前,参加高中毕业后课程学习的人数增长非常迅猛,联邦教育局(Bureau of Education)甚至把这些学生当成学校的在校生人数加以统计。全美参加高中毕业后课程的学生人数 1931 年为 18,270 人,1935 年猛增至 70,725 人。至二次大战结束后的 1946 年,在没有设立初级学院的社区,仍有大量的退伍军人选择参加高中毕业后课程的学校。②

加利福尼亚州、得克萨斯州和其他地区许多初级学院都是由中学后课程发展而来的。1907 年加利福尼亚州通过法案,授权中学学区开办与大学前 2 年课程相类似的课程。这个法案的颁布,为加利福尼亚州高中向初级学院延伸提供了法律基础。"1921 年之前,加利福尼亚州初级学院中的大多数都是作为高中学校的组成部分建立起来的,这些初级学院为所在地的学区提供服务"。③ 在密西西比州,初级学院是在郡农业高中的基础上建立起来的。

(五)初级学院的立法

1907 年加利福尼亚州议会通过了参议员安东尼·卡米内蒂(Anthony

---

① http://www.jjc.edu/about-jjc/history.2017-12-22.

② Thomas D.Snyder. *120 Years of American Education:A Statistical Portrait.*Washington DC:Department of Education,1993:39.

③ Steven Brint,Jerome Karabel.*The Diverted Dream:Community Colleges and the Promise of Educational Opportunity in America,1900-1985.*New York,Oxford:Oxford University Press,1989:26.

Caminetti)提交的法案,该州成为美国历史上第一个通过有关初级学院法案的州。该法案明确规定,"任何城市、学区、县高中的董事会都可为高中毕业生设立毕业后课程,这些课程应该与大学前 2 年的课程相当。设立这些课程的高中的董事会可向本学区之外的学生收取学费"。① 在该法案的推动下,加利福尼亚州先后有 18 个高中学区为高中毕业生设立了毕业后课程。

1916 年,曾负责中等教育、后担任州公共教育局局长的威尔·C.伍德(Will C.Wood)在州教育厅提交的报告中提出如下建议:参加毕业后课程学生的数量应该成为分配教育经费时参考的因素;居住地所在县没有初级学院的学生如果去其他初级学院学习毕业后课程,县教育局局长应该向初级学院支付 60 美元;不动产的价值超过 75 万美元的学区才能设立毕业后课程;设立毕业后课程的门槛是学生不得少于 15 人,年平均学生人数降至 10 人以下时毕业后课程暂停;初级学院是公共学校系统的组成部分,实行免学费入学的政策;初级学院的学生分为大学预科(pre-university)生和普通学生(students-at-large)。该报告所提的建议大多被州议会或政府采纳,对加利福尼亚州初级学院的发展产生了很大的影响。至 1917 年,加利福尼亚州设立毕业后课程的高中达 16 所,参加课程学习的学生达 1,259 人,平均每所学校 78 人。②

为了促进初级学院的发展,洛杉矶市参议院约翰·巴拉德(John Ballard)向议会提交法案。这项于 1917 年 7 月 27 日生效的法案第一次将"高中后或毕业后课程"称为"初级学院课程"。该法案规定,与对待普通高中学生的政策一样,州政府为每一个参加初级学院课程的学生每年拨付经费 30 美元。学生居住地所在的学区向接纳本学区学生的学区外初级学院每年支付 60 美元。增设机械、工业、家政、农业、教育、商业等课程,所有课程在申请州政府经费之前需得到政府的批准。

1919 年,加利福尼亚州立法机关设立了一个由 6 人组成的特别委员会,制定本州教育发展的规划。该委员会建议,未来加利福尼亚州的学制系统由

---

① Carl G. Winter. *History of the Junior College Movement in California*. Sacramento: Bureau of Junior College Education, 1964:1.

② Carl G. Winter. *History of the Junior College Movement in California*. Sacramento: Bureau of Junior College Education, 1964:5.

6 年制初等学校、3 年制中间学校(three-year intermediate school)、3 年制高中、社区学院、大学组成。初级学院开设公民、通识、科学、技术等方面的课程,大学与初级学院相衔接。成立与高中学区相类似的初级学院学区,初级学院学区拥有的财产不得少于 1000 万美元,人口不低于 1.5 万人。州教育委员会负责审查和批准初级学院的设立和课程的开设。在学区为每个初级学院的学生每年拨付经费 150 美元的前提下,州政府拨付 100 美元。初级学院可向学区外学生所在的学区收取 150 美元。女议员伊丽莎白·休斯(Elizabeth Hughes)在该报告的基础上提交的法案于 1921 年通过了立法机关的审议。该法案进一步规定,初级学院的设立需经过 500 个选举人提出申请,州教育委员会同意,选举人中绝大多数批准等程序。由于 1921 年法案通过的同时 1917 年的法案并没有被废止,加利福尼亚州因此就存在由高中设立的初级学院和初级学院学区设立的初级学院两种形式。此外,法案还对学生入学的年龄、学院的最小规模、课程审批的程序做出了明确的规定。

经历了一系列的立法过程,加利福尼亚州为初级学院的设立、运行制定了较为完整的法律体系,为该州初级学院的健康稳定发展打下了坚实的基础。加利福尼亚州的立法在很多方面成为后来其他州立法的模型。1917 年堪萨斯州通过法案,立法授权一类、二类城市和社区高中在公民投票通过的基础上,将高中课程延伸至 13 和 14 年级。为此,教育委员会可以征收税率不超过 2 密尔(Mill)的财产税。1933 年,一、二类城市税率调整至 1.5 密尔。1957 年,二类城市的税率提高至 5 密尔。[①] 1917 年,密歇根州也通过了立法。20 世纪 20 年代明尼苏达、亚利桑那、密苏里等州也通过有关初级学院的法案。

(六)初级学院协会的创办

相关法案的颁布为初级学院的发展提供了坚实的基础,第一次世界大战结束后退伍的军人亦为初级学院提供了充足的生源。至 1921 年,初级学院的数量已爆发式增长至 200 所。1920 年 6 月 30 日和 7 月 1 日,时任美国教育局局长的菲兰德·克拉顿(Philander Claston)组织召开了全美首届初级学院会

---

① Jack M.Flint,F.Floyd Herr,Carl L.Heinrich.*The Kansas Junior College*.Topeka:The State Department of Public Instruction,1968:7.

议。这次在密苏里州圣路易斯市召开的有 38 名代表参加的会议,决定创办初级学院协会(American Association of Junior Colleges)。初级学院协会的首任主席是詹姆斯·伍德(James Wood),玛格丽特·里德(Margaret Reid)担任秘书。多克·S.坎贝尔(Doak S.Campbell)、伦纳德·V.库斯(Leonard V.Koos)、詹姆斯·伍德、利兰·梅兹克(Leland Medsker)、沃尔特·克罗斯比·伊尔斯(Walter Crosby Eells)及杰西·P.博格(Jesse P.Bogue)等人在该协会成立的初期发挥过巨大的作用。多克·S.坎贝尔历任协会的秘书、副主席、执行秘书等职。初级学院协会的规模增长的速度很快,1920 年成立之时只有 22 个会员学院,至 20 年代末会员学院的数量猛增至 210 个。

三、初级学院的职能

作为美国教育领域的新生事物,初级学院自诞生之日起就引发了广泛的关注,人们对其职能认识和定位存在着不同的看法。兰格和库斯等人持第一种观点,认为初级学院属于中等教育的范畴,是公共学校体系的组成部分。第二种观点认为初级学院作为美国教育体系中一个特殊的层次,是沟通中等和高等教育之间联系的桥梁。埃尔斯把初级学院作为高等教育的组成部分,为那些无法接受学院教育的人提供接受高等教育的机会。[①] 在对美国初级学院的创建过程和早期发展进行详尽考察的基础上,我们认为第二种观点更为可信。初级学院大都建于经济比较发达、人口相对集中的新兴城镇,与已有私立学院和州立大学相比具有独特的优势,在满足越来越广泛的高等教育需求方面发挥了较大的作用。据统计,1916——1918 年间公立初级学院的毕业生中,有 73% 的学生完成 2 年制的学业之后进入到传统院校的三、四年级。由此可见,初级学院的主要职能是提供高等教育基础阶段的服务。

19 世纪末 20 世纪初,在以纽约及其他沿海城市为代表的城市化快速发展。与此同时,随着铁路和高速公路网的建成,涌现出数以百计的规模相对较小的新型城市。1910 年至 1930 年,全美小型城市的数量从 425 个增加到 889

---

① 周志群:《美国社区学院课程变革与发展研究》,福建教育出版社 2012 年版,第 42——44 页。

个。俄克拉荷马州 1910 年只有 7 个人口一万人以上的小城市,到 1930 年小城市的数量增加到 17 个。由于交通便利,埃尔帕索(El Paso)、菲尼克斯(Phoenix)、杰斐逊城(Jefferson City)等小城市很快就发展为农产品与工业品、文化产品交易的中心,成为芝加哥、圣路易斯、纽约、费城与周围农村地区联系的纽带。

内布拉斯加州最西边的城市斯科茨布拉夫(Scottsbluff),在 1890 年之前只是一个商品交易点。1900 年伯灵顿铁路的贯穿、沿北普拉特河(North Platte River)大型灌溉农场的修建,使这里很快就发展成为商业、交通、政治、文化活动的中心。斯科茨布拉夫及相邻地区的人口从世纪之交的不足 2000 人,迅速增加至 1930 年的 1.5 万人。在设立教堂、剧院、宾馆、交易所的同时,设立符合当地居民需要、能够提供高等教育的初级学院逐渐被提到议事日程。

当然,设立初级学院呼声的日渐兴起与高中毕业生人数的迅速增加也有着密切的关系。综合高中的设立,从根本上改变了美国中等教育的面貌。这些学校既开设学术课程,也开设深受学生喜爱的社会和体育类课程,此外还有丰富多彩的课外活动,对年轻人有着巨大的吸引力,完成高中学业的学生人数因此增长很快。不断扩大的高中毕业生群体,为初级学院提供了稳定的生源基础。19 世纪 20 年代,马斯科吉(Muskogee)高中的在校生人数为 2,000 人左右,每年的毕业生大约 200 人。这 200 人中除 50—100 人去外地的高校接受高等教育之外,仍有 100—150 人留在当地,而这些留在当地的高中毕业生就成为初级学院潜在的生源。

初级学院正是为了满足这些人数不断增加的高中毕业生的需要而建立的,因此初级学院的兴起与高中的迅猛发展之间有着密切的关系。乔利埃特、堪萨斯城的学校委员会在设立高中后不久,就成立初级学院,这种情况在加利福尼亚州的圣马特奥(San Mateo)、印第安纳州戈申(Goshen)、堪萨斯州斯科特堡(Fort Scott)、密歇根州的大急流域(Grand Rapids)等地也普遍存在。亚历克西斯·兰格(Alexis Lange)在 1917 的著作中也注意到高中与初级学院之间的联系。虽然他多次提及大学对加利福尼亚州初级学院发展的影响,但也强调指出如果没有 250 所大型的、综合性高中的存在,加利福尼亚州不可能建设初级学院。

19 世纪末 20 世纪初的美国已经建立起一定规模的高等教育,对在校生人数较小、由教会控制的 4 年制学院和州立大学有着广泛的认同。在这样的背景下,新兴城市的中产阶级为什么不送已经高中毕业的子女进入私立的 4 年制学院或州立大学,转而偏向初级学院呢?

对初级学院所处地理位置进行考察后发现,这些初级学院方圆五十英里之内没有高等教育机构,距 19 世纪上半叶由教会设立的学院和州政府设立的大学普遍较远。埃德温·塞勒(Edwin Saylor)在解释设立斯科茨布拉夫初级学院的决策时写道:"斯科茨布拉夫看起来就是设立初级学院的理想地点。人口已经上升到 1 万人,并且还在持续增加。这个城镇距任何一所高等教育机构的距离都超过 100 英里,与方圆 25 英里内的 10 个小城镇保持了紧密的贸易关系。在校生(学前到 12 年级)人数在全州居第五位。"

斯科茨布拉夫初级学院距离现有高校较远绝非个案。以内布拉斯加州为例,1940 年设立的 5 所初级学院中有 4 所在该州工商业中心城市奥马哈(Omaha)以北或以西,距离至少 150 英里,距位于林肯的州立大学 125 英里。科尔曼·格里芬(Coleman Griffin)研究发现,伊利诺伊州最早的公立初级学院聚集在该州的西北角,与该州两所公立大学和所有的私立学院之间都有很远的距离。艾奥瓦州的人口自西向东的分布相对平均,但 1916 年该州已有的 26 所学院中,得梅因(Des Moines)以西只有 4 所学院。直至 1918 年梅森城(Mason City)建立了第一所初级学院以后,该州西部地区的居民才有了就近接受高等教育的机会。

这些设在民众聚集的社区附近的初级学院符合家长和学生的需要,吸引了众多适龄高中毕业生到校接受高等教育。库斯对中西部市镇的研究发现,与附近没有高等教育机构的社区相比,设有初级学院的社区高等教育的入学率高出将近一倍。如果社区附近没有初级学院,选择留在家中而不是远离家门接受高等教育的高中毕业生绝不是少数,留在家中的学生与到外地求学的学生人数大体相当。①

---

① Robert Patrick Pedersen. *The Origins and Development of the Early Public Junior College*: *1900—1940*. Columbia University, 2000:180.

家长和学生之所以放弃远离家门到私立学院或州立大学接受高等教育的机会,选择在居住地附近刚刚成立的初级学院,主要基于三个方面的考虑。

第一,美国文化中根深蒂固的乡土观念的影响。阿格雷(Gray)在1915年曾经反问:"为什么送我们的子女远离家门,面临未知的风险,去学习那些在家门口也能同样学到的东西?"①不仅家长不愿送子女去外地求学,就连学生自身也不愿远离家门。20世纪20年代之所以建立华盛顿州的初级学院,就是因为年轻人不愿进位于西雅图的华盛顿大学读书。克劳弗德(Crawfurd)因此指出,"学生不到现有的高等教育院校读书就是设立初级学院的主要原因。对学生来说,超过上下班路程的学院就不是学院。"②据统计,90%的大学生都会选择距家庭居住地100英里以内的学校。③

第二,成本方面的考虑。初级学院建立之前美国已有的私立学院和州立大学多为寄宿制学校,加利福尼亚州、得克萨斯州等州的州立大学虽然对学生免除学费,但家长仍需支付家庭与学校之间的交通费,住宿费等。据统计,1928年在规模较大的州立大学最低的花费是400美元左右,在达特茅斯学院等私立名校学习的费用要翻一番。400美元在当时不是个很小的数字,相当于业主年收入的十五分之一、医师年收入的十分之一、体力劳动者年收入的一半。如此巨大的经济压力,会驱使家长或学生选择就学成本较低的初级学院。经济萧条时期,家长的收入大幅减少,家庭的经济面临更大的困难,一些已经在外地大学求学的学生因无力承担相应的成本,被迫返回家庭所在地的社区。佛罗里达州的第一所初级学院——棕榈滩初级学院就是满足这些学生的需要建立起来的。

第三,现有高校存在忽视学生品德发展的倾向。任何一位家长都会关注孩子品德的健康发展,而私立学院和州立大学对学生品德教育的状况让家长非常忧虑。这些院校受德国大学模式的影响,把教师的科研成果、学生的学术

①　Robert Patrick Pedersen. *The Origins and Development of the Early Public Junior College*: *1900-1940*. Columbia University, 2000:178.

②　Alan Price Crawfurd. *The Junior College Movement in Washingto State from 1915-1955*. University of Denver, 1959:67.

③　Robert Patrick Pedersen. *The Origins and Development of the Early Public Junior College*: *1900-1940*. Columbia University, 2000:179.

能力置于重要的位置,但却忽视对学生良好品德的培育,学生品行方面因此出现了一些严重问题。斯坦福大学校长戴维·斯塔尔·乔丹颁布的校园禁酒令,竟然引发了学生的骚乱,一群暴怒的学生把禁酒令付之一炬。为了缓解家长对于孩子学习生活环境的忧虑,芝加哥大学校长哈珀在其著作《小型学院——它的前景》(The Small College-It's Prospects)中一方面承认的确存在对大学中所谓的"反基督"倾向的强烈不满,另一方面极力否认"巨大的、邪恶的"势力席卷了大学校园,尽全力安抚家长不安的情绪。威斯康星大学校长亚历山大·米克尔约翰(Alexander Meiklejohn)在做好解释工作的同时,还改革本科生课程,学习古典大学中教师与学生密切交往、关注学生品德发展的经验。不过,所有这些并不足以消除家长的担心和忧虑。初级学院的倡导者充分地认识到这一点,大力宣传初级学院在培养学生优良品德方面的相对优势。加利福尼亚州弗雷斯诺(Fresno)学校委员会在说明1910年设置高中毕业后课程的理由时,强调的不是为学生带来更多的接受高等教育的机会或减轻父母亲的经济压力,而是有利于高中毕业生品德的良好发展。该委员会在一份年度报告中指出:"学生以这种形式接受高等教育,可以维持家庭生活的方式,对学生来说这具有额外的益处。父母提供建议和实施监管可以维系更长的时间,学生品德会获得更多的关注。在缺乏父母保护的大学环境中游荡,对年轻的学生来说并不一定就是最好的选择。"[1]俄亥俄大学的查特斯(W.W. Charters)把公立初级学院的创建直接归因于父母对大学生活的忧虑。他明确指出:"未成年的学生在远离家乡的院校求学,需要对自己的品德成长负责,父母对此深深地忧虑。对这些家长来说,距家庭居住地较近是促使他们决定送子女接受更长时间教育的重要条件。"[2]

由此可见,学生远离家庭,寄宿在私立学院或州立大学,在品德发展方面自然会面临更多的风险。而这些院校一定程度上存在着的重视学术、忽视品德的倾向,无疑会加重父母的疑虑。初级学院普遍距居民聚集区较近,满足了

① Robert Patrick Pedersen. *The Origins and Development of the Early Public Junior College*: *1900-1940*. Columbia University, 2000:187.

② Robert Patrick Pedersen. *The Origins and Development of the Early Public Junior College*: *1900-1940*. Columbia University, 2000:187.

家长送子女接受高等教育的需求,同时有利于父母对子女品行的监护。

四、初级学院的课程设置

(一)学术性课程

初级学院的使命是为继续学习大学一、二年级课程的学生提供更多的机会。同时也提高大学的教育质量,为声誉好、教学质量高的大学输送合格的大三、大四新生。它所设的课程几乎是与大学大一、大二年级的普通教育课程完全相同的。在《堪萨斯州初级学院》中明确指出:"已有大量的数据表明,本州早期初级学院绝大多数课程的要求从中西部地区4年制院校的课程计划中直接复制过来的。""初级学院是提供2年制课程的高等教育机构,这些课程在必备条件、方法、目标和深度上与具有认证资格的4年制院校前两年的课程相当。此外,初级学院设置其他类型的学术课程,为学生取得文科学士学位以外的证书提供帮助。最后,初级学院还开设一些职业领域的终结性课程,满足当地发展的需要。"①韦恩·厄本(Wayne J.Urban)和杰宁斯·瓦格纳(Jennings L.Wagoner)在《美国教育———一部历史档案》中指出,初级学院先设置于芝加哥大学,早期的初级学院构成了大学教育的前2年,它为芝加哥的学生接受后2年的高等教育做准备。在后2年中,学生将在某一学术或专业领域进行专门的学习。在芝加哥的初级学院,传统中学科目的延伸占据了课程的中心位置。而一些新的课程,比如哲学,则引导学生接触他们在初级学院之后将遇到更为高深的内容。早期初级学院的支持者们相信,芝加哥的这项革新通过在中学阶段加上两个年级的大学预备课程,将成为提高中学地位的一个契机。以转学为主要职能的初级学院为传统院校培养三年级学生,所开设课程很自然地以传统院校前2年的课程体系为参照。传统院校前2年以文科课程为主,初级学院突出文科课程、重视通识教育的特征同样显著。伦纳德·V.库斯对58所公立和私立初级学院在1921—1922年间开设的课程进行的研究发现,文科课程占了所有课程的四分之三,仅古代语言和现代语言在所有课程中

---

① Jack M.Flint,F.Floyd Herr,Carl L.Heinrich.*The Kansas Junior College*.Topeka:The State Department of Public Instruction,1968:46-47.

的比例就达四分之一。英文写作课程普遍开设,但文学类课程在英语课程中所占的比例超过一半。农学、商学、教育学、工程学、家政学以及其他的所有职业类课程加在一起只占了不到课程的四分之一。详见表1-7。

表1-7 1921—1922 年初级学院课程的平均学期课时数及所占的比例①

学科或学科组	学期课时数	占总课程比例(%)
英语	17.1	7.9
公共演讲	2.9	1.4
古代语言	16.9	7.9
现代外语	40.0	18.6
数学	15.9	7.4
科学	29.9	13.9
社会学科	22.3	10.4
圣经与宗教	2.3	1.0
哲学	2.1	1.0
心理学	3.0	1.4
音乐	6.2	2.9
艺术	4.2	2.0
体育	2.5	1.2
农学	3.0	1.4
商学	10.9	5.1
教育学	7.9	3.7
工程学与工业学	13.1	6.1
家政学	12.5	5.8
其他职业科目	1.9	0.9

文科课程为学术性课程,与以职业课程为主的非学术性课程相对应。麦克道尔(McDowell)对19 所公立初级学院的课程研究后发现,这些初级学院开设的课程中82%的课程为学术性课程,18%的课程为职业课程。根据库斯、惠

① Arthur M.Cohen,Florence B.Brewer.*The American Community College*.San Francisco:Jossey-Bass,1982:311.

特尼（Whitney）、霍林斯沃思·伊尔斯（Hollingsworth-Eells）分别在 1921 年、1928 年和 1930 年对初级学院课程所做的研究,学术性课程在初级学院课程体系中所占的比例分别为 76%、75%、73%。由此可见,学术性课程在整个课程体系中所占比例虽有所降低,但大都稳定在四分之三左右。

对 1921—1931 年初级学院的课程进行深入研究后发现,学术性课程中排名前五位的学科始终保持稳定。其中,自然科学占学术性课程的比例最高,为 20—24%。其他学科依次为:现代语言占 18—22%,社会科学 14—17%,数学 10%,英语 9—10%。占比变化最大的学科是音乐,在学术性课程中所占的比例从 4.5% 上升到 8.4%。

以学术性课程为主的状况在公立和私立初级学院都广泛存在,没有因学校性质的不同呈现出显著的差异。麦克道尔对 28 所私立初级学院和 19 所公立初级学院开设的课程进行了研究,发现传统院校一、二年级的课程在两种类型的初级学院都普遍开设。私立初级学院课程中排名前 11 位的学科为:英语、历史、数学、拉丁语、德语、化学、物理、生物学、圣经、心理学、教育学。公立初级学院课程中排名前 10 位的学科为:英语、历史、数学、化学、法语、德语、经济学、西班牙语、物理和拉丁语。由此我们可以发现,英语、历史、数学和现代汉语在这两类初级学院的课程中都占据主体地位。

表 1-8　19 所公立初级学院所提供的课程(1917—1918 年)①

课程	提供课程的学院数量	课程	提供课程的学院数量
英语	19	历史	19
数学	19	化学	19
法语	16	德语	15
西班牙语	13	物理	13
经济学	13	拉丁语	12
心理学	11	动物学	
植物学	9	生物	8

① 周志群:《美国社区学院课程变革与发展研究》,福建教育出版社 2012 年版,第 75—76 页。

课程	提供课程的学院数量	课程	提供课程的学院数量
机械绘图	8	机械工厂	7
艺术	7	家政学	7
商业	6	哲学	6
公共演说	5	测量学	5
音乐	5	希腊语	5
地质学	4	社会学	4
电工程学	4	天文学	4
农业	3	教育学	3
生理学	3	卫生学	2
普通工程学	2	建筑学	2
意大利语	2	昆虫学	1
戏剧学	1	印刷术	1
铅管工程	1	地质学	1
法律基础	1	新闻学	1
矿物学	1	土木工程	1
机械工程	1	挪威语	1
伦理与逻辑	1		

表1-9 28所私立初级学院所提供的课程(1917—1918年)①

课程	提供课程的学院数量	课程	提供课程的学院数量
英语	28	历史	28
拉丁语	28	德语	25
物理	17	植物学	18
圣经	17	心理学	17
教育学	17	经济学	16
西班牙语	15	希腊语	14
法语	12	哲学	11

---

① 周志群:《美国社区学院课程变革与发展研究》,福建教育出版社2012年版,第76—77页。

续表

课程	提供课程的学院数量	课程	提供课程的学院数量
家政学	11	音乐	9
动物学	9	生物	6
公共演说	6	社会学	6
伦理与逻辑	6	意大利语	5
生理学	5	农业	4
艺术	4	地质学	4
新闻学	2	希伯来语	2
商业	1	机械工厂	1
卫生学	1	天文学	1

由表1-8、表1-9可见,公立初级学院与私立初级学院的课程从总体上并无根本上的不同,但开设拉丁语课程的私立初级学院所占的比例显著高于公立初级学院。28所私立初级学院全部开设了拉丁语课程,19所公立初级学院中开设拉丁语课程的只有12所,占公立初级学院总数的63.15%。这种情况出现的原因与私立初级学院产生发展的过程有关,许多私立初级学院是由私立4年制学院转化而来的,受传统院校重视古典教育传统的影响较大。

(二)职业性课程

转学教育虽然在初级学院中占据主导地位,但并非初级学院的唯一职能。在照搬传统4年制院校前两年的学术性课程之外,初级学院还设有终结性的职业课程,满足当地经济发展的需要。据麦克道尔的研究,19所公立初级学院分别开设的职业课程包括机械绘图、机械工厂、家政学、商业、测量、电子工程、农业、教育、普通工程、建筑、印刷术、管道工程、初级法律、新闻学、土木工程、机械工程共16门,在总体课程体系中的比例为17.5%。28所私立初级学院分别开设了教育、家政学、农业、新闻学、商业、机械工厂等6门职业课程,职业课程在课程体系中所占的比例为9%。在私立初级学院的课程体系中,作为职业类课程的教育排位第10名,60%的私立初级学院开设了教育类课程。在公立初级学院的课程体系中教育仅排名第29,开设教育类课程的公立初级学院的比例仅为16%。两类初级学院之间差异的出现与学校的地域分布有关,当时的公立初级学院主要集中在加利福尼亚州,而该州的教师供应已近饱和。但在私立初级学院集中的得克萨斯州,对教师的需求非常迫切,私立初级学院的重要任务之一就是为当地培养师资。

初级学院开设的非学术性课程中,包括贸易和工业培训在内的商科所占的比例最高,紧随其后的是工程学和家政学。不过,在非学术性课程中商科所占的比例出现了明显的下降,从44%跌至24%,这种趋势与非学术性课程渐趋多样性有关。[1] 表1-10为三个年份初级学院排名前五位的课程。

表1-10 社区学院不同年份排名前五位的课程[2]

Koos 1921 年的研究		Whitney 1928 年的研究		Hollingsworth-Eell 1930 年的研究	
课程名称	比例(%)	课程	比例	课程名称	比例
自然科学	17.5	自然科学	15.4	自然科学	17.2
现代语言	16.6	现代语言	14.9	现代语言	13.4
社会科学	10.8	社会科学	10.3	社会科学	12.3
商业课程	10.5	商业课程	9.9	数学	7.5
数学	7.6	数学	8.1	英语	7.3

为推动初级学院终结性职业教育的开展,美国初级学院协会于1939年组建初级学院终结性教育委员会(Commission on Junior College Terminal Education)。该委员会认为:"初级学院在本质上是社区性机构,在充分满足当地居民需要方面承担特殊的职责。因为对大量的、越来越多的人来说,初级学院标志着正规教育的终结,因此初级学院应该设计职业课程,培养年轻人在经济活动、社会生活、公民及个人事务等方面的能力。"[3]该委员会研究职业教育,举办讨论会,召开会议,出版书籍,在促进初级学院职业教育发展方面起了一定的作用。

① Gwyer Schuyler."Historical and Contemporary View of the Community College Curriculum", *New Directions for Community College*.San Francisco:Jossey-Bass,1999:4.

② Gwyer Schuyler."Historical and Contemporary View of the Community College Curriculum", *New Directions for Community College*.San Francisco:Jossey-Bass,1999:4.

③ Arthur M.Cohen,Florence B.Brewer.*The American Community College*.San Francisco:Jossey-Bass,1982:193.

1940 年,大约 70% 的初级学院开设了终结性职业课程。在这些课程中,开设最为普遍的是商业、秘书、音乐、教育、家政等课程,商业类课程在终结性课程中所占的比例为三分之一左右。详见表 1-11、表 1-12。

表 1-11　初级学院终结性课程在所有课程中的比例(1917—1937 年)①

调查者	所有初级学院		公立初级学院		私立初级学院	
	学院数量	比例	学院数量	比例	学院数量	比例
Mac Dowell,1917	47	14	9	18	28	9
L.V.Koos,1921	58	29	23	31	35	25
Eells,1930	279	32	129	33	150	29
Cowart,1937	—	—	195	35	—	—

表 1-12　初级学院学习终结性课程的学生人数(1938—1939 学年)②

	合计	普通文化	农业	商业	工程	艺术	健康服务	家政	新闻	公共服务	其他
所有学院	41,507	6,205	1,673	14,511	4,449	3,406	1,609	1,387	808	6,500	965
公立	30,261	4,724	1,631	11,278	3,915	2,341	1,029	876	673	3,033	761
私立	11,246	1,481	42	3,233	534	1,065	574	511	135	3,467	204

总之,从初级学院创建到 20 世纪 40 年代,初级学院主要提供的是与传统院校前 2 年相当的高等教育,以帮助学生顺利转入传统大学三、四年级继续学业为核心职能。在这个时期,终结性的职业教育在初级学院的地位逐步提高,初级学院开设了大量的职业教育课程,学习职业课程的学生人数也有了一定程度的增加。不过,与转学教育相比,终结性的职业教育在初级学院仍处于附属地位。

---

① Arthur M.Cohen,Florence B.Brewer.*The American Community College*.San Francisco:Jossey-Bass,1982:194.

② Arthur M.Cohen,Florence B.Brewer.*The American Community College*.San Francisco:Jossey-Bass,1982:195.

五、初级学院的教师状况

在成立和发展的早期,初级学院一般都从中学聘用教师讲授物理、生物、植物等学科的课程。与此同时,也会到大学聘用教授担任初级学院的兼职教师,为学生了解和适应大学教学模式提供帮助。在艺术、宗教、职业等专业化程度比较高的课程领域,初级学院聘用兼职教师的情形更为普遍。据伊尔斯记述,20 世纪 20 年代后期得克萨斯州的教师超过一半是兼职教师。在 1921 年对加利福尼亚州 8 所初级学院进行的调查发现,兼职教师超过 90%。

早期的初级学院在组织管理模式上与中学而不是大学更为接近,有关教师管理的规定大都由州教育管理部门制定。通常情况下,教师在初级学院每天工作时数的确定、教学计划的安排、教科书的选定等事务,均有统一的规定。

教师的工作量依专业领域的不同存在一定的差异,但在一定时期内大体保持相对稳定。堪萨斯州初级学院每位教师每周上课平均不能超过 15 个小时,最多 18 个小时。库斯在 1924 年的研究表明,20 世纪 20 年代公立初级学院教师的教学工作量为 13.5 小时,私立初级学院教师的工作量为 14.9 小时。一般来讲,公立初级学院教师的工资高于中学教师,但低于大学的平均水平。伊尔斯于 1931 年曾经指出,20 年代初级学院收入最高的那部分教师的平均工资与大学助教的工资相当。虽然如此,初级学院教师工资增长的速度很快,12—15 年之内就能达到初级学院教师工资的上限。大学教师工资的上限很高,增长的空间很大,但增长的速度很慢。[①] 一般来讲,兼职教师每节课的报酬是专职教师的三分之一或三分之二。

从 20 世纪初直至 20 世纪 60 年代,初级学院的教师一般都有在高中从教的经历。伊尔斯在 1931 年曾经指出,20 世纪 20 年代初级学院教师有高中从教经历的比例高达 80%。[②] 就学位层次来看,初级学院教师中硕士所占的比例最高,其次是学士,博士所占的比例最低。20 世纪 20 年代初级学院中拥有博士学位的教师所占的比例不足 4%。库斯研究表明,1941 年初级学院教师

[①] Arthur M.Cohen,Florence B.Brawer.*The American Community College*.San Francisco:Jossey-Bass,1995:82~84.

[②] Arthur M.Cohen,Florence B.Brawer.*The American Community College*.San Francisco:Jossey-Bass,1995:77.

中拥有博士学位的教师所占的比例也只有6%。

表1-13 1930年和1941年初级学院教师的学位状况①

年份	学士学位以下	学士学位	硕士学位	博士学位
1930年	7%	29%	54%	9%
1941年	3%	27%	64%	6%

六、初级学院的行政管理

不同的初级学院有不同的管理模式。很多初级学院是中学的附设学院,这种情况的学院一般由中学校长或校长委派一名负责人管理。从学校独立出来的初级学院,由学院的理事组成的委员会管理预算等问题。委员会选出院长,院长负责管理学院员工、学院的正常运行。教会学院的管理基本由教会本身负责。

自1921年加利福尼亚州颁布法令成立"独立的初级学院学区",设置初级学院的行政管理机构以后,美国各州也陆续设置了初级学院学区。这种学区的范围超过了公立中小学学区。美国大多数的学区下只建立一所初级学院,由学区的管理委员会管理,负责初级学院事务,聘请学院院长。这种是比较简单的学区管理模式,在人口比较密集的城市地区,一个学区下会设有好几所初级学院。30年代芝加哥和洛杉矶就设有多学院的学区。

七、初级学院的经费来源

初级学院教育经费的来源主要有三种:学生的学杂费、地方税款及州政府的拨款。当然,因初级学院的创建方式不同,获得经费的渠道也各不相同。作为高中附设的初级学院,它的教育经费通过公立中学的预算而获得。独立的公立初级学院的经费主要来自当地的税收。当地政府按学生人数为初级学院拨付一定数额的经费。根据奥根布利克(Augenblick)的记述,20世纪20年代州政府的拨款非常少,平均低于公立初级学院总收入的5%。理查森(Rich-

---

① Arthur M.Cohen,Florence B.Brewer.*The American Community College*.San Francisco:Jossey-Bass,1982:79.

ardson)和莱斯利(Leslie)称,1934年,当地政府从税收中供给初级学院的经费约占全部经费的84%,剩余部分是学生的学杂费。由此可见,三种经费来源之间的比例在各个时期各不相同。1918—1965年间公立初级学院不同经费来源所占比例详见表1-14。由表中可见,1918年和1930年初级学院教育经费主要来自当地政府拨款和学杂费,州政府的拨款很少。

表1-14　1918—1965年公立初级学院不同经费来源所占比例①

来源	年份					
	1918	1930	1942	1950	1959	1965
学杂费	6	14	11	9	11	15
联邦政府拨款	0	0	2	1	1	3
州政府拨款	0	0	28	26	29	34
地方政府拨款	94	85	57	49	44	33
个人捐赠	0	0	0	0	0	3
附属服务	N.A.	N.A.	N.A.	N.A.	12	6
其他	0	2	2	2	2	7

第二节　二战后至20世纪70年代美国社区学院的蓬勃发展

第二次世界大战后到20世纪70年代末是美国社区学院蓬勃发展的时期,新闻记者、学院行政领导以及历史学家将这一时期称为美国社区学院发展的"黄金时代"。② 在这一时期,经济的持续增长和产业结构的调整,对劳动者素质和结构提出了更高的要求,为美国社区学院的发展奠定了坚实的物质基础。《1965年高等教育法》(Higher Education Act of 1965)等法案的实施、《为

---

①　Arthur M.Cohen.The Community College in the American Educational System.ERIC,1984:129.
②　[美]约翰·塞林:《美国高等教育史(第二版)》,孙益等译,北京大学出版社2014年版,第244页。

民主服务的高等教育》(Higher Education for American Democracy)的颁布,为
社区学院的发展提供了有利的政治环境。在一系列因素的推动下,社区学院
的数量大幅增加,在校生规模迅速扩大。与此同时,社区学院不再以转学教育
为主要职能,职业教育、社区服务等在社区学院迅速崛起,社区学院的"社区"
性质日益凸显。社区学院逐渐成为美国高等教育体系中的重要组成部分,在
实现美国高等教育大众化和民主化过程中发挥了重要作用。

一、社区学院蓬勃发展的影响因素

(一)工业化程度进一步提高

早在 19 世纪末 20 世纪初,美国就已经建立起以汽车、钢铁和建筑业为支
柱的工业体系。二战期间,美国工业不仅没有遭受到战争的破坏,反而收到了
大批军火订单。二次大战后,美国工业进入了快速发展的轨道。由表 1-15
的 1900—1972 年间美国汽车产量统计表可见,战后美国汽车工业的发展非常
迅速。美国汽车产量 1940 年为 4472 辆,1972 年激增至 11260 辆,增长了
1.52 倍。据统计 1970 年美国汽车工业从业人员有 150 万人,其中工程技术
人员接近 3 万人。[1] 从 20 世纪 50 年代起,汽车成为美国社会的支柱,生活的
方方面面在很大程度上都依赖于汽车工业的存在和发展。

表 1-15　1900—1972 年美国汽车产量(单位:千)[2]

年份	产量	其中	
		小汽车	货车与公共汽车
1900	4	4	—
1910	187	181	6
1920	2227	1906	322
1930	3363	2787	575
1940	4472	3717	755
1950	8003	6666	1337
1960	7869	6675	1194

① 战后美国经济编写组:《战后美国经济》,上海人民出版社 1974 年版,第 32 页。
② 战后美国经济编写组:《战后美国经济》,上海人民出版社 1974 年版,第 32 页。

年份	产量	其中	
		小汽车	货车与公共汽车
1965	11057	9306	1752
1966	10329	8598	1731
1967	8976	7437	1539
1968	10718	8822	1896
1969	10147	8224	1923
1970	8239	6547	1692
1971	10692	8640	2052
1972	11260	8820	2440

除汽车等传统工业部门之外,石油化工、电子、原子能等工业部门也呈现出蓬勃发展的势头。至 1945 年,美国投入近 20 亿美元,初步建立起具有重要军事意义的原子能工业。战后,原子能产业得到政府大力支持,逐步发展成为体系完备、具备先进技术水平的行业。美国政府给予原子能工业部门的财政拨款逐年上升,"政府给予的拨款从一九五〇年到一九七〇年增加了两倍。一九七〇年用于新建企业的投资近一百亿美元,几乎为一九五〇年的五倍"。[1] 由表 1-16 可见,1950 年原子能产业的从业人员为 63739 人,1970 年增长到 122472 人,20 年间增加了一倍左右。聚集在波士顿、芝加哥等城市的电子工业企业达到了 6300 多家,产品接近 3 万种,形成了一套包括工厂、实验室以及相关的实验设备生产在内的完整的生产系统。

表 1-16 1950—1971 年间美国原子能工业财政收支和从业人员统计[2]

年份	拨款收入（百万美元）	建厂投资（年终）（百万美元）	经营费（包括折旧）（百万美元）	从业人员
1950	703	2,104	415	63,739
1955	1,210	6,487	1,290	112,618

---

[1] 战后美国经济编写组:《战后美国经济》,上海人民出版社 1974 年版,第 58 页。
[2] 战后美国经济编写组:《战后美国经济》,上海人民出版社 1974 年版,第 58 页。

年份	拨款收入 （百万美元）	建厂投资（年终） （百万美元）	经营费（包括折旧） （百万美元）	从业人员
1960	2,650	7,345	2,619	122,718
1965	2,652	8,871	2,570	133,912
1967	2,199	9,062	2,477	130,101
1968	2,509	9,127	2,507	129,959
1969	2,616	9,454	2,566	127,212
1970	2,222	9,728	2,504	122,472
1971	2,308	9,925	2,501	115,174

美国工业的迅速发展，尤其是新兴产业的迅速崛起，对广大从业者的素质提出了更高的要求，促使许多初级学院，特别是公立初级学院转变了工作重心，从以转学教育为主转向以培养所在地区需要的专业人才为主，新一代社区学院面临着为本地经济发展提供切实服务的紧迫问题。

（二）相关法案和报告的出台

第二次世界大战后美国制定了一系列法案，发表了与社区学院发展有关的报告。这些法案的颁布和报告的出台，为社区学院的发展提供了坚实的政策基础，营造了适宜的舆论氛围。

1944 年，美国国会通过了著名的《退伍士兵权利法案》。根据该法案的规定，曾经在战争中做出贡献的退伍士兵可以领到政府发放的教育券，到符合自己兴趣和需要的教育机构接受教育。《退伍士兵权利法案》的颁布是促进美国高等教育发展的里程碑。第二次世界大战之前，美国高等教育只是为培养少数的精英服务的，只有最聪明的人和富人阶层的学生有机会接受高等教育。此法案的实施对社区学院的发展具有重大的影响，许多退伍军人持教育券进入社区学院接受高等教育，社区学院的生源有了一定的保障，高等教育阶段的学生层次和类型因此呈现出多样化的趋势。

为推动教育民主化进程，1947 年美国总统高等教育委员会发布《为民主服务的高等教育》的报告书。该报告认为，社区学院属于高等教育的范畴，其根本职能是满足当地社区的需要。该报告相信，将来有 49% 的美国年轻人会从2年制学院中接受教育。杜鲁门总统委员会的这一报告将社区学院作为拓展高等教育对象的范围、扩大高等教育的规模、实现社会民主化的重要途径，对于提高社区学院的地位、促进了社区学院的稳定发展，具有重要的意义。

1965年颁布的《高等教育法》赋予社区学院与传统高等院校同等的权利。根据这部美国历史上第一部高等教育法的规定，获得认证资格的社区学院学生可以和私立4年制学院、州立大学的学生一样，平等地申请美国联邦政府对各州政府提供的各类贷款、助学金和奖学金。此后，来自低收入家庭的孩子、中学毕业成绩落后的学生、少数民族的学生和妇女纷纷迈入社区学院的校门。在该法案的推动下，美国社区学院的发展速度也非常迅速，社区学院出现了蓬勃发展的势头。

（三）**适龄人口数量激增**

第二次世界大战后人口数量激增，出现了"婴儿潮"。人口出生率从1940年的19.4‰上升到1950年的24.1‰，1975年18岁人口的数量与1950年相比增加了一倍。从1945年到1965年，有8000多万婴儿降生。① 到20世纪60年代，第二次世界大战后出生的婴儿相继达到了上大学的年龄。1945—1976年间9—12年级在校生人数及14—17岁人口就学比例详见表1-17。在当时情况下，传统的4年制大学已经不能完全适应适龄学生对高等教育的迫切需求和满足社会的需要。因此，实行开放性入学政策、规模相对较小、办学形式较为灵活的美国社区学院成为满足众多学生需求的捷径，社区学院迎来了快速发展的新时代。

表1-17　1945—1976年间9—12年级在校生人数及14—17岁人口就学比例②

年份	9—12年级在校生人数			14—17岁人口数量	9—12年级在校生数占14—17岁人口的比例
	全部学校	公立学校	非公立学校		
1949—1950	6,453,009	5,757,810	695,199	8,404,768	76.8

---

① 王英杰：《美国高等教育的发展与改革》，人民教育出版社2002年版，第34页。

② National Center for Education Statistics.*Digest of Education Statistics*, *1977–1978.* Washington DC：Department of Education，1979：44.

年份	9—12年级在校生人数			14—17岁人口数量	9—12年级在校生数占14—17岁人口的比例
	全部学校	公立学校	非公立学校		
1951—1952	6,596,351	5,917,384	678,967	8,516,000	77.5
1953—1954	7,108,973	6,330,565	778,408	8,861,000	80.2
1955—1956	7,774,975	6,917,790	857,185	9,207,000	84.5
1957—1958	8,869,186	7,905,496	963,717	10,139,000	87.5
1959—1960	9,699,810	8,531,454	1,068,356	11,154,879	86.1
1961—1962	10,768,972	9,616,755	1,152,217	12,046,000	89.4
1963	12,255,496	10,935,536	1,319,960	13,492,000	90.8
1965	13,020,823	11,657,808	1,363,015	14,145,000	92.1
1969	14,418,301	13,084,301	1,334,000	15,550,000	92.7
1971	15,226,000	13,886,000	1,340,000	16,279,000	93.5
1973	15,476,526	14,141,526	1,335,000	16,745,000	92.4
1975	15,804,098	14,369,098	1,435,000	16,931,000	93.3
1976	15,823,000	14,388,000	1,435,000	16,896,000	93.6

（四）民权思想的推动

反对种族隔离、实现机会均等是美国历史上永恒的话题。20世纪三四十年代，美国就成立了有色人种促进会（National Association for the Advancement of Colored People），为黑人争取就业、教育等领域的平等权利。1964年约翰逊总统颁布的《民权法案》（Civil Rights Act）在保护所有人有选举权、有可以找到自己能胜任的工作的权利的同时，还保护所有公民拥有使用包括学校在内的公共设施的权利。"学校作为民权运动的主阵地，联邦政府期望它在改造美国社会的另一项重大的行动——'向贫困宣战'（War on Poverty）中，发挥关键作用。它是我国历史上最为宏大的全国性方案之一，致力于帮助那些生活在贫困中饱受低就业和失业之苦的3500万美国人。该计划颁布一些教育方案以扩大职业和技术培训，为处境不利的儿童提供入学前准备教育，并加强补偿性教育。同时，该计划通过立法向高等教育机构提供直接的联邦资助，并向大学生提供奖学金和贷款"。① 有关民权的法案和方案的颁布和实施,为社区学院的进一步发展提供了良好的舆论环境。而每个适龄公民不因种族、性别、收入、健康等方面的状况平等地享受接受高等教育的权利,就是民权思想在高等教育领域的突出体现。自 20 世纪 60 年代中期实施"开放性招生政策"的社区学院,收费低廉,开设的课程符合本地居民的需要,在给予包括少数族裔、家庭贫困的学生在内的广大高中毕业生接受高等教育方面发挥了巨大的作用。

二、社区学院规模的扩充

从二战结束到 20 世纪 70 年代末这段时期,是美国社区学院快速增长的阶段。在这个阶段,社区学院的数量以较快的速度增加,公立社区学院的数量超过私立社区学院。社区学院在校生人数迅速增加,女性学生、少数族裔学生的比例有了较大程度的提高。

正如有学者所指出的那样,"由于美国联邦政府以及州和地方各级政府对发展社区学院日益关注,而且 50 年代和 60 年代美国大学入学人数激增,教育家、家长、学生以及广大民众愈来愈认识到社区学院所显示出来的独特职能及其优越性,社区学院在 50 年代和 60 年代得到特别迅速的发展。自 1955 年至 1965 的十年间,美国各地平均每星期创办 1 所新的 2 年制学院。在 1950 年至 1980 年的 30 年间,社区学院不仅在总的数量上有迅速发展,许多社区学院的规模和职能也不断扩大,课程和专业设置不断增加,学生结构也不断变化。"②

从 20 世纪 50 年代初到 20 世纪 70 年代末,美国社区学院的数量保持了快速增长的趋势。全美 1952—1953 年间共有社区学院 594 所,1978—1979 年间增长到 1234 所,增长的幅度为 108%。公立社区学院在战后到 20 世纪 70 年代末这个时期增长的速度尤为迅猛。1952—1953 年间美国共有 327 所公立社区学院,1978—1979 年间激增至 1047 所,增长幅度高达 220%。同样,

---

① 杨克瑞:《后美国联邦政府大学生资助政策研究》,北京师范大学出版社 2008 年版,第 90 页。

② 毛澹然:《美国社区学院》,高等教育出版社 1989 年版,第 34 页。

公立社区学院占社区学院总数的比例从 1952 — 1953 年间的 55% 猛增至 1978 — 1979 年度的 85%。由此可见,到 20 世纪 70 年代末公立社区学院已经成为社区学院的主体。

与公立社区学院数量及其在社区学院总体中所占比例提高相对应,私立社区学院在这个历史时期出现了急剧萎缩的趋势。1947 — 1948 年度全美共有 322 所私立社区学院,到 1978 — 1979 年度减少至 187 所,减少的幅度达42%。事实上,"私立初级学院数量增长的高峰出现在 1949 年,当时共有 322所私立 2 年制学院,其中 180 所附属于教会,108 所是独立的非营利性的,34所是营利性(Proprietary)的。如表 1-18 所示,私立社区学院的持续减少,它们或与高层次的院校合并,或干脆关门停办。从 70 年代中期以后,没有再创办过新的私立社区学院。"①从私立社区学院在社区学院整体中所占的比例来看,萎缩的趋势更为明显。1947 — 1948 年度,私立初级学院在社区学院中所占的比例为 50%,占据半壁江山。但是到了 1978 — 1979 年度,私立社区学院所占的比例大幅下降至 15%。由此可以看出,到 20 世纪 70 年代末,私立社区学院的绝对数量及其在社区学院整体中所占的比例都出现了大幅的下降,逐渐丧失了在此类高等教育机构中的主导地位。

表 1-18　1947 — 1979 年间美国公立/私立社区学院数量及在全部社区学院中的比例②

年份	总计	公　立		私　立	
		数量	百分比	数量	百分比
1947 — 1948	650	328	50	322	50
1952 — 1953	594	327	55	267	45
1954 — 1955	596	336	56	260	44
1956 — 1957	652	377	58	275	42
1958 — 1959	677	400	59	277	41

---

①　Arthur M.Cohen,Florence B.Brewer.*The American Community College*.San Francisco:Jossey-Bass,1996:14.

②　Arthur M.Cohen,Florence B.Brewer.*The American Community College*.San Francisco:Jossey-Bass,1996:15.

年份	总计	公立		私立	
		数量	百分比	数量	百分比
1960—1961	678	405	60	273	40
1962—1963	704	426	61	278	39
1964—1965	719	452	63	267	37
1966—1967	837	565	68	272	32
1968—1969	993	739	74	254	26
1970—1971	1,091	847	78	244	22
1972—1973	1,141	910	80	231	20
1974—1975	1,203	981	82	222	18
1976—1977	1,233	1,030	84	203	16
1978—1979	1,234	1,047	85	187	15

在多重因素的作用下,社区学院在校生人数在战后至 20 世纪 70 年代末出现了大规模的增长。其中,年龄为 18 岁的适龄人口数量的增加对社区学院在校生人数的影响最为直接。美国这个年龄段人口的数量在 1979 年达到峰值,20 世纪 80 年代持续下降。1961—1980 年间美国社区学院和初级学院入学人数、平均每所学院学生人数演变情况详见表 1-19。

表 1-19　1961—1980 年间美国社区学院和初级学院入学人数[①]

年份	社区学院数量	入学人数	每所学院平均人数	初级学院数量	入学人数	每所学院平均人数	总计	
							学院总数	学生总数
1961	405	644,968	1592	273	103,651	379	678	748,619
1962	426	713,334	1674	278	105,535	279	704	818,869
1963	422	814,244	1929	272	113,290	416	694	927,534
1964	452	921,093	2037	267	122,870	460	719	1,043,963
1965	503	1,152,068	2290	268	140,667	524	771	1,292,573
1966	565	1,316,980	2330	272	147,119	540	837	1,464,099

---

① 毛澹然:《美国社区学院》,高等教育出版社 1989 年版,第 48 页。

年份	社区学院数量	入学人数	每所学院平均人数	初级学院数量	入学人数	每所学院平均人数	总计	
							学院总数	学生总数
1967	648	1,528,220	2358	264	143,220	542	912	1,671,440
1968	739	1,810,964	2450	254	143,152	563	993	1,954,116
1969	794	2,051,493	2583	244	134,779	552	1,038	2,186,272
1970	878	2,366,028	2793	244	133,809	543	1,091	2,499,837
1971	872	2,543,901	2,917	239	136,861	572	1,111	2,680,762
1972	910	2,729,085	2,999	231	136,877	590	1,141	2,866,062
1973	933	3,014,211	3,230	232	130,432	562	1,165	3,144,643
1974	981	3,394,447	3,460	222	132,893	598	1,203	3,527,340
1975	1,014	3,921,542	3,867	216	147,737	682	1,230	4,069,279
1976	1,030	3,939,173	3,824	203	145,803	718	1,233	4,084,976
1977	1,037	4,160,611	4,012	198	149,373	754	1,235	4,309,984
1978	1,047	4,159,456	3,972	187	144,602	773	1,234	4,304,058
1979	1,044	4,334,334	4,151	186	153,528	825	1,230	4,487,872
1980	1049	4,666,286	4,448	182	159,645	877	1231	4,825,931

全美社区学院在校生人数 1961 年为 748619 人,1980 年增加至 4825931,近 20 年间增长了 5.45 倍。当然,社区学院在校生人数在总体上的增长,主要是通过公立社区学院实现的。全美公立社区学院在校生人数 1961 年为 644968 人,1980 年猛增至 4666286 人,增长了 6.24 倍,公立社区学院在校生增长的幅度超过社区学院总体在校生人数增长的幅度。同期,私立社区学院的在校生人数虽有一定程度的增加,但增加的幅度仅为 54%,远低于社区学院整体在校生人数增长的幅度,与公立社区学院在校生增长的幅度更不可同日而语。

在 20 世纪 70 年代之前社区学院在校生人数大幅增加的背景下,学生的多样化趋势也逐渐显现。随着年龄在 18 岁左右的人口在总人口中比例的降低、女性入学比例的提高,社区学院采取在校外、车间等场所开办成人课程、周末课程等形式,吸引传统学龄之外的成人以半工半读的形式参加教学活动,部分时间制学生的人数有了较快的增长,并逐渐超过全日制学生在全部学生中所占的比例。表 1-20 为 1963—1980 年间部分时间制学生在全部学生中所占的比例。

表 1-20　1963—1980 年间社区学院间部分时间制学生在全部学生中所占的比例①

年份	秋季开学时在校生总数	部分时间制学生数	百分比
1963	914,494	438,976	53
1968	1,909,118	888,458	47
1969	2,234,669	1,064,187	48
1970	2,447,401	1,164,797	48
1971	2,678,171	1,290,964	48
1972	2,863,780	1,473,947	51
1973	3,100,951	1,702,886	55
1974	3,528,727	1,974,534	56
1975	4,069,279	2,222,269	55
1976	4,084,976	2,219,605	54
1977	4,309,984	2,501,789	58
1978	4,304,058	2,606,804	61
1979	4,487,872	2,788,880	62
1980	4,825,931	2,996,264	62

　　由表 1-20 可见,整个 20 世纪 70 年代美国社区学院部分时间制学生在全部学生中所占的比例呈现出逐年上升的趋势。1980 年部分时间制学生在全部学生中所占的比例达 62%,比 1970 年的 48%高出 14%。

　　当然,部分时间制学生在全部学生中所占的比例在各州间存在着很大的不同。相比较而言,部分时间制学生在全部学生中所占的比例比较高的州的包括亚拉巴马州、亚利桑那州、加利福尼亚州、弗吉尼亚州等。1979 年美国部分州部分时间制学生在全部学生中所占的比例详见表 1-21。

---

　　①　Arthur M.Cohen,Florence B.Brewer.*The American Community College*.San Francisco：Jossey-Bass,1982：33.

表 1-21　1979 年美国部分州部分时间制学生在全部学生中所占的比例①

州	秋季开学时在校生总数	部分时间制在校生人数	百分比
亚拉巴马州	160,171	128,102	80
亚利桑那州	106,923	78,834	74
加利福尼亚州	1,101,648	777,477	71
弗吉尼亚州	106,565	74,855	70
伊利诺伊州	336,240	226,941	67
得克萨斯州	262,236	165,001	63
佛罗里达州	201,626	122,204	61
俄亥俄州	140,691	85,689	61
新泽西州	102,319	60,246	59
威斯康星州	137,670	79,963	58
马萨诸塞州	81,134	43,595	54
宾夕法尼亚州	88,268	47,226	54

　　战后至 20 世纪 70 年代末,社区学院中女生的数量和所占的比例也有了一定的提高。克罗斯(Cross)曾经指出,从历史的角度来看,在学习成绩不能令人满意的学生当中,进入高校的女生少于男生。此外,在经济条件有限的情况下,进入高校的男生多于女生。因此在一般情况下,社区学院新生中女生在高中成绩的排名和平均成绩都远远好于男生。

表 1-22　社区学院学生就读高中期间的学术表现②

学术表现指标	占在校生人数的百分比	
	男生	女生
在高中的排名		

---

　　①　Arthur M. Cohen, Florence B. Brewer. *The American Community College*. San Francisco: Jossey-Bass, 1982: 34.

　　②　Arthur M. Cohen, Florence B. Brewer. *The American Community College*. San Francisco: Jossey-Bass, 1982: 40.

学术表现指标	占在校生人数的百分比	
	男生	女生
最高层次 20%	19	27
第二层次 20%	24	22
中间层次 20%	46	43
第四层次 20%	9	7
最低层次 20%	2	1
高中阶段的平均成绩		
A	7	14
B+	15	20
B	28	32
B-	19	14
C+	19	12
C	12	8

由表1-22可见,社区学院女生在高中阶段成绩位于最高层次20%的比例为27%,显著高于男生19%的比例。在平均成绩方面,女生在高中获得A、B+和B成绩的比例显著高于男生,获得B-、C+和C的成绩的比例显著低于男生。

尽管公立社区学院由公共资金支持,实行免学费的开放性入学政策,但进入社区学院学习的学生仍需承担食宿费、交通费等费用,需要家庭给予一定的财力上的支持。在包括社区学院学生在内的资助体系没有建立起来的背景下,家庭的收入水平和经济状况对学生入学具有一定的影响。不过,随着1965年高等教育法的颁布,美国逐渐建立起比较完善的大学生资助体系,家庭经济状况对学生入学机会的影响越来越小,不同家庭收入水平的学生所占的比例之间差距逐渐缩小,详情请见表1-23。

表 1-23　1970 年和 1979 年父母不同收入水平的学生在
不同类型院校学生中所占的比例①

父母收入水平	所有院校		2 年制学院	
	1979	1970	1979	1970
低于 6,000 美元	8	13	10	20
6,000—9,999	8	24	10	29
10,000—14,999	15	31	18	30
15,000—19,999	14	13	16	10
20,000—24,999	17	7	17	5
25,000—29,999	10	4	9	3
30,000—34,999	8	2	7	2
35,000—39,999	6	1	4	1
40,000 美元以上	14	4	9	2

　　二战后到 20 世纪 70 年代末这个历史时期内还是少数族裔的学生在社区学院增长较为迅速的时期。至 20 世纪 70 年代末,社区学院中少数族裔的学生占全美高等院校少数族裔学生总数的 40%。一般来讲,社区学院所在地周围少数族裔人口所占的比例越高,少数族裔学生在学生整体中所占的比例也就越高。就全国的范围来看,社区学院中少数族裔学生占比很高的州包括亚拉巴马州、阿拉斯加州、加利福尼亚州、夏威夷州、路易斯安那州、马里兰州、密西西比州、南卡罗来纳州、得克萨斯州等。1977 年,加利福尼亚州洛杉矶社区学院少数族裔学生所占的比例超过 60%,克利夫兰、埃尔帕索和纽约等城市社区学院少数族裔学生所占的比例也很高。为吸引少数族裔的学生入学,有些地区建起了专门面向少数族裔学生的社区学院。北达科他州的奥格拉拉(Oglala Sioux)社区学院、堪萨斯州的哈斯科尔(Haskell Indian Junior)社区学院、亚利桑那州的纳瓦乔(Navajo)社区学院、俄克拉荷马州巴肯(Bacone)社区学院都是为美洲印第安人专门设立的学院。

---

　　① Arthur M. Cohen, Florence B. Brewer. *The American Community College*. San Francisco: Jossey-Bass, 1982: 40.

三、社区学院称谓的确定

如前文所述,1892 年 10 月,芝加哥大学首任校长哈珀将传统的 4 年制大学分成两个阶段,前 2 年为第一个阶段被称为"学术学院"(academic college),后两年为第二个阶段被称为"大学学院"(university college)。到 1896 年,它们的名称又分别改为"初级学院"和"高级学院"。这是美国教育史上第一次使用"初级学院"这一名称,此后的美国 2 年制高等教育机构大多被称为"初级学院"。初级学院主要的任务就是给高中毕业生讲授大学一、二年级的基础文化课程,以帮助这些学生顺利转入 4 年制大学或者学院为主要职能,与所在地的社区没有紧密的联系。"初级学院的含义是初级的或低一级的学院",①这一点从名称上和职能上看都比较清楚。

随着学院数量和学生人数的增加,初级学院与所在社区之间的联系日益紧密,职能也不断扩大。它们不仅仅有转学教育,还进行职业教育、成人教育、社区服务。初级学院不再仅仅作为传统 4 年制院校的"初级学院"存在,而是逐渐演变为全面为社区服务的、独立的高等教育机构。在这种背景下,"初级学院"这一名称就不再能够反映出这种 2 年制高等教育机构的本质含义。为准确地称呼此类新型的高等教育机构,美国社会和教育界进行了广泛的讨论。

宾夕法尼亚州一所初级学院的院长赫勒思辛德(Houinshed)在美国最早使用"社区学院"这一术语。他在 1936 年的一篇文章中指出:"初级学院应该满足当地社区的需要……为提高当地居民的智力文化和生活水平提供服务……它应该为当地的成人教育提供机会……为当地居民的子女提供教育性的、娱乐性的、职业性的教育机会……社区学院应当紧密地与当地高中和社区的其他组织机构紧密合作,才能更好地完成上述任务。"②

1947 年美国总统高等教育委员会在《为民主服务的高等教育》的报告书,建议使用"社区学院"这一名称。该报告指出,社区学院的组成方式多种多样,甚至课程的设置也各不相同,但是社区学院最主要的功能还是为提升当地社区的生活服务,并且与当地社区保持着密切的联系,因此建议以"社区学

---

① 毛澹然:《美国社区学院》,高等教育出版社 1989 年版,第 35 页。
② 续润华:《美国社区学院发展研究》,中国档案出版社 2000 年版,第 63 页。

院"这一名称来称呼这种新型的、面向社区的、2 年制高等教育机构。该报告书虽不具备法律约束力，但代表了许多人的意见，一些州在很短的时间内就把原来的初级学院更名为社区学院。不过，当时并不是所有的初级学院都愿意更名为社区学院，这一名称是逐步被接受和采用的。在相当长的时间内，仍有一些 2 年制学院沿用初级学院的称谓。通常情况下，公立的 2 年制学院一般被称为社区学院，私立的 2 年制学院被称为初级学院。正是在这种背景下，1920 年成立的美国初级学院协会（American Association of Junior Colleges，AA-JC）于 1972 年更名为美国社区与初级学院协会（American Association of Community and Junior Colleges）。

四、社区学院的职能

20 世纪 40 年代之前，初级学院虽有一定的职业教育的职能，但转学教育占据主导地位，在一定程度上初级学院与传统高等院校的一、二年级相当。这种局面在二次大战结束后受到经济飞速发展和民主化思潮的冲击。1947 年美国总统高等教育委员会在《为民主服务的高等教育》的报告中指出：美国的高等教育包括不同教育机构的组织形式和不同的教育体系，这样对于那些无论何时离开学校的人来说，如果他想继续接受教育，可以随时入学上课，而且一定能找到与他的接受能力和教育程度相匹配的课程。社区学院就是尽可能为每一个人提供他所需要的课程，在这里获得社会所需要的技能和知识，能够找到适合自己的工作，从而改善生活质量，提高人们的生活水平。总统高等教育委员会的这份报告中认为，社区学院需要做到以下几点：

第一，社区学院应该全面审视发展是否符合当地社区的需要，能够使社区学院及时调整课程设置，以满足全日制的学生在普通教育和职业教育方面的需求。

第二，社区学院不仅开设职前的学徒课程，还为年长的人做出妥善的安排，便于他们在工作之余接受社区学院的培训。

第三，社区学院应该为了让每个学生有更富足的生活而做准备，其中重要的一部分就是能够让每个人都找到一份适合自己的工作。为了实现学生的这一目标，社区学院要努力让每个学生接受更完整更系统的教育，而不是把普通教育和职业教育割裂起来。

第四,社区学院也应该满足那些希望进入大学或学院接受普通教育、专业教育或职业教育的学生的需求。毫无疑问,过去高等教育在很大程度上满足了一部分人的需求,然而社区学院要让更多的人接受更为均衡的高等教育。

第五,社区学院也应该成为实施成人教育的中心。

在联邦政府的号召和相关人士的共同努力下,二次大战后,特别是20世纪60年代以来,美国社区学院的职能日趋多样化,转学教育、职业教育、社区教育相融合的模式逐渐形成。

（一）职业教育

如前文所述,职业教育在初级学院的起步阶段就已经存在。1921年加利福尼亚州学区法案授权初级学院在提供大学预备性教育的同时,开展农业、工业、商业、家政等领域的职业教育。1937年,科罗拉多（Colorado）法案把初级学院定义成开展12年级后教育和职业教育的机构。与此类似,密西西比要求初级学院的课程包括农业、家政、商业、机械等领域的课程。至1940年,全美将近一半的初级学院法案明令要求初级学院履行终结性的职业教育功能和转学性的普通教育功能。全国性或区域性的认证机构也将提供职业教育作为初级学院获得认证的必要条件。

然而在很长时间内,职业教育在初级学院的发展相对缓慢。20世纪50年代之前,职业课程的学生占初级学院在校生总数的比例仅有四分之一左右。1929年,加利福尼亚州和得克萨斯州修习终结性课程的比例分别为20%和23%。终结性课程中并不都是职业课程,还包括"公民责任"等课程,实际上学习职业课程的比例肯定会更低。伊尔斯（Eells）于1941年曾经指出,1938年修习终结性课程的学生比例为35%,去除非职业性课程的学生后,学习职业课程的学生仅为25%左右。20世纪60年代,维恩（Venn）发现全国社区学院学生修习职业课程的比例只有四分之一。在全美社区学院修习职业课程的学生中,加利福尼亚和纽约社区学院的学生占了一半,另有20%的学生分布在伊利诺伊、密西根、宾夕法尼亚州。1963—1974年间2年制学院修习职业课程学生人数及其占全体学生总数的比例详见表1-24。

表 1-24 1963—1974 年间 2 年制学院修习职业课程学生
人数及其占全体学生总数的比例①

年份	在校生总数	修习终结性职业课程学生数	修习终结性职业课程学生占在校生总数的百分比	增加幅度（百分比）
1963	847,572	219,763	26	—
1965	1,176,852	331,608	28	50.9
1969	1,1981,150	448,229	23	35.2
1970	2,227,214	593,226	27	32.3
1971	2,491,420	760,590	31	28.2
1972	2,670,934	873,933	33	14.9
1973	3,033,761	1,020,183	34	16.7
1974	3,428,642	1,134,896	33	11.2

20 世纪 60 年代之前社区学院职业教育发展之所以进展缓慢,主要基于以下几个方面的原因。

第一,"大学教育"的观念根深蒂固。市民和教师都希望社区学院是一所真正的学院,而不是职业技能培训机构。对绝大多数学生来说,进入社区学院的目的还是转入 4 年制院校,获得学士学位。人们认为职业课程是终结性的,选择职业课程就意味着失去了继续学业的机会,一些学生因此避而远之。

第二,社区学院的规模偏小。1946 年之前,全美社区学院在校生的规模不足千人。限于成本等方面的考虑,规模较小的社区学院无法开设数量较多的职业课程。伊尔斯研究发现,在校生规模与修习终结性课程的学生人数之间存在正相关,在校生 99 人以下的社区学院中修习终结性课程的比例为 10%,在校生 100—499 人之间的中等规模的社区学院中这一比例为 32%,在校生 500—999 人之间的大型社区学院中这一比例为 34%,在校生 1000 人以上的巨型社区学院中这一比例为 38%。②

---

① Arthur M.Cohen,Florence B.Brewer.*The American Community College*.San Francisco:Jossey-Bass,1982:196.

② Arthur M.Cohen,Florence B.Brewer.*The American Community College*.San Francisco:Jossey-Bass,1982:197.

第三,职业课程的成本偏高。职业课程需要的车间、机械设备和工具等均需要很多的资金投入,一些社区学院望而却步。相比较而言,转学课程除教室、桌椅、黑板、图书资料外,不需要其他的资金投入。

不过,职业课程毕竟是社区学院课程体系的重要组成部分。总统高等教育委员会、美国初级学院协会等机构积极宣传职业教育的重要意义,1963 年通过的《职业教育法》(*Vocational Education Act*)为社区学院的职业教育确立了稳定的资金投入机制。《职业教育法》1968 年修正案规定,联邦政府每投入1 美元,州政府和地方学区提供的配套资金要超过 3 美元。根据 1972 年修正案的规定,州政府和地方学区为联邦政府投入的 1 美元的配套资金增至 5 美元。①

从 20 世纪 60 年代后期开始,社区学院中职业教育终于显示出快速发展的势头。根据美国劳工统计局(Bureau of Labor Statistics)1968 年的报告,2 年制学院中注册职业课程的比例为 40%。根据帕克(Parker)对选取的 2 年制社区学院的年度调查,从 70 年代早期开始社区学院职业课程的注册率超过一半。(由于统计口径的不同,这些数据与前文的数据有一定差异)。隆巴尔迪(Lombardi)在其专著《职业教育的复兴》中指出,对若干州调查统计的数据显示,从 70 年代中期开始职业课程注册的学生已不仅仅是与社区学院在校生总数同步增长,在大多数州修习职业课程的学生人数增长速度超过了修习转学课程的学生人数的增长速度。

表 1-25　部分州社区学院职业课程注册学生数占在校生总数的比例②

州	年份	职业课程注册学生占全部在校生的比例(百分比)
佛罗里达	1970	24
	1975	28

---

① Arthur M.Cohen, Florence B.Brewer. *The American Community College*. San Francisco: Jossey-Bass, 1982:200.

② Arthur M.Cohen, Florence B.Brewer. *The American Community College*. San Francisco: Jossey-Bass, 1982:201.

续表

州	年份	职业课程注册学生占全部在校生的比例（百分比）
伊利诺伊	1969	26
	1976	33
马萨诸塞	1967	44
	1974	59
密西西比	1972	30
	1975	33
华盛顿	1967	27
	1974	47

个案研究同样证实了社区学院的确存在着工作重心从转学教育向职业教育转移的趋势。经过对洛杉矶城市学院（Los Angeles City College）进行为期五年（1970—1974）的研究，戈尔德（Gold）发现17个职业课程中12个都出现了注册学生增长的趋势，15个非职业课程中注册学生增长只有6个。洛杉矶社区学院学区的9所社区学院中，1975年137,000名在校生总数中注册为职业课程学生的比例为65%，1969年这一比例仅为50%。1969—1973年间，乔治王子社区学院（Prince George's Community College）职业课程注册学生人数从747人猛增至2,557人，增长的幅度为242%，同期该社区学院在校生总人数仅增长了79%，增速远低于职业课程注册学生人数。①

（二）转学教育

与职业教育职能在社区学院地位快速提高密切相关的是转学教育地位的相对下降。二战结束后，在政府的大力推动、社区学院协会及相关人士的不断努力、就业市场的强劲驱使下，转学教育在社区学院的地位出现了逐渐下滑的趋势。然而在20世纪60年代末之前，美国社区学院仍是以转学教育为主要职能的高等教育机构。1966年，桑顿（Thornton）曾经指出，"转学教育仍然是

---

① Arthur M.Cohen，Florence B.Brewer.*The American Community College*.San Francisco：Jossey-Bass，1982：202.

初级学院最致力履行的职责,也是绝大多数学生最感兴趣的方面"。①

但是从 20 世纪 60 年代末 70 年代初开始,转学教育在社区学院占据的主导地位迅速下降。正如有学者评论指出:"长达半个世纪的初级学院职业化运动,虽然迟至 20 世纪 60 年代末 70 年代初才取得最终的胜利,才使职业教育职责升至首要地位,但是,此后职业教育职责的大发展和转学教育的急剧萎缩似乎是那些职业教育的倡导者所始料未及的。70—80 年代社区学院主修文理课程的学生和成功实现转学的学生持续减少。80 年代美国每年大约有25 万名学生完成 2 年社区学院学习后立即转到 4 年制院校,另有 30—40 万名没有完成社区学院的课程而转入 4 年制院校,这与社区学院注册学生数470 万相比是很小的数目。"②

伊利诺伊州社区学院委员会把该州社区学院的职责分为学士学位导向(Baccalaureate-oriented)教育、职业教育、通识教育、社区教育、公共服务活动、学生服务等方面。学士学位导向的教育指的是经过 2 年时间的文科、理科、专业教育导论等课程的教学,为学生转入 4 年制院校的三、四年级做好准备。数据统计显示,1966—1979 年间伊利诺伊州社区学院中注册学士学位导向课程的学生比例急剧下降,全州范围内从平均 80% 降低至 32%。③

表 1-26 1973—1979 年间伊利诺伊州社区学院各类课程注册学生人数统计表④

年份	合计	学士学位导向的课程	职业课程	通识课程	其他
1973	226,101	85,360	69,298	59,732	11,711
1974	257,365	95,942	72,943	72,414	16,066
1975	315,751	109,988	101,988	90,936	13,261
1976	324,586	106,624	105,476	95,664	16,822

---

① Arthur M.Cohen, Florence B.Brewer. *The American Community College*. San Francisco: Jossey-Bass, 1982:302.

② 万秀兰:《美国社区学院的改革与发展》,人民教育出版社 2003 年版,第 53 页。

③ Gerald W. Smith. *Illinois Junior-Community College Development 1946 - 1980*. Illinois Community College Board, 1980:253.

④ Gerald W.Smith.*Illinois Junior-Community College Development 1946-1980*.Illinois Community College Board, 1980:253.

续表

年份	合计	学士学位导向的课程	职业课程	通识课程	其他
1977	329,778	102,843	109,474	83,130	34,331
1978	322,368	103,462	95,876	84,812	38,217
1979	323,653	92,138	96,682	82,739	52,094

事实上,转学课程注册学生中成功转入4年制院校的人数更是少之又少。采用以在校生总数为基数计算转学率的方法对各州进行研究的数据显示,转学课程在社区学院的实际运行中逐渐处于次要地位。根据对纽约、华盛顿和伊利诺伊州的研究,社区学院注册学生中只有不足6%的能够转入4年制学院。1977—1978年间,纽约州只有7,716名学生转入4年制院校,在156,096名社区学院学生中所占的比例仅为4.9%。同期,华盛顿州转入4年制院校的社区学院学生人数为3,852人,占171,068名在校生总数的2.3%。1972—1973年间,183,286名社区学院学生中转入4年制院校的学生人数为10,145人,占在校生总数的比例为5.5%。[1]

1980年加利福尼亚州社区学院在校生人数占全美社区学院在校生总数的四分之一,对该州社区学院学生转学率的研究更能说明问题。加利福尼亚州的数据显示,社区学院转入4年制院校的学生的相对数量和绝对数量都出现了显著的下降。这种趋势在向高层次院校转学的学生身上体现得尤其明显。数据显示,转入最高层次的加利福尼亚大学的学生人数在1973年达到峰值的8193人,1979年降至5649人。同期,转入中间层次的加利福尼亚州立大学及学院的社区学院学生人数下降的幅度稍小一些,从1973年的33089人下降至1979年30428人。[2]

应该指出的是,转学教育在社区学院地位的下降是与职业教育地位的上升相对应的。正如科恩曾经指出的那样:"通识课程及转学学生比例的下降

① Steven Brint,Jerome Karabel.*The Diverted Dream:Community Colleges and the Promise of Educational Opportunity in America*,1900—1985.New York,Oxford:Oxford University Press,1989:250.

② Steven Brint,Jerome Karabel.*The Diverted Dream:Community Colleges and the Promise of Educational Opportunity in America*,1900—1985.New York,Oxford:Oxford University Press,1989:129.

在 20 世纪 70 年代非常明显,80 年代这种下降的趋势得到了遏制。"①

(三)社区教育

社区教育是在转学教育和职业教育之外实施的非学历教育,包括成人教育、继续教育、社区服务等,参加社区教育的多为成人。20 世纪 20 年代末 30 年代初的大萧条时期,美国社区学院曾为失业工人开设汽车维修、装潢、饮食服务等实用课程,举办短期汽车培训班。二次大战时期,社区教育进一步发展。20 世纪 50 年代以后,社区教育的地位得到巩固,逐步发展为社区学院的一项重要职能。

在社区教育发展过程中,美国社区学院与初级学院协会的主席发挥了很大的作用。20 世纪 50 年代,耶西·罗格(Jesse Rogue)广泛宣传"社区学院"的概念。曾担任协会副主席的罗杰·亚尔英(Roger Yarring)明确指出:"美国社区与初级学院协会的基本目标之一就是帮助会员学院逐渐发展成为以社区为基础的机构。"1958—1981 年间一直担任协会主席的埃德蒙·J. 小格利泽(Edmund J.G;eazer)撰写多部著作,提出初级学院不能仅仅作为中学后教育机构,要直接参与社区的发展,把继续教育当成主要职能。在"社区学院"这一名称上,他强调"社区"胜过"学院"。他认为,社区学院是社区居民终生可以利用的资源,应该为民众在社区事务中提供帮助。他的核心观点就是"只有社区学院才有资格成为社区学习系统的枢纽,使教育机构融为一体,满足民众在教育方面的需求。"②

从 20 世纪 40 年代以后,民众对社区教育的确有着日益强烈的需求。1944 年 12 月 16 日的盖洛普民意测验(Gallup Poll)发现,34% 的成年人希望第二次世界大战后进入学校继续接受教育。根据 1947 年 7 月 6 日的盖洛普民意测验,成人希望接受继续教育的比例上升到 41%。这项测验还发现:(1)妇女接受高等教育的愿望高于男人;(2)一个人受教育程度越高想要的越多;(3)20 岁到 29 岁想要接受高等教育的成年人最多。民意测验中还显示,成人

---

① Arthur M.Cohen, Florence B.Brewer. *The American Community College*. San Francisco: Jossey-Bass, 1996:332.

② Arthur M.Cohen, Florence B.Brewer. *The American Community College*. San Francisco: Jossey-Bass, 1982:252.

最想学习社会科学和与职业技能相关的课程。①

20 世纪 70 年代后期,尼肯斯(J.M.Nickens)面向佛罗里达州 10 所社区学院参加社区教育的 4631 名学生进行了一次调查,了解他们参加社区教育的动机及需求满足情况,调查结果如表 1-27。

表 1-27　佛罗里达州 10 所社区学院学生参加社区教育的动机及需求满足状况②

参加社区教育课程的动机	占社区教育课程注册学生总数的比例	满足需求的学生比例
学习运动或游戏技能	14.1	86.8
提高公民技能	12.8	83.3
为退休生活做准备	16.4	83.6
提高阅读技能	5.5	60.7
了解不同的生活方式及应对技能	20.5	85.5
解决酗酒及毒品问题	1.9	40.0
提高财务规划能力	28.7	87.6
提高消费技能	21.0	85.6
学习有关家庭规划的知识	3.4	55.6
学习如何应对家庭中的重大变故（出生、去世、结婚、离婚、失业、升迁等等）	14.8	81.0
学习某种爱好	33.5	90.2
实现文化和社会方面的发展	38.7	92.6
学习如何在俱乐部或团体中成为合格会员并参与其中的活动	12.7	80.7
学习保健技能	17.3	85.1
学习持家的技能	10.5	76.8
增进不同族裔之间沟通与理解	9.6	83.1
进一步了解文化遗产	4.5	64.7

①　The President's Commission on Higher Education.*Higher Education for American Democracy.* New York：Harper & Brothers Publishers,1947.

②　Arthur M.Cohen,Florence B.Brewer.*The American Community College.*San Francisco：Jossey-Bass,1982：253.

参加社区教育课程的动机	占社区教育课程注册学生总数的比例	满足需求的学生比例
提高就业机会	42.1	90.0
学习诸如简历撰写、面试技巧等求职技能	6.7	59.3
提高教育技能,学会应对教育中的难题	8.7	73.5
参加在职培训	11	75.9
其他	27.4	89.6

从表1-27可见,学生参加社区教育的动机各不相同。其中,希望提高职业技能,增加就业机会的学生所占的比例最高,达42.1%。期望借助参加社区教育活动提高个人文化素质和社会交往能力的学生比例也比较高,达38.7%。此外,学生参加社区教育的主要动机还有培养爱好,实现个人的发展,提高持家能力等。

为了满足居民多种多样的需求,社区学院设计了种类繁多的课程。布劳沃(Brawer)等学者认为,美国社区学院社区教育包括职业教育(Career Education)、发展性教育(Developmental Education)、学院性教育(Collegiate Education)等方面的内容。在社区教育的范畴之内,职业教育主要体现在为参与者的职业提升和证书延期服务。学院性教育体现在为成人开设4年制院校的课程、授予大学经验学分(college credit for experience)、组织大学水平的非学分课程等。发展性课程则聚焦在提高读写能力、完成高中学业、通识教育等方面,以成人的需求为中心设计课程。

虽然一般来讲社区教育指为成人组织的非学历性质的课程或活动,但各州、各社区学院之间对社区教育的定义存在着一定的差异,这种状况造成了社区教育参与人数统计口径的不一致。不过,尽管参加社区教育的人数难以准确统计,但参与人数众多却是不争的事实。根据美国社区学院与初级学院协会出版的《社区、初级和技术学院指南》,1975—1976年度参加社区教育的人数为3259972人,1979—1980年度增加至3977050人。1975—1980年间美国社区学院社区教育参与人数变动情况请见表1-28。

表 1-28　1975—1980 年间美国社区学院社区教育参与人数①

	1975—76	1976—77	1977—78	1978—79	1979—80
公立	3,203,604	2,801,778	3,045,730	3,386,295	3,951,187
私立	56,368	50,895	32,349	35,763	25,863
合计	3,259,972	2,852,673	3,078,079	3,422,058	3,977,050

社区教育的快速发展,在各州的统计数据中也清晰可见。据美国《社区、初级、技术学院指南》的报告,1979 年加利福尼亚州参加社区教育的人数为153086 人,当年该州社区学院参加学位学分课程的学生总数为 1101648 人,社区教育参加者比例的相对较低与在该州多数地区成人中等学校占据主导地位有关。20 世纪 70 年代后期,佛罗里达州的社区学院为 16 岁以上的成人服务的社区教育较为发达,为母语非英语的移民开设英语课程,为参加普通教育发展测验(General Education Development Test)的居民组织短训班,帮助他们取得高中毕业文凭。1977 年,该州社区学院各类社区教育课程注册人数达504000 人,为学位课程注册学生总数的 3 倍。同年,伊利诺伊州社区学院参加大学或职业学分课程的学生总数为 230000 人,参加各类社区教育的人数为269000 人。1976 年,艾奥瓦州社区学院各类学生总数为 418400 人,其中参加成人教育的人数为 360867 人。1975—1976 年,参加俄勒冈州补偿性职业教育、自我发展及爱好、在职进修等社区教育的人数达 121500 人,超过学位及证书课程注册学生的 80200 人。20 世纪 70 年代末在美国几乎所有州的社区学院,参加社区教育的人数均超过学位课程注册的学生人数。②

五、社区学院课程体系的变迁

随着社区学院职能的拓展,二次大战至 20 世纪 70 年代末社区学院的课程体系发生了明显的变化。这些变化主要体现在学术性课程的完善、职业课

---

①　Arthur M.Cohen,Florence B.Brewer.*The American Community College*.San Francisco:Jossey-Bass,1982:259.

②　Arthur M.Cohen,Florence B.Brewer.*The American Community College*.San Francisco:Jossey-Bass,1982:259-261.

程的拓展、社区教育课程的丰富等方面。

(一)学术性课程的完善

转学教育的目的在于为学生进入大学三、四年级学习做准备,为此服务的学术性课程以通识教育为主。二次大战后至 20 世纪 70 年代末期,美国社区学院的学术性课程体系逐步完善,以适应高等教育整体变革的大环境。首先是综合性课程的设置。在分科课程的基础上,20 世纪 50 年代美国社区学院增设了概论课程(Survey Courses)、名著(Great Books)课程、个体与社会(Individual and Society)、理解人类的价值(Understanding Human Values)等综合性课程。1978 年,米亚米·戴德(Miami-Dade)开发设置了交际(Communications)、社会环境(Social Environment)、自然环境(Natural Environment)、人文学科(Humanities)和个人(Individual)5 个跨学科课程。其次是课程内涵的更新。"除传统的音乐欣赏、艺术欣赏等人文学科之外,相比较二战前的课程,增设了交际学、交流艺术、社会科学调查等新的学科领域。而与此同时,通识教育中的古典科目如拉丁语、希腊语在这个时期已经很少出现,这说明传统的古典课程在这时通识教育课程中的地位已衰微。"[1]

1951 年,美国学者普特南(Putnam)对 425 所公立和私立的社区学院的课程体系进行过调查,发现许多社区学院增设了学术性领域的课程,详情见表1-29。

表1-29　社区学院转学教育领域的课程分布[2]

课程名称	开设该课程的学院所占的比例	课程名称	开设该课程的学院所占的比例
健康	44	音乐欣赏	34
社会问题与今日世界	26	世界历史	24
艺术欣赏	23	大学指南	22
自然科学概论	18	交际	12

---

[1] 周志群:《美国社区学院课程变革与发展研究》,福建教育出版社 2012 年版,第 115 页。

[2] Gwyer Schuyle. "A Historical and Contemporary View of the Community College Curriculum", *New Directions for Community Colleges*. New York: Jossey-Bass, 1999:5.

续表

课程名称	开设该课程的学院所占的比例	课程名称	开设该课程的学院所占的比例
商业导论	10	急救	8
心理卫生学	7	社会科学导论	7
婚姻准备	6	人文科学概论	5
工作经验与学生活动	4	职业选择	3
名著	2		

（二）职业教育课程的拓展

伴随着职业教育逐渐成为社区学院的三大主要职能之一，职业教育课程在二战结束到 70 年代末取得了长足的进步，课程覆盖的范围逐渐扩大。梅兹克（Medsker）曾对 1955—1956 年间美国社区学院开设职业教育课程的状况进行调查研究，结果如表 1-30。

表 1-30　1955—1956 年间美国社区学院开设的职业教育课程①

职业教育课程名称	开设该课程的学院所占的比例	职业教育课程名称	开设该课程的学院所占的比例头
商业	67	农业	27
工程助理	26	家政	26
汽车、柴油车机械	25	护理	22
电子	21	收音机、电视	19
机械工厂	18	文秘	17
实验室技术员培训	17	商业艺术	15
电气工厂	13	焊接	12
摄影	10	图像艺术	10
绘图、设计	10	牙齿护理	10
航空	8	空调、制冷	8
建筑业	7	治安官培训	7

① Gwyer Schuyle. "A Historical and Contemporary View of the Community College Curriculum", *New Directions for Community Colleges*. San Francisco：Jossey-Bass，1999：6.

职业教育课程名称	开设该课程的学院所占的比例	职业教育课程名称	开设该课程的学院所占的比例头
印刷	7	广告	6
金属板	6	初等教育	6
美容学	6	娱乐业领导艺术	6
木工	6	磨坊与橱柜	5
服装、裁缝	4	医务秘书	4
音乐	3	建筑学	3
美术	3	木工	3
饭店、酒店管理	2	石油	2
幼儿教育	2	新闻业	2

由表1-30可见,20世纪五六十年代美国社区学院职业课程的领域与上一个时期相比有了很大的拓展。汽车、柴油车机械、护理、电子、广播电视、摄影、空调与制冷等新课程均已进入社区学院的课程体系,职业教育与生产和生活之间的关系日益密切。同时,商业、农业、工程是这一时期社区学院职业课程中开设比例最高的学科,家政学的比例有了一定程度的下降,这些都是美国社会发展在社区学院课程领域的必然反映。

(三)社区教育课程的丰富

1947年美国总统高等教育委员会发表《为民主服务的高等教育》的报告中指出,社区学院应该努力成为整个社区的学习中心,要充分考虑服务对象的兴趣需要,开设绘画、歌唱、剧本写作等娱乐性课程和新闻、儿童心理学等进修性课程。为了保证社区居民的健康,社区学院有必要向社区餐馆管理人员和从业人员讲授食品细菌学领域的知识。如果所在社区是拉丁美洲的游客喜欢的旅游胜地,社区学院就应该为销售人员、宾馆服务生和出租车司机开设西班牙语课程。①

---

① The President's Commission on Higher Education. *Higher Education for American Democracy.* New York:Harper & Brothers Publishers,1947.

《为民主服务的高等教育》报告的精神在社区学院教育实践中得到了充分的体现。社区教育的"教学内容根据居民的不同需要,可能是学会某种运动技术,如何安排退休后的生活,家庭预算的制定,提高阅读能力——但并不是为了某种证书或将来成为某一系科的正规学生,学习音乐或绘画——但仅仅是为了个人兴趣,或者是学习保健知识,如何戒酒戒毒,或者是提高文化知识以增进个人的修养,或者是如何写简历、如何与招聘单位会见以提高找工作的能力,或者是指导父母如何教育残废的子女。社区教育也可能提供短期的职业课程,为在职人员更新知识,或为居民训练某种职业技能"。①

通常情况下,社区教育有别于正规的学校教育。每门课程的授课时间从几小时到一个学期,长短不等。教学方法灵活,既有传统的班级授课,也有通过广播电视等媒介实施的远程教学。此外,还有报刊论坛、校园文化与艺术活动、社区高层会议、社区健康检查以及社区青年领导人的相关培训等等。

六、社区学院教师队伍的演变

从诞生之日起,社区学院的教师队伍就呈现出不同于传统4年制院校教师队伍的特征。一般来讲,社区学院的教师中有一部分是兼职教师。与传统4年制院校相比,社区学院教师以教学为主要任务,学历层次较低,工作负担较重,报酬偏低。二战结束到20世纪70年代末,随着社区学院规模的扩大和职能的变迁,美国社区学院教师队伍也发生了一些变化。

(一)兼职教师的比例稳定增长

由于社区学院规模小,学生少,开设的课程有限,经费不足,许多教学岗位由兼职教师担任。兼职教师中多数是中学教师,也有一部分大学教师。兼职教师便于管理,又可减少办学成本,因而在初级学院的教师队伍中占有不小的比例。伊尔斯(Eells)在1931年曾经指出,在20世纪20年代后期得克萨斯州社区学院中兼职教师的比例超过一半。在1921年对加利福尼亚州8所初级学院进行调查后,他发现兼职教师所占的比例竟然超过90%。就全美范围来

---

① 毛澹然:《美国社区学院》,高等教育出版社1989年版,第84页。

看,20世纪70年代以来兼职教师的比率持续增加,1976年增加到占教师总数的56%。① 1953年至1980年间美国社区学院兼职教师所占的比例详见表1-31。

表1-31　1953年至1980年间美国社区学院兼职教师所占的比例②

年份	教师总数	专职教师		兼职教师	
		人数	百分比	人数	百分比
1953	23,762	12,473	52	11,289	48
1958	33,396	20,003	60	13,393	40
1963	44,405	25,438	57	18,967	43
1968	97,443	63,864	66	33,579	34
1973	151,947	89,958	59	61,989	41
1974	162,530	81,658	50	80,872	50
1975	181,549	84,851	47	96,698	53
1976	199,655	88,277	44	111,378	56
1977	205,528	89,089	43	116,439	57
1978	213,712	95,461	45	118,251	55
1979	212,874	92,881	44	119,993	56
1980	238,841	104,777	44	134,064	56

(二)教师的来源日趋多样化

如前文所述,许多初级学院是从高中毕业后课程发展而来的。在这样的背景下,从初级学院诞生到20世纪60年代,社区学院教师中有相当一部分具有高中从教经验。伊尔斯(Eells)在20世纪20年代从事的一份研究显示,初级学院中高达80%的教师曾在高中工作。梅兹克(Medsker)发现,20世纪50年代初级学院的教师中有64%的教师具有在中等、初等学校工作的经验。1963年,加利福尼亚州社区学院学科教学的新入职教师中大约44%的教师直

① Arthur M.Cohen,Florence B.Brewer.*The American Community College*.San Francisco:Jossey-Bass,1982:70.

② Arthur M.Cohen,Florence B.Brewer.*The American Community College*.San Francisco:Jossey-Bass,1982:71.

接来自中等学校。从全国范围来看,公立社区学院教师队伍中具有中学工作
经验的教师所占的比例比同类型教师在私立初级学院中所占的比例高出 10
个百分点,详情请见表 1-32。从 20 世纪 70 年代开始,具有中学工作经验的
教师在社区学院教师中所占的比例出现了一定程度的下降。随之而来的是刚
刚毕业的研究生、其他行业的工程技术人员充任社区学院教师的比例有了一
定程度的增加。

表 1-32　1963—1964 和 1964—1965 学年度社区和初级学院专职新教师来源①

新教师来源	百分比		
	全部院校	公立	私立
中学教师	30.3	32.2	22.2
研究生院毕业生	23.7	23.0	27.2
学院或大学教师	17.1	17.3	16.2
企业部门工作人员	11.3	11.2	11.7
大学毕业生	3.7	3.0	7.0
其他教育机构工作人员	2.4	2.4	2.3
非教育机构工作人员	2.1	2.3	1.0
政府部门工作人员	2.0	2.2	1.1
研究人员	1.5	1.4	2.0
家庭主妇	1.4	1.3	1.7
小学教师	1.3	1.1	2.0
军事人员	1.2	1.2	1.1
中小学行政人员	1.0	0.9	1.3
调查学院总数	547	356	191

(三)学历层次显著提高

与 20 世纪二三十年代相比,美国社区学院教师的学历层次呈现出显著提
高的趋势。1930 年,硕士学历教师所占的比例最高达到 59%。其次是学士学
历的教师占比为 29%。博士学历的教师仅占 5%。至 1979 年,硕士学历的教

① 毛澹然:《美国社区学院》,高等教育出版社 1989 年版,第 129 页。

师所占的比例为 74%,博士学历教师所占的比例上升到 15%,学士学历的教师所占的比例急剧下降至 8%。由此可见,二战结束至 20 世纪 70 年代末这段历史时期,硕士学历的教师依然是教师队伍的主体,博士学历的教师所占的比例有了较大的提升,学士学历教师所占的比例有了明显的下降。美国社区学院教师学历层次演变情况详见表 1-33。

表 1-33　美国社区学院教师学历层次比例演变情况①

年份	学士以下	学士学位	硕士学位	博士学位
1930	7	29	59	5
1941	3	27	64	6
1957	7	17	65	10
1969	17(学士及学士以下合计)		75	7
1972	3	13	74	10
1979	3	8	74	15

七、以州政府投资为主的经费保障体系的建立

如前文所述,公立初级学院在起步阶段主要依靠地方政府征收的税款维持,学生缴纳的学杂费数额不是很大,在初级学院经费总额中所占的比例较小。州政府根据学院所在地的经济状况给予一定的补助,以维持各地区初级学院之间经费水平的大体平衡。奥根布利克在 1978 年曾经指出,20 世纪 20 年代州政府拨付的经费在公立初级学院总收入中的比例不足 5%,二战前大多数年份学生缴纳的学杂费超过州政府提供的经费。理查德森(Richardson)和莱斯莉(Leslie)在 1980 年认为,1934 年地方政府提供的经费占初级学院收入的 84%,其余的经费多数来源于学生缴纳的学杂费。当然,初级学院经费保障方式在各州之间存在着很大的不同。伊尔斯的研究表明,得克萨斯州学生缴纳的学费在初级学院经费总额中所占的比例高达 77%,而加利福尼亚州

①　Arthur M.Cohen,Florence B.Brewer.*The American Community College*.San Francisco:Jossey-Bass,1982:77.

社区学院经费中的81%源自地方税收。①

二战之后,美国社区学院的经费保障体系发生了重大变化。随着规模的扩大,学生人数的增加,社区学院在经济、教育等领域的地位进一步提高,州政府不再仅仅提供少量的补助以维持各学院之间经费的平衡,而是加大投入,逐渐成为社区学院经费来源的主渠道。1918—1980年间公立2年制学院经费来源情况详见表1-34。

表1-34　1918—1980年间公立2年制学院经费来源比例状况②

经费来源	年　份								
	1918	1930	1942	1950	1959	1965	1975	1977	1980
学杂费	6	14	11	9	11	13	15	18	15
联邦政府拨款	0	0	2	1	1	4	8	5	5
州政府拨款	0	0	28	26	29	34	45	59	60
地方政府拨款	94	85	57	49	44	33	24	15	11
私人捐赠	0	0	0	0	0	3	1	0	1
辅助性服务收入					12	6	6	0	3
其他	0	2	2	2	2	7	1	3	3

从表1-34清晰可见,在1942—1980年间公立社区学院经费总额中,地方政府拨款所占的比例从57%下降至11%,州政府拨款所占的比例从28%上升至60%,其他来源所占的比例大体保持稳定。

学费是除州政府和地方政府之外社区学院的第三个经费来源。尽管在初期很多初级学院的创建者宣传免学费或低学费政策,但这种主张并没有在社会上得到广泛的赞同。1979年的一份调查显示,即使在实行社区学院免学费政策的加利福尼亚州,也只有56%的受访者认为学分课程可以免费。在这样的舆论氛围下,真正实施免学费政策的社区学院仅是少数。虽然1947年总统

---

① Arthur M.Cohen,Florence B.Brewer.*The American Community College*.San Francisco:Jossey-Bass,1982:128.

② Arthur M.Cohen,Florence B.Brewer.*The American Community College*.San Francisco:Jossey-Bass,1982:129.

高等教育委员会进一步强调 14 年级之前公共教育免费的重要性,但 20 世纪 50 年代和 60 年代设立的社区学院几乎都向学生收取学费。

对早期 2 年制学院学费水平考察后可以发现,2 年制学院学费水平与公立大学相比的差别不大。20 世纪二三十年代,学费水平低于 50 美元的 2 年制学院所占的比例在 28% 和 37% 之间,其余的学院中大多数学费水平低于 150 美元,学费最高的为 200 美元。至 20 世纪 70 年代,与州立大学的学生相比,社区学院的学生在学费方面每年可以节省 200—400 美元,非住校学生、部分时间制学生节省的学费更多一些。

20 世纪 70 年代,社区学院学费的年度增长率超过 4 年制院校。至 70 年代末,社区学院的平均学费大体相当于 4 年制院校的 60%。社区学院的学费在 20 世纪 50 年代之前一般为 1—99 美元,60 年代一般为 100—199 美元,70 年代一般为 200—299 美元。至 20 世纪 70 年代末,社区学院的平均学费水平超过 300 美元,15% 的社区学院的学费水平超过 500 美元。

到 20 世纪 70 年代末 80 年代初,美国社区学院逐步建立起了以州政府拨款为主,其他渠道为辅的经费保障体系。不过,虽然在全国范围来看州政府是社区学院经费来源的主渠道,但各州之间依然存在着很大的差异。直至 20 世纪 70 年代末,亚利桑那州社区学院经费中的大约 50% 来源于地方税收,而在另外至少 10 个州地方政府却不负担任何社区学院经费。

第三节　20 世纪 80 年代以来美国社区学院的改革与完善

在人口减少、经济衰退、国际竞争加剧等因素的影响下,美国社区学院进入了改革与完善阶段。在这一时期,尽管社区学院在校生数量仍有一定规模的增长,但社区学院的数量基本保持稳定。社区学院职业教育职能的主导地位得以延续,但转学教育在经历了上一个时期的衰退之后显示出复苏的迹象。计算机等新兴学科日渐走入学生的课堂,社区学院的课程与社会发展和学生生活之间的联系日趋紧密。到 20 世纪末,社区学院已经成为美国教育、经济、民生等领域的一支重要力量,在增加高等教育机会、促进经济发展、提高民众生活水平等方面发挥着巨大的作用。

一、社会背景

(一)知识经济的冲击

作为世界科技中心的美国,率先兴起了以电子技术为支撑的第三次科技革命和以信息技术为支撑的第四次科技革命。在科技革命浪潮的冲击下,计算机互联网走入普通民众的生活,经济领域的自动化程度显著提高,产业构成方式发生了很大的改变。20世纪80年代末90年代初,美国经济增长了20%,其中服务业增长了29%,从1980年到1990年的十年间,美国的社会服务、工程管理、健康与商业等产业累计增加了59%。新的生产和生活方式,需要社区学院提高人才培养的规格,更新课程设置,回应社区的需求。

(二)国际竞争提出的严峻的挑战

随着互联网等高新技术的涌现,世界经济的全球化趋势、一体化趋势日益明显,美国企业在许多领域面临着来自其他国家的严峻挑战,长期以来有着巨大优越感的企业界、科技界的精英们感受到巨大的冲击。他们逐渐认识到,提高每个员工的技术水平,是保持美国竞争力的关键所在。美国国家科学基金会(National Science Foundation)的伊丽莎白·J.特莱斯(Elizabeth J.Teles)指出:"工商业要求每个雇员都提高生产力,要求员工掌握多种技能并可随岗位的变化做出自我调整,要求员工掌握核心理论和实践技能,不仅能够做好现有的工作,而且还要具备适应性和灵活性。……因此,我们必须培养具备核心技能和知识的技术人员,使他们养成学习和适应的能力。"①社区学院因其在进行职业教育,提高民众科学技术水平方面具有独特的优势,在应对国际竞争的大背景下自然受到广泛的关注。

(三)社会问题的频发

由于多重因素的作用,自20世纪80年代起美国的贫富差距进一步拉大。

---

① 　Madeline Patton.*Advancing Technological Education*:*Keeping America Competitive*.Washington D.C.:Community College Press,2005:v.

"1%最富有的人占全国财富的比重,从 1981 年的 8.1%上升到了 1986 年 14.7%……;收入排在倒数第五位的人口财富占有比重在 1973 年—1979 年下降了 1%,但是在 1979—1987 年间,降幅却高达 10%。……到 20 世纪 90 年代后期,尽管失业率降到了近 30 年以来的最低水平,可是在社会经济方面却差不多倒退到了'二战'结束时的水平"。① 除不断被拉大的贫富差距之外,种族歧视、谋杀、毒品、艾滋病等新老问题交织在一起,无时无刻不在困扰着美国。深刻的社会危机要求美国的社区学院关注社会现实,培养学生的人文素养,提高学生的社会责任感。

(四)联邦政府支持力度的加大

为推动技术教育的开展,培养更多的高级技术领域的技术人员,1992 年 10 月美国国会通过《科学和高级技术法案》(Scientific and Advanced Technology Act)。为落实该法案,1993 年美国国家科学基金会启动"高级技术教育"(Advanced Technological Education)计划。该计划自实施以来,获得的资助不断增加,从 1994 年的 1340 万美元上升到 2004 年的 4500 万美元。1993—2004 年间,国家科学基金会已经向 600 多个高级技术教育的项目和中心拨付款项。聚焦技术教育某领域的项目在两到三年的时间内,每年可获得 25,000—300,000 美元的资助。高级技术教育中心分为国家级综合性优异中心(Centers of Excellence)、满足本地工业需求的区域性中心、发挥信息交流与示范作用的资源中心。在 4 年的时间内,这些类型各异的高级技术教育中心可以获得高达 500 万美元的资助。社区学院是职业技术教育领域的一支最重要的力量,很自然地获得了高级技术教育项目的大多数资金。此外,社区学院的管理人员和教师积极参加项目与中心的设计和运营,组织与政府、工商业、其他教育部门的合作,社区学院因此得到了更大的发展空间。

二、社区学院的规模基本稳定

与 20 世纪 70 年代中期之前美国社区学院数量快速增加的情形不同,20

---

① [美]亚瑟·M.科恩、卡丽·B.基斯克:《美国高等教育的历程》,梁燕玲译,教育科学出版社 2012 年版,第 197 页。

世纪 80 年代以后美国社区学院的数量基本稳定,有的年份甚至出现减少的情况。详情见表 1-35。

表 1-35　1980—1992 年间美国公立/私立社区学院数量及在全部社区学院中的比例①

年份	总计	公　立		私　立	
		数量	百分比	数量	百分比
1980—1981	1,231	1,049	85	182	15
1982—1983	1,219	1,064	87	155	13
1984—1985	1,222	1,067	87	155	13
1986—1987	1,224	1,062	87	162	13
1988—1989	1,231	1,056	86	175	14
1990—1991	1,238	1,078	87	160	13
1992—1994	1,236	1,082	88	154	12

　　20 世纪 80 年代以后美国社区学院数量不再显著增长情形的出现,表明包括社区学院在内的高等院校的布局已经能够基本满足社会的需要。科恩的研究发现,在影响高等学院入学率的诸因素中,家庭与学校之间的距离非常关键。他指出,社区学院与学生家庭之间一般不超过 25 英里这个合理的通勤距离,如果一个州 90%—95% 的人口在家庭居住地方圆 25 英里之内有社区学院存在,该州的社区学院系统就比较成熟,就没有再建立新的社区学院的必要了。人口数量增加时,社区学院扩大在校生规模即可满足需求。当然,美国各州之间社区学院发展的进程不尽相同,较早建立起成熟的社区学院系统的州包括加利福尼亚州、佛罗里达州、伊利诺伊州、纽约州、俄亥俄州、密歇根州和华盛顿州等。在这些州,人口密度越大,社区学院覆盖的地域越小,在校生人数越多。在研究了学院数量与人口数量和密度之间的关系后,1972 年科恩指出全美需要 1074 所社区学院满足社会的需求。1994 年,全美的 1082 所公立社区学院已经能够满足适龄人口接受这种形式的高等教育的需求了。

---

① Arthur M.Cohen,Florence B.Brewer.*The American Community College*.San Francisco:Jossey-Bass,1996:15.

为吸引更多的学生进入社区学院学习,很多社区学院制定并实施了开放性入学政策,因此社区学院在校生人数并未随着学院数量的缩减而减少。20 世纪80 年代,社区学院的在校生人数基本稳定。20 世纪 80 年代末至 90 年代初,美国社区学院在校生人数呈现出较快增加的态势。1992 年全美社区学院在校生总数增加至 5722390 人,与 1980 年的 4526287 人相比增加了 1196103 人,增长的幅度为 26.42%。20 世纪 90 年代中期之后,社区学院在校生人数大体趋于稳定。1980—2015 年 2 年制学院在校生人数增长情况详见表 1-36。

表 1-36　1980—2015 年 2 年制学院在校生人数增长情况①

	高等学校在校生总数	2 年制学院在校生人数			2 年制学院在校生人数占高校总在校生的比例
		合计	公立	私立	
1980	12,096,895	4,526,287	4,328,782	197,505	37.41
1981	12,371,672	4,716,211	4,480,708	235,503	38.12
1982	12,425,780	4,771,706	4,519,653	252,053	38.40
1983	12,464,661	4,723,466	4,459,330	264,136	37.89
1984	12,241,940	4,530,773	4,279,097	251,676	37.01
1985	12,247,055	4,531,077	4,269,733	261,344	36.99
1986	12,503,511	4,679,548	4,413,691	265,857	37.42
1987	12,766,642	4,776,222	4,541,054	235,168	37.41
1988	13,055,337	4,875,155	4,615,487	259,668	36.65
1989	13,538,560	5,150,889	4,883,660	267,229	38.04
1990	13,818,637	5,240,083	4,996,475	243,608	37.92
1991	14,358,953	5,651,900	5,404,815	247,085	39.36
1992	14,487,359	5,722,390	5,484,555	237,835	39.49
1993	14,304,803	5,565,867	5,337,328	228,539	38.90
1994	14,278,790	5,529,710	5,308,467	221,243	38.72
1995	14,261,781	5,492,529	5,277,829	214,700	38.51
1996	14,367,520	5,563,327	5,314,463	248,864	38.44

① National Center for Education Statistics.*Digest of Education Statistics 2016.*Washington DC：Department of Education,2016；Table 303.25.

	高等学校在校生总数	2 年制学院在校生人数			2 年制学院在校生人数占高校总在校生的比例
		合计	公立	私立	
1997	14,502,334	5,605,569	5,360,686	244,863	38.13
1998	14,506,967	5,489,314	5,245,963	243,351	37.84
1999	14,849,691	5,653,531	5,398,061	255,470	38.07
2000	15,312,289	5,948,431	5,697,388	251,043	38.85
2001	15,927,987	6,250,579	5,996,701	253,878	39.24
2002	16,611,711	6,529,379	6,270,380	258,999	39.31
2003	16,911,481	6,494,234	6,209,257	284,977	38.40
2004	17,272,044	6,545,863	6,243,576	302,287	37.90
2005	17,487,475	6,488,055	6,184,229	303,826	37.10
2006	17,758,870	6,518,540	6,225,120	293,420	36.71
2007	18,248,128	6,617,930	6,324,119	293,811	36.27
2008	19,102,814	6,971,378	6,640,344	331,034	36.49
2009	20,313,594	7,522,582	7,101,570	421,012	37.03
2010	21,019,438	7,683,597	7,218,063	465,534	36.66
2011	21,010,590	7,511,150	7,068,158	442,992	35.75
2012	20,644,478	7,167,840	6,792,065	375,775	34.72
2013	20,376,677	6,970,644	6,626,411	344,233	34.21
2014	20,207,369	6,714,485	6,397,765	316,720	33.23
2015	19,977,270	6,490,928	6,215,666	275,262	32.49

　　与 4 年制院校的在校生相比,社区学院学生采取部分时间制就学的比例更高。2015 年,全美 2 年制院校共有学生 6,490,928 人,其中部分时间制学生 3,979,707 人,部分时间制学生所占的比例高达 61.31%。同年全美 4 年制院校本科阶段在校生 13,486,342 人,其中部分时间制学生 3,706,734 人,部分时间制学生所占的比例只有 27.49%。① 2 年制院校的学生之所以大都选

---

　　① National Center for Education Statistics. *Digest of Education Statistics 2016*. Washington DC: Department of Education,2016: Table 303.30.

择部分时间制就学，主要是因为他们大多年龄较大，且有些人已经就业，部分时间制能够满足他们边工作边就学的需求。

三、社区学院职能的完善

社区学院的终极目标是为社会服务。随着社会经济、教育发展水平的变化，社区学院的职能始终处于调整的过程之中。从 20 世纪 80 年代开始，社区学院已经建立起的转学教育、职业教育、社区教育职能体系面临着新的社会需求，启动了逐步改革完善的进程，呈现出一些新的特征。

（一）转学教育职能的复苏

随着科技水平的提升，就业岗位对从业人员的学历要求越来越高，很多人不再满足于毕业于社区学院，希望获得学士以上的学位。因此，转学教育在经历了一段时间的沉寂之后，出现了复苏的迹象。根据科恩主持的加利福尼亚大学洛杉矶分校社区学院研究中心转学汇编课题（Transfer Assembly Project）的研究，社区学院的转学教育在 20 世纪七八十年代出现了一定程度的衰退，但从 20 世纪 90 年代又开始逐渐回调。该课题组 1989 年选取 18 个州内有代表性的社区学院进行了追踪研究，推算出各州社区学院的转学率，[1]后来研究的范围扩展到 24 个州。该课题组发现，全国社区学院转学率 1989 年为 21.5%，1995 年上升至 25.2%，转学教育回升的趋势较为明显。1984 — 1995 年间全美社区学院转学率变化情况见表 1-37。

表 1-37　1984—1995 年间全美社区学院转学率变化情况[2]

	参与调查的社区学院数量	注册学生数量	4 年内至少完成 12 学分的学生所占的百分比	4 年内转学学生所占的比例
1984	48	77,903	50.5	23.7

---

① 该课题组以第一次在社区学院注册的学生中完成至少 12 个学分，并在离开社区学院 4 年内转学至本州的 4 年制公立院校且至少修习一门课程的学生所占的比例，计算转学率。

② Jane V. Wellman. *State Policy and Community College-Baccalaureate Transfer*. Washingtong DC：National Center for Public Policy and Higher Education and the Institute for Higher Education Policy，2002：12.

	参与调查的社区学院数量	注册学生数量	4年内至少完成12学分的学生所占的百分比	4年内转学学生所占的比例
1985	114	191,748	46.7	23.6
1986	155	267,150	46.7	23.4
1987	366	507,757	46.9	22.6
1988	395	522,758	45.5	22.1
1989	416	511,996	44.1	21.5
1990	417	543,055	47.1	21.8
1991	424	575,959	47.3	22.1
1993	345	293,149	50.7	23.4
1995	538	619,470	52.5	25.2

转学教育在社区学院的复苏在学生学习目标的提高上体现得更为明显。1989—1990学年,社区学院新生中29.2%的学生期望获得学士以下学位,40.9%的学生期望获得学士学位,29.8%的学生期望获得学士以上的学位。至2003—2004学年,期望获得学士以下学位的学生所占的比例下降到18.6%,期望获得学士学位以上的学生上升到44.1%。[1] 由此可见,20世纪90年代以来满足于在社区学院学习并获得副学士学位的学生所占的比例显著下滑,希望转学到4年制院校并获得学士或学士以上学位的学生比例显著上升。

(二)职业教育地位的巩固

社区学院的职业教育在20世纪70年代中期得到了快速发展,逐渐取代转学教育成为社区学院的主要职能。20世纪80年代,职业教育作为社区学院主要功能的地位持续巩固,社区学院逐渐从以转学为主要功能的高等教育机构演变成以职业教育为主要功能的高等教育机构。20世纪90年代初,职业教育在社区学院的地位虽有所下降,但其作为社区学院主要职能的地位仍然得以维持。职业教育在社区学院的主导地位,在注册学生人数和副学士学

---

① U.S.Department of Education.*Community College Student Outcome*:*1994—2009*.2011:5.

位授予人数方面都有突出的表现。表 1-38 为 1970—1971 年度至 1991—
1992 年度社区学院颁发的副学士学位人数演变情况。

表 1-38　1970—1971 年度至 1991—1992 年度社区学院颁发的副学士学位人数①

年份	所有课程	文理课程或普通教育课程	所占比例	职业教育课程	所占比例
1970—1971	253,635	145,473	57	108,162	43
1973—1974	347,173	165,520	48	181,653	52
1976—1977	409,942	172,631	42	237,311	58
1979—1980	403,378	152,169	38	253,209	63
1982—1983	465,441	133,917	29	322,524	72
1983—1984	452,416	128,766	29	323,650	72
1984—1985	454,712	127,387	28	327,325	72
1991—1992	504,321	195,238	39	309,083	61

四、社区学院课程的优化

(一)学术性课程的调整

1.学术性课程结构的调整

如前所述,社区学院的课程主要包括学术性课程和非学术性课程,学术性
课程为转学职能服务,非学术性课程为职业教育服务。学术性课程包括人文
学科、美术与表演艺术、社会科学、自然科学、数学及计算机科学等。据统计,
在 1986—1998 年这 13 年的时间内,学术性课程在社区学院课程体系中的比
例基本稳定,1986 年、1991 年和 1996 年的比例分别为 52%、56% 和 54%。由
此可见,这个历史时期社区学院的课程体系中超过一半的课程是学术性课程。
1991—1998 年间社区学院课程体系情况详见表 1-39。

---

① Arthur M.Cohen,Florence B.Brewer.*The American Community College*.San Francisco:Jossey-
Bass,1996:332.

表 1-39 1991—1998 年间社区学院的课程体系①

	1991 年			1998 年		
	课程数量	在全部课程中的比例	排名	课程数量	在全部课程中的比例	排名
人文学科	14,034	13.42	1	17,828	12.82	1
英语	13,327	12.75	2	16,905	12.15	2
数学与计算机科学	11,176	10.69	3	15,694	11.28	3
技术教育	8,229	7.87	7	11,886	8.55	4
商务与文秘	11,156	10.67	4	11,158	8.02	5
个人/职业技能	8,643	8.27	5	9,650	6.94	6
自然科学	8,031	7.68	8	9,536	6.86	7
贸易与工业	8,420	8.05	6	9,423	6.78	8
社会科学	6,966	6.66	9	9,056	6.51	9
医疗	4,641	4.44	11	8,040	5.78	10
美术与表演艺术	5,671	5.42	10	7,447	5.35	11
实习与实践	N/A	N/A	N/A	4,356	3.13	12
教育	1,147	1.10	13	2,396	1.72	13
工程技术	889	0.85	14	1,753	1.26	14
刑事审判	N/A	N/A	N/A	1,405	1.01	15
市场营销	1,523	1.46	12	1,317	0.95	16
农业	529	0.51	15	808	0.58	17
其他	77	0.07	17	294	0.21	18
军事科学	N/A	N/A	N/A	131	0.09	19
家政	106	0.10	16	N/A	N/A	N/A
合计	104565	100		139,083	100	

2. 人文学科课程的调整

在转学教育职能复苏的背景下,人文学科在美国社区学院的地位得以恢复。随着时代的进步,人们不再以学习某种技能并在此基础上终生从事一种

---

① Gwyer Schuyler. *Trends in Community College Curriculum*. San Francisco: Jossey-Bass, 1999:19.

职业为目标,而是要学习广泛领域内的知识,全面发展自己以适应劳动力市场越来越频繁的变化。为了适应学生学习广泛领域内知识的需求,开设人文学科领域内各学科的社区学院的比例在本历史阶段,尤其是 20 世纪 90 年代有了明显的提高。详情见表 1-40。

表 1-40 1975—1998 年社区学院开设人文学科课程的比例①

学科	1975	1977	1983	1986	1991	1998	1991—1998 年比例的变化
文化人类学	44	46	44	48	47	53	13
艺术历史/欣赏	70	68	76	76	80	88	10
外语	82	80	82	78	87	96	10
文化地理学	26	22	34	N/A	24	27	13
历史	90	92	93	92	92	96	4
文学	91	92	93	87	92	96	4
跨学科性质的人文学科	28	28	38	52	48	59	23
音乐欣赏	74	70	69	63	71	90	27
哲学	66	64	68	76	79	87	10
政治科学	89	94	90	86	90	98	9
宗教研究	26	28	24		22	42	91
社会和少数族裔研究	22	21	10		15	42	180

由表 1-40 可见,1991—1998 年间社区学院开设人文学科的比例都有了一定程度的增加,增加的幅度在 4%—180% 之间。比例增加最大的学科包括音乐欣赏、宗教研究、社会与少数族裔研究等。

在社区学院开设人文学科的比例显著增加的同时,社区学院人文学科课程体系内部在本历史阶段也出现了较大规模的调整。外语所占的份额有了很大程度的增加,占人文学科课程的比例从 1977 年的 20.5% 激增到 1991 年的 35.8%。历史、文学和政治科学所占的比例出现了一定程度的下降,这三类课

---

① Gwyer Schuyler. *Trends in Community College Curriculum.* San Francisco:Jossey-Bass,1999:20.

程在人文学科中所占的比例从 1977 年的 23.0%、11.4% 和 16.6% 分别下降至 1991 年的 19.4%、8.2% 和 12.6%。具体情况详见表 1-41。

表 1-41 社区学院人文学科领域不同课程所占的比例①

	1977	**1983**	**1986**	**1991**
文化人类学	3.2%	2.1%	2.7%	1.5%
艺术历史/欣赏	3.8	4.2	5.7	4.2
外语	20.5	27.7	28.4	35.8
历史	23.0	19.9	21.5	19.4
跨学科性质的人文学科	7.2	7.3	5.7	6.2
文学	11.4	11.2	10.0	8.2
音乐欣赏	3.3	3.4	4.8	3.5
哲学	6.4	6.2	7.8	7.1
政治科学	16.6	14.7	13.5	12.6
宗教研究	1.5	1.4	含在哲学内	0.6
社会和少数族裔研究	3.1	1.9	含在历史内	

就具体的学科来看,开设外国历史、比较政治学或政治学专题、某一位作者的文学作品、除西班牙语和作为外语的英语之外的语言、少数族裔与妇女研究、文化地理学等课程的社区学院相对较少,但设立社会历史、西班牙语、电影欣赏、文化艺术史等课程的社区学院数量有了一定程度的增加。

在本历史时期,符合学生兴趣、关注现实生活的课程受到学生的普遍欢迎。例如,有的教师向学生呈现墨西哥或亚洲的艺术作品,激发学生的兴趣,吸引没有学过欧洲艺术的学生学习艺术史这门课程。选修以宗亲制度为主要内容的人类学的学生本来较少,但教师更新教学内容开设的民俗、魔术、神话等新课程就吸引了很多学生。同样,有的社区学院以"沙漠奇观"(the Living Desert)或"保护北美大草原"(Preserving the Prairies)取代气候学,以聚焦城市问题的专题取代社会学导论,以家庭生活课程取代心理学导论,以"海洋环

① Arthur M.Cohen,Florence B.Brewer.*The American Community College*.San Francisco:Jossey-Bass,1996:317.

境"(the Oceanic Environment)取代物理和化学也收到了不错的效果。虽没有准确数字,但学习这些专题性的、现实性的、符合学生兴趣的课程的人数大约占人文学科注册学生总数的20%—25%。①

在转学教育课程方面本历史时期变化最为巨大的是作为第二语言的英语。在学习外语的学生中,学习作为第二语言的英语的学生所占的比例从1983年的30%迅速上升到1991年的51%。在所有学习外语学分课程的学生中,选修作为第二语言的英语和西班牙语课程的学生人数合计所占的比例为75%。学习作为第二语言的英语的学分课程大约为250,000人,与学习非学分课程的人数大体相当。②

表1-42 社区学院人文学科领域课程不同内容所占的比例③

学科领域	1975	1977	1983	1986	1991
历史	90%	92%	93%	92%	91%
州与地方	28	26	31	25	30
西方世界	82	83	76	71	74
美国	87	88	85	83	86
世界其他地区	28	23	26	25	25
特定群体	29	30	26	25	25
社会历史	25	28	20	23	9
政治科学	89	94	90	86	90
美国政府	89	94	90	86	90
地方/市/州	40	40	35	40	38
比较	23	20	28	25	24
工具和方法	26	26	15	3	5
专题	18	15	43	26	12

---

① Arthur M.Cohen,Florence B.Brewer.*The American Community College*.San Francisco:Jossey-Bass,1996:317-318.

② Arthur M.Cohen,Florence B.Brewer.*The American Community College*.San Francisco:Jossey-Bass,1996:320.

③ Arthur M.Cohen,Florence B.Brewer.*The American Community College*.San Francisco:Jossey-Bass,1996:315-316.

学科领域	1975	1977	1983	1986	1991
法学	30	34	33	36	61
文学	91	92	93	87	91
导论/概述	84	87	80	74	54
性别	38	36	35	41	36
特定群体	20	17	24	23	15
圣经	6	6	12	6	9
大众	15	16	11	9	6
经典	10	9	10	3	15
外国语	82	80	82	78	86
法语	60	56	57	59	62
德语	40	38	45	41	36
意大利语	11	12	17	16	14
俄语	9	7	4	5	11
西班牙语	70	68	72	68	77
与职业有关的西班牙语	6	10	6	1	3
作为第二语言的英语	26	33	27	38	41
古典语言	4	5	5	5	5
其他	8	11	15	15	24
综艺	50	51	61	69	47
跨学科课程/概述	28	28	38	52	45
戏剧	24	26	34	26	32
电影	12	16	21	17	23
专题	19	18	16	12	4
哲学	66	64	68	76	74
导论/历史	56	56	54	58	61
伦理学	25	23	29	37	37
逻辑学	26	26	39	38	43
宗教	21	18	21	34	20
专题	15	19	20	13	9
艺术史/欣赏	70	68	76	76	80
历史/欣赏	69	67	84	77	78

学科领域	1975	1977	1983	1986	1991
特定文化	3	6	6	13	15
其他特定的文化	7	7	12	6	15
音乐历史/欣赏	74	70	69	63	71
导论/概述	73	68	75	62	70
爵士乐	3	6	9	8	10
专题	7	7	4	13	12
文化人类学	44	46	44	48	46
导论/概述	39	42	41	45	44
美洲印第安人	4	5	8	7	3
民俗/魔术/神话	1	2	1	NA	7
其他专题	12	11	6	14	5
社会/伦理研究	22	21	10	包含在历史和文学内。	15
少数民族	15	15	6		9
女性	3	3	4		3
个体	1	1	2		1
其他	12	11	4		4
宗教研究	26	28	24	包括在哲学内	22
导论/概述	12	14	15		15
专题	10	11	8		4
经文	16	17	12		8
文化地理学	26	22	34	NA	24
导论/概述	26	21	32		22
专题/地区	3	1	5		3

(二)职业教育课程的调整

1. 职业教育课程在社区学院课程体系中所占比例基本稳定

20世纪90年代美国社区学院职业教育课程在课程体系中所占的比例始终保持在低于50%的水平上。根据抽样研究,1991年社区学院非文理课程在课程体系中所占的比例为 43%,1998 年的比例为 45%。当然,各州社区学院之间存在着巨大的差异。在参与 1998 年调查的 164 所社区学院中,非文理课程在课程体系中所占的比例在 19%—77% 的范围之内。虽然造成如此巨大差异的原因多种多样,不一而足,但历史因素的影响非常巨大。例如,参与调查的印第安纳州和威斯康星州的 6 所社区学院均具有技术教育的传统,因此在其中的 5 所学院非文理课程所占的比例都超过了全国的平均水平。而在学术性教育历史悠久的加利福尼亚州,参与调查的 26 所学院中只有 7 所非文理课程所占的比例在全国平均水平之上。

2. 全国职业教育课程体系基本稳定,但学院之间存在巨大差异

至 20 世纪 90 年代,社区学院根据社会的需要设置了大量的职业教育课程。根据调查,1998 年 90% 以上的社区学院都开设了企业与文秘、营销与分销、医学、计算机应用、教育等课程,开设消防、环境技术、危险品等新兴课程的学校比例也在 50% 左右。更有一些社区学院根据所在社区的需求,开设了枪械制造、动物标本制作、采煤等极具地方特色的课程。

表 1-43　职业教育课程不同学科领域在社区学院开设的比例

学科领域	开设课程的社区学院的比例
农业	45
企业与文秘	
创业与小型企业	70
其他企业与文秘	100
营销与分销	90
医疗	
护理与其他医疗专业	96
普通及其他	91
技术教育	
因特网	66
计算机应用	99
系统与网络	87
计算机维护	49

学科领域	开设课程的社区学院的比例
其他类型的计算机	24
火险/环境技术/危险品	50
商业艺术/设计、媒体	74
工程与科学技术	79
商业与工业	
工业	88
其他	46
建筑/制图/CAD	80
接待	48
个人技能与爱好	
休闲与体育	86
学习技能与指导	88
其他	75
教育	92
刑事审判	85
学徒与实践	96
军事科学	12
其他	25

1991—1998 年美国社区学院职业教育课程中各学科领域所占的比例基本保持稳定。在此期间,波动的比例达到或超过 2% 的学科只有企业与文秘、健康、个人技能与休闲课程。企业与文秘、健康、技术教育、商业与工业、个人技能与休闲课程这五个学科领域在 1991 年和 1998 年共同构成了职业教育课程的主体,在职业教育课程中所占的比例合计都达到 80% 左右。

尽管从宏观上看美国社区学院职业教育课程体系内部各学科所占的比例基本稳定,但社区各学院之间存在着巨大的差异。例如,护理和其他健康类课程所占比例在全国范围内看为 6.3%,但有的社区学院根本就没有开设此类课程,与此同时此类课程在有些社区学院职业课程中所占的比例却高达36%。同样,计算机应用课程在各社区学院职业课程体系中所占的比例在 0%

和26%之间,在全国社区学院的平均比例为5.3%。造成院校之间的这些巨大差异的因素很多,包括就业市场的需求、任课教师的兴趣、来自周围院校的竞争等。①

3. 计算机等新兴学科增长迅速

副学士学位在不同学科领域的分布情况,同样也是我们了解美国社区学院职业教育课程体系的窗口。20世纪90年代社区学院颁发的副学士学位在不同学科领域的分布情况详见表1-44。

表1-44 20世纪90年代社区学院颁发的副学士学位在不同学科领域的分布情况②

	1991—1992	1992—1993	1993—1994	1994—1995	1995—1996	1996—1997	1997—1998	1998—1999	1999—2000
总人数	504231	514,756	530,632	539,691	555,216	571,226	558,555	559,954	564,933
文理、普通教育和人文学科	154,594	158,040	165,106	170,817	174,970	181,341	186,248	181,977	187,454
商业经营与管理服务	93,762	91,719	92,284	90,113	93,487	95,532	91,399	91,190	92,274
医疗及相关学科	79,453	86,237	94,601	98,474	101,872	98,921	92,031	90,557	84,081
与工程相关的技术	35,861	36,321	35,618	34,732	33,002	33,810	32,748	34,047	35,395
计算机和信息科学	9,290	9,196	9,301	9,152	9,658	10,990	13,870	16,968	20,450
视觉及表演艺术	11,888	12,690	13,227	12,544	13,534	13,593	14,980	17,640	17,100
安保服务	15,117	16,834	18,199	19,709	19,196	19,889	19,002	17430	16,298
多学科与跨学科研究	7,841	8,486	8,436	8,692	8,611	9,182	9,401	8,658	11,784

---

① Gwyer Schuyler.*Trends in Community College Curriculum*.San Francisco：Jossey-Bass,1999：34.

② National Center for Education Statistics.*Digest of Education Statistics 2001*.Washington DC：Department of Education,2002：Table 298.

	1991—1992	1992—1993	1993—1994	1994—1995	1995—1996	1996—1997	1997—1998	1998—1999	1999—2000
机械学与维修	10,264	10,966	11,332	11,497	12,524	12,180	10,616	10,806	11,614
市场营销	8,456	7,445	6,736	6,187	5,960	5,656	5,516	5,452	5,557

由表1-44可见,20世纪90年代社区学院授予副学士学位的学科领域中,除文理、普通教育和人文学科这个具有转学色彩的领域之外,排名前三的学科领域始终是商业经营与管理服务、医疗及相关学科、与工程相关的技术。1991—1992学年这4个学科的副学士学位数量占副学士学位总数的比例分别为18.59%、15.75%、7.11%,1999—2000学年这4个学科副学士学位数量所占的比例分别16.33%、14.88%、6.26%,除商业经营与管理服务所占的比例略有下降之外,另两个学科变化并不明显。不过,与1991—1992学年相比,1999—2000学年颁发的计算机及信息科学领域的副学士学位出现了大幅增长。在此期间,该领域副学士学位的数量从9,290人增加到20,450人,增长的幅度达120%。在同年颁发的副学士学位总数所占的比例从1.84%提升到3.61%,增加了一倍左右。这种情况的出现,是计算机信息技术的快速发展对相关领域人才需求量增加的充分体现。

4.赋予职业教育课程转学功能

在社区学院发展早期,具有转学功能的课程仅限于学术性课程。随着社区学院功能的拓展,部分职业教育课程的学分也可以向有学士学位授予权的4年制院校转移。据1998年的调查,当年社区学院34%的职业教育课程可以向4年制院校转移学分,学术性课程可以向4年制院校转移的比例为74%。职业性课程可以向4年制院校转移的比例虽然远低于学术性课程,但与早期的情况相比已是巨大的突破。由此我们可以发现,具有转学职能的并不仅限于学术课程,学习职业课程的学生并不一定不能获得学士学位。正如科恩和依格纳沙(Ignasha)所说的那样,除工商业课程之外,认为职业课程是终结性课程的观点不再符合时宜了。当然,可以向4年制院校转移的比例在不同的学科之间有很大的不同。工程和科学技术类课程转学的比例最低,只有

11%。休闲与体育类课程转学的比例最高,高达78%。①。具有向4年制院校转移学分资格的课程在本学科中所占比例情况详见表1-45。

表1-45　社区学院职业教育课程中具有转移学分资格的课程所占的比例②

学科领域	可以向4年制院校转移学分的课程的比例
农业	26
企业与文秘	
创业与小型企业	27
其他企业与文秘	42
营销与分销	37
医疗	
护理与其他医疗专业	24
普通及其他	39
技术教育	
因特网	25
计算机应用	34
系统与网络	24
计算机维护	14
其他类型的计算机	39
火险/环境技术/危险品	23
商业艺术/设计、媒体	50
工程与科学技术	11
商业与工业	
工业	12
其他	16
建筑/制图/CAD	27
接待	19
个人技能与爱好	
休闲与体育	79

---

① Gwyer Schuyler. *Trends in Community College Curriculum*. San Francisco: Jossey-Bass, 1999: 35-36.

② Gwyer Schuyler. *Trends in Community College Curriculum*. San Francisco: Jossey-Bass, 1999: 36.

学科领域	可以向 4 年制院校转移学分的课程的比例
学习技能与指导	24
其他	31
教育	54
刑事审判	36
学徒与实践	35
军事科学	14
其他	25

5. 开发更具市场适应能力的课程体系

适应市场对劳动力素质的需求,满足当地经济发展的需要,是社区学院职业教育发展的根本所在。20 世纪 80 年代以后,在对市场需求进行深入了解的基础上,美国社区学院主动与社会各界建立起广泛的合作关系,建立起灵活多样的职业教育课程体系,提升了职业教育课程与市场需求之间契合的水平。根据美国教育部职业与成人教育办公室 2004 年 9 月发表的题为《21 世纪的社区学院:全力提高劳动力市场应对能力的战略指南》的报告,社区学院采取了许多提高职业教育课程市场适应性的举措。概括来讲,这些措施主要体现在以下几个方面:

(1)始终关注当地业主最需要的技能,提高应对这些需求的能力,提供满足业主需要的课程。

(2)积极招收非学分制学生,增加非学分制学生的人数,推动非学分制培训课程与学分课程之间的融合。

(3)在教学计划之外开设更多定制的以及合同培训课程,满足业主和其他希望提高技术水平的公民的需要。

(4)持续做好课程开发和更新工作,满足始终处于变化之中的学生及雇员的需求。

(5)为小型企业(包括刚刚创办的企业)提供帮助,向当地或区域内企业提供校外课程,积极收集反馈意见。

（6）利用技术和远程学习等手段,提高开展学分制和非学分制培训的能力。高效地利用资源,以低于其他营利性机构或企业内部培训的成本提供培训服务。

（7）在提供培训的过程中,聘用某些领域的当地的专家。

（8）收集相关数据,维持数据处理系统的良好运转,确保学院应对市场的决策有数据的支撑。①

社区学院在提高职业课程市场适应能力方面采取的有力措施,对于社区学院职业教育质量的提高发挥了关键性的作用。

（三）社区教育课程的拓展

伴随着与所在地的政治、经济、文化等方面联系的拓展和深化,美国社区学院课程主动适应社区的需要,社区教育课程逐渐呈现出多样、合作、灵活性的特征。

1.设置多样化成人教育课程

根据吉特尔(Gittell)于1985年的报告,参加社区教育的成人中很多人来自低收入人群,他们在社区学院得到了在其他场所不可能得到的教育服务。社区学院为这些经济状况迥异的成人,开设了各种各样的课程,满足他们各不相同的需求。社区学院开设的成人教育课程的范围非常广泛,涵盖儿童护理、药物滥用、老年人服务、学生成绩/学校效率、社区荣誉、失业与不充分就业、读写课程、社区经济发展等领域。此外,对于有特定需求的人群,社区学院也设置了相应的课程,例如为下岗人员开设的再就业课程、为公众和从事相关服务的人士开设的老年学课程、妇女课程、退休人员课程、单亲父母课程等等。据统计,有数百所社区学院参加了"军人机会学院计划"(Servicemembers Opportunity College Program),为军人及其家属参加大学水平的课程提供教育服务。这项1972年启动的计划,在增加军人及其家属接受高等教育的机会,密切军队与院校之间的联系和沟通等方面发挥了重要的作用。

在为特定群体提供教育服务方面,社区学院为服刑人员组织的课程较有代表性。早在1967年,亚利桑那州的社区学院就曾向服刑人员提供基本技能

---

① Keith MacAllum,Karla Yoder,Anne Rogers Poliakoff.*The 21st-Century Community College:A Strategic Guide to Maximizing Labor Market Responsiveness.*Washington DC:U.S.Department of Education,2004:57.

和职业培训。1969 年,马里兰州的黑格斯敦(Hagerstown)初级学院启动了服刑人员教育项目。亚拉巴马州的 J.F.英格拉姆州立社区学院(J.F.Ingram State Community College)和东南伊利诺伊学院在为服刑人员提供教育方面也很出色。1976 年,全美共有 260 多所社区学院向大约 26,000 名服刑人员提供了教育服务。至 1994 年,接受社区学院教育服务的服刑人员数量有 22,000 名左右。课程设置充分考虑了服刑人员的特点,教学效果良好。1990 年,亚利桑那州从社区学院取得副学士学位的人数达到一两百人。1984 年,南弗吉尼亚社区学院启动了该州最大的服刑人员教育项目。该项目旨在培养服刑人员的成就意识和自尊,为他们刑满释放后就业开展技能培训。由于符合服刑人员的兴趣和需要,该州多达 30%的服刑人员参加该项目。

2. 与其他机构合作开发课程

在提供社区教育的过程中,社区学院采取了与社会上其他机构合作开发课程的形式。据美国社区与初级学院协会的统计,1978 年在 173 所社区学院中,每一所学院与其他机构合作的项目平均多达 59 个,主要涉及州及地方的俱乐部、学校等机构。除此之外,与社区学院建立合作关系的还有各级政府机构、包括工业企业在内的私营企业等。社区学院与这些机构或企业间采取设施共享、共同资助课程等形式进行合作。一些社区学院的艺术/人文学院与艺术委员会、博物馆等机构,进行社区教育的良好合作。有些社区组织以社区为基础组织论坛,通过讲座、小组讨论、辩论、戏剧、电影、无线电等形式,引导公众讨论当地报纸刊登的热点问题,提高他们的人文素质。

3. 为已有经验授予学分

为成人已有的学习或工作经验授予学分,也是社区学院进行社区教育的一种重要形式。通常情况下,社区学院通过考试、资料审查、面试等途径,考察成人已有经验。对于与所学的专业有关、达到学院水准的经验,社区学院将授予一定的学分。1979 年,得克萨斯州 76%的社区学院为已有经验授予学分。俄亥俄州辛克莱尔(Sinclair)社区学院实施了终身学习学分项目(Credit for Lifelong Learning Program),为符合条件的成人学生申请学分提供便利。华盛顿州的霍特科姆(Whatcom)社区学院为学生编制了手册,帮助学生为此前的学习经验申请学分。加利福尼亚州的橘郡海岸学院(Orange Coast)推出了对已有学习的评估项目(Assessment of Prior Learning Program),对学生现有能力评估的程序作出明确规定。各社区学院对经验考察的标准和程序不尽相同,彼此之间存在着很大的差异。为此,宾夕法尼亚州社区学院委员会(The Pennsylvania Commission for Community Colleges)专门启动了一项名为"学分快速查询"的项目,为本州范围内社区学院授予经验学分设定了统一的标准和程序。

五、社区学院与企业的广泛合作

在联邦政府及社会各界的支持下,社区学院与企业间除联合开发课程之外,还建立起更为广泛的合作关系。这些深层次的、多种形式的合作关系的确立,对于社区学院更好地履行社会职能具有重要的意义。

(一)推广"P-Tech"模式

P-Tech(Pathways in Technology Early College High School)简称一贯制科技高中,全美第一所"P-Tech"学校由IBM公司(国际商业机器公司)与美国纽约市教育局(New York City Department of Education)、纽约市立大学(City University of New York)、纽约城市技术学院(New York City College of Technology)等于2011年在纽约市布鲁克林联合创办。该教育模式招收9—14年级的学生,涵盖四年中学教育和两年高等教育,学生毕业时不仅能获得高中毕业证书和在应用科学、工程、计算机及相关学科领域的副学士学位证书,而且还可到IBM等信息技术公司获得薪资丰厚的就业机会。在奥巴马政府的大力推动下,"P-Tech"模式在美国多地被模仿、复制,成为社区学院校企融合的主流趋势。2012年,伊利诺伊州芝加哥城市学院系统(City College of Chicago)与微软、摩托罗拉、威瑞森(Verizon)、思科(Cisco)共同成立5所"P-Tech"学校。2014年,纽约州设立18所"P-Tech"学校。截至2016年9月,全美已有"P-Tech"学校60所,参与的企业300多家,服务的学生数千人。

(二)建立学徒制教育模式

在由社区学院和美国众多企业联合开发的学徒制模式下,学生在社区学院学习的同时,可根据自己的兴趣和能力到适合自己的企业进行学习。2014年,奥巴马政府召开"美国学徒制"白宫峰会(White House Summit on American Apprenticeship),将学徒制的项目作为振兴美国国家职业技能的重要战略。

联邦教育部与劳工部合作成立注册式学徒制学院联合体（Registered Apprenticeship College Consortium，RACC），投资 1 亿美元，推动学院与企业间的合作。该联合体具有多重益处。学生在企业学习的经历可换取学分，获得一定的报酬，掌握就业技能；社区学院可以密切与相关企业的关系，提高课程与企业需要之间的契合度；企业可以较为容易招录到符合需要的人才，推广企业文化；这个一举多得的政策一经出台，就受到了普遍欢迎。威斯康星州、俄亥俄州、北卡罗来纳州等地社区学院纷纷加入该联合体，学徒制已经成为社区学院校企合作的主流模式之一。

（三）参与制造业职业技能认证体系

制造业职业技能认证体系（NAM-endorsed SkillsCertication System）是由国家制造业者协会（National Association of Manufacturers）和制造业研究中心（Manufacturing Institute）发起，制造业标准委员会（Manufacturing Skills Standards Council）、国家金属制品加工研究中心（National Institute for Metalworking Skills）、国际自动化协会（International Society of Automation）、美国焊接协会（American Welding Society）等认证机构或行业协会积极参加的认证体系，涵盖国家职业准备证书（National Career Readiness Certificate）、制造业技能标准委员会颁发的物流技师等数十种证书。为解决高等院校课程与企业需要之间不相适应的问题，该认证体系鼓励社区学院和企业合作开发课程，为学生提供最权威的职业技能培训和资格认证。2010 年卡特彼勒公司（Caterpillar Inc）决定在北卡罗来纳州福赛斯县投资 4.26 亿美元建厂，福赛斯社区技术学院（Forsyth Technical Community College）抓住时机，主动为该公司培养员工。在制造业研究中心的大力支持下，这所学院对相关专业的课程体系进行改造，实现了证书课程与学历课程的高度融合。在福赛斯社区技术学院的示范带动下，北卡罗来纳州社区学院系统的 58 所学院都引入了职业技能认证体系，涉及高端制造、航空航天、生物技术、能源等多个领域。到 2015 年 2 月，全美近 40 个州均有社区学院参加该认证体系。[①]

---

① 王辉：《校企协作助推产教融合：美国社区学院校企协作"项目群"的兴起》，《高等教育研究》2015 年第 3 期。

六、社区学院的影响

经过一个多世纪的发展,社区学院从小到大,从弱到强,到20世纪末已经成为美国教育、经济、民生等领域的一支重要力量。在教育领域,社区学院在增加高等教育机会,实现高等教育大众化,促进高等职业教育发展等方面发挥了很大的作用。在经济领域,社区学院的毕业生具有较高的职业技能,极大地提高了劳动力的技术水平,满足了经济快速发展对劳动者素质提出的迫切需求。在民生方面,与高中学历水平的低层次就业人员相比,社区学院毕业生的就业状况和收入水平有了大幅度提高,生活整体质量明显改善。

(一)社区学院毕业生就业状况良好,收入水平提高

由于具有较高的职业技能,社区学院毕业生受到就业市场的欢迎,就业率和收入都好于高中毕业生。据统计,在1999年25岁以上的男性公民中,拥有副学士学位的公民中年均收入在35,000至49,999美元之间的人所占比例为25.6%,高中毕业的公民中收入在这个区间的人所占的比例为22.2%。拥有副学士学位的公民中年均收入在50,000至74,999美元之间的人所占比例为21.6%,高中毕业的公民中收入在这个区间的人所占的比例仅为为12.4%。同年度,拥有副学士学位且年龄在25岁以上的男性公民的平均收入为36,885美元,处于这个年龄段的高中毕业的男性公民的平均收入为29,917美元。[1] 由此可见,不论是年收入处于较高层次的拥有副学士学位的人所占的比例,还是他们的年平均收入水平,都显著高于高中毕业生。

在就业率和失业率这两个指标上,副学士学位获得者的优势同样明显。2000年,年龄在25岁以上的副学士学位获得者的就业率为76.%,高中毕业生的就业率仅为62.3%。同年度,25岁以上的公民中副学士学位获得者的失业率为2.3%,高中毕业生的失业率为3.5%。[2]

由于在社区学院接受高等职业教育的原因,社区学院的毕业生毕业后大都在与专业相关的领域就业。据统计,1997年弗吉尼亚州的蒙特社区学院72%的职业课程的毕业生在与学习专业相关的领域从事全职或兼职的工作。

---

[1] National Center for Education Statistics.*Digest of Education Stattistics*. 2001:451.

[2] National Center for Education Statistics.*Digest of Education Stattistics*. 2001:448-449.

2000 年,伊尼诺伊州社区学院职业课程的毕业生在所学专业领域就业的比例为 83%,夏威夷州皮欧拉尼社区学院的比例为 77%,威斯康星州渥克莎县技术学院的比例为 82%。①

(二)增加了高等教育机会

社区学院是美国高等教育体系中的重要组成部分,在为民众增加接受高等教育机会,推动高等教育大众化等方面发挥了很大的作用。1977 年,美国高等学校在校生总规模为 11,285,787 人,其中 2 年制学院学生为 4,042,942 人,2 年制学院学生所占的比例为 35.82%。1997 年,美国高等学校在校生总数为 14,345,416 人,其中 2 年制学院学生为 5,470,740 人,2 年制学生所占的比例 38.14%。二十年间,2 年制学院学生在高等学校学生总数的比例提高了 2.32%。②

社区学院关注已经就业的成人对高等教育的需求,社区内采取部分时间制方式就学的学生超过全日制学生,部分时间制学生在社区学院占的比例显著高于 4 年制院校。1999 年,美国 4 年制院校在校生 9,198,525 人,其中半日制学生 2,556,492 人,半日制学生在 4 年制院校学生总数中的比例仅为 27.79%。同年度 2 年制学院共有在校生 5,592,699 人,其中全日制学生 2,144,461 人,半日制学生 3,448,238 人。2 年制学院半日制学生不仅在数量上超过全日制学生,而且所占的比例高达 61.66%,2 年制学院以半日制学生为主的特征清晰可见。2 年制学院这种以半日制学生为主要招收对象,面向已经就业的成人的办学体制在满足此类人群对高等教育的需求,将接受高等教育的学生占同龄人口的比例维持在较高的水平方面发挥了巨大的作用。没有这种形式的高等教育机构的参与,美国高等教育大众化水平将有很大程度的降低。

从学生的年龄层次上看,2 年制学院学生大龄学生所占的比例普遍高于 4 年制学院的学生。2 年制学院中 30—34 岁学生所占的比例为 8.6%,4 年制学院这一年龄组的学生所占的比例为 7.3%。2 年制学院中 40—49 岁学生所

---

① 周志群:《美国社区学院课程变革与发展研究》,福建教育出版社 2012 年版,第 194 页。
② National Center for Education Statistics. *Digest of Education Stattistics*. 2001:207.

占的比例为 10%,4 年制学院这一年龄组的学生所占的比例为 6.8%。30 岁以上各年龄组中 2 年制学院学生所占比例明显高于 4 年制学院学生的事实,充分证明 2 年制学院教育在美国终身教育领域中占有重要的地位。

（三）获得企业的积极评价

社区学院通过独特的教育教学活动,培养符合市场需求的人才为社会服务。因此,直接雇佣毕业生的雇主对社区学院的办学质量最有发言权。1995年对密歇根州以及 1998 年对华盛顿州的调查表明,这两个州社区学院提供的培训课程均得到了企业的认可和赞扬。1998 年一项全国范围内调查表明,90%的企业主认为社区学院"提供的培训课程的质量满足了企业的需求",培训效果"不错或很好"。① 2004 年怀俄明州政府就业部门针对社区学院毕业生雇主的抽样调查表明,在各行各业就业的社区学院毕业生的工作技能和习惯都得到了雇主的认可,详情请看表 1-46。由表中清晰可见,不论是生产领域还是服务领域,企业雇主对社区学院毕业生工作技能和习惯都给予很高的积极评价,在满分为 10 分的情况下评定的分数都超过了 8 分。

表 1-46　2002 年怀俄明社区学院毕业生工作技能和习惯雇主满意情况②

	工作技能满意度		工作习惯满意度	
	参与评价的雇主人数	平均分	参与评价的雇主人数	平均分
生产领域	49	8.1	49	8.5
自然资源与采矿	18	7.9	18	8.6
建筑	24	8.3	24	8.6
生产	7	8.3	7	8.0
服务领域	371	8.2	370	8.3
批发贸易、运输和公共事业	20	7.5	20	7.5
零售业	35	8.2	35	8.1
信息	10	7.9	10	8.1

---

① 周志群:《美国社区学院课程变革与发展研究》,福建教育出版社 2012 年版,第 193—194 页。

② Wyoming Department of Employment. *Wyoming Community College Graduates's Labor Market Outcomes*. 2004:57.

	工作技能满意度		工作习惯满意度	
	参与评价的雇主人数	平均分	参与评价的雇主人数	平均分
金融	22	8.5	22	8.7
专业或商业服务	39	7.9	39	8.1
教育	29	8.8	29	8.6
护理和社会支持	120	8.3	120	8.4
休闲或接待	49	7.8	48	8.0
其他服务	21	8.7	21	8.8
公共管理	26	8.3	26	8.2
合计	420	8.4	419	8.5

第二章　日本短期高等教育史

　　第二次世界大战结束后,由于日本军国主义势力的失败,日本在近代建立和发展起来的军国主义高等教育体制彻底崩溃。新的国内外形势使日本高等教育开始踏上建立民主教育体制的道路,在这一道路上,日本逐渐建立了由大学教育和短期高等教育共同构成的新的高等教育体系。其中,大学教育包括4 年制大学和研究生院,负责培养精英人才;短期高等教育包括 2—3 年制的短期大学、高等专门学校和专门学校,职责是造就大批的中高级职业技术人才。在迄今为止的 60 多年间,根据不同历史时期的具体特点,日本短期高等教育的改革与发展大体可分为四个相对独立的历史阶段,即美军占领时期短期大学的诞生阶段、经济恢复与高速增长时期高等专门学校的创立和短期大学恒久化阶段、经济低速增长时期专门学校的成立及短期高等教育体系形成阶段、20 世纪 90 年代以来短期高等教育体系的进一步改革与发展阶段。

第一节　美军占领时期日本短期大学的诞生

　　1945 年 8 月 15 日,不可一世的"大日本帝国"宣布无条件投降。8 月 27 日美军进驻日本,从此,开始了长达七年半的美军占领时期(至 1952 年 4 月 28 日日美签订的《旧金山和约》与《日美安全保障条约》生效为止)。在此期间,日本政府秉承美军占领当局旨意,在国内民主运动的推动下,在政治、经济、军事、教育等各个方面进行了全方位民主改革。教育改革作为整体改革的一部分,是在政治经济体制改革的基础上,依据新宪法和教育基本法等法律规定有步骤地进行的。这次大规模的教育改革被称为日本教育史上的第二次教育改革（第一次指明治维新时期的教育改革）。经过这次改革，确立了与战后日本政治经济体制相适应的以美国教育为样板的资产阶级民主化教育体制。在这次教育改革中，高等教育所发生的变化主要是，确立了新的高等教育理念，以新的高等教育改革政策为指导，建立了新制大学和研究生院。正是在这一背景下，短期大学得以诞生。

一、高等教育改革政策的形成与新制大学的建立

（一）高等教育改革政策的形成

1945 年 9 月 15 日，日本文部省颁布了战败以后的第一个关于教育改革的法令性文件《新日本建设的教育方针》，宣布教育改革与发展的基本方向是"奉行关于结束战争的诏书的宗旨，帮助国家建设一个对世界和平与人类福利作出贡献的新日本，一扫历来迎合发动战争要求的教育措施，努力实施旨在建设文化国家和道义国家的各项文教措施"①。该文件的颁布标志着战后日本教育改革的开端，以其精神为指导，战后日本高等教育改革政策逐步形成。

战后日本高等教育改革政策是由民间情报教育局、美国教育使节团、教育刷新委员会，在广泛吸收民意的基础上共同制定的。其根本目的就是废除军国主义高等教育体制和建立民主化高等教育体制，具体内容体现在《教育基本法》《学校教育法》和其他相关的法令法规中。

民间情报教育局（The Civil Information and Education Section, CIE）是美国占领军总司令部的一个下属机构，成立于 1945 年 9 月 22 日，美军刚进驻日本就成立了该机构，目的在于尽快恢复学校教育的正常秩序，将具有浓厚军国主义思想的并积极参与侵略战争的教师逐出学校，废除学校中的军事或准军事教育与训练，在课程设置和教学内容上强化民主主义思想等。民间情报教育局在成立后的短短三个月中，连续向日本政府发出四项指令。对如何清算日本军国主义、极端国家主义及根据这些思想建立起来的战时教育体制等提出了具体意见，日本一一照办。但是，对未来教育如何改革和新教育体系如何确

---

① 瞿葆奎：《教育学文集·日本教育改革》，人民教育出版社 1991 年版，第 35 页。

立,民间情报教育局未提出明确构想,对教科书问题也只是表述了暂时的方针。战后教育改革的明确构想是由美国教育使节团提出来的。

美国占领军总司令部为了探讨战后日本教育改革的方针政策和绘制全面改革的蓝图,除在占领军总司令部内设置民间情报教育局外,还要求美国政府派出教育使节团,并且在使节团来日之前组织了一个日本教育家委员会。由这三方合作,以美国教育使节团为主,研究教育改革方案。日本教育家委员会成立于 1946 年 2 月 7 日,以东京帝国大学校长南原繁为委员长,由 29 名教育家组成,其任务是为美国教育使节团访日做准备。共有 2 次美国教育使节团。第一次美国教育使节团抵达日本的时间是 1946 年 3 月 5 日,在日停留 27 天。使节团以纽约州教育局局长斯托达德(G. D. Stoddard)为团长,成员 27 人。使节团抵达日本后,其成员分成教育行政、师资培养与教育方法、课程与教材、高等教育四个小组,开始对日本教育进行调查。在民间情报教育局和日本教育家委员会的协助下,1946 年 3 月 30 日使节团向占领军总司令部提交了《美国教育使节团报告书》。第二次美国教育使节团于 4 年后的 1950 年 8 月抵达日本,该使节团由第一次使节团成员中 5 人组成,任务是检查第一次美国教育使节团访日之后日本教育改革的进展情况,并就教育改革的深入开展提出新的建议。第二次美国教育使节团提出的报告书与第一次美国教育使节团提出的报告书在内容结构上基本相同,只是前者根据当时新的国际形势明确提出了要把日本建成在远东地区对抗共产主义的最大阵地的观点。对战后日本教育改革产生巨大影响的是第一次美国教育使节团报告书。该报告书由绪言和六章正文构成,约两万字。报告书内容广泛,涉及问题很多。关于高等教育,报告书从民主主义教育哲学出发,要求首先应给予所有有才能的男女以享受高等教育的权利;要打破帝国大学的特权,向女生广开大学的门户;为确保大学自治和独立自主,应由大学自主地制定设置基准,并保障教授会的自治性。除此之外,要打破偏重专业教育的弊端,谋求教育课程的自由化,加强普通教育(日语称一般教育)。报告书对高等教育问题的阐述规定了战后日本高等教育改革的基本方向,是战后日本高等教育改革的纲领性文件。报告书虽然意义重大,但它只不过是建议书,而不是法律,不能直接作为高等教育改革的依据。战后日本高等教育改革的法律依据是 1947 年 3 月制定的《教育基本法》《学校教育法》和其他相关的法律规定,而这些法令的制定者是教育刷新委员会。

　　教育刷新委员会是战后成立的第一个隶属于日本内阁的教育咨询审议机构,是在第一次美国教育使节团离开日本后,应占领军总司令部的要求成立的,其基本职责是落实美国教育使节团的建议,审议和制定指导教育改革的具体方案。教育刷新委员会成立于 1946 年 8 月 10 日,是以"日本教育家委员会"的班底为基础扩充改组而成的。委员会共有委员 49 人,文部大臣安部能成任委员长,南原繁任副委员长。1947 年 11 月南原繁取代安部能成任委员长。1949 年 6 月教育刷新委员会更名为教育刷新审议会,到 1952 年 6 月撤销。教育刷新委员存在期间,共召开总会 142 次,提出建议 35 份,还就大力推行新学制、确保增加教育经费等专门问题发表重要声明多项。在教育刷新委员会的所有工作中,最大的成绩是制定了《教育基本法》和《学校教育法》,这两项重要教育法令都是在 1947 年 3 月 31 日公布的。其中,《教育基本法》是关于教育理念与指导思想的基本法律,由前言、11 项条款和附则三部分组成。《学校教育法》是关于学校制度和学校教育的专门法律,由 9 章正文和附则构成,共 108 条。关于高等教育的规定,具体体现在第一章总则和第五章大学中,其主要内容是:(1)大学分国、公、私立,并由设置者负担经费;(2)大学作为学术中心,在教授广博知识的同时,应以教授和研究精深专门的科学、艺术并发展才智、道德以及应用能力为目的;(3)大学一般设置多个学部,在特殊需要的情况下,也可只设一个学部;(4)大学学习年限为 4 年,但特殊专门知识的学部以及夜间学部可以超过 4 年,医学或齿科学部学习年限为 6 年以上;(5)大学入学资格为,高中毕业或完成 12 年普通教育,或依主管部门规定被认为具有与前两者同等学力者;(6)大学必须配有校长、教授、副教授、助手及事务职员,校长掌管校务,统领所有职员;(7)为审议重要事项,大学必须成立教授会,教授会可以吸收副教授及其他职员参加;(8)在批准设立大学时,主要部门必须向大学设置审议会咨询。从上述内容可以看出,同 1918 年颁布的在战前一直发挥重要影响的《大学令》相比,《学校教育法》对大学的规定,无论是在教育目的方面还是在学制、设置审批程序及其他许多方面,都发生了根本的变化。以民主教育思想为灵魂的《教育基本法》和《学校教育法》成为指导战后日本高等教育改革的基本法律,随后所成立的新制大学是其所规定的高等教育政策的具体落实。

(二)新制大学和新制研究生院的成立

《学校教育法》关于大学的规定是战后日本大学改革的基本法律依据,但是该法颁布后大学改革并未与中小学改革同步进行,原因是大学改革比较复杂,需要一定的准备时间。1948 年虽有神户商科大学等 12 所公私立大学按新标准得到文部省的设置认可,但大规模的大学改革是从 1949 年开始的。在新制大学改革过程中,主要难题在于如何根据法律规定对旧制高等学校、帝国大学、单科大学、专门学校及师范学校等进行合并改组。其中如何组建新制国立大学具有特别重要的意义,因为在日本高等教育传统中,国立大学一直代表着高等教育的最高水平。为解决这一难题,民间情报教育局于 1948 年 4 月提出国立大学改组的 11 条原则。根据原则的基本精神,文部省又于同年 6 月制定了《新制国立大学实施要纲》。《实施要纲》共 11 条,主要内容是,为节省教育经费和扩大教育机会,尽量实行一府县只设一所国立大学;大学以所在府县名命名;有些府县新制国立大学与现有公立大学可以并设;各都道府县大学内必须设立教养学部及有关培养师资的学部,不单设师范院校;在东部和西部设立两所女子大学;如条件不成熟,旧制学校可暂且继续办学。由于《实施要纲》对改革作了具体部署,所以在公布之后,新制大学改组工作遂全面展开。1949 年成立新制大学 166 所,1950 年增至 201 所。截至 1952 年,507 所旧制高等教育机构共组成了 226 所新制大学,有大学生 393 051 人。在这 226 所新制大学中,按设置者区分,包括国立大学 72 所,公立大学 34 所,私立大学 120 所;按组成类型区分,由旧制大学构成的有 26 所,由旧制大学和其他高等教育机构一起构成的有 58 所,不含旧制大学的有 137 所;按学科构成区分,有综合大学 98 所,文科大学 51 所,医药大学 33 所,工科大学 16 所,农科大学 10 所,学艺大学 8 所,语言大学 3 所,艺术大学 6 所,体育大学 1 所①。

新制大学成立后,随即进行了课程改革和成立新制研究生院的工作。在

①　［日］海后宗臣、寺崎昌南:《大学教育(战后日本教育改革:第 9 卷)》,东京大学出版会 1969 年版,第 107—113 页。

大学课程改革方面,为纠正战前日本大学偏重专门教育的弊端,强调将普通教育引入大学课程的意义,确立了前两年主要进行普通教育、后两年主要进行专门教育的"二二分段"模式。这一模式是战后日本大学课程的主要特征之一,直到90年代初期基本没有大的变化。

为成立新制研究生院,大学基准协会于1949年4月12日颁布了《研究生院基准》,文部省于1953年制定了新的《学位规则》。《研究生院基准》颁布的第二年,设置新制研究生院的工作开始展开。1950年,立命馆大学、关西大学、同志社大学、关西学院等4所私立大学首批设立了研究生院。国立大学因为成立于1949年,到1953年开始设立新制研究生院。1953年共有12所国立大学、4所公立大学和29所私立大学设立了新制研究生院①。此后,新制研究生院的数量陆续增加。

二、短期大学的诞生

(一)短期大学政策的形成

如前所述,《学校教育法》公布后,如何将旧制高等教育机构改组为新制大学尤其是国立大学的改组问题成为主要难题,后来根据民间情报教育局提出的11条原则和文部省制定的《新制国立大学实施要纲》,这一难题得到了解决。但是在解决这一难题的过程中,另一潜在的矛盾又日渐突出起来,因为战后日本以美国为范本制定了"六三三四"学制。基于教育民主化、教育机会均等的理念,实行了大学一元化的高等教育改革,高等教育领域只有大学而没有专门学校的位置,这就使那些办学条件差、教育质量低、无法达到新制大学设置要求的旧制高等教育机构应如何处理的问题成为新的难题。

为解决这一矛盾,教育刷新委员会在1947年11月20日召开的第46次总会上开始讨论这一问题。日高第四郎学校教育局长针对不符合升格为大学的旧制专门学校情况,提出了设立2年制大学(前期大学)的建议,引起了各界人士的关注和讨论,但未能形成具体方案。1948年12月在教育刷新委员

---

① [日]海后宗臣、寺崎昌男:《大学教育(战后日本教育改革:第9卷)》,东京大学出版会1969年版,第313页。

会的第 86 届总会上,大学设置委员会委员长和田小六发表了有关成立短期大学的公开信,提出由于多数专门学校不能升格为大学,设立 2 年制大学能救济这些学校,顺利贯彻新的学校教育法,尽快实现战后高等教育的改革,扩大战后高等教育机会,实现教育的民主与平等。同时还强调短期大学实施一般教育和专门教育,毕业后可以编入 4 年制大学的 3 年级。这一提案得到了大部分委员的赞同。对于日本教育刷新委员会设立短期大学的意见,美国占领军方面基本赞同,但意见却不一致。一种观点认为,设立 2 年制大学能救济一批不能升格为大学的旧制专门学校,保证这些学校作为变形的大学由旧制高等教育制度转向新制高等教育制度,短期大学作为一种临时措施也可以为今后实现统一大学教育制度做准备。美国占领军代表尔艾(T.orr)说:"日本的各类学校的改革都应适合学校教育法规定的"六三三四"的学校教育制度,旧制的高等专门学校应转换为暂定的 2 年或 3 年的大学,为以后升格为 4 年制大学作好准备。暂定的短期大学不是正规的大学,短期大学的毕业生不能获得正规大学的学位。"①这种观点被称为短期大学的"消极论"。另有一种观点是美国占领军的教育顾问伊鲁斯(Walter Crosby Eells)的观点。伊鲁斯认为日本应设立像美国初级学院式的短期大学,这种短期高等教育机构是一种服务地域社会经济,促使公民个人诸种能力的完结教育。这种观点被称为短期大学的"积极论"。伊鲁斯是研究美国短期高等教育机构初级学院的专家,是美国 1939 年设立的初级学院完成委员会的顾问,1941 年他曾出版题为《为什么初级学院是一种完结教育》一书,还曾在 1948 年至 1949 年之间广泛地与日本教育界人士交流,举办各种演讲活动宣传自己的思想和观点,对日本短期大学的指导者产生了深刻的影响。

围绕如何认识短期大学性质和目的,如何办好短期大学等问题,当时在日本教育理论界还存在着其他不同的教育思想和理念。其中具有代表性的有准专门职业教育论、宗教教育论和女子教育论。准专门职业教育论的主要代表是日本惠泉女子学院短期大学校长河井道等人,他们主张短期大学实施一般

① ［日］海后宗臣、寺崎昌男:《大学教育(战后日本教育改革:第 9 卷)》,东京大学出版会 1969 年版,第 190 页。

教育和专门教育,是培养社会公民和准专门职业人才的教育机构。他们强调一般教育是每个人从事任何职业都需要接受的基础教育,准专门职业教育就是培养专门家的助手,进行成人教育。宗教教育论的代表是青山学院女子短期大学校长向坊长英,他从宗教思想出发,认为短期大学教育虽然是实际职业教育的完成教育机构,但是它传达耶稣基督的精神,启发人的原罪观念和忏悔意识,陶冶人格信仰上帝,应是实施宗教教育的短期高等教育机构。女子教育论的代表是梅花短期大学的校长实生和东京文化短期大学的森本武,他们认为短期大学主要是为社会新型的贤妻良母的职业生涯而做准备的教育机构,由于短期大学的时间缩短、内容偏重人文、家政,更适合女子人生的自由选择。

以上述意见为基础,教育刷新委员会第 87 次总会又进一步讨论这一问题,就 2 年制大学的设置理由、目的、性质和课程等提出了较为详细的建议并提出了"教育刷新委员会第 27 次建议事项"。其主要内容是:第一,作为暂时措施,可设立 2 年或 3 年制大学;第二,2 年或 3 年制大学可使用"短期大学"名称;第三,2 年或 3 年制大学作为终身教育,须制定相应的基准;第四,2 年或 3 年制大学毕业生,经考试可进入 4 年制大学作为插班生。

根据教育刷新委员会的建议,文部省开始制定具体的政策。制定政策的第一步是向国会提出《学校教育法》修正案,在该法案中增加有关短期大学的条款。因为 1947 年 3 月公布《学校教育法》时,短期大学问题尚未被提及,所以该法对大学的规定自然只适用于 4 年制大学。1949 年 5 月 16 日《学校教育法》修正案在众议院通过,从此确立了短期大学的法律地位。制定政策的第二步是以《学校教育法》修正案的基本精神为指导,公布了《短期大学设置基准》(1949 年)、《短期大学函授教育基准》(1950 年)、《关于短期大学的教育内容》(1951 年)、《短期大学教育课程标准》(1954 年)、《短期大学校舍设备标准》(1956 年)等一系列专门法令,用以规范短期大学设立与办学的具体事宜。在这些法令中,《短期大学设置基准》是最基本的法令,它对短期大学的目的、性质、组织机构、师资队伍、课程设置等都作了详细规定。按规定,短期大学以传授专深的学艺、培养职业和实际生活所需要的能力为主要目的;修业年限为 2~3 年;短期大学不设学部,只设学科或专攻部;短期大学的课程分为普通课程、外语课程、体育课程和专门课程。《短期大学设置基准》公布后,短期大学的改组设立遂进入操作阶段。

（二）短期大学的设立

1950 年,在大学设置审议会主持下日本开始设立短期大学。申请于当年开学的有 186 所,最终被批准的是 149 所。从设置者区分,有公立 17 所,私立 132 所;从来源构成区分,从旧制专门学校改制的有 65 所,以新制高中、各种学校为基础设立的有 39 所,附设于 4 年制大学的有 45 所。从地域分布区分,大都集中在大城市,地方城市很少,有 16 个县连一所都没有。入学总定员数为 20 155 人,但志愿者数只有 17 610 人,实际入学者只有 13 839 人,只有定员的 70%左右。入学学生中 59.4%为男生,40.6%为女生。成立当初共有 285 个学科,其中文学·语文、家政学、商业经济学、理工科占绝大多数,学制绝大多数为 2 年,3 年制的只有 5 所,并且都是美术、工艺、福利、宗教等特殊学科①。

1951 年开学时,学校数增加到了 180 所。其中,国立 4 所、公立 24 所、私立 152 所。4 所国立短期大学全部是夜校,男生占绝大多数。初期的短期大学与后来的短期大学不同,男生占半数以上,夜校也占到 15%,显现出鲜明的从战前专门学校过渡的特点。20 世纪 50 年代后期,文部省曾对已有短期大学作过"专门职业色彩强烈的国立"短期大学与"女子教养色彩浓厚的私立"短期大学的分类,按此分类,大致可以将短期大学教育分为"私立女子、教养型""国立、职业型"两大类,后者除了看护等个别学校,大都在 20 世纪 60—70 年代升格成了 4 年制大学。

从设立过程可以看出,日本短期大学设立之初并不是作为大学体系中不可或缺的一部分,而是作为一种暂时措施诞生的。

第二节　日本经济恢复与高速增长时期高等专门学校的创立与短期大学的恒久化

日本战后初期进行的社会民主改革为社会经济的恢复与发展奠定了重

---

① ［日］文部省:《学制百年史》,帝国地方行政学会 1973 年版,第 748—749 页。

要基础。以 1949 年执行"稳定经济九原则"为标志,日本经济转入恢复时期。到 1955 年,工矿生产超过战时最高水平,经济恢复时期宣告结束。从 1956 年开始,日本经济进入以现代化为基础的高速增长时期。整个 60 年代日本经济以超过 10% 的年均增长率迅猛发展,1968 年日本国民生产总值达到 1 597 亿美元,超过英国、法国和联邦德国,成为仅次于美国的世界第二经济大国。促成日本经济迅速恢复与增长的原因很多,但教育的作用尤其是高等教育的作用是人们公认的最基本的因素。这一时期,为促进经济发展需要,日本政府制定了新的高等教育政策,调整了高等教育结构,扩大了高等教育规模,使日本高等教育进入了战后以来发展最快的历史时期。在这一背景下,于 1962 年创立了新的短期高等教育机构高等专门学校,1964 年实现了短期大学的恒久化,从而打破了战后初期以美国高等教育为模板而形成的高等教育一元化格局,使日本高等教育在整体上走上了多样化和市场化的方向。

一、高等教育的政策转换、规模扩充和结构调整

(一)高等教育政策的转换

战后初期高等教育政策的重点在于如何清除军国主义高等教育体制和确立民主化高等教育体制,以此为指导所建立的新制大学制度为其后日本高等教育的发展奠定了重要基础。但是,在这次高等教育改革中也存在许多不足,最明显的是高等教育机构类型比较单一,只有本科大学和短期大学两种;高等学校的学科结构不尽合理,存在严重的重文轻理现象。进入经济恢复与高速增长期后,随着产业规模的扩大和产业结构的变化,对人才数量和人才类型提出了更多更新的要求。为满足这一需要,高等教育政策开始朝着以扩大高等教育规模和调整高等教育结构为重点的方向转换。具体体现这种政策转换的是国民经济计划中的高等教育发展计划和中央教育审议会发表的《关于改善大学教育》的咨询报告。

1. 国民经济计划中的高等教育发展计划

经济恢复与发展对高等教育的新要求最早是由经济界人士提出来的。由日本垄断资本财团组成的"日本经营者团体联盟"(简称"日经联")于 1952

年、1954 年、1956 年先后发表了《关于重新研讨新教育制度的要求》《关于当前教育制度改革的要求》和《关于适应新时代要求的技术教育的意见》,认为战后建立的新教育制度过分强调普通教育和忽视职业教育,要求扩充职业高中、增设理工类大学和系科、增加理工科招生人数、实行产学合作制度、设立培养中级技术人才的 5 年制专门学校和充实中小学数理化教学,等等。这些要求大部分为日本政府所接受,并具体体现在 1956 年以后制定与实施的一系列国民经济发展计划之中。

为促进经济发展,自 1956 年起日本政府连续制定和推行国民经济发展计划。这些经济计划的明显特点是非常重视将高等教育发展计划融入其中,强调根据经济发展需要,有计划按步骤地扩充高等教育规模,调整高等教育结构和培养各种急需的人才。1957 年 12 月岸信介内阁制定的《新长期经济计划》(1958—1962),首次把高等教育发展计划编入经济发展计划中,计划强调为提高科技人员素质和确保科技人员数量,必须加强科学技术教育,在计划期内应增招理工科大学生 8 000 名。1960 年 12 月池田内阁制定的《国民收入倍增计划》(1961—1970)更加强调按计划发展高等教育的重要意义。计划预测了今后十年间将缺少 17 万名高科技人才、44 万名中初级技术人才和 160 万名新技工。为此,要求在扩大高等教育规模的同时必须调整高等教育结构,重点增设理工科大学和系科,增加理工科学生人数。在执行国民收入倍增计划期间,佐藤内阁以调整经济发展速度为目标制定的《中期经济计划》(1964—1968),进一步强调提高人的能力和振兴科学技术的重要性,要求加强大学本科教育和研究生院教育,造就大批高才能的科技人才和管理人才。继中期经济计划之后,佐藤内阁又制定了《经济社会发展计划》(1967—1971),把提高人的能力和开发自主技术作为促进经济发展、提高国际竞争能力的最主要的政策措施,为此,提出充实高等学校设施设备、提高理工科的比例、完善研究生院制度和增加研究生数量的新要求。

2.《关于改善大学教育》的咨询报告

《关于改善大学教育》是中央教育审议会于 1963 年 1 月向文部省提出的咨询报告。中央教育审议会是文部大臣的咨询机构,是根据教育刷新审议会在即将撤销时所提出的建议于 1952 年 6 月 6 日成立的。其职责是应文部大臣之请求开展有关教育、学术及文化方面基本政策实施的调查审议,并就这些事项向文部大臣提出建议。中央教育审议会成员 20 人,由文部大臣任命,任期 2 年。中央教育审议会成立后,截至 1963 年共就各种教育问题向文部省提出过 19 份报告。《关于改善大学教育》就是第 19 份报告,也是中央教育审议会全面论述大学教育问题的第一份报告。

该报告由大学目的性质、大学设置与组织结构、大学管理运营、学生福利与学生指导、大学入学考试、大学财政等六大部分组成。其要点如下:第一,随着社会经济的发展、科学技术的进步、国民生活与教育水平的提高,高等教育应朝着多样化方向发展。为此,必须改革新制大学类型单一化的弊端。依开展学术研究和进行职业教育程度之不同,高等教育机构可分为三种水平和五种类型,三种水平指以高水平学术研究与培养研究者为主的、以培养高级职业人为主的、以培养职业人和实施实际生活所必需的高等教育为主的;五种类型包括属第一种水平的研究生院大学、属第二种水平的本科大学、属第三种水平的短期大学、高等专门学校和艺术大学。第二,在扩大高等教育规模的同时,必须考虑进入高等教育机构的学生是否具备接受高等教育所必需的能力,大学的学科构成、所培养的人才数量与类型是否符合社会需要,以及确保一定的高等教育水平需要哪些条件,等等。为此,应该改革大学入学考试制度、改善办学条件、增设理工类高等教育机构和增加理工科学生人数。第三,为改善大学经营管理和促进学术自由,必须更加重视大学自治的重要性。第四,为保证扩大高等教育规模和充实提高教育、研究水平,必须努力增加高等教育经费。

无论是国民经济计划中的高等教育发展计划,还是《关于改善大学教育》的咨询报告,都十分注重扩大高等教育规模、调整高等教育结构和增加高等教育经费这样一些共同问题,这充分反映了经济恢复与高速增长时期日本社会尤其是经济界、产业界对发展高等教育的要求。在当时日本高等教育的实际发展中,这些要求基本上都得到了贯彻落实。

(二)高等教育的规模扩充与结构调整

为贯彻落实上述高等教育政策,日本政府首先大幅度增加了高等教育经费。从 1951 年到 1974 年全部教育经费占国民收入的比重由 5.24% 提高到 7.42%;高等教育经费占全部教育经费的比重从 1951 年的 12.9% 提高到 1970

年的 16.9%(其中 1966 年、1967 年和 1968 年更高,分别为 18.3%、18.7% 和 18.5%)①。高等教育经费的增加为扩充高等教育规模和调整高等教育结构提供了有利条件,从 1952 年到 1970 年日本高等教育机构总数从 425 所增加到 921 所,学生人数从 444 514 人增加到 168.5 万人;高等教育机构类型由大学、短期大学两种增加到大学、短期大学和高等专门学校三种。与此同时,理工科学生数占全体学生数的比例明显增加,从 1960 年到 1970 年仅本科大学生的这一比例就从 18.1% 增加到 24.2%,如果加上短期大学和专门培养工科人才的高等专门学校的该类学生数,这一比例则会更高。高等教育规模的扩充和高等教育结构的调整主要是通过下列途径实现的。

第一,增招理工科大学生和增设理工科高等教育机构。从 1957 年起实施增招理工科大学生 8 000 人的计划,这一计划提前一年于 1960 年完成。自 1961 年开始又实施在今后 7~9 年内每年增招理工科大学生 1.6 万人的计划 (1964 年改为每年增招 2 万人),这个计划也提前一年完成。1965—1968 年,增设理工科院系 56 所,改组和扩充 20 多所,从而进一步扩大了增招理工科新生的能力。1956 年理工科新生人数占新生总数的 45.3%,到 1970 年这一比例增加到了 73.5%②。

第二,兴办巨型大学和大量增加私立大学。1956 年后,日本高中毕业生和大学入学志愿者逐年增多,经济和科技发展也急需通过大学培养更多的高级人才,为满足这些需求,从 60 年代初期开始,日本大学教育规模出现了前所未有的爆发性扩大态势。扩大大学教育规模的措施除上面提到的一些外,主要是通过挖掘老大学潜力和增设新大学尤其是增设私立大学实现的。在挖掘老大学潜力方面所采取的对策主要是通过扩大其规模来兴办一批巨型大学。据统计,1960—1979 年,日本万人以上的大学由 10 所增加至 41 所;5 000 人以上的大学由 18 所增至 60 所③。在增设新的大学方面主要是大力兴办私立大学,据统计,1960 年日本共有本科大学 245 所(其中国立 72 所、公立 33 所、私立 140 所),到 1970 年这一数字增至 382 所(其中国立 75 所、公立 33 所、私

① 胡建华:《战后日本大学史》,南京大学出版社 2001 年版,第 150—151 页。
② 〔日〕文部省:《产业教育九十年史》,东洋出版社 1974 年版,第 674 页。
③ 〔日〕大泽胜、高木修二:《日本的大学教育》,早稻田大学出版社 1981 年版,第 237 页。

立274所),在新增的137所大学中,私立大学有134所,占新增大学总数的97.8%;在大学生人数方面,1960年日本共有本科在校大学生626 421人(其中国立194 277人、公立28 569人、私立403 625人),到1970年这一数字增至1 406 521人(其中国立309 587人、公立50 111人、私立1 046 823人),在新增的780 100人中,私立大学在校大学生有643 198人,占新增大学在校生总数的82.5%。大学学生数量的迅速增加,使日本高等教育的入学率由1960年的10.3%增至1963年的15.5%,再增至1970年的24%[①]。也就是说,从1963年开始,日本的高等教育已由"精英阶段"步入了"大众化阶段",而高等教育的大众化,又主要是通过兴办私学实现的。

第三条途径就是创建了新型短期高等教育机构高等专门学校和实现了短期大学的恒久化。

二、高等专门学校的创立

(一)高等专门学校政策的形成

日本在战后教育改革中,作为民主化的一环,改变了战前日本高等教育的多重结构(大学、高等学校、专门学校等),形成了单一的4年制(医学等为6年)的高等教育结构。虽然承认了短期大学的存在,但也只不过是作为权宜之计的临时措施。这样,战前由旧制专门学校负责培养的技术人员,战后则主要由大学工学部、工业短期大学和工业高中三类教育机构培养。然而,在这三类教育机构中,大学工学部侧重工学理论教育,主要培养工程性人才;工业高中的职业技术课程内容浅显,课时不足,不能培养满足企业需求的技术人才;而介于两者之间的短期大学的课程设置虽然偏重于职业内容,但存在严重的重文轻理现象,只能培养很少的中级工业技术人才。也就是说,与战前相比,中级技术人才的培养被极大地削弱了。专门培养中级工业技术人才的高等教育机构几乎处于空白状态。针对这种情况,日本经济界人士尤其是垄断资本财团极为不满,单一的高等教育机构不断遭到质疑,产业界迫切希望设立类似于战前培养中级骨干技术人才的工业专门学校。1951年旧金山条约签订后,

---

① 胡建华:《战后日本大学史》,南京大学出版社2001年版,第144页。

日本重新获得了教育的独立领导权,加之经济恢复和高速增长的刺激,高等教育多元化改革发展便成了政府高等教育的政策目标。

1951 年 11 月内阁总理大臣的咨询机构"政令改正咨询委员会"提出了改革僵化的教育制度,建立实施农、工、商高中 3 年和大学 2 年合并为 5 年一贯制的专科大学的设想。1956 年 12 月日本经营者团体联盟(日经联)公开发表了《关于适应新时代要求的技术教育的意见》,要求改正大学与高中教育重复、空虚的弊端,设立短期大学与高中相合并的专科大学。1957 年 11 月中央教育审议会(中教审)根据日经联的请求在《科学技术教育答审》中提出尽快实现短期大学与高中合并的专科大学的意见。面对多方面的要求和意见,日本政府将《专科大学法案》提交 1957 年 3 月的第 28 次国会讨论。在第 28、30、31 次国会上,法案因遭到短期大学方面人士的强烈反对而未能通过。《专科大学法案》提交失败后,各方面要求成立 5 年制的专科大学的呼声并未停止。1959 年 12 月日经联又提出了"要求创设专科大学的意见",次年中教审也提出改革高等教育制度设立专科学校的教育制度的提案。在社会各界尤其经济界的强烈要求下,加上经济发展急需补充中级工业技术人才,日本政府和国会终于在 1961 年修改了《学校教育法》,并从 1962 年开始建立高等专门学校。产业界十年的梦想终于得以实现。

(二)高等专门学校的设立与发展

1961 年修改的《学校教育法》规定,高等专门学校是以初中毕业生为教育对象,以培养工业方面的中级技术人才为主要目标的 5 年一贯制的高等教育机构。1962 年初建时只有 19 所,其中国立 12 所、公立 2 所、私立 5 所,学生数 3 375 人。到 1975 年增至 65 所,其中国立 54 所、公立 4 所、私立 7 所,学生总数 47 955 人。学校数和学生数的具体变化情况如表 2-1、表 2-2 所示。①

表 2-1　高等专门学校学校数的变化

年度	合计	国立	公立	私立
1962	19	12	2	5

---

① ［日］文部科学省:《文部科学统计要览》,2014 年,第 81 页。

续表

年度	合计	国立	公立	私立
1965	54	43	4	7
1970	60	49	4	7
1975	65	54	4	7

表 2-2　高等专门学校学生数的变化

年度	合计	其中女生	国立	公立	私立	女生比例（%）
1962	3 375	35	1 549	703	1 123	1.0
1965	22 208	347	14 839	2 920	4 449	1.6
1970	44 314	673	33 091	3 919	7 304	1.5
1975	47 955	736	38 194	3 942	5 819	1.5

　　高等专门学校的创立,打破了战后日本大学一体化的高等教育制度,是日本高等教育朝着多样化发展的重要标志性事件。从对高等专门学校的规定和其办学实际状况来看,高等专门学校充分体现了国家意志并具有自身的鲜明特点。在培养目标方面,高等专门学校主要是培养中级工业技术人才,其学科设置一直主要是工业和商船学科。在学制方面,高等专门学校打破了日本战后形成的"六三三四"学制框架,直接招收初中毕业生,通过 5 年连贯的学习,使高等专门学校学生可以不必经过大多数日本青少年必须面临的"考试地狱",在教育内容方面保持连续性,从高中教育直接过渡到高等教育。在教育内容方面,以学生毕业后能够马上胜任企业的技术工作为目标,实行高度专业化的技术理论和实践训练相结合的课程体系。在学校管理方面,与大学教育重视自由、研究相比,高等专门学校更加强调管理、教育,实行小班化的班级编制和寄宿制的生活管理。在学生数量方面,招生规模严格限制,平均每年招生 1 万人左右,且以男生为主,女生的人数很少,1975 年以前一直未能突破 2%的比例。在设置者别方面,高等专门学校中国立和公立的占绝大多数,与短期

大学中私立的占绝大多数的状况相比,形成了鲜明对比。形成这种局面的主要原因是,根据设立当初的法律规定,高等专门学校的学科主要是工业和商船,而且偏重实验实习,这就需要大量的资金投入,作为国家重点扶持的国立高等专门学校的入学金和每年的学费很低,还不到国立大学的二分之一,大致只有短期大学的三分之一到四分之一,高额的投入和低廉的学费使高等专门学校根本没有盈利的可能。高等专门学校制度充分体现了日本政府发展高等职业教育的基本特点,那就是产业社会急需而教育市场又不能充分提供的职业教育由政府以公共财政举办并维持。

三、短期大学的"恒久化"

(一)短期大学"恒久化"政策的形成

高等专门学校创立后,短期大学"恒久化"问题随之得到解决。如前所述,根据 1950 年修改的《学校教育法》的规定,短期大学只是作为一种"暂时措施"而成立的。自那时起,短期大学的目的、性质、作用及存费问题一直成为人们争论的焦点。"存"者主张使短期大学制度恒久化,"废"者要求设立其他类型的高等教育机构以取而代之。各种争论虽然不断,但短期大学的实际增长速度却很快。从学校数量看,1950 年设立时只有 149 所,其中公立 17 所、私立 132 所,到 1960 年增加到 280 所,其中国立 27 所、公立 39 所、私立 214 所,私立短期大学占比高达 76.4%,这说明短期大学数量的增加主要是靠私立短期大学的增长实现的。从学生数量看,1950 年设立时学生总数为 13 839 人,其中男生占 59.4%、女生占 40.6%,到 1960 年学生总数增加到 83 457 人,其中男生占比 32.5%,女生占比 67.5%,女生数首次超过男生是在 1954 年,当年男生数 35 000 人,而女生数则有 36 000 多人,女生数量的急剧增加说明短期大学从最初的以男生为主快速变成了以女生为主的高等教育机构。从学生的学科分布看,1950 年刚成立时,学生主要是集中于文学、家政学、商业经济学和理工科等领域,到 1960 年这一情况发生了明显变化,商业经济学和理工科学生数量明显减少,大多数学生主要集中在家政、社会和人文学科领域,其具体分布情况为人文 14 219 人、社会 30 508 人、教养 374 人、工业 9200 人、农业 1353 人、保健 465 人、家政 30 508 人、教育 5 875 人、艺术 3 165 人、其他 199 人①。上述指标的变化说明短期大学在实现规模迅速扩大的同时,在办学性质上也发生了明显变化,即短期大学已从最初的偏重职业教育的男生居多的高等教育机构逐渐转变为实施以家政为中心的教养型的女子高等教育机构。

那么,短期大学为何能在成立后短短的十多年间发展如此迅速且又发生了如此明显的变化呢? 其主要原因有以下几点:第一,战后日本实施了民主化平等化的教育制度改革,将战前封闭复杂的双轨教育制度变成了开放平等的单轨教育制度,充分扩大了国民接受高等教育的机会,特别是保证了众多女子接受高等教育的机会。第二,与 4 年制大学相比,短期大学自身的特点使其能更容易地为广大适龄青年提供入学机会。首先,短期大学设置门槛低,学校一般规模较小,私立学校占绝大多数,办学方式灵活多样,在全国各地分布广泛便于学生就近入学;其次,短期大学学费低廉,能为那些由于经济社会条件限制而不能进入 4 年制大学的学生提供入学机会;再次,短期大学开设的学科数量众多,涉及人文、社会、教养、工业、农业、保健、家政、教育、艺术等多个领域,1950 年设置之初就开设了 285 个专业,丰富的学科专业设置为那些怀揣不同专业志向的青年提供了充分的选择机会,能更好地满足多种多样的入学和职业需求。第三,战后日本经济的恢复和快速发展使国民的个人收入明显增加,极大地减轻了家长送子女进入高等学校的负担,使多数人能够进入各种高等教育机构接受高等教育。

短期大学的迅速发展说明它在培养多种类型的职业人才方面和提供更多的教育机会,尤其是为女子提供教育机会方面具有自身的明显长处。鉴于这种情况,加上经济高速增长后对高等教育多样化要求的增加和高等专门学校的创立,短期大学"恒久化"问题遂迎刃而解了。1964 年,日本国会通过《学校教育法》修正案,正式承认短期大学为一种"恒久"制度,可以合法存在。

(二)短期大学"恒久化"后的快速发展

1964 年的《学校教育法》修正案规定"短期大学以教授、研究专门学问,培养职业及实际生活的必要能力"为教育目的。这一教育目的与大学"教授深

---

① [日]文部科学省:《文部科学统计要览》,2014 年,第 85—89 页。

奥的专门学问,培养理性、道德及应用能力"的教育目的的区别是更加强调职业与实际生活的特点,与高等专门学校"以培养工业方面的中级技术人才为主要目的"的区别是更加强调学科专业设置的广泛性。《学校教育法》修正案对短期大学"恒久化"和教育目的及办学要求的明确规定,为短期大学的进一步发展提供了强有力的法律保障。此后,短期大学进入了更快的发展阶段,至1975 年,短期大学的学校数量增加到 513 所,学生数量增加到 353 782 人,具体发展态势如表 2-3、表 2-4、表 2-5 所示。①

表 2-3 短期大学学校数的变化

年度	合计	国立	公立	私立	私立比例(%)
1955	264	17	43	204	77.3
1960	280	27	39	214	76.4
1965	369	28	40	301	81.6
1970	475	22	43	414	86.4
1975	513	31	48	434	84.6

表 2-4 短期大学学生数的变化

年度	合计	其中女生	国立	公立	私立	女生比例(%)	私立比例(%)
1955	77 885	42 061	3 637	11 080	63 168	54.0	81.1
1960	83 457	56 357	6 652	11 086	65 719	67.5	78.7
1965	147 563	110 388	8 060	13 603	125 900	74.8	85.3
1970	263 219	217 668	9 886	16 136	237 197	82.7	90.1
1975	353 782	305 124	13 143	17 973	322 666	86.2	91.2

表 2-5 短期大学各领域学生数的变化(常规课程)

年度	合计	人文	社会	教养	工业	农业	保健	家政	教育	艺术	其他
1960	81 528	14 219	16 170	374	9200	1353	465	30508	5875	3165	199

① [日]文部科学省:《文部科学统计要览》,2014 年,第 85—89 页。

续表

年度	合计	人文	社会	教养	工业	农业	保健	家政	教育	艺术	其他
1965	145 458	27 666	24 409	1693	14887	1910	494	56759	13074	4371	195
1970	259 747	51 475	30 187	4646	21799	3503	5827	85017	44413	12686	194
1975	348 922	73 645	37 915	6421	23335	4173	10023	99369	78007	17867	167

高等专门学校的创立和短期大学制度的"恒久化",彻底打破了战后初期日本建立的一元化高等教育格局,从此,日本整个高等教育体系包括了大学教育和短期高等教育两大部分。大学教育包括4年制大学和研究生院,负责学术研究和培养精英人才;短期高等教育包括短期大学和高等专门学校,负责培养中级技术人才和进行教养教育。在短期高等教育系统中,由于短期大学和高等专门学校在设置主体、教育对象、培养目标、教育内容和办学模式方面的错位发展,二者又形成了分工明确和具有强烈互补性的特点。具体而言,短期大学多为私立,专业设置广泛,涉及人文、社会、教养、工业、农业、保健、家政、教育、艺术等众多领域,学生以女生居多,由于市场化程度很高,能够灵活满足经济社会发展需求因而规模增长十分迅速;高等专门学校多为国立,专业设置很少,主要集中在经济社会发展急需、办学成本高、私学难以支撑的工业和商船领域,学生以男生居多,因为依靠国家按严格计划设置因而规模增长十分稳定。高等专门学校的创立和短期大学的"恒久化",使日本高等教育体系由一元化走向多样化和市场化,不仅为20世纪60年代日本经济高速增长和社会繁荣培养了大批急需的中级职业技术人才,加速推动了高等教育大众化进程,还为20世纪70年代日本短期高等教育体系的最终形成打下了坚实基础。

第三节　日本经济低速增长时期专门学校的成立与短期高等教育体系的形成和发展

进入20世纪70年代后,日本国内外形势发生了新的变化,世界新技术革命的兴起、国际化时代的来临以及日本社会进入成熟化阶段后所带来的种种问题,都对教育提出了严峻挑战。特别是1973年爆发的中东石油危机,使日本经济由高速增长时期进入低速增长时期。教育也随之结束了大发展局面并相应地转向稳定发展和提高质量的阶段。与此同时,前一时期教育大发展所带来的种种问题,要求人们重新审视和思考战后建立的新教育制度,寻求解决问题的方法和使教育在新的社会经济形势下进一步发展的对策。在这种历史条件下,日本掀起了其近现代教育史上著名的第三次教育改革。第三次教育改革的准备工作开始于1967年,正式开始于1971年,其发端的标志是1971年6月11日中央教育审议会向文部大臣提交的题为《今后学校教育的综合扩充与整顿的基本措施》的咨询报告。但是,20世纪70年代中期以来改革暂时中断。1982年中曾根首相上台后又重新全面展开。

与整体教育改革的步骤相适应,高等教育改革大体分为两个阶段,一是20世纪70年代提出改革构想和取得初步成果的阶段;二是20世纪80年代以来全面展开的阶段。但在整个20世纪80年代,高等教育改革取得的主要成效在于新的政策取向的形成,高等教育的实际改革进展并不明显,其主要成绩是为1990年以后的高等教育全面改革奠定了政策基础。

与高等教育整体改革发展相对缓慢的局面相比,这一时期的短期高等教育却取得了比较明显的成效。其主要表现是1976年成立了专门学校,使日本短期高等教育体系最终形成。与此同时,适应经济社会发展新形势的需要,短期大学和高等专门学校也发生了较大的变化。

一、高等教育改革的政策构想与成效

(一)20世纪70年代高等教育的改革构想与初步进展

鉴于经济社会变化所带来的挑战和教育发展过程中所产生的新问题,尤其是20世纪60年代末"大学纷争"给高等教育界造成的剧烈震荡,各大学、社会团体和政府纷纷展开高等教育改革的讨论研究。它们依各自不同的观点,提出了数百种大学改革方案。这些方案涉及大学教育的方方面面,其中比较集中的问题是:第一,要求进一步完善大学内部管理体制,在充分尊重学术自由和大学自治原则的基础上,吸收大学全体成员对大学管理的意见和减少国家对大学的干涉;第二,要求改革讲座制,克服其封闭性和保守性弊端,打破讲座之间的封锁,建立教育、学术问题的相互批判制度;第三,在课程设置方面,强调正确处理普通教育和专门教育的关系,提高普通教育课程的效果和更好地发挥其作用;第四,要求政府加强对大学的财政投入和强化大学在财政上的自主性。

在为数众多的高等教育改革方案中,影响最大、最为有名的是中央教育审议会于1971年6月11日向文部大臣提交的题为《今后学校教育的综合扩充与整顿的基本措施》的咨询报告。该报告是日本第三次教育改革开始的标志,是历经四年时间、经过二百多次会议讨论、在向七十多个学术团体和政府部门征询意见的基础上制定的。报告内容涉及学校教育、家庭教育、社会教育等各个方面,共十万余字。其中,关于高等教育的改革构想主要体现在第一编第三章中。其要点是:(1)强调高等教育多样化,主张按不同目的和课程标准将高等教育机构分为5种类型,即本科大学、短期大学、高等专门学校、研究生院和研究院;(2)在课程改革方面,要求加强普通教育课程的综合性、外语运用能力和保健体育课程的课外指导;(3)在教育方法改革方面,注意运用现代教育技术提高课堂教学质量和效率,增加小班讨论、实验、实习等教学形式,设立专门指导校园文化、体育活动的机构;(4)建立开放的高等教育与资格认证制度,使高等教育打破传统形式,向广大国民开放;(5)使教育组织与研究组织在功能上既相互分离又相互协作;(6)建立与完善研究院的组织形式;(7)促进高等教育规模与管理运营体制的合理化;(8)改善教师人事制度及教师待遇;(9)为解决与国立、公立大学设置形态有关的问题,要求在进一步明确设置者与大学关系的同时,加强大学管理运营的自主性;(10)改善国家财政援助、受益者负担及奖学金制度;(11)为充实调整高等教育,要求国家就高等教育规模和地区分布等制定长期发展计划;(12)改善以居住条件为中心的学生生活环境;(13)改革大学入学考试制度,以高中学习成绩、统一考试成绩和各大学单独考试成绩的综合评定结果作为录取新生的依据。

除中央教育审议会的咨询报告外,70年代日本高等教育政策的另一重大变化是文部省于1974年6月制定了省令《研究生院设置基准》,该基准由8章24条组成,内容包括研究生院的课程、研究科的组织、教师组织、教师资格、教育方法、学分、学位授予、校舍设备条件等。与1949年4月由大学基准协会制定并一直沿用的《研究生院基准》相比,新的基准具有以下几个特点:(1)扩大了授予硕士学位的教育课程的目的,在原来培养研究型人才的课程目的基础上,增加了培养从事专门性职业的能力和具有较高水平的专门职业人才的课程的目的;(2)降低了授予博士学位的教育课程的目的要求,取消原来规定的开展独立创新研究、提出新的学术见解、对文化发展有所贡献的条款,将博士课程的目的限定在培养高深研究能力和作为研究能力之基础的丰富学识的范围内;(3)强调研究生教育组织的多样性,规定可以设立与学部分离的拥有专任教师的独立的研究生教育组织。《研究生院设置基准》的颁布,结束了1949年以来研究生院设置一直援用《研究生院基准》的历史,为日本研究生教育的发展提供了更加宽松的新的法律依据。

为贯彻落实上述高等教育改革构想和政策精神,从20世纪70年代初期文部省开始采取改革措施,这些措施主要包括两个方面:成立新型高等教育机构和改革大学入学考试制度。在成立新型高等教育机构方面,1973年10月成立了筑波大学,它在制度上废除了大学实行的传统的基本组织机构学部、学科和讲座制度,组成学群、学类和专攻领域,它是在政府主导下所进行的突破日本大学传统的改革尝试。1976年成立了专修学校,成立当年有学校893所,学生13.1万人。同年成立了长冈、丰桥两所技术科学大学。1978年成立了兵库、上越两所教育大学,1981年成立了鸣门教育大学。在大学入学考试制度方面,改革的主要措施是将一次性考试改为二次考试。在传统上,日本大学的入学考试一般由各大学单独举行,每年一次,一考定终身。为取消其弊端,经过长期争论和准备,1977年5月文部省根据修改后的《国立学校设置法》的规定成立了"大学入学考试中心",并于1979年在该中心主持下实施了首次全国统一的学力考试。自此,国立、公立大学的入学考试就分为两次,第一次为大学入学考试中心主持的"统一学力考试",第二次为各大学组织实施的"单独入学考试"。统一学力考试的科目包括语文、数学、外语、社会和理科,统一学力考试合格者方可参加单独入学考试。单独入学考试由各大学、学部实施,考试方法多种多样,主要测试考生的学术性向。1988年文部省又对统一入学考试制度作了一些修改,将其适用范围由国、公立大学扩大到私立大学。这样,经过多次改革,"两次入学考试"就成为20世纪70年代末期以后日本大学入学考试的基本制度。

通过成立新型高等教育机构和改革大学入学考试制度,文部省关于高等教育改革的构想在 20 世纪 70 年代得到初步落实。但是,就总体而言,改革的范围还很小,改革的力度也不大。正如中曾根就任内阁首相后所批评的那样:"前一个时期中央教育审议会所进行的教育改革,只能说是小改小革而已,全面的教育改革虽已酝酿很久,但尚未进行。"①全面的高等教育改革是在进入 20 世纪 80 年代以后展开的。

尽管受到经济低速增长和高等教育改革力度不大的影响,整个 20 世纪 70 年代日本高等教育机构的数量还是获得了一定的增长。促使这种增长的原因主要是国民生活水平的提高和高中毕业生及大学升学志愿者数量的增加。1970—1980 年,日本高等教育机构②总数由 921 所增至 1 025 所。其中,本科大学由 382 所增至 446 所,学生人数由 1 406 521 人增至 1 835 312 人;短期大学由 479 所增至 517 所,学生人数由 263 219 人增至 371 124 人;高等专门学校由 60 所增至 62 所,学生人数由 44 314 人增至 45 348 人③。此外,高等教育入学率也由 24.0% 提高到 37.4%,这说明日本高等教育大众化程度得到了进一步提高。

(二)20 世纪 80 年代高等教育改革政策的进一步探讨

1984 年 2 月 6 日,日本首相中曾根康弘在国会演讲时指出,教育改革时机已经成熟,应把它提到战略地位的高度加以认识。他建议成立一个为期三年的直属内阁的咨询机构来审议、调查和处理教育问题。根据他的建议,1984 年 8 月 21 日临时教育审议会正式成立,这标志着日本第三次教育改革进入全面展开的阶段。

临时教育审议会是战后日本成立的继教育刷新委员会(1952 年撤销)之后的第二个直属内阁的教育咨询机构,它的成立 一方面说明日本政府对教育问题非常重视,另一方面也反映出当时存在的教育问题的严重性。临时教育审议会成立后立即着手了教育改革的研究审议工作,在其存在的三年期间,召

---

① 吴式颖:《外国现代教育史》,人民教育出版社 1997 年版,第 663—664 页。
② 此处不包括专修学校的专门学校,它只是属于广义的高等教育范畴。
③ 《日本教育年鉴》,1991 年,第 474—475 页。

开总会、分会数百次,并于 1985 年 6 月 26 日、1986 年 4 月 24 日、1987 年 4 月 1 日、1987 年 8 月 7 日先后提出四份咨询报告。其中,第四份报告是在总结前三份报告的基础上定稿的最终报告,最具代表性。在该报告中,临时教育审议会在分析了改革的必要性和现存教育问题的基础上,提出了教育改革的三个基本原则,即重视个性的原则、向终身学习体系过渡的原则和适应时代变化的原则,其中重视个性的原则是最基本的原则。关于高等教育改革与发展的策略,在第三章第二节"高等教育的多样化与改革"部分,报告从八个方面进行了全面论述。其要点是:(1)为发挥高等教育的个性和提高高等教育的质量,应认真研究普通教育与专门教育的内容与模式,简化大学设置基准,实现高等教育机构的多样化并使之相互促进,大力充实和改革研究生院,进行大学评价和开放大学情报;(2)改革大学招生制度,努力建立适合于各大学特点的入学考试和招生制度,将入学统一测试的适用范围扩大到私立大学;(3)放宽大学入学资格,广开大学入学之门,可给予修业 3 年以上的高等专修学校毕业生以入大学的资格;(4)为振兴学术研究,应重视大学的基础研究,加强大学与社会的协作,促进国际学术交流;(5)设立大学审议会,对高等教育的模式从根本上进行研究审议,并向大学提供必要的指导和帮助;(6)通过增加公共财政支出、加强社区同高等教育机构的协作、促进对高等教育机构的捐助等形式充实高等教育财政,同时,努力创造条件扩大国立大学的财政自主权和充实育英奖学金制度;(7)改善大学的组织和运营,确立大学的自主性和自律性,改革大学人事制度,实行教师任期制,建设开发大学;(8)努力创造理想的大学设立形式并探索与之相应的国家干预形式。临时教育审议会提出的上述建议,有的被政府立即采用,如 1987 年成立了大学审议会,1988 年改革了大学入学考试制度;有的被大学审议会继承和发展,成为指导 90 年代高等教育改革的基本思想。

大学审议会是根据临时教育审议会的建议于 1987 年成立的直属文部省的常设咨询机构。其任务是以临时教育审议会提出的高等教育改革策略为指导,专门审议大学改革与发展的具体问题。大学审议会成立后不久,文部大臣就向其提出了关于大学教育、研究的"制度化""个性化"和"活性化"的咨询要求。围绕这些问题,大学审议会进行了长期认真的研究审议,提出了多份报告和多项改革建议。

在大学审议会提出的诸项建议中，落实最为迅速的是关于修订大学设置基准的建议。20世纪90年代初期，文部省连续对《大学设置基准》《研究生院设置基准》《短期大学设置基准》《大学函授教育设置基准》和《学位规则》进行了大幅度修订，使设置基准大纲化、导入大学自我评价制度、重视终身教育等重要思想首先在法律上得到了明确体现。这些法规的修订正式揭开了20世纪90年代高等教育改革实践之序幕。从20世纪90年代初期开始，高等教育改革全面展开。

二、专门学校的成立与短期高等教育体系的形成

（一）专修学校成立政策的形成

专门学校是专修学校的一种，也是其主要构成部分。要说明专门学校的成立与发展的状况，首先必须阐明专修学校是如何形成的。

专修学校成立于1976年，是适应当时日本经济社会发展的需求和高等教育的整体状况，在社会上大量存在的"各种学校"的基础上升格成立的。各种学校是日本进行类似学校教育的机构，各方面都没有严格的规定，能适应当地需要灵活培养各种社会急需的职业技术人才。各种学校在日本早已存在，其历史可以追溯到1879年颁布的《教育令》。《教育令》第二条规定"学校指小学、中学、大学、师范学校，以及其他各种学校"，这是各种学校一词首次出现在法律条文之中。各种学校是因为其教学内容难以按学科进行分类，或者学科不完备，而无法纳入正规学校类型中的学校。1882年日本已有各种学校1219所，其中1131所是私立的。到第二次世界大战结束前，各种学校的规模最大时达到学校2500所、学生37万人，主要教育内容是基础教育补习、预备教育、职业教育、女子教育和特殊教育①。第二次世界大战中，因政府认为大多数各种学校是没有意义的，所以规模锐减。二战结束后，盟军总司令部主导的教育改革政策规定拥有教师1人以上、学生40人以上的学校可以认定为各种学校。1947年颁布的《学校教育法》第一条规定"学校系指小学、初中、高

---

① 胡国勇：《日本高等职业教育研究》，上海教育出版社2008年版，第155页。

中、大学、盲学校、聋学校、养护学校及幼儿园",在第八十五条规定"第一条所列之外进行类似于学校教育的教育机构称为各种学校"。1945年日本有各种学校500所左右,到1947年超过1000所。在这些学校当中,约有70%是缝纫学校,其他的则进行花道、茶道、新娘教养和各种技能的传授。由于日本政府将发展各种学校当成一种治安政策对待,把各种学校的设置门槛定得很低,所以进入20世纪50年代后各种学校增加极速,到20世纪50年代中期其数量已达7500所,学生100万人①。各种学校的急剧膨胀带来了许多新的问题,1956年日本文部省制定《各种学校规程》,开始提高设置要求,抑制各种学校盲目扩张。

20世纪60年代,日本经济进入高速增长时期,各产业领域技术人才不足成为一大社会问题。同时,二战后"婴儿潮"时出生的人的升学也成了重要的社会问题。为解决这些重大问题,文部省根据产业界培养技术、技能型人才的强烈要求,制定了大学的科学技术教育扩张计划,创立了高等专门学校并肯定了短期大学制度的"恒久化"。这些措施的实行虽然在很大程度上缓解了上述两大矛盾,但依然不能完全解决一切问题。在这种情况下,政府再次把目光投向了原本在政策视野范围之外的各种学校。文部省先是将具备一定条件的各种学校列为各种学校振兴补助的对象,对各种学校的教育内容进行引导,促使一些以女性教养、生活技能为中心的各种学校转换成职业技术教育机构。继而又于1964年发表题为"专修学校构想"的各种学校改革方案,试图将有条件的各种学校从制度层面上提升为一种新型的以职业教育训练为中心的高等教育机构,但因这一构想只是要将各种学校中的一部分升格为专修学校,因而在各种学校中引发激烈论争,致使文部省在1966年向国会提出的相关学校教育法修正案未能通过。

进入20世纪70年代,日本经济社会发展形势发生了重大转折。受1973年中东石油危机的影响,日本20世纪60年代以来的经济高速增长时期宣告结束,从此进入了经济低速增长时期。1974年日本国民生产总值增长率为负数,1975年也只比1974年增长2.4%。基于这种形式,三木内阁于1976年5

---

① 胡国勇:《日本高等职业教育研究》,上海教育出版社2008年版,第156页。

月正式通过经济审议会提出的经济中期计划,即《昭和五十年代前期经济计划》(1976年—1980年)。计划提出:"确保经济安全和创造长期发展的基础"的具体政策在于使产业结构向着节省能源、节省资源、知识集约型的方向转化,促进尖端技术产业的顺利发展,谋求振兴科学技术,着重研究知识集约程度高、附加价值高、国际竞争能力强的商品的制造技术。经济政策的转换和产业结构与职业结构的变化,对培养各类人才的高等教育体系提出了新的要求。社会不仅需要大学培养各种高级专门技术人才,还需要多种实施高等职业教育训练的教育机构造就千百万的实用技术人才。但是,战后直到20世纪60年代末期形成的高等教育体系并不能很好地完成这一任务。其原因是,第一,战后日本的高等教育体系基本上是以传统大学观念和高度统一的大学形态而构建的,虽然短期大学在学制层次、要求等方面有别于大学教育,但办学思想、价值观念、课程体系仍未脱离大学的深刻影响。1962年成立的高等专门学校虽以独特的学制、鲜明的特色和社会影响引人注目,但因仅仅是小规模地培养工业方面的技术人才,也难以满足经济社会发展对人才的需求。第二,日本经济进入低速增长阶段后,由于产业开始向知识集约化和结构高度化转变,使高中阶段职业科的毕业生已难以适应生产的要求,急需培养更高一级的专门职业技术人才。第三,20世纪60年代日本高等教育虽然获得迅速发展,并顺利进入了高等教育大众化阶段,但因高中教育的快速普及和国民接受高等教育热情的高涨,仍然要求继续扩大高等教育的数量和规模。与此同时,由于激烈的升学考试竞争而带来的"考试地狱""大学荒废"等众多严重的社会问题也需要得到妥善解决。面对上述经济和高等教育形势,进入20世纪70年代后,日本政府在高等教育方面所采取的政策的主格调是在高等教育已经大规模发展的情况下,不再扩大其数量和规模,而是要将主要精力放在调整、改革原的有高等教育制度,寻求新的路径和解决方法上。具体地说就是,20世纪60年代的高等教育多样化政策主要是应对产业界对培养技术人才的需求,20世纪70年代的高等教育多样化政策则是克服社会上愈演愈烈的学历主义,纠正大学升学过于激烈的竞争,控制高等教育发展规模过大,保证教育质量,并为解决这些矛盾而寻求新的解决途径。在这种情况下,将各种学校升格为正规高等教育机构的问题又一次成为各方面关注的焦点。1974年发表的日本自民党《关于高等教育刷新和大学入学制度改善以及私学振兴》的报告中,要求在抑制大学数量和规模扩充的意义上,讨论各种学校在学校制度中的新地位。文部大臣的私人咨询机构高等教育恳谈会也于1974年和1975年相继提出《有关高等教育的扩充整备计划》和《高等教育计划部会中间报告》等文件,要求修改原有高等教育概念,使之不再仅仅局限于大学、短期大学、高等专门学校,而是更加弹性化地将广播电视大学、大学函授教育以及高等教育水平的各种学校纳入高等教育范畴。在各方力量的促使下,1975年7月11日日本国会对《学校教育法》(1974年3月21日第26号法律)进行重新修订,增补专修学校条款,将专修学校纳入正规学校教育体系。此后,日本文部省又根据学校教育法部分修正案制定和颁布了《专修学校设置基准》(1976年1月10日)和一系列教育法施行细则。根据上述法律,凡符合专修学校设置标准的"各种学校"可以从1976年4月起升格为专修学校。至此,专修学校制度终于诞生了。

专修学校制度的诞生在日本高等教育史上具有重要的意义。如果说20世纪60年代的高等教育多样化政策主要是呼应产业界的要求,那么,20世纪70年代的高等教育多样化政策则是对学历主义和过度的升学竞争的纠正,具有抑制大学数量扩充和寻求高等教育新途径的新的政策意图。作为既能抑制大学数量扩充又能提供高等教育新机会的高等教育多样化政策的一部分,"高等教育水平的各种学校"——专修学校的成立,不仅标志着日本短期高等教育体系的形成,也标志着日本整个高等教育多层次、多类型体制的完全形成。

(二)专修学校的成立与专门学校的发展

《学校教育法修正案》第82条和《专修学校设置基准》第5条规定:在学校教育法第1条列举的各种教育设施以外,凡以培养国民职业或实际生活所必需的能力和谋求提高教养水平为目的的有组织的教育机构称为专修学校。专修学校的修业年限必须在1年以上;教学时数必须在800小时以上;学生人数必须在40名以上。

这一规定明确指出专修学校的教育目标有二:一是培养国民职业或实际生活上所必需的能力;二是提高国民的一般教养水平。

专修学校共开设三级课程。

(1)专门课程。专门课程是以高中毕业生及具有同等学力者为对象而开设的,其程度相当于短期大学水平,属于广义的高等教育的范畴。专门课程的修业年限一般为 2 年,但也有 1 年制和 3 年制。在专门课程修业 2 年以上并取得规定成绩者可获得与短期大学毕业生同等的资格。设有专门课程的专修学校称为专门学校。

(2)高等课程。高等课程是以初中毕业生及具有同等学力者为对象而开设的,其程度相当于高中水平,属于后期中等教育范畴。高等课程的修业年限一般为 2 年,但也有 1 年制和 3 年制。在高等课程修业 2 年并取得规定成绩者可获得与高中毕业生同等的资格。设有高等课程的专修学校称为高等专修学校。

(3)一般课程。一般课程是不问学历资格,以所有愿受教育训练的人为对象而开设的,其目的在于提高全民族的文化素质,实现高学历社会,是开展终生教育的好形式。目前,一般课程的教育对象主要是家庭妇女、社会浪人和其他社会成员。一班课程修业年限在 1 年以上。设有一般课程的专修学校称为一般专修学校。

根据不同教育目的,每级课程都设有 8 大专业领域。每一专业领域又包括许多不同的专业类型。其中:

工业领域包括:工业、造船、应用化学、金属加工、测量、建筑、制图、焊接、电气、电子、无线电、通信、电波、电视、钟表、汽车修理、航空、工艺、摄影、印刷工艺、电子计算机、情报处理等专业。

农业领域包括:农业、园艺、畜产、渔业、水产等专业。

医疗领域包括:护士、准护士、助产士、保健妇、牙科卫生、牙科技工、临床检查、诊疗放射线、理学疗法、作业疗法、按摩、针灸等专业。

卫生领域包括:营养、调理、美容、理容、营养管理等专业。

教育·社会福利领域包括:保育、社会福利、教员培养等专业。

商业实务领域包括:商业、经理、簿记、珠算、打字、秘书、速记、经营、观光、旅馆等专业。

家政领域包括:家政、家庭、洋裁、和裁、帽子、烹饪、编织、手艺等专业。

文化·教养领域包括:音乐、美术、装饰、艺能、舞蹈、芭蕾舞、花道、茶道、外语、宗教、法律、劳动、武道、体育、一般教养、戏剧、电影、书道、玩具等专业。

为达到教育目的,每一专业又开设许多具体的讲授科目,内容十分丰富。

1976 年日本开始成立专修学校,当年成立专修学校 893 所,学生 131 492 人。此后,专修学校获得飞跃发展。到 1990 年,日本已有专修学校 3 300 所、学生 791 431 人。其具体变化情况如表 2-6、表 2-7 所示。①

表 2-6　专修学校学校数的变化

年度	合计	国立	公立	私立	私立比例(%)
1976	893	46	28	819	91.7
1980	2 520	187	146	2 187	86.8
1985	3 015	178	173	2 664	88.4
1990	3 300	166	182	2 952	89.5

表 2-7　专修学校学生数的变化

年度	合计	其中女生	国立	公立	私立	女生比例(%)
1976	131 492	104 425	3 481	4 641	123 370	79.4
1980	432 914	287 938	15 843	20 628	396 443	66.5
1985	538 175	312 185	18 070	24 069	496 036	58.0
1990	791 431	410 543	17 433	27 805	746 193	51.9

在专修学校获得飞跃发展的同时,作为其主要构成部分的专门学校同样获得了飞跃发展。1975 年各种学校中以高中毕业生为对象的课程只有35.5%,以专修学校的成立为契机,学校中专门课程的比例迅速增加。1977年有专门学校数 1 532 所,学生 27 万人,占专修学校数的比例分别为 78.9%和 77.1% 。到 1990 年专门学校数达到 2 731 所、学生 61 万人,占专修学校数的比例分别为 82.7%和 77.22%②。

① ［日］文部科学省:《文部科学统计要览》,2014 年,第 116 页。
② ［日］文部科学省:《从数字看日本的教育》,国立印刷局 2006 年版。

专门学校在短短十五年之间获得如此飞跃式的发展并非偶然的,而是有着深刻的外部原因和内部原因。从外部原因来看,主要包括四个因素。第一,产业结构升级和职业构造变化提出了客观要求。从 1960 年到 1985 年,日本第一、二、三次产业的比重从 13：41：46 演变为 3：36：61。与之相适应,第一、二次产业就业者的比重不断下降,第三次产业就业者的比重明显上升,职业构造出现了白领化和专业化的趋势。这种趋势的形成,不仅增加了对专门人才数量的需求,而且增加了对许多新的职业就业人才的职业教育训练的需求。第二,高中教育的日益普及增加了高等教育入学数量的需求。1960 年日本高中升学率为 57.7%,到 1975 年上升为 91.1%,高中教育基本普及。与此同时,职业高中和高中职业科的比例迅速下降,到 1985 年已经不足 30%。高中的日益普及和普通高中比例的增加,势必要求高等教育机构为越来越多的高中毕业生提供更多的入学机会。第三,政府的大学抑制政策为专门学校的发展提供了便利。高中毕业生的日益增加势必要求高等教育扩大规模,但如前所述,20 世纪 70 年代后日本高等教育政策的主格调是在抑制大学和短期大学规模扩充,重点提高质量的前提下,谋求高等教育的多样化,这就为专门学校成为高中毕业生接受高等教育的新出路提供了便利。第四,政府对专修学校的政策扶持提高了专门学校的吸引力。1976 年《专修学校设置基准》出台后,人事院改正规则,将专门学校毕业学历与短期大学毕业学历等同看待。1978 年文部省开始设置专修学校专门官僚,后来成为终身学习局终身学习振兴课专修学校教育振兴室。1984 年给予专修学校学生 II 种公务员考试资格。政府对专门学校学生的各种补助制度也逐步建立。政府的一系列政策支持,规范了专修学校的办学,提高了专门学校的社会声望和吸引力。从内部原因来看,专门学校自身鲜明的办学特点使其能够敏锐捕捉社会需求,并能灵活有效地培养学生职业或实际生活上所需的实践技能。在专门学校中 90% 左右属私立学校,能灵活适应社会需要办学。在教育对象上,专门学校男女生的比例基本各占一半,与女生占 90% 的短期大学和男生占 90% 的高等专门学校形成鲜明对比,能较好地满足男女青年的就学要求。在课程设置上,专门学校开设数千种专业,内容涉及 8 大专业领域,既能最大限度地满足学生的专业志向,又能充分地为社会供应各种各样的职业技术人才。在教学方式上,专门学校非常重视理论与实践相结合,有的学校实习时间甚至占全部授课时间的一半以上,其实习方式有校内实习、校外实习和海外研修。这种理技并重的教学方式能卓有成效地培养学生的工作"即战力"。专门学校的上述特点赢得了求学者和用人单位的欢迎。专门学校成立不久,其学生数便超过了短期大学,成为仅次于大学的高等教育机构。甚至有的学生考上大学之后,宁愿退学而改入专门学校。还有一些学生大学毕业之后,为了掌握专门技术而再次报考专门学校。专门学校毕业生的就职率也在逐年上升,多年来,专门学校毕业生的就职率比大学生和短期大学毕业生的就职率高 15% 左右。

三、短期大学的改革与发展

受 20 世纪 60 年代经济高速增长和 1964 年短期大学制度"恒久化"刺激而获得迅猛发展的短期大学,在进入 20 世纪 70 年代后,突然放缓了脚步。1975 年日本有短期大学 513 所、学生 353 782 人,1990 年这一数字分别为 593 所、学生 479 389 人。分别增加了 80 所和 125 607 人。这与 1960—1975 年学校数增加 223 所、学生数增加 270325 人的速度形成了鲜明对比。① 与此同时,短期大学以家政为中心的教养型教育也遇到了办学的困境。

造成短期大学这种办学状况的主要原因,一是短期大学相关法律法规的限制。1964 年修改的《学校教育法》肯定了短期大学的"恒久化",促进了短期大学的发展,但在另一方面也给短期大学的发展划出了条条框框。该法规定,短期大学以"深入教授研究专门的学艺,培养职业以及实际生活所必要的能力为主要目的"。4 年制大学"作为学术中心,以在广泛传播知识的同时深入教授专门的学艺,发展知性的、道德的以及应用的能力为目的"。相比之下,两者的差异只是在于短期大学强调了生活的侧面,但总体上则是将短期大学变成了大学的一种,一种压缩到二分之一的大学。这种二分之一的大学的课程极为尴尬,如果强调通识教育会类似美国的初级学院成为大学的前期课程,如果强调专业教育会类似刚刚成立的高等专门学校。但事实上短期大学即未偏重教养教育也未偏重职业教育,绝大多数短期大学实行的是 1 年通识

---

① ［日］文部科学省:《文部科学统计要览》,2014 年,第 85—87 页。

教育,1年专业教育。从某种程度上可以说,短期大学的恒久化政策将短期大学套进了设置基准的框框,使它失去了在此之外灵活发展的可能性。二是20世纪70年代以来日本政府采取的抑制大学和短期大学增长规模,重在谋求提高办学质量的政策影响。三是来自1976年成立的专门学校的挤压。从法律规定上看,专门学校与短期大学的办学目的并无太大区别,在教育对象、教育内容上也多有重叠。但是,由于专门学校设置基准很低,修业年限、教育内容等的设定自由度很高,擅长培养具有"即战力"的职业技术人才,因而能够迅速占领高等职业教育市场,成为与短期大学竞争的有力对手。1976年专门学校成立后,在短短15年时间内规模扩大了5倍,到1990年学校数达到2 731所、学生数达到61万人,规模远超短期大学。

为了摆脱办学的困境,这一时期的短期大学也因应形势发展的需要努力进行了改革的探索。改革的主要内容是促使短期大学开始从以家政为中心的教养型向专业技术型教育转变。到20世纪80年代初期,短期大学大致形成了三种类型,即"教养型""职业型"和"教养职业并列型"。在1980年的517所短期大学中,教养型的比例由设置之初的65%下降到51%,职业型的比例由29%增加到30%,教养职业并列型的由6%增加到19%①。在转型的同时,短期大学都十分注重强化专业技术教育,各种资格以及各种参加考试的资格的取得成为短期大学的卖点。进入20世纪80年代后,家政学科的名称大都被生活科学所取代,短期大学贤妻良母教育的色彩逐渐淡化,实学化倾向日益明显。但需要注意的是,这里提到的"职业型"或"专业技术"的含义已经发生了变化,它们已经不是经济高速增长时期所需要的工业、商业类的职业或专业技术,而是仅限于图书司书、保姆、教师、营养士等适合女性从事的技术领域。与此同时,短期大学毕业生中希望就业的女性的比例也大幅增加,从不到4成增加到了8成以上。不过,她们的实际就业职位与所学专业几乎没有多大关系。

短期大学教育的转型是适应形势发展的产物,但是,囿于短期大学的办学传统,其以女性为主的教养教育依然根深蒂固,最多是呈现了"教养教育"加

---

① 胡国勇:《日本高等职业教育研究》,上海教育出版社2008年版,第67页。

"职业教育"的局面。面对这种情况,社会开始出现两种不同的声音。赞成者认为短期大学既然以女性为主要教育对象,就应该首先注重为了家庭的"教养教育""人的教育",其次才是为了就业做准备的专业技术教育。反对者则指出短期大学的这种职业教育被市场认为是不伦不类的,是落后于时代要求的。20世纪80年代,短期大学这种特殊的教养教育加职业教育模式与专门学校的职业教育还能并存,但到了大学剧增、18岁人口剧减的20世纪90年代,由于女性升入4年制大学的取向增强和高等职业教育市场份额更多被专门学校挤占,短期大学的学生就急剧减少了。这样,以私立学校为主的短期大学日益出现经营困难,短期大学存在的意义开始遭到怀疑。短期大学的这些问题,正是留给20世纪90年代的改革课题。

四、高等专门学校的改革与发展

高等专门学校自1962年创立以来一直广受社会好评,学生入学倍率和企业求人倍率始终高达4倍和20倍左右,而且许多考入高等专门学校的学生被认为是初中最优秀的学生,毕业生的就业岗位也多为大企业的相关技术部门。但是,进入20世纪70年代后这种情况发生了明显变化。1975年,学生入学倍率下降到2倍,说明高等专门学校对初中毕业生的吸引力已大不如前;企业的求职倍率也下降到5倍,而且,毕业生的就职去向明显从大企业转向大企业的子公司和地方中小企业①。这些现象说明,曾经享誉一时的高等专门学校的发展开始停滞了。

造成高等专门学校发展停滞的原因主要是,第一,高度职业化的教育内容和近乎封闭的教育环境,使其毕业生在普通教养、人格形成方面存在弱点。第二,许多学生对进入高等专门学校产生了怀疑态度,因为大多数初中毕业生的年龄只有15岁,在这个懵懂之年便选择了将来的职业进路,而且一旦进入高等专门学校就再无升学的机会。第三,也是最主要的原因,20世纪70年代日本产业结构的高度化和大学入学率的增加,使产业界对技术

①　[日]荒木光彦:《技术者之姿——支撑技术立国的高专毕业生们》,世界思想社2007年版,第147—148页。

人员的要求出现了高学历化,而大学、短期大学和专门学校的毕业生恰恰具有明显优势,这就对高等专门学校毕业生的职业进路形成了直接打压。基于这些情况,许多人纷纷对高等专门学校提出了批评,甚至有人认为"在教育市场、劳动市场中,高等专门学校的地位不稳定,处于能否存续下去的危机之中"①。

面对这种严峻的形势,为保存和促进高等专门学校这一独特的高等职业教育机构的进一步发展,日本政府和高等专门学校相继采取了一系列改革措施。在政府方面,为了解决高等专门学校毕业生只能就业、不能升学这一最为人们诟病的矛盾,以及进一步培养善于适应技术革新进展,对现实课题具有实践的、创造的研究指导能力的更高级别的技术人才,日本政府从 1974 年开始筹备,于 1976 年创设了长冈、丰桥两所技术科学大学。技术科学大学设有学部和研究生院,实行二者一贯制。学部以高等专门学校毕业生和工业高中毕业生为招收培养对象,前者直接进入第三学年;后者进入第一学年。研究生院以本校学部毕业生为主要招收对象,学生定员与学部生相等,人数不足时从其他大学进行第二次选拔。在学科设置方面,只设工学一类。在教育组织方面,学部采取课程制,研究生院按专业组织。在教学方法方面,特别注重实验、实习尤其是到企业进行"实务训练"。在学校管理方面,实行由文部大臣任命的校长负责制,不设评议会,但为吸收校外知名人士对办学的意见,同筑波大学一样设置参议制度。技术科学大学的成立,不仅提高了日本高等职业教育的层次,而且为高等专门学校毕业生提供了更多的升学机会。以此为契机,高等专门学校不断采取改革措施,努力谋求自身发展。一方面,为了摆脱单一的以直接就业为导向的封闭的完成教育模式,通过与技术科学大学等大学的本科乃至研究生院的协作与衔接,使毕业生的升学比例不断增加。1980 年高等专门学校毕业生总数为 7 951 人,其中升学者 661 人、就业者 7 080 人,分别占比8.3%和89.1%;1990 年毕业生总数为 9 038 人,其中升学者 1 126 人、就业者7 759 人,升学者占比提高到 12.5%,就业者占比则下降到 85.9%②。另一方

---

① [日]近藤博之:《高等专门学习的展开和技术者教育的今天的课题》,《大阪大学教育社会学·教育计划论研究集录第 2 号》,1981 年。

② [日]文部科学省:《文部科学统计要览》,2014 年,第 84 页。

面,尽管高等专门学校毕业生的升学比例不断提高,但就业者仍然占据大多数。为使毕业生更好地适应就业市场的新变化,高等专门学校在培养目标、教育教学模式方面都相应地进行了改进。培养目标从以前一直坚守的"骨干技术者"向具有课题设定、问题研究解决能力的"实践型技术者"转变。这是因为随着产业技术迅速高度化,工厂不断从制造据点转型为研发据点,以前那种金字塔型的人才结构层次已经不符合企业的实际要求,即对原来所谓的"骨干技术者"的需求减少,而对具有问题研究和解决能力的"实践型技术者"的要求在逐渐增加。随着培养目标的变化,高等专门学校的教育教学模式也相应地从偏重单纯的教育教学向教育教学与研究并重,但与大学的学术研究不同,高等专门学校重视的是教育教学研究,体验性、实践性教育教学内容进一步增加。此外,为了进一步提高高等专门学校的办学层次,20 世纪 80 年代后期,以国立高等专门学校校长协会为中心,还发起了改高等专门学校名称为"专科大学"的大学升格运动。中央教育审议会也将这一要求写进了审议报告,但是,内阁法制局以"不是大学的学校不能称为大学"为理由断然否定了这一提议。这一决定充分反映出日本政府对高等专门学校的政策意图,即坚决抑制其简单地升格为大学,坚持让它在作为高等职业教育机构类型的前提下充实和发展。20 世纪 90 年代后,日本政府针对高等专门学校采取的一系列新的改革措施进一步证明了这一点。

经过 20 世纪七八十年代的改革和发展,高等专门学校虽然未能完全找回成立初期的荣光,但作为一种典型的高等职业教育机构依然很受学生和企业的欢迎。1990 年以前其入学倍率和求人倍率一直保持在 2 倍以上和 15 倍左右①。然而,相对于产业技术高度化和技术教育高度化的形势要求,高等专门学校在各方面仍然存在很多亟待解决的问题。1990 年以后,针对这些问题和新形势的要求,日本政府和高等专门学校又相继采取了许多新的改革措施。

---

① [日]荒木光彦:《技术者之姿——支撑技术立国的高专毕业生们》,世界思想社 2007 年版,第 147—148 页。

第四节　20世纪90年代以来日本短期
高等教育的改革与发展

进入20世纪90年代后,日本高等教育改革步入了全面实际展开的阶段。指导这一阶段高等教育改革的基本精神是促进高等教育与研究的"高度化""个性化"与"活性化"。这一基本精神既有对20世纪80年代长期酝酿的高等教育改革政策的继承,又有对进入20世纪90年代后日本经济持续低速发展、18岁人口大量减少、终身学习社会的加速推进等现实因素的关照。遵照这一基本精神,大学教育方面进行了课程改革、研究生教育改革、大学人事制度改革,建立了大学自我评价制度,实施了国立大学法人化和高水平学科与高水平大学建设。大学教育改革的实际展开成为短期高等教育改革的重要背景,与大学改革的基调相呼应,短期高等教育方面主要进行了设置基准大纲化、学校法人化、水平高度化、经营市场化等方面的改革,并且普遍建立了学位及称号授予制度,实行了自我检查评价及接受第三方评价制度。通过这一阶段的改革,日本短期高等教育体系更加完善和充实,同时也进一步加强了各高等教育机构之间的联系和补充。

一、大学的改革与发展

以20世纪80年代后期大学审议会提出的诸项高等教育改革建议为基础,结合20世纪90年代经济社会发展形势的新要求,20世纪90年代初期,文部省连续对《大学设置基准》《研究生院设置基准》《短期大学设置基准》《大学函授教育设置基准》和《学位规则》进行了大幅度修订,使设置基准大纲化、导入大学自我评价制度、重视终身教育等重要思想首先是在法律上得到了明确体现。这些法规的修订正式拉开了20世纪90年代以来高等教育实际改革的序幕。以这些修订后的法律为依据,高等教育改革全面展开。在大学教育中,变化最大、成绩最显著的是大学课程改革、研究生教育改革、大学教师人事制度改革和大学自我评价制度的建立、国立大学法人化改革和高水平学科与高水平大学建设工作的推进。

（一）**大学课程的改革**

20 世纪 90 年代初期开始的大学课程改革，最主要的内容是将战后形成的普通教育与专门教育分离的"二二分段"模式改为两者相结合的"四年一贯"模式。

"二二分段"模式是指普通教育课程与专门教育课程分别在大学本科的前两年和后两年进行的课程模式。这种模式是在战后新制大学课程改革中，以美国教育使节团的建议为指导，由大学基准协会在 1947 年 12 月制定的《大学基准》首次提出，按文部省于 1956 年 10 月制定的《大学设置基准》的规定最终形成和发展起来的。这种模式对改变日本近代高等教育中普通教育和专门教育在不同机构中进行以及大学偏重专门教育的弊端虽有重大意义，但也存在许多问题。例如，普通教育课程过分整齐划一，普通教育中的教学和研究相脱离，普通教育的教学忽视学生的主体性，普通教育课程和专门教育课程很难有机衔接，等等。鉴于这些问题，早在 20 世纪 60 年代末期就已出现废除"二二分段"模式和实行"四年一贯"模式的改革呼声，但因时机尚不成熟，直到 20 世纪 80 年代末期改革还只是停留在探讨和实验阶段。

1991 年 7 月经文部省修改的《大学设置基准》以个性化原则为指导，取消了原基准对普通教育课程和专门教育课程过细过死的规定，实现了课程规定的大纲化、弹性化。《大学设置基准》对课程规定的修改为废除"二二分段"模式和建立"四年一贯"模式提供了必要的前提和法律依据，此后，以"四年一贯"模式为主要特征的大学课程改革迅速展开。所谓"四年一贯"模式，是指按学问的内在规律，将普通教育贯穿于大学本科四年的始终，使普通教育课程与专门教育课程密切联系和有机融合的课程模式。这种课程模式既能照顾到专业特性，又能照顾到学生个性，同时可使各大学依据自身特点建立富有特色的课程体系。由于这些优点，这种课程模式受到各大学的普遍欢迎，到 1997年，日本 586 所大学中已有 495 所大学按"四年一贯"模式实施了课程改革。

（二）**研究生教育改革**

大力发展研究生教育是 20 世纪 90 年代日本高等教育改革与发展的重大内容。1990—1999 年，日本大学的在校硕士研究生从 61 884 人增至 132 118

人、在校博士研究生从 28 354 人增至 59 007 人。研究生数占本科大学生数的比例从 4.5% 上升到 7.8%。与此同时,对研究生教育制度和学位授予制度进行了重大改革。

研究生教育制度改革的主要措施是创立了研究生院大学、成立了独立研究科和实行了"研究生院重点化"。所谓研究生院大学是指没有本科学生、只实施研究生教育的大学。日本第一所研究生院大学是创立于 1988 年的综合研究研究生院大学。到 1998 年日本共有 6 所研究生院大学,其中包括国立的 4 所,它们是综合研究研究生院大学、北路先端科学技术研究生院大学、奈良先端科学技术研究生院大学、政策研究研究生院大学;私立的 2 所,它们是国际大学和国际佛教学研究生院大学。所谓独立研究科是指独立于学部的研究科。在传统上,日本大学的研究科设于学部之内。学部教师既负责本科生教育,又负责研究生教育。而在独立研究科中,教师主要是负责研究生教育。至 1995 年,日本共有 45 所大学设立了 65 个独立研究科,其中国立大学 36 所、设立的独立研究科为 52 个。所谓"研究生院重点化"主要是指改变过去教师属于学部的旧制度,建立教师属于研究科的新制度。"研究生院重点化"的实施,使研究科教师的工作由承担本科生教育和研究生教育转为重点负责研究生教育,从而有利于进一步扩大研究生教育规模和提高研究生教育质量;同时,由于文部省对大学经费的分配由依据学部转为依据研究科,所以对提高研究生教育经费非常有利。日本的"研究生院重点化"改革始于 20 世纪 90 年代中期,到 1998 年共有 12 所大学的约 70 个研究科按规定进行了改革。

学位授予制度改革主要是博士学位授予制度的改革。在传统上,日本人认为取得博士学位是一个人在学术研究上获得成功的象征,在博士学位拥有者稀少的时代甚至有"当博士还是当大臣"的说法。这种根深蒂固的观念,对战后博士学位授予工作和研究生教育的发展影响很大。第一,它使博士学位尤其是人文、社会科学领域的博士学位授予数量极少;第二,使博士研究生从毕业到获取博士学位之间的年限很长,从而使获取博士学位者的年龄偏大;第三,在校博士研究生不把在短期内获取博士学位作为学习目标,学习计划松懈,学习状态散漫。为消除这些弊端,自 20 世纪 90 年代初期开始以政府为主导转变观念和改革了博士学位授予制度的有关规定。新的观念认为,获取博士学位不是学术研究成功的象征,只是研究者获得高深研究能力的标志;修改后的博士学位授予制度取消了对博士学位授予的过高要求,只将获得高深研究能力和作为其基础的丰富学识作为判断是否授予学位的标准。新观念的确立和新规定的实施,带来博士研究生教育和博士学位授予工作的新变化。许多在校博士研究生开始将在短期内获得博士学位作为明确的学习目标;许多大学也开始着手修改有关博士课程的规定,并为研究生获取博士学位制定严格的培养计划;在授予博士学位的数量方面,甚至是在传统上要求一直过高的人文、社会科学领域的博士学位授予数量,也开始明显增加。据统计,从 1987 年到 1993 年,课程博士授予数占博士研究生入学者数的比例从 61.4% 增至 68.3%,其中,人文科学类从 1.4% 增至 9.7%、社会科学类从 7.6% 增至 13.7%、理工类从 67.3% 增至 74.5%、工学类从 74.6% 增至 83.5%、保健类从 86.3% 增至 86.8%、教育类从 12.3% 增至 15.6%,只有农学类有所下降,从 76.5% 降至 66.1%①。

(三)大学教师人事制度改革

大学教师人事制度改革的中心内容是 20 世纪 90 年代中期以后实施的以促进大学教育、研究"活性化"为目的的"大学教师任期制"。1997 年 6 月 13 日,根据大学审议会的有关建议,日本政府颁布了《有关大学教师等的任期的法律》,对任期制的目的、定义、国公立大学教师的任期、私立大学教师的任期、大学共同利用机构职员的适用等问题作出了全面规定。同时,法律还规定,大学教师任期制的基本性质是"选择任期制",即法律不要求所有大学自某年某月起统一实行教师任期制,有关是否实行任期制、在哪些学部学科实行任期制和任期时间的长短等问题,均由各大学自主决定。

《关于大学教师等的任期的法律》颁布后,北陆先端科学技术研究生院大学率先于 1997 年 11 月制定了大学教师任期规则,并从 1998 年 4 月起实行了大学教师任期制。至 2000 年 8 月,共有 38 所国立大学、4 所私立大学实行了大学教师任期制。从这些大学实行大学教师任期制的实际情况来看,第一,实行大学教师任期制的大学数量还不多;第二,在已实行大学教师任期制的大学

---

① 胡建华:《战后日本大学史》,南京大学出版社 2001 年版,第 283 页。

里,将全校所有学科列入实行范围的仅为个别大学,绝大多数大学只是少数学科实行,而且这些学科基本上都是进行研究生教育的研究科;第三,各大学对大学教师任期的年限规定不一,有的长达 10 年,有的只有 1 至 2 年,大多数为 5 年;第四,许多大学规定教师任期届满后经评议合格可以再任,但再任次数大都被限定为一次。

上述情况说明,日本的大学教师任期制改革还处于起步阶段,其数量还不多,规模也还不大。造成这种状况的原因除了慎于改革的大学传统仍在发挥作用外,主要是大学界特别是相当数量的大学教师对任期制改革持反对态度。他们认为,大学教师任期制使教师身份失去法律保障,破坏了学术自由和大学自治的基础;大学教师任期制可能导致大学教师有意追求短、平、快项目,从而影响长期的、创造性的研究;为了应付将来的再任评审,大学教师可能将时间、精力主要用于出成果、出论文上,从而影响教育、教学工作;在再任评审时,因为评价标准难以界定,很有可能掺进许多主观判断,甚至产生资深教授独断的局面;最后,大学教师任期制可能导致大学教师的心理恐慌和失去职业。正是上述原因,导致大学教师任期制改革步履维艰。但是,尽管如此,大学教师任期制改革毕竟迈出了一步,实现了日本大学管理制度上的一个新的历史性突破。

(四)大学自我评价制度的建立

建立大学自我评价制度是 20 世纪 90 年代日本高等教育改革的又一重要方面。大学自我评价制度是根据 1991 年《大学设置基准》修正案的有关规定建立和发展起来的。1991 年 7 月,根据大学审议会的建议,文部省修订了《大学设置基准》,重点实现了设置基准的大纲化和导入了自我评价体制。关于后者,《大学设置基准》修正案规定,为了提高教育与研究水平,实现大学的办学目的和社会使命,大学必须就学校的教育、研究状况实行自我检查和自我评价;为了开展自我检查和自我评价,大学应该制定相应的评价项目和建立相应的评价体制。《大学设置基准》修正案颁布后,各大学纷纷按照要求成立了自我评价机构和开展起自我评价活动。1993 年已成立自我评价机构的大学超过大学总数的 70%,到 1998 年基本上所有的大学都成立了自我评价机构;开展自我评价活动的大学在 1994 年超过大学总数的一半,到 1997 年超过大学总数的80%。大学评价的项目一般包括教育理念和目标、教育活动、研究活动、教师组织、校舍设备、国际交流、面向社会、管理运营、自我评价体制等。但是,由于不同大学在历史传统、办学特点、办学方向等方面的差异,各大学在具体评价内容上也是各有侧重。对大学自我评价的结果,多数大学都向本校教职员工公布,有的大学还向其他大学和政府主管部门公布。大学自我评价的实施,对大学改革与发展起到了重要的促进作用,尤其是在课程设置与教学方法的改善方面作用更加明显。但是随着大学自我评价活动的开展,这一制度本身所存在的问题也逐渐暴露出来,其中最大的问题是各大学缺少评价专家和评价结果在各大学之间难以比较。为解决这些问题,许多大学建议在各大学进行自我评价的同时,成立外部评价制度和建立将评价结果与改革措施相联系的政策机制。日本政府接受了这些建议,于2000年4月在学位授予机构(1991年7月成立)的基础上成立了大学评价·学位授予机构,所有国立大学都可利用该机构,它的成立对弥补大学自我评价的不足和促进大学评价的整体发展起到了积极的作用。

20世纪90年代以来日本大学教育改革的全面展开,是1971年开始的第三次教育改革中的大学教育改革的继续和深入。经过一系列改革,日本大学教育不但在办学理念、教育体制和管理制度方面发生了明显变化,在学校数量和办学规模方面也得到了进一步扩大。至2013年,日本已有大学782所、在校大学生2868872人、教职员178669人①。

二、短期大学的改革与发展

进入20世纪90年代后,由于日本经济持续低速发展、18岁人口的逐渐减少、女生进入4年制大学人数的增加、专门学校的激烈竞争、短期大学自身存在的各种问题等原因,短期大学的学校数和学生数都在逐年递减,详见下列表格所示②。短期大学的发展进入了所谓的"冬天"。在这种形势下,短期大学的发展何去何从? 是就此衰落,还是继续发展下去,成为日本政府和短期大

---

① ［日］文部科学省:《文部科学统计要览》,2014年,第85—96页。
② ［日］文部科学省:《文部科学统计要览》,2014年,第85—89页。

学自身面临的严峻课题。为解决这一课题,日本政府和短期大学方面相继采取了一系列措施。

表 2-8　短期大学学校数的变化

年度	合计	国立	公立	私立	私立的比例(%)
1990	593	41	54	498	84.0
1995	596	36	60	500	83.9
2000	572	20	55	497	86.9
2005	488	10	42	436	89.3
2010	395	——	26	369	93.4
2013	359	——	19	340	94.7

表 2-9　短期大学学生数的变化

年度	合计	其中女生	国立	公立	私立	女生比例(%)	私立比例(%)
1990	479 389	438 443	18 510	22 647	438 232	91.5	91.4
1995	498 516	455 439	13 735	24 134	460 647	91.4	92.4
2000	327 680	293 690	7 772	21 061	298 847	89.6	91.2
2005	219 355	191 131	1 643	14 347	203 365	87.1	92.7
2010	155 273	137 791	——	9 128	146 145	88.7	94.1
2013	138 260	122 176	——	7 649	130 611	88.4	94.5

表 2-10　短期大学各领域学生数的变化(常规课程)

年度	合计	人文	社会	教养	工业	农业	保健	家政	教育	艺术	其他
1990	473194	122188	59996	14065	23729	3765	26751	116651	78620	21494	5935
1995	489322	129176	65363	17224	22360	3692	30651	115477	74381	22759	8239
2000	318258	63394	43207	8160	13213	2951	29709	77218	60227	15714	4465
2005	212200	27806	26156	2934	9790	2098	17687	44721	62706	8856	9449
2010	149633	17654	17834	2161	4419	1419	12462	30056	45475	6121	12032
2013	133714	12325	13138	2477	3612	1338	12986	25219	48441	4729	9449

作为高等教育整体改革的一部分,日本政府着手短期大学的全面改革是从 1991 年修订《短期大学设置基准》开始的。这次对设置基准的修订,核心内容是使设置基准大纲化。以设置基准大纲化为契机,各种短期大学改革措施相继实施。

(一)设置基准大纲化与日本政府对短期大学形象的期待

设置基准大纲化是日本政府对短期大学制度所进行的具有划时代意义的改革。所谓大纲化就是对短期大学制度的各方面实行弹性化管理,不再做详细具体的硬性规定。例如,短期大学的学校占地面积,只要对教育教学活动和质量不构成实质性影响,可以比原来减少一半;对教师数量和资质的要求也大幅放宽,教师无论有无研究业绩和教育经历,只要有实际水平就可录用;在学校招生数量和教学内容方面也不再进行严格限制,可由各学校根据实际情况自行决定,等等。实行设置基准大纲化的目的是为了增加各短期大学的办学自主权,使各短期大学可以根据社会和学术发展的需要,秉承自己的教育理念和教育目的,开展具有各自特色的教育。

短期大学设置基准的大纲化,给短期大学提供了更大的经营和教育自由,但这并不是说短期大学可以放任自流,而是同时要求短期大学必须承担更大的社会责任。对短期大学未来发展的理想形象,中央教育审议会在 2005 年 1 月 28 日发表的《我国高等教育的将来像》的咨询报告中提出了明确要求。报告指出,新时代的高等教育应基于多样化的发展战略,满足不同人群的高等教育要求。因此,大学、短期大学、高等专门学校、专门学校等各种高等教育机构,必须充分发挥各自的作用和机能,与此同时,各个学校还必须进一步推进个性化和特色化发展。报告进一步列举了高等教育应该承担的各种机能。如(1)世界性研究的教育据点;(2)高等专门职业人才的培养;(3)广泛职业人才的养成;(4)综合性教养教育;(5)特定专门领域(艺术、体育等)的教育·研究;(6)地区终身学习机会的据点;(7)社会贡献机能(地区贡献、产学官连携、国际交流等)。为分担这些机能,要求短期大学能够像美国社区学院那样,作为普及化阶段的身边的高等教育之一,成为与地区联系协作、提供多样化的学习机会、在知识基础社会打基础平台的场所。为此,报告进一步指出,短期大学应该实施教养与实务结合的专门职业教育,为实现人们更富足的社会生活而实行教养和取得高等资格的教育,应根植于地区社会需要为包括社会人、高龄者等广泛的教育对象提供多种多样的终身学习机会。为更加明确短期大学的办学定位和功能,报告还对短期大学与 4 年制大学和同一层次的高等专门学校、专门学校的功能作出了明确的区分。在教养教育方面,要求短期大学与 4 年制大学一样提供教养教育,但同时又要体现自身的特点,就是要以更加灵活多样、容易接近的形式,满足包括成人、老年人在内的更广泛的教育对象的多样化需求。在专业教育和职业教育方面则要与高等专门学校、专门学校体现出不同的特点。要求短期大学的专业教育、职业教育要具有理论性的背景,应该是从分析的、批判的见解出发的专业教育和职业教育。这就与重视体验型的高等专门学校的专业教育和强调实践型的专门学校的专业技术教育和职业教育具有了明确的区别。

(二)短期大学学位制度的成立

在实施短期大学设置基准大纲化的同一年,日本政府决定设立短期大学学位制度。从 1991 年开始授予短期大学毕业生"准学士"学位。2005 年中央教育审议会发表的《我国高等教育的将来像》报告,又进一步建议应该授予短期大学毕业生"短期大学士"学位。政府接受这一建议,于同年 7 月对学校教育法进行改正,决定自同年 10 月以后对短期大学毕业生授予"短期大学士"学位。学位具有国际通用性,短期大学毕业生获得学位有利于开展国际交流、升学和就业。短期大学学位制度的设立,为短期大学毕业生获得学位开辟了道路。

(三)短期大学"地区综合学科"的开设

在短期大学中开设地区综合学科是以美国社区学院为榜样,力图使日本短期大学作为高等教育普及化阶段身边的高等教育之一,发挥与地区紧密联系协作,提供多样化的学习机会,为知识基础社会打基础平台的作用而进行的改革实践。开设地区综合学科的动议始于 2001 年。2001 年 6 月,文部科学省对负责推进构造改革路线的经济财政咨询会议提出了"以大学为基点的为日本经济活性化的构造改革计划",该计划作为"推进大学提高 100 万社会人能力提高计划"的一个环节,明确提出了构建新型社区学院的政策。同年 9 月,根据经济财政咨询会议的方针,由中央各省厅制定的"改革工程表"中列入了强化短期大学灵活应对社会人再教育机能,奖励地区综合学科的设置,促进短期大学社区学院化的内容。在短期大学基准协会的帮助下,文部科学省确定了地区综合学科的基本框架。根据文部省的说明,地区综合学科应该具有以下特点:(1)不规定特定领域,根据学生要求开设多样的科目;(2)在准学士课程之外,还可以进行科目学分学习、复数短期课程组合学习等灵活的课程学习;(3)在远距离教学和夜间教学之外,可通过接受时间制学生,提供多样形态的学习机会;(4)积极鼓励短期大学接受社会人入学;(5)需通过第三方机构短期大学基准协会的认定。从这些特点可以看出,地区综合学科最大的特色是将多种领域纳入一个学科的教育内容范围,在一个学科中提供能够满足升入4年制大学、取得职业资格所需要的知识技术、发展兴趣和提高教养水平等多种多样需求的课程,实际上类似于一个小型的社区学院。在这里,学生可以根据自己的学习目的自由选择学习时间和学习科目,在2年一贯制的课程之外,还可以组合半年制的科目。为使多样化的科目便于学生选修,许多短期大学还采用了更加清楚易懂的课程包方式的"领域·单元"体系,即在开设的众多领域之下,根据各自要完成的学习目标,将需要修习的科目编成一个个的单元供学生学习。开设地区综合学科是在高等教育普及化时代,为了更好地满足人们多样化的高等教育需求,以建设新型短期大学为目标的重要改革举措。地区综合学科的认定由短期大学基金协会负责,从2003年开始认定,当年认定了4所,到2005年已经认定了22所。此后各年又不断增加。

(四)短期大学第三方评价的实施

短期大学设置基准的大纲化给予了短期大学更大的经营与教育自由,但与此同时,为了保障短期大学的教育质量、淘汰不合格的短期大学和促进短期大学的整体发展,文部省又相应地实施了针对短期大学的第三方评价制度。根据2002年修订的《学校教育法》,从2004年开始,所有短期大学都必须接受文部科学大臣指定的认证评价机构"短期大学基准协会"的评价。

评价的内容涉及建学精神·教育理念、教育目的·教育目标、教育内容、教育实施体制、教育目标的达成度和教育效果、学生支援、研究、社会活动、管理运营、财务、改革改善等诸多方面。根据评价基准的要求,在对上述内容进行评价时,要充分尊重各短期大学的教育目标和办学特点,主要是进行教育水平和目标达成度的评价,不对所有短期大学做硬性统一的要求,更不以此为依据对短期大学进行排名。

评价的程序是:(1)短期大学根据短期大学基准协会提出的评价基准,进行自我检查评价并提出报告书,报告书要在把握评价内容现状的基础上,说明自身的优势和存在的问题,并对存在的问题提出解决办法。(2)具体负责第三方评价的短期大学基准协会下属的"短期大学评价分科会",对短期大学提出的报告书进行审查,与此同时,通过对被评价短期大学进行设施设备、听课、访谈等实地考察,形成分科会评价报告书。(3)将评价报告书反馈给被评价短期大学,短期大学确认评价结果,可以提出申诉意见,分科会在吸纳短期大学申诉意见的基础上形成最终评价报告书。最终评价报告书由三部分构成。第一,认定的可否,分合格、保留两类;第二,总评,即综合评价;第三,建议,含特别要记述的长处、劝告和建议。其中,劝告是指未达到最低标准或改进不充分,有义务进一步改进的内容。建议是指虽然达到了最低标准但仍需进一步努力的事项。凡是被提出"劝告"和"建议"的短期大学,有义务在 3 年后提出改善报告书,接受中间持续评价。

评价的周期是每 7 年一次。在两次评价之间,被提出劝告和建议的短期大学须提出改善报告书,接受中间持续评价。对于评价结果符合标准要求的即评价合格的短期大学,协会向社会发布保证其质量的公告。

20 世纪 90 年代以来,短期大学的数量虽然有所减少,但由于采取了上述改革措施,在保持原有办学特点的同时,也发生了一些适应时代要求的新变化。其一,市场化程度进一步提高。从 2010 年开始,经过升格为 4 年制大学或合并淘汰的整合,国立短期大学完全消失,除少数公立短期大学外,私立短期大学的比例一直保持在 93%以上。其二,短期大学的学生仍以女性为主,但有逐步减少之势。1990 年占比为 91.5%,到 2013 年减少到 88.4%。其三,在短期大学各专业领域分布中,教育、家政、社会、保健和人文领域的学生仍然占绝大多数。2013 年其比例分别占 36.2%、18.9%、9.8%、9.7%和 9.2%。这些领域一直受学生欢迎的原因是可以取得相应领域的职业资格。其四,在短期大学主要进行的教养教育和职业教育中,职业教育的比重在逐年增加。其五,短期大学仍以招收本地学生和满足本地社会需求为主,且办学规模一直较小。短期大学本地生的比例一直保持在 60% 左右,学校规模则一直在 400 人左右。其六,短期大学招生日益困难,从 1999 年开始,招生定员逐渐超过入学人数,进入了所谓无选拔的全入时代,许多学校招生不足、经营困难的局面没有得到有效缓解。

三、高等专门学校的改革与发展

20 世纪 90 年代以来,与短期大学学校数量和学生数量双双减少的状况不同,高等专门学校一直保持了较为稳定的发展。其学校数量虽然略有减少,学生数量却在逐年增加[1]。高等专门学校面临的主要问题是如何适应新的形势要求,作为一种典型的高等职业教育机构而进一步充实和完善的问题。为解决这些问题,日本政府和高等专门学校相继采取了一系列改革措施。

表 2-11　高等专门学校学校数的变化

年度	合计	国立	公立	私立
1990	62	54	4	4
1995	62	54	5	3
2000	63	54	5	3
2005	63	55	5	3
2010	58	51	4	3
2013	57	51	3	3

表 2-12　高等专门学校学生数的变化

年度	合计	其中女生	国立	公立	私立	女生比例（%）
1990	52930	4677	45627	4126	3177	8.8
1995	56234	9966	48927	4517	2790	17.7
2000	56714	10624	49897	4556	2261	18.7
2005	59160	9835	52210	4594	2356	16.6

---

① ［日］文部科学省:《文部科学统计要览》,2014 年,第 81 页。

续表

年度	合计	其中女生	国立	公立	私立	女生比例（%）
2010	36055	9354	30118	4030	1907	26.0
2013	58226	9681	52290	3881	2055	16.6

（一）学位制度的成立与专攻科的设立

1991年大学审议会咨询报告《关于高等专门学校的改善》提出对高等专门学校毕业生授予学位。高等专门学校毕业生可获得的学位分为两种，一是准学士学位，授予对象是5年制合格毕业生；二是学士学位，授予对象是专攻科合格毕业生。

专攻科是根据1991年《关于高等专门学校的改善》的提议，于1992年开始设立的。在高等专门学校中，设立专攻科的目的是为了应对高学历化的社会压力，使高等专门学校毕业生在保持个性特点的同时，促进教育研究水平的高度化。专攻科学制2年，相当于大学本科水平，招收高等专门学校5年制毕业生，入学人数控制在准学士课程毕业人数的10%左右。专攻科的教学科目与准学士学科区别设置，教学科目一般由专任教师担任，主要科目由教授和准教授担任，根据学生人数状况须建立与配备进行专攻科教育所必要的教师组织和设施设备。专攻科学生取得毕业资格须修满62学分以上，其中可包括准学士阶段已经取得的与专业相关的学分，但在专攻科阶段至少要取得31学分。专攻科毕业生只要满足规定的条件即可向学位授予机构申请学士学位，在获得学士学位的同时，也具备了研究生院的入学考试资格。从1992年开始，各高等专门学校纷纷设立专攻科，到2006年为止，绝大多数高等专门学校都设立了专攻科。

（二）设置基准大纲化与学科设置的多样化和课程设置的弹性化

1991年大学审议会咨询报告《关于高等专门学校的改善》要求高等专门学校与其他高等教育机构一样实行设置基准的大纲化。根据这一咨询报告，《学校教育法》有关高等专门学校的内容进行了修改。制度的修改为高等专门学校学科设置的多样化和课程设置的弹性化提供了政策支持。

第一,学科设置的多样化。高等专门学校自 1962 年成立以后,一直是作为工业高等专门学校而存在的,所以机械、电子、工业化学、土木、建筑、商船等学科始终占据其学科总数的 90% 以上。1991 年实行设置基准大纲化之后,其学科种类开始朝着多样化方向发展,那些传统学科的比重在相对减少,而以信息技术为中心的新兴学科的比重在不断增加。高等专门学校的学科涵盖了机械、电子、工业化学、土木、建筑、商船和信息工学、环境都市工学、经营信息、信息设计、交流信息、国际流通等多个种类。专攻科则主要包括机械电子系统工学、环境系统工学和物质工学。如在 2006 年国立高等专门学校 5 年制课程共开设 242 个学科,招生 9680 人。其中,工业类的机械学科 52 个、招生 2080 人,电子电气学科 73 个、招生 2920 人,信息学科 42 个、招生 1680 人,化学学科 30 个、招生 1200 人,土木建筑学科 36 个、招生 1440 人,商船类的学科 5 个、招生 200 人,经营信息、信息设计、交流信息、国际流通类的学科 4 个、招生 160 人①。

第二,课程设置的弹性化。以 1991 年高等专门学校设置基准大纲化为契机,伴随学科设置的多样化,高等专门学校的课程呈现出弹性化发展的趋势。其表现主要体现在两个方面。其一,政府对高等专门学校各学科教学科目不再做具体的硬性规定。1991 年以前,高等专门学校的教学科目分为一般科目、专业科目和特别活动。一般科目是各学科共同学习的科目,包括国语、社会、数学、理科、保健体育、艺术、外语、人文社会或自然领域的课程或两个领域的综合教学科目;专业科目是根据各学科特点要求学习的特定科目,高等专门学校设置基准都有非常明确具体的规定,如规定机械工学学科的专业科目包括:应用数学、应用物理、信息处理、材料力学、材料学、热力学、水力学、机械工作学、设计法设计制图、工学实验、工学实习、毕业研究,航海学科的专业科目包括应用数学、信息处理、应用力学、电器电子工学、测量自动控制、商船原论、船舶安全工学、海事法规、船舶工学、操纵通信、航海法规、运用学、航海学、实验实习、毕业研究、练习船实习(含工厂实习)等;特别活动是各学科根据自身特点可灵活设置的课程。根据规定,工业类高等专门学校的毕业要求是取得

---

①　胡国勇:《日本高等职业教育研究》,上海教育出版社 2008 年版,第 122 页。

177 学分(其中一般科目 85 学分、专业科目 92 学分),商船类高等专门学校的毕业要求是取得 157 学分(其中一般科目 85 学分、专业科目 72 学分),另外都必须有 90 课时以上的特别活动。1991 年以后,高等专门学校设置基准仍然要求开设一般科目、专业科目和特别活动三类课程,规定除 90 课时的特别活动外,工业类高等专门学校毕业要求是取得 176 学分(其中一般科目 75 学分、专业科目 82 学分),商船类高等专门学校毕业要求是取得 147 学分(其中一般科目 75 学分、专业科目 62 学分)。但对具体的教学科目未做详细要求,只是原则上规定"高等专门学校开设为达到该高等专门学校以及学科教育上的目的必要的课程,成体系地编制教育课程"。其二,1991 年以前,各高等专门学校的课程基本上是统一的,1991 年以后,虽然大体上仍然相同,但允许各高等专门学校在课程设置上有所差异并体现各自办学特色。

(三)国立高等专门学校的法人化改革

对国立高等专门学校进行法人化改革是日本政府为推动高等专门学校发展所采取的又一个举措。法人化改革的目的在于扩大国立高等专门学校的决策权,并希望藉此进一步促进国立高等专门学校的个性化、活性化和教育研究的高度化。国立高等专门学校的法人化改革始于 2002 年,当年 7 月文部科学省提出该问题的咨询,其后由主要以高等专门学校构成的讨论委员会进行研究并于 2003 年 2 月提出了中间报告。该报告肯定了高等专门学校以往发挥的作用,呼吁政府应继续大力促进其发展,并认为实行法人化改革有利于高等专门学校的个性化、活性化和高度化发展。在此基础上,通过分析高等专门学校的历史和现状,报告书提出了高等专门学校法人化的制度设计。其主要内容是:与大学的一所一个法人和强调自主、自律、自我责任不同,主张将所有高等专门学校纳入一个法人之中,强调法人化之后的规模效应和有计划的资源分配;坚持由文部科学大臣任命高等专门学校校长,不设教授会;高等专门学校的研究工作只限定在为使教育适应学术发展而需要的必要的研究,而非像大学那样开展自由研究;要求将教师的公务员身份转变为非公务员身份;要求逐年提高经营使用效率,对各个学校进行目标管理,并要求通过大学评价机构、学位授予机构等第三方机构对各个高等专门学校进行评价。将这些内容和以往高等专门学校曾经提出的改革主张相比较不难看出,中间报告的精神与其说是反映了高等专门学校的要求,不如说是更多地反映了文部科学省的政策意图。正因如此,不等讨论委员会的最终报告出台,文部科学省便急忙以中间报告的内容为基础,向国会提出了《独立行政法人国立高等专门学校机构法案》,2003 年 7 月 9 日经国会讨论通过后,于 16 日颁布《独立行政法人国立高等专门学校机构法》,并规定于 10 月 1 日实施。根据该机构法,2004 年 4 月综合了 55 所高等专门学校的日本独立行政法人国立高等专门学校机构成立。

日本独立行政法人国立高等专门学校机构成立后,根据日本独立行政法人通则法的规定,文部科学省制定了高等专门学校机构在此后 5 年应该达到的中期目标。其主要内容有,本着追求效率的原则,要求除教师工资和特别费用之外,其他所有开支每年减少 1%,即 5 年减少 5%;从培养具有创造力的技术人员的基础知识、技术和终身学习能力出发,要求改革教育教学体制,确保招收优秀学生,改进教育教学方法,加强教材开发,增强学生的课外体验,促进学生健康发展;适应技术进步和产业构造的变化,改革学科构成,加强专攻科,强化与产业界的合作和与大学的联系;招聘具有博士学位人员和民间企业优秀人才充实教师队伍,提高师资整体水平;通过采取自我检查评价以及由文部大臣认可的机构进行评价等措施保证教育质量。

国立高等专门学校法人化改革虽然在一定程度上促进了高等专门学校的个性化、活性化和高度化发展,但其中期目标并未完全实现。造成这种结果的原因是政府的改革意图与高等专门学校改革的内在要求未能完全吻合,所以使这一改革措施从一开始便充斥着矛盾。例如,政府想促进高等专门学校个性化,却又将所有高等专门学校置于一个法人框架之下,这就使各高等专门学校实际上不具备作为独立法人的教育机构的机能,使各高等专门学校在自主设定目标并采取措施,进行自我评价、向社会公开评价结果以及接受第三方评价方面受到一定限制,在组织编制教师体系、经费预算等方面也难以真正发挥出个性;在促进高等专门学校的活性化方面也存在顾此失彼的问题,通过学习民间思维的经营方式,引进开放的运营体系、教育研究业绩的评价方式和迅速的决策方法等等确实有利于促进高等专门学校的活性化,但又强调以增加效率为目标,就难免会在各学校之间激起不规范的竞争,从而削弱各学校之间、学校各教师之间的精诚合作;在促进教育研究的高度化方面同样存在类似矛盾,一方面强调扩充专攻科和进一步强化与大学研究生院的协作,一方面又要求彻底基于第三方评价结果在各高等专门学校间进行重点资源分配,势必难以避免教育研究中的短期行为的滋生和蔓延。

在国立高等专门学校法人化改革的过程中,政府的改革意图与高等专门学校改革的内在要求之所以不能完全吻合,其根本原因在于二者对高等专门学校发展的前景有着完全不同的期待。在高等专门学校方面一直期待着能够升格为专门大学。日本高等专门学校的发展是与产业结构的变化和科学技术的进步密切相连的,在20世纪五六十年代的技术人员不足时期,它是作为政府计划的产物而建立并以培养具有"即战力"的技术人才而受到产业界热烈欢迎的;到了20世纪七八十年代的技术高度化时期,高等专门学校明显感到了来自4年制大学工学教育的压力;进入20世纪90年代以后,随着产业的全球化、信息化,技术教育日趋呈现出向研究生院水平过渡的倾向,高等专门学校的压力更日益增加。随着形势的变化,高等专门学校曾不止一次地提出升格为专门大学的要求,但这些要求每次都被政府否定了。日本教育行政当局一直坚持高等专门学校应该是区别于大学的具有职业教育类型特色的一种教育机构,在日本社会日益高学历化的时代,宁肯让高等专门学校的教育年限提升至大学甚至研究生院水平,即从5年一贯制提升到7年一贯制,甚至像东京产业技术高等专门学校那样提升到9年一贯制,也坚持不允许高等专门学校简单地转型为专门大学。由于高等专门学校的意愿和政府的意愿难以调和,高等专门学校又大多具有国立身份,所以它必须在不能升格为大学的前提下,因应社会日益高学历化、产业界人才需求日益高度化的外部环境,以及学校毕业生升学率特别是向非工科大学的升学率不断提高、作为完成教育的意义日渐淡薄的内部环境,继续努力探索既适应产业界要求又能满足学生终身发展需要的教育改革发展道路。

四、专门学校的改革与发展

20世纪90年代以来,在日本短期高等教育体系中,专门学校一直扮演着主力军的角色,其办学规模远远大于短期大学和高等专门学校,是仅次于4年制大学的高等教育机构。1990 年日本有专门学校 2 731 所、学生 61 万人,到 2013 年其学校数增长为 2 811 所,学生人数虽然略有下降,但也达到了 58.7 万人①。20 多年来,专门学校不仅保持了规模性发展,而且由于日本政府和专门学校采取了一系列改革措施其办学机制和办学质量也有明显提升。其主要变化具体体现在以下几个方面。

(一)专门学校的高端化

随着经济社会发展对职业教育高度化需求的逐渐增加,专门学校日益呈现出高端化的发展倾向。专门学校的高端化主要表现在两个方面。其一,专门学校的学校数和学生数在专修学校群中的比例不断增加。1990 年专门学校占专修学校学校数的比例为 82.7%,学生数的比例为 77.22%,到 2013 年这一比例分别增加到 87.4%、88.98%②。其二,在专门学校内部,修业年限在 3 年以上的学生人数不断增加,而修业 1 年和 2 年的学生人数相应减少。1990 年修业年限为 3 年和 4 年的学生数分别为 113 276 人和 10 850 人,到 2005 年分别增加到 203 464 人和 41 679 人;而修业年限为 1 年和 2 年的学生数则分别从 1990 年的 61 115 人和 426 262 人减少到 2005 年的 39 484 人和 410 845 人③。

根据法律规定,专门学校的修业年限为 1—3 年,后来随着社会需求的变化,也出现了 4 年制的学科专业。20 世纪 90 年代以前,专门学校大多为 1 年制和 2 年制的,其中 1 年制的较少且主要集中在厨师、理发、美容等个别专业,其他专业多为 2 年制。20 世纪 90 年代中期以后,尽管仍以 2 年制的为主,但 1 年制的逐渐减少,3 年制和 4 年制的不断增加。到 2005 年,就读于 3 年制学科的学生已占全体学生人数的 29.3%,就读 4 年制学科的学生比例也已达到了 6%。在 3 年制学科中,学习护士专业的学生占 40% 左右,在 4 年制学科中,学习理学作业疗法的学生占 40% 左右,其他则多为学习信息处理专业和设计专业的学生。学习 3 年制和 4 年制学科的学生之所以不断增加,主要是人们想通过长期的学习提高取得职业资格的可能性和应对日益高度化的职业要求。

---

① [日]文部科学省:《文部科学统计要览》,2014 年,第 116 页。
② [日]文部科学省:《文部科学统计要览》,2014 年,第 116 页。
③ [日]塚原修一:《专门学校的新展开和作用》,《日本劳动研究杂志》2005 年第 9 期。

(二)学位制度的设立与提高

为规范和促进专门学校的发展,1995 年针对专门学校毕业生授予学位称号的学位制度设立。规定对修业 2 年以上,完成 1 700 总学时以上,通过基于考试成绩进行评价的课程修了认定的专门学校毕业生,授予"专门士"称号。专门士称号与 1991 年设立的短期大学毕业生可以获得的"准学士"称号相当,在公务员考试、录用过程中,专门士和准学士待遇相同,在一般企业专门士与准学士待遇也类似。

随着职业要求的高度化和专门学校学习年限的延长,特别是 3 年制和 4 年制课程学生人数的不断增加,为了更好地评价专门学校毕业生的学习成果和进一步促进专门学校的发展,2005 年 9 月文部科学省又对授予专门学校毕业生"专门士"称号的规定进行了修改。规定对修业 4 年以上,完成 3 400 总课时以上,通过基于考试成绩进行评价的毕业认定的专门学校毕业生授予"高度专门士"称号。获得高度专门士称号的专门学校毕业生具有大学研究生院的入学考试资格。

(三)专门学校的市场化

专门学校成立前,长期以"各种学校"的形态在正规的学校体系之外艰难地生存与发展着,由于几乎得不到政府的任何资助,不得不根据劳动力市场的需要不断变换办学方式,所以逐渐形成了适应劳动力市场的特点。专门学校成立之后,这一特点被继承下来。20 世纪 90 年代以来,由于校内外各种影响因素的变化,专门学校的市场化程度得到进一步提高,市场竞争能力也得到进一步加强。1998 年的一项调查表明,高中毕业生选择专门学校的最大理由是有利于取得理想资格和从事所希望的职业,用人单位愿意录用专门学校毕业生的最大理由则是因为他们具有较强的实践性专门知识技能和从事工作的即战能力[1]。概括而言,专门学校的市场化和市场竞争能力主要是通过以下几个方面体现出来的。

第一,办学方式灵活,对劳动力市场能够做到有求必应、有变必应。专门

---

① [日]仓内史郎:《关于专门学校的教育改善和 18 岁人口急减期的应对的调查研究·文部省科学研究费研究成果报告书》,1998 年,第 86—95、112—128 页。

学校中的90%以上是私立学校,办学规模普遍较小,平均每校学生只有220人左右,因此具有较大的办学自主权和较灵活的办学方式,对于劳动力市场能够做到有求必应、有变必应。例如,每所专门学校虽然规模较小,设置的学科专业也较少,甚至许多专门学校只设一种学科专业,但由于他们都极其重视根据市场需求强调其专门性,加上专门学校在总体上数量繁多,规模庞大,所设学科专业多达数千种,所以,只要社会有一定需求的职业种类,就会有相应的专门学校培养这方面的人才。专门学校的课程被誉为"百货商店"式的课程,想学任何专业的学生都能找到适合的学习机会。再如,专门学校的学科专业能够始终根据劳动力市场的需求灵活机动地变化,或扩大或缩小,或新设或淘汰。1993年以前工业和商业类人才需求旺盛,其后日渐下降,这两类专业的学生人数随之急剧减少,到2005年都各自减少了一半左右;与此同时,医疗、卫生、教育社会福利、文化教育类专业的学生人数则因社会需求上升而呈现出迅速增加之势。还有,随着职业内容的高度化,修业1年、2年的学生数量在日渐减少,修业3年、4年的学生则明显增加。

第二,高度重视与职业资格相对应的教育和职业技能教育。日本号称"资格社会",能否取得职业资格证书是学生能否顺利就业的重要条件。专门学校涉及的职业资格大致可以分为两类:一类是国家资格,包括医疗、卫生、教育社会福利等领域,如护士、营养师、理发师、美容师、保育士、幼儿园教师、介护福利士等;另一类是国家根据一定的基准实行的评价职业所必要的知识技能的技能考试和技能认定制度,主要包括工业领域的测量、土木建筑、电器电子、无线通信、汽车修理等。符合国家有关规定的专门学校毕业生可以直接获得职业资格,或取得参加国家资格考试的资格。在日益激烈的劳动力市场竞争中,强调职业资格教育是没有学历优势的专门学校与其他高等职业教育机构展开竞争的最有力的手段。专门学校的许多学科的课程设置、教学方法直接以取得资格为目标,资格教育领域的学科专业数、学生数始终在专门学校中占据最大比例。在重视职业资格教育的同时,在非职业资格领域专门学校也同样重视职业性与专门技能的培养,强调课程设置、教学方法与职业的高度对接。

第三,在传统雇佣习惯之外开辟出宽广的就业渠道。日本一千人以上的大企业的传统雇佣习惯是招收高学历的大学毕业生,然后以形成适应企业特殊需求的熟练技能为目标,对其进行富有个性的企业内训练。专门学校毕业生显然处于这种传统雇佣习惯之外。为了求取生存和发展,专门学校充分利用市场化的条件,采取了以重视职业资格和专门技能为突破口的与大学完全不同的培养方式,逐渐使毕业生形成了具有即战力且能够跨企业就业的适应能力,因而在众多中小企业赢得了广泛的就业市场,实现了高于大学、短期大学的就业率。2004 年专门学校毕业生的平均就业率为 77.5%,而短期大学和大学的就业率则分别为 61.5% 和 57.3%。

(四)第三方评价的引入与实施

专门学校在市场化办学方面虽然取得了很大的成绩,但也存在着很多的问题。例如,有的专门学校宣传广告与实际不符,有的故意夸大取得资格的可能性,有的办学条件达不到设置基准要求,有的实行高等课程与专门课程混合编班上课,有的学生中途退学严重,有的奉行赢利优先的学校经营理念等等。这些问题的存在不同程度地影响了专门学校的教育质量和办学声誉。为解决这些问题和进一步提高专门学校在短期高等教育体系中的地位,使专门学校在经济社会发展中发挥更大作用,日本政府和专门学校相关者决定加大对专门学校的监管力度,并从 2002 年开始启动和实施了针对专门学校的第三方评价制度。

2002 年,日本修订《学校教育法》,提出对高等教育的质量保障开始从制定设置基准等"事前规制"转为"事后评价",要求高等教育机构都有义务进行自我检查、信息公开和接受第三方评价。同年,《专修学校设置基准》修订,要求专门学校进行自我检查评价并公布结果,同时检查结果要接受校外人士的鉴定。2003 年,为落实政策精神,专修学校构想恳谈会提出设立"私立专门学校评价研究机构"。2004 年 5 月,私立专门学校评价研究机构成立,并于同年9 月得到特定非营利活动法人资格。经过准备和试点评价,决定从 2007 年开始全面实行专门学校第三方评价。

专门学校评价研究机构的评价环节包括 4 大部分。第一,专门学校提出入会申请,机构调查确认并收取入会金和会费后,颁发会员证书;第二,专门学校根据机构公布的评价基准和自我检查表,进行自我检查和评价;第三,由评价研究机构根据评价基准和专门学校提交的自我检查表进行第三方评价;第四,向社会公布评价结果。

专门学校评价研究机构一开始提出的评价基准包括经营理念、经营目标、组织运营、教育活动、学生指导、学生服务、招生就业、社会人招生、企业财务、教育学习环境、安全管理、危机管理、自我检查、自我评价、信息公开等 15 大类共 159 项指标。由于内容过于繁杂,后来在一些专门学校的呼吁下缩减为 78 项。在众多指标中,最根本性的有 3 条:第一,是否符合法令、设置基准要求;第二,是否满足一般高等教育所要求的事项及水平;第三,学校的学科教育是否符合相应专业领域的行业、职种的人才要件,如知识、技术、为人等。

第三方评价制度的引入和实施使专门学校的运营状况置于学生、家长和社会公众的监督之下,对专门学校实现透明和健康的运营,赢得社会的信任和政府的支持起到了重要作用。在这一制度的保障下,专门学校在进一步明确自身的市场定位,朝着个性化和高端化的发展道路上更加大踏步地前进了。

第三章　英国短期高等教育史

英国由英格兰、苏格兰、威尔士及北爱尔兰组成,它们不仅在地理上界限分明,在教育领域也有各自相对独立的系统,尤其是苏格兰,由于历史和文化的原因,苏格兰的教育体系与英格兰等地不尽相同,因此要研究英国的短期高等教育,需要涉及这四个不同的区域。鉴于英格兰、威尔士以及北爱尔兰在教育方面拥有较为相同的体制,因此本文对英国短期高等教育的研究主要集中在这三个地区,尤其是英格兰,适当的时候也会提及苏格兰,以便读者对英国短期高等教育有更为全面的了解。

众所周知,短期高等教育是 20 世纪中期才被人们逐渐熟知的名词。按照经济合作与发展组织(OECD)在 20 世纪 70 年代初给出的定义,短期高等教育是指"……具有强烈职业因素,一般在高等教育的非大学领域实施的持续时间比较短的中学后教育"。[1]按照联合国教科文组织 2011 年修订的《国际教育分类标准》的规定,短期高等教育属于高等教育的第 1 级,整个教育体系的第 5 级。短期高等教育既有面向职场的职业性课程,也有可以进一步升入高一级高等教育层次的学术性课程,这些课程的修业年限一般最低为 2 年。[2]在欧盟颁布的 8 级《欧洲资格框架》(European Qualifications Framework)中短期高等教育属于第 5 级。在 2015 年 10 月英国(不包括苏格兰)开始实施的《资格规范框架》(Regulated Qualification Framework)中,短期高等教育在 9 级

---

① Organisaton for Economic Cooperation and Development. *Short-Cycle Higher Education*: *A Search for Identity*. http://files.eric.ed.gov/fulltext/ED081325.pdf.2013-04-10.

② UNESCO. *International Standard Classification of Education* (*2011*). Montreal: Quebec, UNESCO Institute for Statistics, 2012.

的资格框架中位于第 4 和第 5 级;在苏格兰 12 级《苏格兰学分和资格框架》(The Scottish Credit and Qualifications Framework)中处于第 7 和第 8 级。在英国各地,短期高等教育提供低于本科学位的各种文凭和证书课程,如全国高级证书(Higher National Certificate),高等教育证书(Certificates of Higher Education),全国高级文凭(Higher National Diploma),高等教育文凭(Diploma of Higher Education)以及 2001 年开始设置的基础学位(foundation degree)都属于这类课程,其中后三种课程在英国被称为短期高等教育。① 与中国不同的是,英国并没有专门的短期高等教育机构,大学以及大学之外的各种机构都会提供所提到的这些课程,其中继续教育学院(Further education colleges)是提供短期高等教育的主力军。与世界上很多国家一样,短期高等教育在促进英国社会发展以及扩大高等教育方面发挥了巨大的作用。它们与欧美各国短期高等教育的发展路径基本一致,都是在 20 世纪五六十年代得以快速发展,但与欧美一些国家不同的是,英国的短期高等教育一直是民间的"自愿主义"②与高等教育"双轨制模式"③的产物。

第一节　19 世纪至二战前英国短期高等教育的奠基

英国的短期高等教育具有强烈的职业技术色彩,很大程度上它是职业技术教育上移到高等教育阶段的结果。与大多数发达国家一样,英国的短期高等教育出现在 20 世纪中期,是当时社会背景综合作用的产物,但它的出现是建立在英国职业技术教育长期发展的基础之上的。虽然 1563 年伊丽莎白一

---

① Magda Kirsch, Yves Beernaert. *Short Cycle Higher Education in Europe Level* 5. https://eurashe.eu/library/modernising-phe/L5_report_SCHE_in_Europe_full_report_Jan2011.pdf. 2013-04-10.

② Norman Lucas. *Teaching in Further Education: New Perspectives for a Changing Context.* London: Institute of Education, 2004.

③ Organisaton for Economic Cooperation and Development. *Short-Cycle Higher Education: A Search for Identity.* http://files.eric.ed.gov/fulltext/ED081325.pdf. 2013-04-10.

世颁布《工匠法》(Statute of Artificers)被公认为是英国职业教育史的起点,①但真正对英国短期高等教育起奠基作用的应该是 19 世纪到 20 世纪 40 年代。这期间英国开始建立义务教育制度,地方政府为完成义务教育的学生(14—16 岁)设立继续教育学校;传授科学知识的现代技术教育开始出现并导致了技术学院(technical college)的产生,这些技术学院中的一部分最终发展成了短期高等教育的主力军——继续教育学院和多科技术学院(polytechnics);短期高等教育领域中的资格授予机构相继登上历史舞台并推出各种资格考试,这些资格考试不断丰富完善,其中很多成为短期高等教育的文凭和证书。当然二战前中等教育以及大学的发展也为短期高等教育提供了人员及制度上的保障。

一、短期高等教育的实践基础

英国短期高等教育虽然出现在 20 世纪中期,但它并非是无源之水,无本之木,19 世纪出现的技工讲习所运动、慈善机构和社会团体举办的传播科技教育的技术学院和多科技术学校、职业教育领域里的资格和证书考试、公立初中等教育制度的建立以及高等教育领域中城市大学的崛起等在某种程度上都为短期高等教育的出现提供了实践基础。

(一)技工讲习所运动(1824—1890)

18 世纪后期爆发的工业革命以及科学技术的发展使得有识之士开始认识到现代科学知识对提高工人阶级素质的作用,而随着工业化程度的加深不断壮大起来的工人阶级也开始追求各种接受教育的机会。19 世纪 20 年代"向工匠们传授有关工艺和制造业科学原理"②的技工讲习所开始在苏格兰出现,后逐渐传播到英国各地,这些技工讲习所为 20 世纪初政府资助职业技术教育奠定了坚实的基础。

在早期出现的技工讲习所中,最为著名的是成立于 1823 年的格拉斯哥技

---

① James Foreman-Peck."Spontaneous disorder? A very short history of British vocational education and training,1563-1973".*Policy Futures in Education*,2004(01).

② Barnard,H.C.A *History of English Education:from 1760*.London:Richard Clay and Company Ltd,1961:89.

工讲习所,它脱胎于安德森学院(Anderson's Institute)为工人举办的讲习班,由醉心于工人阶级教育的乔治·伯克贝克(George Birkbeck,1776-1841)任校长,在开办的第一年就招收了1000多名学员,①其影响很快就传播到英格兰地区,到1826年全国各地的技工讲习所有104所之多。②尽管由于资金短缺、学员文化水平低下,再加上社会上的一些反对之音等等原因导致19世纪30年代技工讲习所的数量有所回落,但从19世纪40年代开始技工讲习所运动又复兴起来,到1860年数量达到750所,其中300所左右集中在工业革命的发源地——兰开夏郡和约克郡。③

伯克贝克在技工讲习所发展过程中一直是个领军人物。他游走各地寻访了很多技工讲习所,不但呼吁社会各界支持技工讲习所,还在1824年创办了伦敦技工讲习所。支持技工讲习所的还有企业家、银行家、工程师,他们出钱出力,扶持当地技工讲习所的发展。在基斯利(Keighley)、伯恩利(Burnley)、莫帕斯(Morpeth)、肯德尔(Kendal)等地还出现了工人自己开办的讲习所。④随着讲习所的不断发展,各地的讲习所纷纷联合起来建立起联盟,如兰开夏和柴郡联盟、北方联盟、约克联盟等等。1852年,皇家艺术、制造业和商业促进会(Royal Society of Arts)将各地的联盟组织成全国联盟(National Union)并于1855年开始设置面向技工讲习所学员的全国性的考试。考试逐渐受到社会的认可,考试的对象也逐渐扩大到技工讲习所之外。1879年促进会将技术考试转交给伦敦城市行业协会(City and Guilds of London Institute)负责,而伦敦城市行业协会在20世纪以后发展成为短期高等教育领域极为重要的资格授予机构。

随着19世纪70年代义务教育的逐渐开展,到20世纪初技工讲习所最终

---

① Martyn Walker."The origins and development of Mechanics' Institute movement 1824-1890 and the beginnings of further education".*Teaching in Lifelong Learning*,2012(01).

② W.H.G.Armytage.*Four Hundred Years of English Education*.London:The Syndics of the Cambridge University Press,1964:99.

③ James Foreman-Peck."Spontaneous disorder? A very short history of British vocational education and training,1563-1973".*Policy Futures in Education*,2004(01).

④ Martyn Walker."The origins and development of Mechanics'Institute movement 1824-1890 and the beginnings of further education".*Teaching in Lifelong Learning*,2012(01).

被艺术及技术学院所取代。在格拉斯哥、爱丁堡、曼彻斯特、利兹、伯明翰、哈德斯菲尔德、布拉德福德等地的技工讲习所校舍也成了技术学院的校舍。①伯克贝克创建的伦敦技工讲习所成了伯克贝克学院,1920 年成了伦敦大学的一部分,至今仍保留技工讲习所时期为学员提供夜间课程的传统。

技工讲习所当时所提供的教育虽然只相当于初等和中等教育的水平,但它引发了社会和政府对科技教育的重视,推动了科技教育的发展以及全国性考试制度的建立,由技工讲习所演变而来的技术学院和多科技术学校在 20 世纪上半叶的发展也为二战后短期高等教育的出现做好了铺垫。

(二)技术学院及多科技术学校

继续教育学院和 1992 年升格前的多科技术学院是英国提供短期高等教育的重要机构。它们脱胎于 19 世纪末产生的技术学院和多科技术学校,在二战前得以不断发展壮大。技术学院和多科技术学校以职业技术教育为主,早期多为民间力量所创办,19 世纪末政府力量逐渐介入,最终形成由地方当局管理、承担多种教育职能的机构。

1. 技术学院

技术学院的来源大致有三种:一是前身为技工讲习所等成人教育机构;二是由民间机构所建;三是由地方教育当局所建。

正如前文所言,技工讲习所最初为面向工人阶级的成人教育机构,其发展的顶峰阶段是 19 世纪 40—50 年代。由于当时普通民众普遍缺乏初中等教育的基础,因此技工讲习所运动逐渐式微,但随着政府对教育,尤其是技术教育的介入,20 世纪初一些技工讲习所转变为技术学院。在技工讲习所运动之后,英国还出现了同样为工人阶级服务的劳工学院(Working Men's Colleges)。与技工讲习所不同的是,这些劳工学院招收 16 岁以上的劳动者,而且也招收女性学员。不仅有夜校,还有日校,而且这些机构还传授普通文化知识。早期的劳工学院出现在谢菲尔德(1842)、伦敦(1854)、剑桥(1854)、曼彻斯特

---

① Martyn Walker. "The origins and development of Mechanics' Institute movement 1824–1890 and the beginnings of further education". *Teaching in Lifelong Learning*, 2012(01).

（1857）、伍尔弗汉普顿（1857）以及索尔福德（1858）等地。①随着19世纪末技术教育的发展，这些劳工学院有的消亡了，有的转变为受政府资助的技术学院。

与欧洲大陆的一些国家不同，英国的教育具有自发性传统，即教育被看成是教会或民间的责任，政府不去干预。这种传统虽然在19世纪30年代以政府开始以资金资助教会力量不足的地区教育为标志有所变化，但在职业教育、技术教育以及成人教育领域直到二战以后这种传统依然盛行，尤其是在这三种教育区别不明显的19世纪，首先举办技术学院以及多科技术学校的不是政府，而是民间人士和机构，其中影响最大的是伦敦城市行业协会（City & Guilds of London Institute）。协会创办的技术学院（Finsbury Technical College）以及奎恩廷·霍格（Quintin Hogg）在伦敦摄政街（Regent Street）创办的多科技术学校开创了英格兰技术教育的先河，不但为其他技术学院的创立提供了榜样，有的最终还成为大学的组成部分。

伦敦城市行业协会是由16个行业公会构成的民间组织。鉴于1851年伦敦博览会以及1867年巴黎博览会的影响，工商业界的有识之士们越发认识到英国迫切需要发展职业教育培养高素质的工人以便保持世界强国的地位。1876年伦敦市16个行业公会第三次会议促成了伦敦城市行业技术教育促进协会（简称伦敦城市行业协会）（City and Guilds of London Institute for the Advancement of Technical Education）的诞生。此协会旨在提高工匠、工程技术员、工程师等的培训水平，其成立之初的两个目标一是在伦敦创办技术学院，一是建立技术教育领域的资格考试制度，②这两个目标很快就得以实现，而且对后世产生了极为深远的影响。

伦敦城市行业协会在成立之初创办了3所技术教育机构：阿提赞学院（The Artizans' Institute）、芬斯贝利技术学院以及中心学院（The Central Institution），其中最具影响力的是芬斯贝利技术学院（Finsbury Technical College），它

---

① David Chadwick. *On Working Men's Colleges*. http://brittlebooks. library. illinois. edu/brittlebooks_open/Books2009-2004/chadda0001wormen/chadda0001wormen.pdf.2013-04-12.

② *History of the City & Guilds of London Institute*. http://traditionalheritagepainters.com.au/traditional-trades/city-guilds/history/.2014-02-01.

被看成是英格兰第一所真正意义上的技术学院。①

芬斯贝利技术学院成立于 1883 年,它仿照德国和瑞士的技术学院而建,男女兼收,日校和夜校并举,1883 年开办之初注册的日校学生为 100 名,夜校学生为 699 名。② 学校聘请了很多知名学者,在教学和管理方面进行了很多创新,例如在管理上学校采用系科建制,经费主要来自伦敦同业公会的资助,很少部分来自学员的学费。课程教学首次将理论和实践结合在一起,除了有制砖、制图、细木工艺、钣金成型等专业课程,也有数学、化学、电子技术等理论课程,同时专业课程的学习有实际操作。学校甚至还开设了法语、德语等外语课程。芬斯贝利技术学院的大胆探索使其成为全英格兰,甚至是整个英国技术学院的楷模。学校虽然于 1926 年停办,但极大地影响了其他技术学院的发展,也为二战后继续教育学院的产生和发展奠定了基础。

19 世纪中后期随着欧洲各国经济的迅速发展,英国世界霸主的地位受到严重威胁,英国政府逐渐认识到技术教育以及建立公共教育制度对国家发展的重要性,于是开始通过提供经费补助以及立法等方式介入教育领域。1853 年,政府成立了由贸易委员会管理的科学艺术署(Department of Science and Art)负责科学与艺术教育,1857 年又成立了教育署(Education of Department)负责初等教育。自 1859 年起,科学艺术署开始推行"按成绩拨款"制度,为进行科学教育并参加该署年度考试的学校提供拨款。科学艺术署还为"科学学校"提供拨款,也资助皇家矿业学院和皇家科学学院。这种提供间接资助的方式虽然不能与欧洲大陆一些国家直接由国家举办教育同日而语,但也在一定程度上推动了科技教育的发展。1889 年《技术教育法》(Technical Instruction Act)颁布,此法规定地方政府有权征收一分钱的税用于扶持技术教育。1890 年《地方税收法》(Local Taxation Act)进一步引入"威士忌税",使得地方当局发展技术教育的经费得以落实。据统计,1892/1893 年度到 1901/

---

① Finsbury Technical College(1883-1924)and the Central Institution. http://technicaleducationmatters. org/2010/10/10/finsbury-technical-college-1883-1924-and-the-central-institution/. 2014-02-01.

② Richard Evans. *A Short History of Technical Education*. http://technicaleducationmatters. org/series/a-short-history-of-technical-education/.2013-10-12.

1902 年度十年间,政府征收的税额从 47 万多英镑增长到近 86 万英镑。①这些税款的大部分都用来发展技术教育,结果导致这一时期技术学院和多科技术学校的出现,这些学校当时被称之为"威士忌酒钱学校",②它们为 20 世纪的技术学院系统奠定了基础。1902 通过的教育法确立了地方教育当局(Local Education Authorities)的地位,使其获得了管理从初等教育到高等教育(不包括大学)的权力,这种做法一直延续到 20 世纪后期。《1902 年教育法》还导致了初等和高等技术学校的建立。虽然初等技术学校的数量不多,其目的是填补完成义务教育的 12 岁学生离校后到开始学徒前之间的空白时间,这些学校有的最终也发展成了技术和继续教育学院。1918 年议会通过的《费舍法》(Fisher Act)将义务教育年龄延长至 14 岁,并要求地方教育当局为 14—18 岁青少年提供免费的日间补习教育。虽然 20 世纪 20 年代各地因为公共教育经费大幅减少,再加上社会上对技术教育的偏见导致这一时期技术教育发展缓慢,但到二战结束地方教育当局开办的技术学院超过 700 所。③

2. 多科技术学校

20 世纪 60 年代英国高等教育扩张时期出现了多科技术学院(polytechnics),这些学院除了承担短期高等教育外,还提供本科及研究生教育。这些学院虽然出现在 20 世纪 60 年代末 70 年代初,但其历史大都可以追溯到 19 世纪出现的多科技术学校。

英国最早的多科技术学校 1838 年创办于伦敦的摄政街,其目的是向公众传播新的科学技术。1841 年学校改称为皇家多科技术学校(The Royal Polytechnic Institution),1856 年开办夜校。1881 年慈善家奎恩廷·霍格(Quintin Hogg)收购了大火受损的校舍并于第二年开办了基督教男青年多科技术学校(the Polytechnic Young Men's Christian Institute)。1891 年学校获得政府资助,

---

① Dick Evans.*The History of Technical Education:A Short Introduction*.Cambridge:T Magazine Ltd,2007:19.

② Norman Lucas. *Teaching in Further Education:New Perspectives for a Changing Context*. London:Institute of Education,2004:9.

③ Terry Hyland,Barbara Merrill.*The Changing Face of Further Education:Lifelong Learning,Inclusion and Community Values in Further Education*.London and New York:Routledge,2003:10.

同年学校更名为摄政街多科技术学校。

正如学校的名称所表明的,学校开设的课程种类繁多,在 19 世纪 80 年代末就有工程、家具制作、木业、水暖、木石雕刻、缝纫、印刷、土地测量、车辆制作、商贸等。1888 年学校还为女性开设了分校,教授文书、音乐、衣帽制作、速录、外语和护理学课程。①学校的成功以及 1883 年伦敦郡议会颁布的《城市教区慈善事业法》促发了其他类似学校的发展,到 1904 年,伦敦多科技术学校达到 12 所,学生有 4 万人左右。这些学校逐渐加强了学术性课程,在教学上进行大胆的创新,如巴特西多科技术学校(Battersea Polytechnic)与伦敦及西南铁路公司合作培养学生,北安普顿多科技术学校(Northampton)率先倡导"三明治教学法",学生定期去机械制造厂、发电厂等进行全天学习。这些做法在 20 世纪 60 年代产生的多科技术学院中被发扬光大。

多科技术学校的发展各具特色,如巴特西的化学、伦敦城市学院的商业教育、伯勒多科技术学校(Borough Polytechnic)的贸易课程以及摄政街多科技术学校的摄影系等都独树一帜。它们在世纪之交向高等教育领域的扩展更是引人注目,很多学生开始攻读伦敦大学的校外学位。1903—1904 学年,有 6 所多科技术学校提供本科学位课程,学生超过 500 人。1908—1909 学年,学生的数量更是达到了 836 人。②虽然有人批评这些学校向高等教育的延伸脱离了其办学的初衷,但这也从一个侧面显示出这些学校良好的办学质量。这些学校大多最终发展成为能够授予学位的大学,如巴特西多科技术学院成为萨里大学(University of Surry),摄政街多科技术学校成为威斯敏斯特大学(University of Westminster),伯勒多科技术学校为现在的伦敦南岸大学(London South Bank University)。

(三)文凭考试制度的建立

短期高等教育中的文凭和证书是区分短期高等教育与其他层级教育的重

---

① C.A.Horn, P.L.R.Horn. "The development of Polytechnics before 1914". *Journal of Further and Higher Education*, 1982(1).

② C.A.Horn, P.L.R.Horn. "The development of Polytechnics before 1914". *Journal of Further and Higher Education*, 1982(1).

要标志,它们出现在不同的历史时期,与考试制度联系在一起,它们的发展历程折射了英国教育,尤其是职业技术教育的发展历程。

在英国四个地区中,苏格兰是最早在技术教育领域实施考试制度的地区。1835 爱丁堡艺术学校(Edinbough School of Arts)为顺利完成 3 年学业并通过考试的学生授予证书。[1]受苏格兰的影响,英格兰一些有识之士竭力倡导建立全国性的考试制度。在英格兰最初的考试制度建立过程中,各地的技工讲习所联合会和艺术、制造业和商业促进会(Society for the Encouragement of Arts,Manufacture and Commerce)发挥了关键作用,伦敦城市行业协会以及一些专业协会也做出了很大贡献。

艺术、制造业和商业促进会(20 世纪后简称皇家艺术学会)成立于 1754 年,在全国性的考试制度建立之前,它只是通过奖章或奖金的方式鼓励科技和艺术领域的成就。随着技工讲习所运动的发展,19 世纪中期该促进会与全国技工讲习所联合会合作,在技工讲习所中推行考试制度。1854 年考试系统设计完毕,1855 年首次考试由于只有一名考生被取消,1856 年的考试吸引了 52 人参加。[2] 1857 年后,促进会在伦敦和哈德斯菲尔德(Huddersfield)设立了考试中心。由促进会设置的考试逐渐赢得了信誉,参加考试的人数也越来越多。20 世纪初,该促进会将考试分成初级、中级和高级三个等级,到 1929 年参加考试的人数达到 10 万人。

艺术、制造业和商业促进会在文凭考试方面所做的努力极大地促进了全国性考试制度的建立,也带动了其他机构进入文凭考试领域。1879 年促进会将技术科目考试转交给新成立的伦敦城市行业协会负责,自己和伦敦商会(London Chamber of Commerce)负责商业科目考试。在 1879 年伦敦城市行业协会举办的考试中有 202 人参加,[3]到 1901 年参加考试的人员遍布全国,总

①　Dick Evans.*The History of Technical Education:A Short Introduction*.Cambridge:T Magazine Ltd,2007:29.

②　Richard Evans.*The History of Technical and Commercial Examinations*.https://technicaleducationmatters.org/series/the-history-of-commercial-technical-examinations/.2013-10-12.

③　Richard Evans.*A Short History of Technical Education*.http://technicaleducationmatters.org/series/a-short-history-of-technical-education/.2013-10-12.

数达到34246人,其中904人参加的是教师资格考试。①伦敦城市行业协会不断完善自己的考试制度,最终发展成为英国最主要的职业资格证书授予机构。

19世纪末20世纪初,一些专业组织纷纷推出自己的考试,如土木工程学会和机械工程学会等。大学和大学学院也开始授予技术教育领域的各种资格。这一时期更具影响的是教育委员会与机械工程师协会(Institute of Mechanical Engineers)合作推出的"全国证书计划"(National Certificate Scheme)。证书分为普通(Ordinary National Certificate)和高级(Higher National Certificate)两个层次,分别授予在技术教育机构完成学业的学生。此计划于1921年实施,其成功很快吸引了电子工程学会、建筑学会、纺织学会等专业团体的加入,课程领域也不断扩展。教育委员会和相关的专业学会制定课程内容的标准,学校根据被认可的教学大纲进行教学,完成学业的学生根据学习层次和形式获得相应的证书或文凭。例如技术学院非全日制学生修业3年可获得普通证书,再进一步学习2年可获得高级证书;全日制学生修业2年可获得普通文凭(Ordinary National Diploma),修业3年可获得高级文凭。二战前获得这些资格的人员数量极其稀少,1929年工人中拥有普通和高级证书的比例分别为1.2%和0.5%,1938年上升到3.3%和1.1%。②

1917年在教育委员会的建议下普通教育领域也出现了学校证书(School Certificate)和高级证书(Higher Certificate),这些文凭与技术教育领域的资格证书一起构成了二战前英国的文凭证书系统,其中专业领域中的一些证书如全国高级证书和文凭(Higher National Certificate/Diploma)依然是短期高等教育领域中的重要文凭考试。

(四)中等教育及高等教育的发展

短期高等教育的发展离不开坚实的中等教育基础和多样化的高等教育。与欧洲大陆相比,英国的公共教育制度虽然起步晚至19世纪70年代,但到

---

① Richard Evans.*The History of Technical and Commercial Examinations*.https://technicaleducationmatters.org/series/the-history-of-commercial-technical-examinations/.2013-10-12.

② James Foreman-Peck."Spontaneous disorder? A very short history of British vocational education and training,1563-1973".*Policy Futures in Education*,2004(1).

19世纪80年代适龄儿童的入学率就达到了90%。[1] 初等教育的迅速普及也带动了中等教育的发展,尤其是1902年《巴尔福法》(Balfour Act)颁布后,地方教育当局纷纷按传统的公学和文法学校的模式开办公立中学。1921年,义务教育的年龄延长到14岁,使得义务教育进入中等教育的范围。1924年工党执政后提出了"人人接受中等教育"的目标,1926年《哈多报告》(Hadow Report)提出延长义务教育年限以及学制改革的设想,1928年工党政府接受报告建议,拨款实施"哈多教育重组计划"。1936年的教育法又将对新教会学校的补助提高到75%,这导致一大批新的教会学校的建立。到20世纪40年代早期,大约10%的小学毕业生经选拔能进入中学学习。[2]这一比例虽然大大低于欧洲的法国和德国等国家,但也在一定程度上促发了高等教育的发展。

19世纪尤其是19世纪中后期,在各种前所未有的挑战面前,英国的高等教育格局发生了很大的变化。作为考试机构出现的伦敦大学打破了牛桥原有的办学体制,其校外学位制度不仅使得更多的人获得了接受高等教育的机会,也使得那些提供伦敦大学校外学位课程的机构获得和积累了举办高等教育的经验,这些机构大多是各地由民间举办的城市学院,如曼彻斯特的欧文学院(Owens College)、伯明翰的梅森科学学院(Mason Science College)等等,它们不仅提供伦敦大学的校外学位课程,也针对地方经济发展的需要设置广泛的课程,学生可以获得各种证书和文凭。这些城市学院最终成为能够授予学位的大学,丰富了英国高等教育的类型,为二战后短期高等教育的实施提供了空间和滋生的土壤。

二、19世纪到二战前英国教育发展的成因

19世纪到二战前是英国教育发展的重要时期。在这期间,英国建立了公共的初中等教育制度,构建了新的高等教育格局,发展了职业技术教育,形成了中央与地方合作的教育管理体制。这些教育成果都为二战后出现的短期高

---

① 吴文侃、杨汉清:《比较教育学》,人民教育出版社1990年版,第203页。

② Derek Gillard. *Education in England: A Brief History*. http://www.dg.dial.pipex.com/history/index.shtml.2012-07-10.

等教育奠定了基础。在这一百多年的时间里,我们既可以看到促进教育发展的动力,也可以看到掣肘教育发展的阻力。动力和阻力交织在一起,使得英国的教育呈现出有别于欧洲大陆国家的面貌。

(一)教育发展的动力

教育发展的最终动力无疑是生产力,因为生产力的变化将导致所有社会关系的变化,发生在英国的工业革命充分证明了这一点,但生产力发展产生的客观的变革需求是需要人们的主观认知的。由于人们的认知时间和程度不同,因此导致采取的变革行动的不同。英国是第一个进行工业革命的国家,但 19 世纪的教育发展水平并非世界第一。在教育发展过程中,工业的迅速发展、人口的城市化、中高水平技术人才的缺乏以及法、德、美等国科技及工业快速发展形成的国际竞争的加剧等等无疑是刺激教育发展的客观因素,但有识之士对变革教育的真知灼见、工人阶级的教育自救、慈善家及慈善机构对教育的大力扶助、民间组织和专业机构的大胆探索与鼎力实践、政治家在教育领域的身体力行等形成的合力共同推动了这一时期英国教育的发展。

在社会发展的每一个阶段都会有一些有识之士走在时代的前列。他们以敏锐的眼光观察社会,以独到的见解分析社会,在思想领域引领着社会的进步。在英国短期高等教育的奠基期也不乏这些有识之士。斯宾塞(Herbert Spencer)对知识价值的阐述,对科学教育的提倡冲击了当时与实际生活脱节的古典教育体制;赫胥黎(Thomas Henry Huxley)对科技教育的鼓吹以及为科技教育的献言和奔走使各种类型的职业技术学院得以面世。其他的思想家、理论家也从各方面论证发展教育、改革教育对国家和个人发展的重要性,这些思想启蒙对英国建立现代教育制度发挥了重要的作用。

在推动英国教育发展的过程中也有眼光远大的政治家,他们痛心于德、美、法国的赶超以及英国在人才培养方面的落伍,竭力通过改革教育来保持大英帝国的领先地位。在这些政治家中,维多利亚女王的丈夫阿尔伯特亲王(Francis Albert Augustus Charles Emmanuel)是极为突出的一个。他积极参与1851 年伦敦世界博览会的筹办,向世人展示工业革命的奇迹。在担任剑桥大学名誉校长期间,他利用自己的影响改革陈腐的课程体系,引入现代史和自然科学课程。[1]他派人去欧洲大陆考察技术教育和科学教育,提倡对科学、艺术和工业进行改革。另外,担任过枢密院副院长兼教育署署长的威廉·福斯特(William Edward Forster)、曾任自由党政府科学大臣及枢密院委员会负责教育的副主席莱昂·普莱费尔(Lyon Playfair)、曾任科学和艺术署署长的亨利·科尔(Henry Cole)、协助创办伦敦大学的大法官亨利·布莱汉姆(Henry Brougham)等等,都积极投身于教育改革,为英国教育发展做出了非常大的贡献。

在思想家和政治家之外,促进英国教育发展的还有生气勃勃的民间力量。技工讲习所运动以及劳工学院的出现本质上是工人阶级的教育自助,因为当时的统治阶级并不愿意为普通民众提供教育机会。面对工业革命带来的挑战,工人阶级只好自我寻求提升素质的途径。当然在技工讲习所和劳工学院的发展过程中,不能抹杀那些领军人物的作用,如伯克贝克,他不仅捐助技工讲习所,还在伦敦自己创办了一所,可以说没有这些领军人物,技工讲习所就不能发展成为"运动",但这些人同样来自民间,是民间力量的体现。提到民间力量就不能不提慈善家、教会、行业公会以及专业组织。在英国教育尤其是职业技术教育发展过程中,它们是最为重要的力量。在创办摄政街多科技术学校的时候,奎恩廷·霍格拿出了 10 万英镑,[2]而约书亚·梅森(Josiah Mason)捐出 20 万英镑创建伯明翰梅森科学学院。[3]像霍格和梅森这样热心教育的慈善家不胜枚举。就教会而言,在公共教育制度建立之前,开办学校、教育民众是教会的责任,即使是现在,教会在英国教育中的作用也不可小视。行业公会,尤其是伦敦城市行业协会从创办之初就担负着"促进技术教育发展"的责任。它创建芬斯贝利技术学院、南肯星顿中心学院等职业技术教育机构,为其他技术学院树立起榜样;它与各行业公会合作,为技术教育提供资金;它举办资格考试,规范并提升职业技术教育的地位。另外皇家艺术学会(Royal Society of Arts)以及其他各种专业学会也以各种方式推动了英国教育的发展。

---

① 　https://en.wikipedia.org/wiki/Albert,_Prince_Consort#CITEREFHobhouse1983. 2016 - 07 - 07.

② 　C.A.Horn,P.L.R.Horn."The development of Polytechnics before 1914". *Journal of Further and Higher Education*,1982(1).

③ 　W.A.C.Stewart.*Higher Education in Postwar Britain*.London:The Macmillan Press Ltd,1989:8.

正是有了工业革命的大背景以及由此而来的一系列社会变化,英国的教育获得了前所未有的发展动力,在社会各方面的主观努力以及政府的干预下,英国现代教育制度得以形成,为二战后短期高等教育的发展提供了相应的基础。

(二)教育发展的阻力

与世界上任何一个国家一样,英国教育的发展并非一帆风顺,也存在各种阻力。这些阻力导致英国教育在二战前在很多方面落后于欧洲大陆的一些国家。除了人们主观认识的滞后以及政府在教育领域的不作为,影响英国教育发展的还有两个独具英国特色的因素,即自由放任主义传统(laissez-faire)和社会精英们对实用之学的成见。

纵观整个 19 世纪,尤其是 19 世纪上半叶,活跃在教育领域,尤其是技术教育领域的更多的是民间的身影,英国政府对建立任何层次的全国性教育制度都不感兴趣,他们推崇的是自由放任主义。与经济领域一样,政府认为教育也应该是由市场驱动的,尤其是职业技术教育更应该是雇主以及劳动者自己的事情。从效益的角度出发,雇主自会培训员工以获取更多的利润,而劳动者也会提高自己技能以获得更高的报酬。在自由放任主义传统下,英国的教育一边是为中产阶级以及上层社会服务的古典教育,一边是为劳动人民服务的职业技术教育——学徒制。以"做中学"为特征的学徒制在科技不甚发达的时代尚能应付市场所需,但随着科技不断渗透到生产过程中,职业技术教育需要系统的抽象的科学知识与实践技能的整合,并且需要建立专门的机构来传授这些知识和技能。德国和法国的做法是由国家出资建立学校,但英国却一直任由市场和民间来配置资源。是英国政府没有能力做吗?答案当然是否定的,我们可以从英国政府对军事教育的重视来说明这个问题。英国伍尔维奇皇家军事学院(Royal Military Academy at Woolwich)和桑赫斯特皇家军事学院(Royal Military College at Sandhurst)分别创建于 1741 年和 1799 年,皇家海军学院(Royal Naval College)创建于 1873 年,军事教育证书(Army Certificates of Education)1800 年就开始颁授,学员需要学习数学等相关的科学知识。①除了

---

① Richard Evans. *A Short History of Technical Education*. http://technicaleducationmatters. org/series/a-short-history-of-technical-education/.2013−10−12.

重视军事教育,政府对武器制造也给予大量的经费支持。以上事实说明英国政府在一般教育领域只是"选择"不去干预而已。1867 年巴黎世界博览会显示出英国在工业及科技方面已经落在法国、德国及美国的后面,另外英国经济在世界经济总量中不断下滑的趋势也迫使英国政府开始关注人力资源的开发。从 19 世纪 30 年代开始,英国政府开始介入教育领域,但介入的方式不是作为教育的主导或支配力量,而是提供补助性的资金和建立各种委员会对教育进行调查。有学者认为这些委员会调查的教育问题虽然广泛,但委员会的设立具有随意性,调查的问题也缺乏系统性,更为关键的是,政府对委员会的建议往往采取漠视的态度。①自由放任主义并非一无是处,但它的弊端是市场不是万能的,有可能出现"自发性失调"的问题。②英国二战前教育发展中的问题有些与自由放任主义的传统有关。

影响教育发展的另一个因素是主流社会对教育的认知,尤其是社会精英们的教育观念。英国的教育一直秉承中世纪的传统,即注重通过自由教育(liberal education)来发展人的道德和心智。教育的目的与用于谋生的职业无关,只在于获得有别于他人的文化印记,获得心灵的自由。这种自由教育的目的要通过以古典语言和著作为核心的古典教育来实现。在 19 世纪的英国,不管是文法学校、公学还是大学古典教育都占据着主导地位。以拉格比公学校长托马斯·阿诺德(Thomas Arnold)和著名神学家约翰·亨利·纽曼(John Henry Newman)为代表的古典教育捍卫者的观点是当时社会上的主流观点。阿诺德提出的培养"基督教绅士"的目标以及纽曼在其《大学的理想》一书中强调的古典著作比科学知识学习更有价值的思想代表了当时很多社会精英的看法。尽管一些先进的思想家从 19 世纪初就开始传播科学教育思想,与古典教育的维护者展开论战,但论战的结果并没有完全消除古典教育及其影响。技工讲习在 19 世纪中后期的没落除了缺乏教师、学员文化基础不足等原因之外,很重要的一个原因是社会上对技术教育等实用之学的偏见,有些技工讲习

---

① Richard Evans. *A Short History of Technical Education*. http://technicaleducationmatters. org/series/a-short-history-of-technical-education/.2013-10-12.

② James Foreman-Peck. "Spontaneous disorder? A very short history of British vocational education and training,1563–1973". *Policy Futures in Education*,2004(1).

所后来变成了中产阶级追求古典教育的场所,同样也是这种偏见影响的结果。虽然在社会变革潮流的推涌之下,19世纪末20世纪初英国社会轻视实用之学的态度有所改变,但它依然根植在教育的传统之上,直至今天我们依然可以看到它对英国教育的影响。

经过一个多世纪的发展,英国现代教育制度终于成型,尽管中等教育还未能普及,高等教育的类型和层次还比较单一,技术教育还不能充分满足社会发展需要,但未来主要承担短期高等教育职责的教育机构已具雏形。二次大战结束也意味着英国短期高等教育奠基期的完结,20世纪下半叶短期高等教育将作为高等教育的第一层次正式出现在世人面前,承担起为英国培养各行各业所需要的中级技术人才的责任。

第二节　二战结束至20世纪80年代英国短期高等教育的初兴及发展

二战后到20世纪80年代是英国短期高等教育初兴和发展时期。战后继续教育制度正式确立,继续教育学院逐渐进入高等教育领域并成为短期高等教育主要提供者之一。20世纪50年代生产和科技的发展催生出更多的技术学院,由于使命不同,技术学院出现不同层次,有些学院成为短期高等教育的生力军。20世纪60年代中期多科技术学院的创办以及高等教育双轨制的实施,使英国短期高等教育进入了平稳的发展时期。

一、短期高等教育的初兴

短期高等教育从一开始就与技术教育(technical education)相连,因此二战后英国对技术教育的重视极大地带动了短期高等教育的发展。从1944年战后教育制度确立到20世纪60年代中期是英国短期高等教育的初兴时期,这一时期,中等教育持续发展,由地方政府管理的技术学院逐渐分出等级层次,以技术教育为特色的短期高等教育格局开始形成。

（一）1944 年教育法与继续教育制度的确立

二战前英国的教育制度基本形成,但各级各类教育之间的关系,尤其是初中等教育之间的关系并没有完全理清。二战期间,英国朝野上下对教育进行改革的呼声不断,各党派及社会各界都将教育改革看成是战后社会重建的主题。1943 年保守党政府发布了《教育的重建》(Educational Reconstruction)白皮书,确定了战后教育改革的政策基调。1944 年议会通过了教育部长巴特勒(Richard Austen Butler)提交的教育法案,确定了继续教育(further education)制度,由此英国的短期高等教育踏进了新的历史时期。

1944 年教育法的目的是建立平等的中等教育制度,法律条文中并没有涉及高等教育。与高等教育,尤其是短期高等教育有关的是法律对“继续教育”的界定和安排。按《1944 年教育法》第 41—47 条的规定,地方教育当局要保证为继续教育提供足够的设施,而“继续教育”指的是:1.对超过义务教育年龄的人所进行的全日制和部分时间制教育。2.对超过义务教育年龄,且既能够又愿意继续学习的任何人,根据其要求提供的闲暇教育、有组织的文化训练和娱乐活动。[1]那么具体哪些教育属于继续教育呢? 英国著名比较教育学家埃德蒙·金(Edmund King)指出:“从法律意义上讲,1944 年法案用的‘继续教育’一词,可被用来指所有中学后的教育——包括大学教育、多科技术学院教育以及师范教育与训练。”[2]埃德蒙·金所说的这些都是高等教育,实际上英国的继续教育系统非常复杂,除了高等教育,它还提供大量中等教育层次的普通教育和职业教育。继续教育机构种类繁多,“没有一般意义上的或典型的继续教育机构”[3]。总体上,《1944 年教育法》为继续教育领域实施高等教育提供了法律基础,从此“学院高等教育”(College higher education)以地方管理、职业指向等为特点,在不同历史时期发挥了重要作用。

---

① ［英]邓肯:《英国教育》,杭州大学教育系外国教育研究室译,浙江教育出版社 1987 年版,第 144 页。

② ［英]埃德蒙·金:《别国的学校和我们的学校——今日比较教育》,王承绪、邵珊等译,人民教育出版社 2001 年版,第 262 页。

③ John Heywood. *The Contribution of the British Electrical Engineering Industry to its Development.* www.asee.org/public/conferences/1/papers/634/download.2015-02-01.

(二)政府报告与科技教育的发展

经历了两次世界大战的英国深刻认识到科学技术以及中高级技术人才对国家经济和社会发展的重要性,因此下决心大力发展高等科技教育。从20世纪40年代中期到60年代初期,一系列关于高等教育的报告和白皮书出台。这些报告虽然并非完全针对短期高等教育,但政府在这些报告基础上制定的政策直接影响了短期高等教育的发展。

1.《帕西报告》

《帕西报告》(The Percy Report)是由尤斯塔斯·帕西勋爵(Lord Eustace Percy)担任主席的皇家委员会于1945年发布的报告,报告原名为《高等技术教育》(*Higher Technological Education*)。该委员会成立于1944年,其职责是"在考虑工业界要求的基础上,研究英格兰和威尔士高等技术教育的需求以及大学和技术学院在这一领域应作出的贡献。就如何在这一领域维持大学与技术学院之间的适当合作途径提出建议及其他需要考虑的问题"。①

《帕西报告》针对英国在高等技术教育方面的不足提出了很多建议。报告把大学和技术学院在技术人才培养及课程方面进行了区分,指出大学要以完整的持续性的学术性课程的学习为主,技术学院则以非全日制的理论和实践交织在一起的课程学习为主;大学培养研发方面的科学家和科学领域的教师,技术学院培养技术助理和工匠,大学和技术学院共同培养工业界所需要的高级管理人员。要提高技术学院人才培养的水平,教育部选择部分技术学院使其成为科技学院(College of Technology)。这些学院由地方教育当局管理,但中央政府应该提供经费补助。与一般技术学院不同的是,这些学院要开设与大学相比肩的本科甚至研究生程度的技术教育课程。在技术学院承担的每年培养的1500名工程技术人员中,其中1000名按照全国高级证书/文凭的路径,另500人由这些学院培养,学生毕业后由全国性的委员会授予等同于学士学位的资格。委员会还建议建立地区咨询委员会(Regional Advisory Council)来协调英格兰及威尔士地区的高等教育。

---

① Percy Committee.*Higher Technological Education*. http://www.educationengland.org.uk/documents/percy1945/percy1945.html.2013-09-08.

《帕西报告》所提的建议极少被当时的政府采纳,但这些建议却奠定了随后 20 年中英国发展短期高等教育的政策基础。1947 到 1948 年间,英格兰和威尔士的地方教育当局建立了 10 个地区咨询委员会负责继续教育领域的事宜。1955 年教育部宣布全国技术文凭委员会(National Council for Technological Awards)成立,由此委员会向技术学院的学生颁发非学位层次的技术教育文凭并帮助这些学校维持高水平的技术教育。1956 年高级技术学院(Colleges of Advanced Technologies)成立,报告提出的设立科技学院的建议成为现实。更为重要的是,报告提出的大学与技术学院的二元区分昭示了 20 世纪 60 年代中期以后英国高等教育领域实施的双元制,地方管理的高等教育机构成了实施短期高等教育最为重要的力量。

2.《巴洛报告》

《巴洛报告》(The Barlow Report)又称《科学人力资源报告》(Scientific Man-Power Report),是巴洛爵士(Sir Alan Barlow)任主席的委员会 1946 年发布的报告。该委员会设立的目的是为未来十年英国开发培养科学人力资源提供建议,因此委员会的报告主要围绕着如何扩大大学科技人才的培养做文章。就科技教育而言,《巴洛报告》与《帕西报告》所提建议一样,提倡将一些技术学院办成全日制的与大学水平不相上下的培养高级人才的机构,强调巩固和加强技术学院与大学之间的联系以便增强技术类文凭的流通性。报告还建议在大学所在的城市建立一些科技学院从事高水平的科研与教学活动。①

《巴洛报告》的发表在一定程度上推动了包括短期高等教育在内的高等科技教育的发展。在 1946—1951 年间,政府在技术教育领域建立了 8 所全国性的技术学院来满足特殊行业对技术人才的需求,这些学院分别是航空工艺学院(1946 年)、全国铸造学院(1947 年)、全国钟表仪器学院(1947 年)、全国冷暖通风工程学院(1948 年)、全国橡胶工艺学院(1948 年)、皇家艺术学院(1949 年)、食品技术学院(1951 年)、全国皮革工艺学院(1951 年)。这些学院设置从全国高级证书/文凭到学士学位以及研究生层次的课程,经费来自中

---

① Committee on Scientific Man-Power. *The Barlow Report*. http://www.educationengland.org.uk/documents/barlow1946/barlow1946.html.2013−09−08.

央政府和所在行业。这些学校在课程设置方面的探索为高级技术学院
(Colleges of Advanced Technology)奠定了基础。

3.《技术教育白皮书》

《帕西报告》和《巴洛报告》无疑推动了英国短期高等教育的发展,但对促进短期高等教育发展更为重要的是 1956 年政府发表的《技术教育白皮书》。白皮书厘清了各类技术教育机构的地位和作用,规划了未来五年(1956—1961)技术教育的发展路径,将英国的技术教育以及以技术教育为基础的短期高等教育提升到一个新阶段。

《技术教育白皮书》出台的背景依然是战后经济恢复期对各类中高级技术人才的需求以及各国间经济竞争给英国带来的压力,使英国政府寄希望于发展高水平的技术教育。白皮书的核心是为英格兰和威尔士的技术学院制定未来的发展计划,提出政府要投入 7000 万英镑用于技术学院的发展,建议扩大高级课程的规模,使修读高级课程的学生从每年 9500 人提高到 15000 人。白皮书重拾《帕西报告》的建议,提出要为全日制工读交替制学生设置等同于大学荣誉学士学位的技术文凭(Diploma in Technology)。白皮书提议对技术教育进行重组,将公立系统的技术学院分成四种类型,特别强调要创建大学之外的、能提供大学水平课程的高级技术学院(CATs)。在原有的三类学院中,大区学院(Regional Colleges of Technology)主要提供全国高级文凭/证书等高级水平的课程,白皮书希望一部分这类学校可以发展为高级技术学院。地区学院(Area Colleges)也提供一些高级课程,但更多的是伦敦城市行业协会、皇家艺术学会以及一些专业学会的职业资格课程。地方学院和新继续教育学院(Local Technical Colleges and newer Colleges of Further Education)主要承担中等水平的职业教育及普通教育证书类课程。

白皮书的建议大多被政府采纳,尤其是创办高级技术学院的建议。白皮书选定的 8 所大区学院成为高级技术学院,它们是:拉夫伯勒科技学院(Loughborough College of Technology)、伦敦切尔西多科技术学校(London Chelsea Polytechnic)、巴特西多科技术学校(Battersea Polytechnic)、北安普顿多科技术学校(Northampton Polytechnic)、布拉德福技术学院(Bradford Technical College)、布里斯托尔科技学院(Bristol College of Technology)、伯明

翰科技学院（Birmingham College of Technology）、索尔福德皇家技术学院（Salford Royal Technical College）和威尔士高级技术学院（Welsh College of Advanced Technology）。1962 年阿克顿技术学院（Acton Technical）有幸成为其中一员。这些学院承担全日制的工读交替制课程，提供从全国性证书/文凭到研究生层次的学历教育，不但以教学为主，还从事科研工作。这些学校从功能上看已经与大学没有什么差别了，这也为十年后这些学校升格为大学做好了铺垫。

1956 年《技术教育白皮书》对技术学院层级式的安排以及创建高级技术学院的设想在 20 世纪 60 年代初政府发布的《罗宾斯报告》（The Robbins Report）中进一步得以确定，英国层级式一体化的高等教育制度得以形成。

4.《罗宾斯报告》

《罗宾斯报告》的全名为《高等教育：1961—1963 年首相委任的以罗宾斯勋爵为主席的委员会报告》。此报告是英国战后全面规划高等教育的首个政府报告。它是 20 世纪 60 年代英国高等教育扩充的政策基础，由此报告引发的高等教育的全面扩展也直接影响了短期高等教育的发展。

《罗宾斯报告》将高等教育界定为高于普通教育证书高级水平（A-level）和全国普通证书（ONC）的各种课程，并将高等教育机构分为大学，教师培训学院和苏格兰的教育学院，高级技术学院，各类技术学院、商业学院和艺术学院以及苏格兰的中心学院（Central Institutions）。这是相当具有革命性的做法，因为"在联合王国，'高等教育'一词传统上只适用于大学"。① 《罗宾斯报告》不仅将各种机构纳入高等教育名下，在报告的指导原则部分还特别强调各类高等教育机构在功能、地位上要有所差别，但在提供教育机会以及满足国家发展需要方面具有同样的重要性。

《罗宾斯报告》中与短期高等教育有直接关联的是第十章，此章专门讨论技术教育和继续教育系统的问题，而短期高等教育正是此领域的重要使命之一。在肯定了《帕西报告》《巴洛报告》以及 1956 年《技术教育白皮书》带来的

---

① ［英］埃德蒙·金：《别国的学校和我们的学校——今日比较教育》，王承绪、邵珊等译，人民教育出版社 2001 年版，第 264 页。

成绩的基础上,《罗宾斯报告》进一步明晰了不同技术学院的层级关系和功能作用。报告提出高级技术学院的任务是以本科和研究生水平的课程为主,可以成为能够授予学位的地位与大学相当的科技大学;大区学院要进一步扩大学士学位及研究生教育,扩大学科领域,除理工科之外,增加商业、语言类课程,部分学校也可以升级为大学;地区学院和商业学院要继续保持与地方工商业的联系,继续由地方教育当局管理。

《罗宾斯报告》奠定了英国 20 世纪后半叶高等教育发展的基础,报告提出的创建新型科技大学的建议导致了多科技术学院的出现。此后英国不仅迅速扭转了高等科技教育落后于欧美一些国家的颓势,短期高等教育也获得了更多的发展机会。

(三)短期高等教育的基本状况

二战前,一些技术学院和多科技术学校便开始提供高级课程,这些课程包括伦敦大学的校内和校外学位,全国高级证书/文凭以及一些专业协会认可的资格课程,如教师培训学院提供的 2 年制课程等,其中全国高级证书/文凭是最主要的短期高等教育课程。教育部和专业机构组成的联合委员会负责管理这些证书和文凭并审核通过各教学机构提交的课程大纲,教学和考试由各学院的教师组织进行。如果学校太小,"地区考试联盟"(Regional Examining Union)则负责举办考试和阅卷,专业机构任命的外部主考官在联合委员会的领导下对学生的学习进行评价。二战结束后,提供全国高级证书/文凭课程的机构依然是技术学院和多科技术学校(此时的不是高等教育二元制时期的多科技术学院)。由于《1944 年教育法》明确了继续教育的范围和地方教育当局在继续教育中所承担的责任,技术学院和多科技术学校被纳入继续教育领域,此后短期高等教育便成为继续教育领域的重要组成部分。

技术学院只是对从事技术教育机构的统称,其内部构成比较复杂。二战后,作为继续教育领域为完成义务教育的人提供教育的机构,技术学院发生了很大变化。这种变化不仅表现在学校名称的多样化,如技术学院、科技学院(college of technology)、市立学院或者继续教育学院等名称,更为重要的是经过若干年的发展,这些学校到 20 世纪 60 年代出现了层级差别,即学校在课程设置以及服务对象等方面显现出了不同。尽管大多数学校依然在地方教育当局的管辖下招收学校所在地的学生,主要提供中等程度的普通教育和职业教育,但一些学校开始突破地方的限制实行跨区域招生,而且逐渐加大高级课程的比重。在这种情况下,1956 年的《技术教育白皮书》将技术学院分成四类,即高级技术学院、大区学院、地区学院和地方学院,这种分法在《罗宾斯报告》中进一步得到确认。在四类学院中,只有前三类可以提供高级课程。1962年,高级技术学院一共有 10 所,这些学院中 90%以上的全日制学生修读各种高级课程,其中修读非学位类高级课程的全日制学生比例为 22.3%。由于修读非学位类短期高等教育课程的学生多为非全日制学生,因此,如果加上非全日制学生,非学位类学生约占全部学生的 52.6%。① 1962 年之前,各地的高级技术学院由地方教育当局管理,此后由教育部接管,经费来自教育部。在苏格兰,与高级技术学院层次相当的是中心学院,此类学院有 6 所,主要提供全国高级证书和文凭课程,由苏格兰教育部直接管理。

表 3-1　英格兰和威尔士高级技术学院各类高级课程学生分布表(1962/1963 年度)②

课程类型	全日制	非全日制		总计
		日间课程	夜间课程	
研究生	400	150	300	850
本科学位	1950	400	150	2500
技术文凭	5650	—	—	5650
全国高级证书/文凭	250	1750	900	2900
其他	2050	2800	2250	7100
学生总计	10300	5050	3650	19000

1962—1963 年度位于高级技术学院之下的大区学院有 25 所。这些学院位于工商业发达的地区,在很多方面区别于高级技术学院。首先,大区学院提供的研究生课程很少,修读此类课程的学生只占全部学生的 1%。其次,修读

---

① Committee on Scientific Man-Power. *The Barlow Report*. http://www.educationengland.org.uk/documents/barlow1946/barlow1946.html.2013-09-08.

② Committee on Scientific Man-Power. *The Barlow Report*. http://www.educationengland.org.uk/documents/barlow1946/barlow1946.html.2013-09-08.

伦敦大学校外学位的学生多于高级技术学院。第三,大区学院修读技术文凭的学生少于高级技术学院。之所以有这样的差别,是因为与大学学士学位水平相当的技术文凭本身就是为高级技术学院设计的。第四,总体上大区学院中修读非学位类高级课程的学生明显多于高级技术学院,近80%的学生修读非学位类短期高等教育课程,可见提供短期高等教育是大区学院的主要任务。此外,在专业设置上,大区学院要比高级技术学院更为丰富,高级技术学院秉承技术学院最初的传统主要开设理工类课程,而大区学院随着社会的发展增加了商科和语言类等专业课程。

表 3-2 英格兰和威尔士大区学院各类高级课程学生分布表(1962/1963 年度)①

课程类型	全日制	非全日制		总计
		日间课程	夜间课程	
研究生	150	50	150	350
本科学位	3500	850	650	5000
技术文凭	1450	—	—	1450
全国高级证书/文凭	1850	6750	4400	13000
其他	2950	3700	6500	13150
学生总计	9900	11350	11700	32950

在四大类技术学院中,能够提供高级课程的还有地区学院和商业学院。这些学院的数量有 160 多所,以提供中等程度的普通教育和职业教育课程为主,也提供少量的短期高等教育课程。由于学院的数量多,修读高级课程学生的总数量要远远多于高级技术学院和大区学院的学生之和。1962—1963 年度,全日制高级课程学生为 9000 人,非全日制学生为 63000 人。②

尽管技术学院也能提供包括研究生在内的高级课程,但招收学生的条件

---

① Committee on Scientific Man-Power. *The Barlow Report*. http://www.educationengland.org.uk/documents/barlow1946/barlow1946.html.2013-09-08.

② Committee on Scientific Man-Power. *The Barlow Report*. http://www.educationengland.org.uk/documents/barlow1946/barlow1946.html.2013-09-08.

低于大学。通常英格兰和威尔士大学的招生的最低标准是申请者获得普通教育证书高级水平考试两科及格成绩,20 世纪 60 年代初,绝大多数拥有至少三科及格成绩的申请者才可能被大学录取。技术学院的招生条件是普通教育证书高级水平一科及格成绩或者全国普通证书或文凭(ONC/OND),后者通常被看成是等同于高级水平的普通教育证书。

技术学院的专业设置主要有化学、应用化学、应用物理、房屋建造、土木工程、电子工程、机械工程、产品工程、商业、采矿、冶金、造船、纺织。这些专业是经过多年发展而来的。由于二战前技术学院大多只有建筑系和工程系,因此很多学校只有一两个专业。1938 年全国高级文凭(HND)考试的专业只有建筑、电子工程和机械工程三种。二战结束后,随着经济的发展和科技的进步,各行各业都需要高级人才,因此技术学院逐渐增加了专业设置,全国高级文凭的种类也逐年增多。1954 年增加了采矿,1957 年为产品工程,1959 年是化学,1961 年为航空工程,1962 年为商科和冶金,1964 年为物理,1967 年为生物、化学工程、造船,1968 年为铸造工艺、数学、统计和计算、印染、纺织。从1938 年到 1968 年三十年间,专业数量从 3 个增长到 17 个,参加考试的人数从61 人增加到 4884 人,1969 年人数又上升到 5658 人。1969 年 9 月又增加了农科、机构管理和结构工程学,1970 年增加了食品科学和酒店与餐饮管理。[1]由于技术学院专业设置与工商业直接相连,学生多为工商业界雇员,因此非全日制学生多于全日制学生,前面两个表格中的数字清楚地表明了这一点。如果比较获得全国高级证书和全国高级文凭的人数,证书课程会大大多于文凭课程,这也是因为前者主要为非全日制课程,而后者主要是全日制课程。不管是全日制还是非全日制,三明治式的工读交替制课程都很常见。这种将理论学习与实践相连、学校与企业合作的人才培养模式成了英国短期高等教育领域的特色之一。

二战后短期高等教育的发展不仅体现为技术学院专业数量不断增加,也体现为修读高级课程的人数不断扩大。我们从表 3-3 中可以看到从 1938 年

---

① A.J.Jenkinson."Higher National Diplomas".*The Vocational Aspect of Education*,1971(23:56).

到 *1954* 年的 *15* 年中,获得全国高级证书的人数从 1137 人增长到 6941 人,[①] 总共增长了 5 倍。1957 年获得全国高级证书的人数又进一步增长到 8796 人。[②] 这些数字是成功通过考试的人数,如果考虑到那些没有通过考试的学习者,这一时期参与全国高级证书的人数还要增加很多。全国高级文凭同样也存在这样的情况。

表 3-3　1938—1954 获得全国高级证书(HNC)的人数[③]

	1938 年	1949 年	1954 年
建筑	137	369	637
化学	62	194	502
应用化学		9	16
商业		20	1
化学工程			5
土木工程		32	156
电子工程	379	1116	1950
产品工程		232	398
冶金		59	144
采矿			72
采矿勘察			18
造船		23	14
应用物理			46
纺织	57	74	122
总计	1137	4241	6941

　　二战后英国短期高等教育的发展有着深刻的社会背景,它是社会变革的

---

① A.J.Jenkinson."What is the value of a National Certificate?".*The Vocational Aspect of Education*,1956(8:16).

② John Heywood. *The Contribution of the British Electrical Engineering Industry to its Development*.http://www.asee.org/public/conferences/1/papers/634/download.2015-02-01.

③ A.J.Jenkinson."What is the value of a National Certificate?".*The Vocational Aspect of Education*,1956(8:16).

产物。二战后,英国面临着经济和社会重建的巨大挑战,而教育重建既是社会重建的任务之一,也成了经济和社会重建的手段。经过两次世界大战洗礼的英国政府深刻认识到教育,尤其是高等科技教育在国家发展中的作用,因此大力发展高等科技教育。我们在高级技术学院的创办、技术文凭的推出等方面都可以看到政府的推手。政府在高等科技教育发展过程中,不仅确定了发展的框架和路径,还提供了相应的资金支持。如 1952 年保守党政府在大学拨款委员会(UGC)的要求下,为 24 所技术学院的高级课程提供专项拨款用于课程改善,这些课程也包括全日制或工读交替制的全国高级证书或文凭课程。1955 年,600 多种高级课程得以改善。[①] 在专项资金的支持下,这些学校又开设了更多的非全日制高级短期课程。

在短期高等教育发展的背后,除了有政府政策和资金的扶持与推动,更直接的动因是生产和科技的发展。20 世纪 40 年代末兴起的第三次科技革命引起了生产力各要素的变革以及社会经济结构的变化。经济结构和产业结构的变化要求教育系统提供不同层次水平的劳动者,而产业结构的非物质化和生产过程的智能化趋势对劳动者的素质要求越来越高。从 20 世纪 50 年代《曼彻斯特观察家报》招聘广告中可以清楚地看到社会对劳动者需求的变化。1950—1951 年,86% 的广告对招聘者没有学历要求,到 1955—1956 年度,这一比例下降到 70%。对学士学位的要求从不到 1% 上升到 7%,要求具有全国高级证书的从 6% 上升到 10%。[②]这种情况并非曼彻斯特一个城市所独有,而是英国各地的普遍现象。招聘广告的变化不仅说明社会对劳动者的素质要求在提高,而且反映出这种要求开始集中在短期高等教育层次。

毋庸置疑,影响这一时期短期高等教育发展的还有其他因素,如战后退伍军人进入高等教育领域。1938—1939 年战争期间,攻读高级课程(不包括本科学生)的学生人数为 3000 人,战后的 1946—1947 年增加了 500 人,但井喷式的增长是在 1949—1953 年间,1949—1950 年度为 7500 人,1952—1953 年

①　W.A.C.Stewart.*Higher Education in Postwar Britain*.London:The Macmillan Press Ltd,1989:80.

②　A.J.Jenkinson."What is the value of a National Certificate?".*The Vocational Aspect of Education*,1956(8:16).

度为 11500 人。①这些增长虽然不能完全归结于退伍军人的加入,但从 1950 年后高等教育领域新生入学人数的回落可以看出退伍军人在战后初期高等教育增长中占据了一定的位置。当然城市化的深入,中等教育的普及也在一定程度上促进了高等教育,尤其是短期高等教育的发展。

二、高等教育双元制时期的短期高等教育

20 世纪 60 年代中期到 1992 年之前是英国高等教育发展史上极为重要的时期。这期间,英国抛开了与世界上大多数国家相同的高等教育一体化的发展路径,选择了一边是独立的大学,一边是公立高等教育机构的双元制道路。公立高等教育系统主要由多科技术学院和各种继续教育学院组成,而短期高等教育的责任也主要由公立高等教育系统来承担。这一时期,新的证书文凭考试机构建立起来,新的学历资格也开始出现,短期高等教育在整个高等教育体系中占据了越来越重要的地位。

(一)高级技术学院升格为大学

由于科技的发展以及从两次世界大战中得到的教训,英国战后将高等教育的发展目标定位在高等科技教育上,因此在扩大原有大学中理工科的专业数量和招生人数的基础上,不但增建新的大学,还把高级技术学院升格为大学,使它们成为发展高等科技教育的重要领地。

自 1956 年技术白皮书勾画了技术学院层级发展的蓝图之后,政府就鼓励位于顶层的高级技术学院将精力主要放在提供高级课程上,这实际上是在为升格为大学做准备。在随后的发展中,高级技术学院逐渐放弃低级课程,重点发展全日制工读交替的技术文凭课程、伦敦大学的校外学位以及全国高级证书/文凭课程等。虽然这些学校还不能自己颁发学位,但管理上已经脱离地方教育当局的控制,各方面已具备大学之型。1963 年《罗宾斯报告》建议高级技术学院应该发展为能够颁发自己的学位的科技大学,此建议很快变成现实。1966—1967 年,10 所高级技术学院获得皇家特许状,成为直接从大学拨款委员会(UGC)获得教育部拨款的大学。这些学校是拉夫伯勒大学

---

① W.A.C.Stewart.*Higher Education in Postwar Britain*.London:The Macmillan Press Ltd,1989:48.

（Loughborough University）、萨里大学（University of Surrey）、伦敦城市大学（City University London）、布鲁内尔大学（Brunel University）、布拉德福大学（Bradford University）、巴斯大学（University of Bath）、阿斯顿大学（Aston University）、卡迪夫大学（Cardiff University）、索尔福德大学（University of Salford）、海里奥特瓦特大学（Heriot Watt Universityds），威尔士高级技术学院和伦敦切尔西多科技术学校分别成为威尔士大学和伦敦国王学院的大学学院。

高级技术学院成为大学之后各层级的技术学院依次升格为高一级学院，尤其原来的大区学院变身为高级技术学院。这些学院逐渐增加专业设置，扩大高级课程的比重，到 70 年代初，最低层次的地方学院也开始提供短期高等教育课程，继续教育系统成了名副其实的提供短期高等教育的主力军。

（二）高等教育双元制的确立与多科技术学院的兴起

60 年代英国高等教育领域最大的变化是通过建立多科技术学院确立了双元制的高等教育体制。利用这种体制英国的高等教育完成了从精英制到大众化的转变，在高等教育大众化的过程中，短期高等教育得到了更快的发展。

1. 高等教育双元制的确立

1963 年发表的《罗宾斯报告》明确提出了英国未来 20 年高等教育的发展目标。面对经济社会发展的迫切需要以及高等教育落后于欧美一些国家的现实，英国政府也非常希望大力发展高等教育，但又不愿意看到大学领域的继续增长，原因一方面在于英国的大学虽然一次大战后开始接受政府的拨款，但仍然保持着独立的地位，政府无权干涉大学的内部事务，另一方面 20 世纪 60 年代初政府开始创办了一批新大学，如果再开办大学，政府缺乏足够的财力。在这种情况下，英国政府将高等教育领域已有的大学与公立高等教育机构并立局面固定化，确立了和大多数国家相反的双元制的高等教育体制。

高等教育双元制是当时的工党政府教育科学大臣安东尼·克罗斯兰德（Anthony Crosland）提出来的。他曾在议会中阐述过建立新型多科技术学院，实现高等教育双元制的想法。1965 年 4 月 27 日，在伦敦伍尔维奇多科技术学校（Woolwich Polytechnic）（此时的 Polytechnic 还不是后来多科技术学院的含义）的演讲中他首次向公众提出了双元制的观点。1967 年，克罗斯兰德在兰喀斯特大学（Lancaster University）的讲演中重申了同样的观点，即高等教育分为由大学构成的"自治"部分和由大学以外的各种学院构成的"公共"部分。克罗斯兰德认为《罗宾斯报告》提出的一元化等级制的高等教育体制会导致下一层的高校觊觎大学的地位而盲目模仿大学,从而无法实现高等教育的多样化。具体而言,确立高等教育双元制有如下几方面的理由:1.大学难以对社会物质需求作出即时反应,因此需要设立一个单独的系统;2.以阶梯概念为基础的高等教育制度不可避免地要压制和降低非大学(高等院校)系统的士气和标准;3.社会有必要控制高等教育系统中的某些组成部分,使其能更好地反映社会需要,地方政府应与高等教育维持一种合理的利害关系;4.忽视贬低非大学的专业和技术教育系统将导致英国的落后。① 1966 年工党政府发表了《关于多科技术学院以及其他学院的计划》(*A Plan for Polytechnics and Other Colleges*)的政府白皮书,明确指出要建立多科技术学院,使其成为能够提供多种层次多种类型课程的大型综合性机构。白皮书还列出了预计建立的多科技术学院名单。②自 1969 年开始到 1973 年,计划中的 30 所多科技术学院建成,从此双元制一直持续到 90 年代初期。

双元制的初衷是加强政府对高等教育的控制,打破高等教育的等级制,促进高等教育的多样化。应该说政府的初衷在一定程度上得到了实现。在双元制期间,以多科技术学院为代表的公共教育系统获得了较快的发展。1973—1974 年度,18 岁青少年进入公共高等教育系统的比例为 7%,同期进入大学的比例为 6%。1980—1981 年度,相应的数字是 5% 和 8%。③ 由于多科技术学院以理工科教育为主,二战后困扰英国多年的科技教育落后的局面也得以改变。与大学相比,虽然公共教育系统也可以提供本科及研究生教育,但职业导向的短期高等教育非学位类课程依然是其承担的主要任务。

高等教育双元制的定位是大学与多科技术学院类型不同,功能各异,地位平等,但在发展过程中,多科技术学院出现了"学术漂移"现象,大学与多科技术学院

---

① John Pratt. *The Polytechnic Experiment: 1965 – 1992.* Buckingham: SRHE and Open University Press, 1997: 8.

② Department of Education and Science. *A Plan for Polytechnics and other Colleges.* http:// filestore.nationalarchives.gov.uk/pdfs/small/cab-129-125-c-70.pdf.2013-09-08.

③ Richard Evans. *A Short History of Technical Education.* http://technicaleducationmatters. org/series/a-short-history-of-technical-education/.2013-10-12.

之间的区别也日益模糊,1992 年《继续教育与高等教育法》颁布,双元制得以终结。

2. 多科技术学院的兴起

1966 年工党政府发表的《关于多科技术学院以及其他学院的计划》的白皮书不但提出要利用多科技术学院的形式来发展高等教育,还提出了认定这些学院的标准,其中包括学校的位置、工商业的需求、学校的住宿条件、各专业在全国各地的合理布局等等。白皮书还提出 10 年中不增加多科技术学院的数量。[①] 1968 年 9 月,在克罗斯兰德伍尔维奇讲话发表 3 年后,政府指定了30 所多科技术学院,随后 31 个地方当局的 50 多所技术学院和其他类型学院通过合并形成了政府在白皮书中所描绘的新的高等教育机构——多科技术学院。1989—1991 年间,又有 4 所高等教育学院(College of Higher Education)加入多科技术学院的阵营,它们是亨伯赛德(Humberside)、伯恩茅斯(Bournemouth)、安格利亚(Anglia)和西伦敦(West London)。这些学校既具有共性,又各具特色,构成了英国高等教育中一道亮丽的风景。

表 3-4 1969—1973 年建立的多科技术学院[②]

成立时间	学校名称	组成学院	合并的教育学院数量
1969	哈特菲尔德(Hatfield)	1 所技术学院	
	谢菲尔德(Sheffield)	1 所技术学院,1 所艺术学院	2 所
	萨兰德(Sunderland)	1 所技术学院,1 所艺术学院	1 所
	莱斯特(Leicester)	1 所技术学院,1 所艺术学院	1 所
	布里斯托尔(Bristol)	1 所技术学院,1 所艺术学院,1 所商学院	2 所
	纽卡斯尔(Newcastle)	1 所技术学院,1 所艺术学院,1 所商学院	2 所
	朴次茅斯(Portsmouth)	1 所技术学院,1 所艺术学院	1 所教育学院,1 所技术教师学院
	伍尔弗汉普顿(Wolverhampton)	1 所技术学院,1 所艺术学院	1 所教育学院,1 所技术教师学院

---

① Department of Education and Science. *A Plan for Polytechnics and other Colleges*. http:// filestore.nationalarchives.gov.uk/pdfs/small/cab-129-125-c-70.pdf.2013-09-08.

② John Pratt. *The Polytechnic Experiment:1965-1992*. Buckingham:SRHE and Open University Press,1997:2.

成立时间	学校名称	组成学院	合并的教育学院数量
1970	金斯顿(Kingston)	1所技术学院,1所艺术学院	1所
	曼彻斯特(Manchester)	1所技术学院,1所艺术学院,1所商学院	1所教育学院,1所其他类型的学院和后来合并的1所教育学院
	普利茅斯,后来称西南多科技术学院(Plymouth, Polytechnic South West)	1所技术学院	
	北斯坦福德(North Staffordshire)	2所技术学院,1所艺术学院	
	利兹(Leeds)	1所技术学院,1所艺术学院,1所商学院	1所
	兰彻斯特,后来的考文垂(Lanchester,Coventry)	2所技术学院,1所艺术学院	1所
	格拉摩根(Glamorgan)	1所技术学院	1所
	牛津(Oxford)	1所技术学院	1所
	提赛德(Teesside)	1所技术学院	1所
	利物浦(Liverpool)	1所技术学院,1所专业学院,1所艺术学院,1所商业学院	2所加上1所合并的学院
	特伦特,后来称诺丁汉(Trent,Nottingham)	1所技术学院,1所艺术学院	1所
	南岸(South Bank)	2所技术学院,2所专业学院	
	伦敦市(City of London)	2所技术学院,1所专业学院	
	伦敦中心(Central London)	1所技术学院,1所专业学院	1所教育学院,1所继续教育学院(后来)
	泰晤士(Thames)	1所技术学院,1所专业学院	1所
	伦敦东北,后来的东伦敦(North East London, East London)	3所技术学院(其中1所包括艺术专业)	

续表

成立时间	学校名称	组成学院	合并的教育学院数量
1970	布莱顿(Brighton)	1所技术学院,1所艺术学院	4所
	哈德斯菲尔德(Huddersfield)	1所技术学院	
1971	伯明翰(Birmingham)	1所商学院,1所艺术学院以及市内的高级课程	3所
	北伦敦(North London)	2所技术学院	
1973	米德塞斯(Middlesex)	2所技术学院,1所艺术学院	2所
	兰开夏(Lancashire)	1所继续教育学院	2所

作为高等教育双元制中的一元组成部分,多科技术学院(内伦敦5个学校除外)属于地方机构,没有独立的法人地位。地方当局负责学校的经费和校舍,也负责人员的雇佣。内伦敦的5所学校属于自治机构,经费来自地方当局的年度财政拨款。每所学校设立董事会负责学校的大政方针和课程,成员来自地方当局(通常不到1/3的成员是地方议会成员)、工商业界、学校的教师和学生以及其他群体的人员。学校设校长负责学校内部的组织和行政管理,此外学校设置学术委员会负责学术事务,委员会一般由高级教职工和学生组成。作为公共机构,学校的董事会、校长以及学术委员会必须在法律条文的规定下行使相应的权力和责任。校长和学术委员会向董事会负责,董事会向地方教育当局负责,地方教育当局向选民负责,在一定范围内也向教育部长负责。双元制实施20年之后开始松动。1987年政府发布的高等教育白皮书《高等教育——应对新的挑战》(Higher Education:Meeting the Challenge)提出了多科技术学院和一些其他学院脱离地方政府的设想,1988年《教育改革法》以立法形式将白皮书中关于高等教育体制改革的内容确定下来,多科技术学院成了独立的高等教育法人,不再属于地方教育当局。1989年成立多科技术学院与学院基金委员会(Polytechnics and Colleges Funding Council)负责多科技术学院和一些规模较大的学院的拨款,高等教育双元制即将走向终点。

秉承技术学院原来的传统,多科技术学院在课程开设上依然采用全日制和非全日制相结合的方式来满足不同求学者的需求。就全日制而言,工读交替的"三明治"式课程一直是多科技术学院特色和优势之一。从 70 年代开始直至其升格为大学的 1992 年,多科技术学院工读交替制的学生比例一直在20%以上,而大学的比例则在 5%左右。此外,多科技术学院非全日制学生的比例也大大高于大学。多科技术学院 20 世纪 60 年代中期非全日制与全日制学生比基本上是 7∶3,到 20 世纪 70 年代比例基本上是 1∶1,非全日制略多于全日制,到 20 世纪 80 年代末,比例变为 3∶7,同一时期,大学非全日制学生的比例从 7.2%上升到 13.9%。① 修读短期高等教育课程的学生群体同样存在全日制与非全日制相结合的现象,以 1973 年为例,修读全国高级证书/文凭以及其他同级课程的学生总数为 81881 人,其中全日制(包括工读交替制)的学生为 25184 人,非全日制日校学生 34695 人,夜校学生 22002 人。②在学生群体的性别构成上,不同时期呈现出不同的状态。按《罗宾斯报告》的设想,高等教育扩展要惠及女性,但多科技术学院成立之初由于专业设置以理工科为主,女性比例并不高,如 1969—1970 年度女性比例为 14%。随着教育学院的并入以及人文和社会学科专业的不断增多,女性比例也逐渐增长,到 1991 年达到 46%。③女性不但更多选择人文社科类的课程,而且更倾向于修读非学位层次的高级课程。作为促进社会公平的工具,多科技术学院吸纳了更多的中下阶层以及少数族裔学生,如 1990 年被录取的学生 14%来自少数族裔,其中攻读全国高级证书的学生少数族裔更是达到 21%,远远高出少数族裔占英国人口 5%的比例。与此相对应,大学中少数族裔的比例只有 8%。④ 与大学相比,多科技术学院非传统年龄段(18—21 岁)学生更多,尤其是 25 岁以上的人群。所有这些都表明多科技术学院为以往没有机会接受高等教育的人群打开了

---

① John Pratt.*The Polytechnic Experiment:1965-1992*.Buckingham:SRHE and Open University Press,1997:37-42.

② W.A.C.Stewart.*Higher Education in Postwar Britain*.London:The Macmillan Press Ltd,1989:203.

③ John Pratt.*The Polytechnic Experiment:1965-1992*.Buckingham:SRHE and Open University Press,1997:57.

④ John Pratt.*The Polytechnic Experiment:1965-1992*.Buckingham:SRHE and Open University Press,1997:64-65.

大门。

　　作为综合性的高等教育机构,多科技术学院在专业设置上以理工科为主,但并非仅限于此。和大学一样,专业设置涵盖纯自然科学、工程技术、人文和社会科学各个领域。随着产业结构的变化,多科技术学院不断开拓新的课程领域以满足社会对人才的新需求。在保持技术教育传统的前提下,不断加强纯科学和应用科学的课程教学,引入新的专业,如法律和语言等。就学生的专业分布来看,70 年代末修读理工科的学生与修读社会科学、商科的学生比例一致,都是 36% 左右,剩下的 28% 则为修读人文、教育、艺术与设计的学生。①与大学重视理论学习有所不同的是,多科技术学院重视理论与实践结合,有些专业甚至更重视实践能力的培养,如一些学校的法律专业课程中有"临床法律教育",学生在课程学习过程中参与实际的案件处理工作;外语专业不管是学位课程还是全国高级文凭类的短期高等教育课程强调的不是外国文学,而是交流和交际的能力。②

　　多科技术学院在课程设置上进行了很多探索和创新,如开设跨学科专业课程和模块化课程。在跨学科专业课程方面大学也有零星的尝试,但多科技术学院在跨学科专业数量上远胜于大学。最为突出的是多科技术学院开创了模块化课程,即将课程内容分解为标准时长的单元或模块,这种做法既可以用于单一学科的课程,也可以用于跨学科课程。如米德塞斯多科技术学院 1972 年获得全国学位授予委员会(CNAA)批准的一个属于人文类的专业就属于跨学科的模块化课程。修读这个专业的学生可以从 8 个领域的 130 门课程中选择 12 门课程。到 20 世纪 70 年代末,英格兰 30 所多科技术学院中的 25 所都有一个或多个模块化的学位课程。曾以学位的专门化著称的哈特菲尔德多科技术学院几乎所有的专业都是模块化的课程。③技术员教育委员会(Technician Education Council)和商业教育委员会(Business Education Council)接管全国高

---

①　Alan Matterson.*Polytechnics and Colleges*.New York:Longman Inc.,1981:68.

②　John Pratt.*The Polytechnic Experiment:1965-1992*.Buckingham:SRHE and Open University Press,1997:111.

③　John Pratt.*The Polytechnic Experiment:1965-1992*.Buckingham:SRHE and Open University Press,1997:118.

级证书/文凭考试之后,短期高等教育领域也流行模块化的课程。

表3-5　1973年英国多科技术学院各学科专业学生比例①

学科	百分比(%)
工程技术	22
纯科学、应用科学和数学	12
辅助医疗	3
社会科学、管理和商业研究	33
教育	4.5
音乐、喜剧和视觉艺术	10
其他专业和职业课程	11
其他人文学科	4.5
总计	100

　　多科技术学院虽然像大学一样设置包括博士学位在内的各种层次的课程,但它并没有授予学位的权力,学生要么攻读伦敦大学的校外学位,要么攻读全国学位授予委员会(CNAA)的各种学位。各学校虽然可以开发各种课程,但必须得到全国学位授予委员会的批准方可开设。尽管人们对全国学位授予委员会的工作颇有微词,但作为质量保障机构,全国学位授予委员会在维持和保障多科技术学院质量方面还是做了大量的工作。1992年多科技术学院获得大学地位之后,全国学位授予委员会的使命完结,1993年被正式解散。除了全国学位授予委员会外,对多科技术学院的课程更有影响的是技术员教育委员会和商业教育委员会,它们负责多科技术学院非学位课程,也就是短期高等教育的课程。技术员教育委员会向多科技术学院提供现成的课程单元,这些课程单元有的是技术员教育委员会的课程委员会设计的,也有的是各学校设计的。所有的专业课程计划中必须包括必修、选修和补充单元。学校负责教学和课程考试,考试时技术员教育委员会为每个专业从学校外部指派监考人员。技术员教育委员会不仅负责工业界技术员培养的课程,还于1977年

---

① W.A.C.Stewart.*Higher Education in Postwar Britain*.London:The Macmillan Press Ltd,1989:203.

设置了艺术与设计委员会(DATEC)负责艺术与设计方面的高级证书和文凭课程。商业教育委员会的课程分三个层次:普通、全国和全国高级水平,学历证书分为证书和文凭两种,其中全国高级证书和文凭属于短期高等教育层次。与技术员教育委员会的课程一样,各学校组织教学和考试,委员会派人监督指导。1983 年两个委员会合并为商业与技术员教育委员会(BTEC)。

在半个世纪的发展过程中,多科技术学院在很多方面取得了成功。它在课程领域进行了大胆的尝试,创设了单元化和模块化课程;它采用工读交替制的学习方式,实现了学校和企业在人才培养方面的深度合作;它与工商界及所在社区联系紧密,能及时根据社会需要培养人才。所有这些都对大学产生了影响。作为政府扩大高等教育的工具,多科技术学院也发挥了重要作用。60年代接受高等教育的人数不过 40 万,到 2000 年此数字达到 200 万,①这其中大学和多科技术学院的学生数量几乎不分高下。

在多科技术学院的发展中,短期高等教育经历了由盛到衰的过程。在多科技术学院发展初期,攻读短期高等教育课程的学生多于本科学生,如1965—1966 年攻读全国高级文凭的学生有 5600 多人,全国高级证书的有22000 多人,另有 23000 多人攻读各种专业证书课程,3300 多人攻读艺术类课程,与此同时,攻读学位课程的学生为 14000 多人,此时的状况反映了 1956 年政府白皮书中提到的多科技术学院的目标,即要满足追求短期高等教育的人群的需要。进入 70 年代后,攻读本科学位的学生迅速增加,而短期高等教育学生增长变缓。到 1971 年,超过 3.5 万学生学习学位课程,到 1988 年此数字上升到 15 万多,到 1992 年达到 27.9 万,同一时期,短期高等教育的学生从 7万增加到 8.2 万。短期高等教育学生的比例从最初占学生总数的 65%下滑到32%(29 所多科技术学院),到 1992 年更是减少到 25%(33 所多科技术学院)。②多科技术学院短期高等教育比例逐年下降的原因在于多科技术学院处于地位低于大学但一直与大学竞争的状态,为了获得与大学同等的地位,多科

---

① David Greenaway,Michelle Haynes.*Funding Higher Education in the UK:the Role of Fees and Loans*.http://users.ecs.soton.ac.uk/nmg/1468-0297.00102.pdf.2017-07-08.

② John Pratt.*The Polytechnic Experiment:1965-1992*.Buckingham:SRHE and Open University Press,1997:43-45.

技术学院在某种程度上一直在模仿大学,其结果是终于获得了大学的名号和地位,但却丢弃了多科技术学院在开办之初设立的一些目标,这种结果对英国高等教育来说是利还是弊还需要时间来证明。

(三)技术员教育委员会和商业教育委员会的建立

在英国高等教育领域,大学颁发的是学术性的学位,非学位类的高等教育层次的证书和文凭由大学之外的各种考试认证机构和专业协会颁发。在 20 世纪 70 年代之前,短期高等教育领域的全国高级证书/文凭由来自教育和工业界代表组成的联合委员会共同管理,这些委员会有全国商业研究和公共管理证书授予联合会(Joint Committee for National Awards in Business Studies and Public Administration)、全国物流证书联合会(Joint Committee for National Certificates in Distribution)等等。此外职业教育领域的很多其他课程如技术员课程由伦敦城市行业协会审查管理。针对职业教育领域课程和考试种类繁多,文凭证书监管较为混乱的问题,教育和科学部于 1967 年邀请全国工商业教育咨询委员会(National Advisory Council on Education for Industry and Commerce)考察技术教育和商业教育方面存在的问题,委员会成立了技术员课程与考试委员会(Committee on Technician Courses and Examinations),任命曾担任过拉夫伯勒大学校长的哈斯格雷伍(Herbert Leslie Haslegrave)为主席"调查适合于培养技术员的所有层次课程(包括非技术职位的相应级别)并考虑在现有的课程和考试系统中可进行的适当改革"。[1]委员会对伦敦城市行业协会、六个地区考试委员会以及全国普通和高级证书/文凭课程等进行了详细考察,在其 1969 年发布的报告中提出技术和商业教育领域要建立各自的委员会负责规划、协调和管理全国性的技术员和技术员水平的课程、考试和资格授予。[2]

在哈斯格雷伍委员会的建议下,1973 年和 1974 年政府分别建立了技术员教育委员会(Technician Education Council)和商业教育委员会(Business Ed-

---

① Richard Evans. *A Short History of Technical Education*. http://technicaleducationmatters. org/series/a-short-history-of-technical-education/.2013-10-12.

② Roy Fisher."From Business Education Council to Edexcel foundation 1969-1996: the short but winding road from technician education to instrumentalist technicism". *Journal of Education and Work*,2004(02).

ucation Council），苏格兰、威尔士和北爱尔兰也建立了类似的机构。技术员教育委员会负责统一和认可继续教育和高等教育机构的技术教育课程，这些课程导向全国普通和高级证书/文凭。商业教育委员会负责改善继续教育机构、大学和多科技术学院的商业教育课程，除负责全国普通和高级证书/文凭之外，商业教育委员会还引入了一些与中等教育证书（GCE）及普通水平普通中等教育证书（O/GCSE）层次相当的证书和文凭课程，这些课程对学习者没有入学要求。在建立之初，技术员教育委员会和商业教育委员会都是独立的机构，两个委员会认可的课程结构也存在差别。技术员教育委员会的课程在不同层次由单元构成，商业教育委员会的课程则由贯穿人、钱、交流三个主题的模块构成，而且商业教育委员会的课程更强调学科间的整合。

技术员教育委员会和商业教育委员会建立后对大约 300 种课程重新进行了设计，影响到的学校达 500 所。① 面对新的课程，各学校开展教师培训以提高教师的水平。尽管对两个委员会进行的课程改革也存在抱怨之声，但它对短期高等教育领域产生了不可忽视的深远影响。

随着两个委员会服务的人群不断扩大，为提高工作效率，1983 年商业教育委员会和技术员教育委员会合并为商业与技术员教育委员会（BTEC）。为消除两个委员会在管理上的不同，1988 年委员会进行了重组，成立了四个部门对工业教育和商业教育两个领域进行统一的管理，这四个部门是质量保证部、产品开发部、市场部和学生管理部。委员会提供从中等到高等教育层次的证书和文凭课程，专业设置涵盖理、工、农、医、经济、管理和艺术等学科。商业与技术员教育委员会（BTEC）以及其前身对课程内容的要求非常严格，也非常重视对课程的实施和评价。它在全国范围内聘请质量监督员以保障课程质量，1992 年非全日制的课程质量监督员达 1300 人。② 作为英国职业教育领域最主要的考试认证机构，其课程和证书受到工商界的认可和欢迎。随着社会的发展，技术员的内涵发生了深刻的变化，因此 1991 年 12 月，商业和技术员

① Richard Evans. *A Short History of Technical Education*. http://technicaleducationmatters. org/series/a-short-history-of-technical-education/.2013−10−12.

② John Pratt.*The Polytechnic Experiment：1965−1992*.Buckingham：SRHE and Open University Press,1997;234.

教育委员会更名为商业和技术教育委员会。1993 年该委员会由公共机构变成独立的私人法人,1996 年与伦敦考试与评估委员会(ULEAC)合并,组成了英国最大的考试认证机构——英国爱德思国家学历及职业资格考试委员会(Edexcel),目前为培生教育集团(Pearson PLC)的组成部分。

(四)高等教育文凭的推出

高等教育文凭(Diploma of Higher Education)是英国高等教育领域的学历文凭,通常授予在大学或其他高等教育机构全日制学习 2 年的学生。[①]此文凭等同于全国高级文凭,其概念最先是由《詹姆斯报告》(*The James Report*)提出的。60 年代,随着中小学教育的发展,社会上提高教师素质的呼声越来越高。《罗宾斯报告》之后,大学和地方教育学院都参与教师教育,也设置了 3 年制的教育学士,但总体上教师培养仍然处于较为混乱的状态。1970 年,为弄清教师教育方面的情况,时任保守党政府教育和科学大臣的撒切尔夫人(Margaret Thatcher)任命了由詹姆斯勋爵(Eric John Francis James)担任主席的调查委员会对教师教育及培训进行了调查。委员会在 1972 年发布的报告中提出了著名的三阶段师资培训法,即第一阶段为普通高等教育,第二阶段为教育专业训练,第三阶段为在职培训。第一阶段的普通教育为期 2 年,学习者可获得高等教育文凭,第二阶段也持续 2 年,合格者可获得教育学的学士学位(Bachelor of Arts,ED)。

《詹姆斯报告》中的建议在随后政府发布的白皮书《教育:扩展的框架》(Education:A Framework of Expansion)中大多被采纳,但在教师教育中设置高等教育文凭的建议白皮书将其扩展到整个高等教育领域并且提出了高等教育文凭应该具有的 6 个特征。首先是标准,即此文凭课程不能低于学士学位课程头两年的水平,入读的要求要与学士学位或相同水平课程一样;其次是可获得性,即不管是普通教育还是专业课程领域都应该设置这样的文凭课程,人人可以选择学习;第三是可接受性,即人们要认可它是终结性的文凭,也是适合某些职业的资格;第四是基础性,此文凭是学位课程或其他职业资格学习的基

---

① UCAS.*UCAS Terms Explained*.https://www.ucas.com/ucas/undergraduate/getting-started/international-and-eu-students/ucas-terms-explained.2016-11-12.

础阶段,获得此文凭的人可以继续学习;第五是文凭课程要由学位授予机构批准认可,政府建议由全国学位授予委员会(CNAA)和大学来承担此责;第六是文凭的名称为高等教育文凭。①

高等教育文凭推出后一些学校就进行了尝试,如1974年伦敦东北多科技术学院在两个专业中采取此种做法,选择此类课程的学生大约有75名。② 20世纪70年代设置教育学学士(B.Ed)课程的多科技术学院和继续教育领域的学院绝大多数在学生完成两年学习后会授予此文凭。在非教师教育领域,多科技术学院和其他学院也提供高等教育文凭课程,由于此种文凭对学生入学要求高,水平要与大学一致,而且未获得社会的普遍认可,因而规模有限,大学也未涉足此领域。随着此文凭的社会认可度不断提高,各类高等教育机构才普遍将其纳入整个人才培养计划之中。

高等教育文凭的推出实际上将本科教育分成了两个阶段,其意义在于给学生提供了更多的选择权,避免了过早的专业化,学生完成两年的学习后可以重新规划未来的发展方向。对高等教育系统而言,不但增强了其灵活性,在一定程度上也提高了本科教育的效率,通过高等教育文凭这一筛选机制,一部分不适合以及不愿意接受本科教育的人提前被淘汰出去。在高等教育文凭的基础上,后来还出现了学制1年的高等教育证书(Certificate of Higher Education),至此短期高等教育领域只有职业性文凭资格的现象不复存在,高等教育文凭和高等教育证书作为学术性的资格,其层次水平与职业性的全国高级文凭/证书相同。由于大学普遍设置此类课程,在后期的发展过程中修读此类课程的学生一直多于修读全国高级文凭/证书的学生。

(五)开放大学对短期高等教育的助力

开放大学是英国高等教育领域革命性的创举,它是工党政府大力推进高等教育民主化的政策与现代通信技术相结合的产物。开放大学于1969年获得皇家特许状,1971年正式招生。开放大学一直秉承"向民众开放,场所、方

---

① Department of Education and Science.*Education:A Framework for Expansion*.http://www.educationengland.org.uk/documents/wp1972/framework-for-expansion.html.2016-11-12.

② Peter Venables.*Higher Education Developments:The Technological Universities 1956-1976*.London:Faber and Faber,1978:234.

法、观念无限制"的理念,自成立以来全球已有 200 多万人受惠于它的教育。目前开放大学是英国在校人数最多的大学,也是短期高等教育领域极为重要的力量。

开放大学作为具有学位授予权的高等教育机构,除了教学媒介和教学方法不同于普通大学,其课程水平和师资水平一直向普通大学看齐,其课程设置与普通大学也几乎没有差别,除本科课程之外,还有研究生课程、短期高等教育的文凭和证书课程以及各种短期课程。在 1971—1990 年间,开放大学主要以本科课程为主,在 1976—1985 年间,本科学生的注册人数保持在 5 万—7 万之间,①但这期间研究生的数量很少,如 1986 年课程硕士注册的学生只有 257 人,1987 年也不过 646 人。② 80 年代之后,随着高等教育文凭和高等教育证书逐渐获得人们的认可,开放大学在短期高等教育课程方面加大了力度,每年注册的非学位学生在 7000—8000 人之间。③

除了学术性的高等教育文凭和证书课程,开放大学在高等职业教育领域也进行多方探索和实践。80 年代初期,开放大学开始实施"开放科技计划"(Open Tech Programme),尝试利用远程教育扩大职业教育领域副学士学位(sub-degree)教育的机会。此计划修业年限 4 年,教学过程中与相关教育部门、资格考试机构、工业界以及专业协会合作,充分利用各方面的资源,很好地解决了远程教育中职业教育专业学生理论学习与实践相结合的难题。1986年开放科技计划实施了 150 个项目,课程模块超过 2000 个(每个模块课程的学习时间为 10 个小时),参与学习的学生达到 2.5 万人。④

1989 年的校长报告中指出,开放大学的学生 50% 来自蓝领家庭,而大多数大学的比例是 20%。开放大学的残障学生比其他所有大学加起来都多。⑤

---

① W.A.C.Stewart.*Higher Education in Postwar Britain*.London:The Macmillan Press Ltd,1989:283.

② The Open University. *Students and Graduates in 1980s*. http://www. open. ac. uk/researchprojects/historyofou/story/students-and-graduates-the-1980s. 2014-10-19.

③ W.A.C.Stewart.*Higher Education in Postwar Britain*.London:The Macmillan Press Ltd,1989:114.

④ D.A.Blackburn,R.C.Smith.*Distance Learning for Technical and Vocational Education at Pre-University Level Establishments*. http://unesdoc. unesco. org/images/0007/000769/076944eb. pdf. 2016-10-10.

⑤ The Open University. *Students and Graduates in 1980s*. http://www. open. ac. uk/researchprojects/historyofou/story/students-and-graduates-the-1980s.2014-10-19.

由此可见,作为高等教育民主化的产物,开放大学为以往无法接受高等教育的人群提供了机会。其高质量的教学不仅使毕业生受到雇主的欢迎和社会的好评,也为其赢得了世界性的声誉。

(六)其他学院的发展

在确立了高等教育双元制之后,在英国的高等教育体系中,除了大学和多科技术学院,还有各种类型的学院。这些学院有技术学院、教育学院和各种专业学院。这些学院的经费要么来自地方教育当局,要么来自教育和科学部,也有些自治性质的学校接受教育部的补助。这些学校都被看成是公立教育系统的组成部分。此外还有数量很少的独立学院(如神学院)和其他部属的学校(如军事学院)也能提供高等教育。这些学院伴随着 20 世纪 60 年代高等教育的扩展也得到了一定程度的发展。

教育学院在二战前主要是由教会和其他机构创办的自治性教师培训学院。二战后,根据《1944 年教育法》的规定以及麦克奈尔委员会(McNair Committee)的建议,这些学院与大学建立了联系,20 世纪 50 年代成了附属于各大学的地区师资培训组织的成员。这些学院的学制为 2 年,主要培养小学教师。1960 年这些学校的学制延长到 3 年,引入了教育学士甚至是 1 年制的研究生课程,但即使到 1972 年近 90%的学生获得的依然是 3 年制的非本科文凭。20世纪 70 年代教育学院大多被纳入继续教育系统,很多成为地方教育当局所属的学院。20 世纪 70 年代早期在 153 所学院中,只有 50 所为自治性机构,剩下的 103 所都属于地方教育当局。[①] 1972 年《詹姆斯报告》之后,教育学院开始设置 2 年制的高等教育文凭课程。20 世纪 70 年代中期,出于经济和人口出生率下降的压力,为提高教师培养的效率和质量,教育学院纷纷被合并进大学、多科技术学院以及其他学院,也有部分被关闭。与此同时,综合性的高等教育学院(Institute or College of Higher Education)开始出现。它们由原来的教育学院和专业学院合并而成,除提供教师教育,也提供其他方面的专业教育。学校开设高级专业证书/文凭、学士学位以及研究生层次的课程,但学校没有学位授予权,学生攻读全国学位授予委员会的学位或资格证书授予机构的课

---

① Alan Matterson.*Polytechnics and Colleges*.New York:Longman Inc.,1981:46.

程。1977年这些学校的校长成立了由67个成员组成的高等教育学院校长常务会议机构(Standing Conference of Directors and Principals of Colleges and Institutes of Higher Education),有些人将其称为大学和多科技术学院之外的"第三个力量"。①

英国是农业和畜牧业非常发达的国家,农业教育起步很早,二战前后农业教育由农业和渔业部管理。1964年教育和科学部接管农业教育后要求各地方教育当局制定系统的农业教育方面的继续教育计划,在希尔索(Silsoe)和倍德福德郡(Bedfordshire)建立了全国农业工程学院,致力于在农业教育领域推广高层次的教育。70年代全英格兰有5所农业学院提供农业教育方面的高级课程,其中学位课程由全国学位授予委员会批准认可,学位也由其授予。短期高等教育的课程主要是技术员教育委员会的全国高级文凭课程,包括农业和畜牧业两方面。

在公共部分的教育系统中,技术学院是数量最大的部分。在1956年的技术教育白皮书中技术学院被分成四个层次,即高级技术学院、大区学院、地区学院和地方学院。1966年10所高级技术学院升格为大学,同一年发表的《关于多科技术学院以及其他学院的计划》白皮书又将30所大区学院建成了多科技术学院,因此原来的技术学院群体中只剩下了地区学院和地方学院。这些学院数量最多,最初主要提供全国普通证书/文凭之类的课程,也有部分地区学院提供高级水平的课程。20世纪60年代末及70年代初,随着技术学院在经济发展和人们求职中作用的下降,技术学院转型为继续教育学院,成为能够提供学术教育、职业教育和职业预备教育的机构。在教育形式上,既有学历教育(中等和高等教育),也有非学历教育。在高等教育方面,继续教育学院提供的课程包括研究生、第一级学位(本科)、全国高级证书/文凭、高等教育证书/文凭、低于本科层次的专业资格证书和其他证书文凭等,其中修读全国高级证书和文凭课程的学生最多,第一级学位和研究生课程往往通过大学和继续教育学院合作的方式进行,即大学把一些课程分包给继续教育学院,学生

---

①   W.A.C.Stewart.*Higher Education in Postwar Britain*.London:The Macmillan Press Ltd,1989:193.

在大学注册,但在继续教育学院学习,大学负责监督保障课程的质量,同时也将部分培养经费给予继续教育学院。通过这种方式,高校减轻了教学的负担,继续教育学院也逐渐提升了教育教学的水平。由于继续教育学院一直有着根植地方、服务地方的传统,因此它们提供的课程与地方的经济和社会发展需要联系紧密,为地方的发展做出了很大的贡献。

总之,经过近半个世纪的发展,英国的高等教育系统发生了根本性的变化,这种变化不仅体现在精英教育向大众教育的转变,更体现在高等教育结构的变化,即在强调学术的以学位教育为特征的大学对面,出现了以职业教育为特征的短期高等教育。正如英国学者所言,这种短期高等教育,并非因为学制短于大学的本科学位教育,而是它基于与大学相悖的技术教育的传统。[1] 这种短期高等教育从技术学院起步,一直沿着技术学院发展为多科技术学院、继续教育学院的路子而发展,最终将大学也卷入其中。在短期高等教育发展过程中,有民间力量的主动参与,也有政府力量的积极介入。在高等教育扩展时期,政府将扩大高等教育机会的任务赋予了二元制中的公共高等教育机构,而在公共高等教育机构中,短期高等教育成了扩大高等教育机会的重要推手,女性、少数族裔、年龄超过 21 岁的人群、残障人士等等,通过短期高等教育获得了各种证书和文凭,从而打开了各种人生机会的大门。短期高等教育的发展丰富了高等教育的层次结构,填补了中等教育和高等教育之间人才培养的空白,满足了社会对中高级人才的需要,促进了社会经济的发展。英国政府在 1985 年发布的高等教育绿皮书《20 世纪 90 年代英国高等教育的发展》中也承认"很多高等院校特别擅长于提供非全日制课程和文凭课程。在某些情况下,这些院校的毕业生在质量与适应性方面都优于大学本科毕业生"。[2]多科技术学院无疑是发展短期高等教育的主力军,但随着多科技术学院向大学的不断靠拢,高等教育双元制在 20 世纪 80 年代末的动摇,短期高等教育新的缺口即将出现,这意味着进入 20 世纪 90 年代后英国短期高等教育

① Gareth Williams, Alice Crampin. "Teachers in non-university higher education: a British case study". *Short-cycle Higher Education: A Search for Identity*. Paris: OECD Publication Center, 1973: 241.

② 吕达、周满生:《当代外国教育改革著名文献(英国卷·第 1 册)》,人民教育出版社 2004 年版,第 27 页。

领域还将有新的改革与发展。

第三节　20世纪90年代以来英国短期高等教育的完善

自20世纪90年代开始,英国高等教育进入了一个新时代。全球化的浪潮以及知识经济带来的冲击迫使高等教育必须进行改革以应对社会及经济的新变化。20世纪90年代初,英国终结了高等教育的双元制,给予多科技术学院大学的名分和地位,重塑一元化的高等教育体制。20世纪90年代末,《迪尔英报告》(Dearing Report)规划了21世纪英国高等教育的发展蓝图。进入21世纪后,继续教育学院承接了原来多科技术学院的短期高等教育之责,成为短期高等教育领域真正的主力;基础学位(foundation degree)出台,短期高等教育领域增添了新的学历文凭;高级学徒(higher apprenticeship)的设置使工读交替制的学习又有了新的方式。除了公共教育系统在扩大短期高等教育方面做出了新的努力,私立高等教育机构也在不断拓展短期高等教育的疆域,努力加大其在短期高等教育市场中的份额。所有这些都使得21世纪的英国短期高等教育呈现出了新的面貌,但同时也存在新的问题,面临新的挑战。

一、短期高等教育的新发展

(一)基础学位的出台

基础学位是一种2年制的高等教育学历证书,与全国高级文凭以及高等教育文凭同级。虽然称之为"学位",但通常高等教育领域的"学位"关注的是某一学科领域学术和研究层面的东西,而基础学位关注的是某一特定专业,具有更强的职业性。基础学位由工党政府于2001年9月推出,适用范围为英格兰、威尔士和北爱尔兰。经过十多年的发展,基础学位目前已成为英国短期高等教育中广受欢迎的学历证书。

1.基础学位出台的背景

作为短期高等教育领域的学历证书,基础学位是连接中等教育和高等教育的桥梁。在中等教育和高等教育之间,实际上已经有了好几种中间型资格证书,如全国高级文凭/证书和高等教育文凭/证书,它们所培养的是高级技师和准专业人员(associate professionals)。经过几十年的发展,这些证书和文凭课程可以说已经非常完善了,培养的人才也受到社会的认可和欢迎。但是,20世纪末,英国与欧美一些国家相比在短期高等教育阶段的人才培养方面处于劣势,这不仅导致英国经济国际竞争力下滑,也影响到国民经济的整体发展,《2001年英格兰技能报告》(Skills in England 2001)的研究结果充分证明了这一点。① 1997年的《迪尔英报告》也针对英国中高级人才缺乏的问题提出了设置"非学位"课程的建议,因此提高劳动力素质以便在全球化的知识经济竞争中取胜是英国政府关注的焦点,也是基础学位出台的根本动因。此外,高等教育不仅与经济发展有关,还涉及社会的正义、平等和流动。尽管每个国家社会不平等的原因都极为复杂,但不能否认教育在促进社会平等方面的作用。对有些人群而言,出于财政或家庭因素的考虑他们或是不适合,或是不去选择传统的全日制的大学课程,这使得这些人失去了向上一层社会流动的阶梯。基础学位的设置虽然不能完全根除阻碍这些人社会流动的障碍,但在一定程度上给他们提供了新的机会,这正是以布莱尔为领袖的工党政府所倡导的"第三条道路"所要追求的结果。同时由于英国一直存在着职业教育地位低于学术教育的现象,设置将职业教育与学术教育相结合的基础学位可以在一定程度上提升职业教育的地位。从基础学位设置与实施过程中,我们可以看到政府对学术领域日益主动的干预。

2.《基础学位计划书》的基本内容

2000年2月英国教育与就业大臣大卫·布伦基特(David Blunkett)在格林威治大学的演讲中首次提出基础学位的构想,随后在教育与就业部的咨询报告中他进一步指出"高等教育不应是一次性的经历。相反我们需要创设一个学习的连续体,使得人们能够在一生中随时进出。在这个新连续体中的中心将是新型的基础学位"。② 咨询报告提出了政府将于2001年9

---

① Mike Campbell, Simon Baldwin, et al. *Skills in England 2001*: *The Research Report.* http://dera.ioe.ac.uk/3960/1/skills-in-england_2001-research-report.pdf.2015-04-23.

② Johun P. Wilson, John Blewitt, Daphne Moody. "Reconfiguring higher education: the case of foundation degrees". *Education and Training*, 2005(02).

月进行基础学位的试点,随后英格兰高等教育基金委员会(HEFCE)发布了《基础学位计划书》(*Foundation Degree Prospectus*),为基础学位的实施规划了蓝图。

《基础学位计划书》(以下简称计划书)主要包含两方面的内容,①一是对基础学位核心框架的介绍,一是 2001—2002 年度对基础学位实施的建议。在第一部分中,《计划书》明确了设置基础学位的三个目的,即培养雇主所需要的同时具备技术、学识以及可转化能力的人才;成为终身教育的阶梯;为很少有机会接受高等教育的人群提供新的途径。基础学位的潜在人群是寻求更广职业空间的在职人员、高级学徒以及修读高级水平职业教育的毕业生,专业设置要涵盖中级技能所涉及的所有领域。《计划书》重点说明了基础学位需要具备的几个方面的核心特征,即雇主参与、知识与技能相结合、技能能应用到工作场所、学分可以积累并转移、可升级到本科荣誉学位或其他高级专业性资格。就基础学位的实施而言,《计划书》要求大学、继续教育学院以及雇主代表形成联盟,共同合作来开发和实施基础学位课程。政府将为 10—20 个联盟提供 350 万—500 万英镑的经费用于基础学位的试点,学位试点的确定采用招标的方式。《计划书》对招标的方式以及联盟各方的责任义务也进行了相应的说明,明确了基础学位实施过程中的管理以及质量保障方式。

《计划书》作为英国政府开展基础学位教育的政策文本,规则明确,操作性很强。此后,基础学位在试点的基础上全面铺开,基本达到了预期目的。

3. 基础学位的实施情况

基础学位从 2001 年 9 月开始实施,注册学生超过 4000 人。经过不到十年的发展,到 2009—2010 学年度学生数达到 99475,比 2004 年基础学位工作组设定的 2010—2011 学年度的 100000 名目标只差 525 人。②从修读基础学位人数的快速增长上可以看出此学位受欢迎的程度。从学生的学习方式上看,全日制学生的比例略多于非全日制的,在全日制学生中,20 岁以下的几乎

①　HEFCE. *Foundation Degree Prospectus*. http://dera.ioe.ac.uk/11531/1/00_27.pdf.2017-01-02.

②　HEFCE.*Foundation Degrees:Key Statistics 2001-2002 to 2009-2010*.http://www.hefce.ac.uk/media/hefce/content/pubs/2010/201012/10_12.pdf.2017-01-02.

占一半左右,在非全日制学生中,30 岁以上的则占到一半以上。这充分显示了基础学位在给成人提供二次成功机会方面所发挥的作用。正如布伦基特所言,基础学位是终身学习中的一个阶段,很多获得学位的人会选择继续学习,绝大多数的学生在注册基础学位学习的同时也注册了荣誉学位,通常一半左右的学生会选择"专升本",即继续攻读本科学位。以 2003—2004 学年度为例,54%获得基础学位的学生选择继续攻读本科荣誉学位,其中 71%的学生最终获得了荣誉学位。[1]2007—2008 年的数据也相差不多,全日制中有 59%的人继续学习,非全日制的比例为 42%。基础学位也吸引了一些英国之外的学生,2006—2009 年度,来自欧盟国家的新生比例一直保持在 1%—2%,来自世界其他地方的新生则在 2%—3%之间。[2]

表 3-6 2001—2009 年修读基础学位课程的人数[3]

学年	全日制	非全日制	总计	全日制所占%
2001—2002	2530	1795	4320	59%
2002—2003	6295	6015	12310	51%
2003—2004	12240	11710	23945	51%
2004—2005	19780	18040	37820	52%
2005—2006	26910	19870	46780	58%
2006—2007	33855	26725	60580	56%
2007—2008	40875	31125	72000	57%
2008—2009	48340	38685	87025	56%
2009—2010	56840	42635	99475	57%

　　基础学位是由大学、继续教育学院以及雇主组成的联盟实施,由大学和继

---

① Snejana Slantcheva-Durst.*The Role of Short-Cycle Higher Education Programs and Qualifications in the Knowledge-based Economies*:*Emerging Trends from the United States and Europe*.http://www.accbd.org/articles/index.php/attachments/single/432.2017-05-09.

② HEFCE.*Foundation Degrees*:*Key Statistics 2001-2002 to 2009-2010*.http://www.hefce.ac.uk/media/hefce/content/pubs/2010/201012/10_12.pdf.2017-01-02.

③ HEFCE.*Foundation Degrees*:*Key Statistics 2001-2002 to 2009-2010*.http://www.hefce.ac.uk/media/hefce/content/pubs/2010/201012/10_12.pdf.2017-01-02.

续教育学院负责课程教学。实施之初,中标的联盟超过 20 个,参与的教育机构达 97 所。尽管有些大学也提供基础学位的课程,但拥有学位授予权的大学通常会委托联盟中的继续教育学院来实施教学。自 2003—2004 学年以来,提供基础学位课程教学的继续教育学院一直占 70% 以上,而且绝大多数全日制学生会选择继续教育学院。以 2006—2007 学年为例,67% 的全日制新生入读继续教育学院,51% 的非全日制新生选择入读大学。《2007 年继续教育与培训法》(Further Education and Training Act of 2007)规定继续教育学院有权申请颁发基础教育学位,目前已有 4 所继续教育学院能够颁发自己的基础学位。

表 3-7　参与基础学位教学的教育机构数量(＊表示数据缺乏)①

	1992 年前的大学	1992 年升格的大学	继续教育学院	总计
2001—2002	13	37	47	97
2002—2003	13	46	88	147
2003—2004	11	57	160	228
2004—2005	19	64	254	337
2005—2006	22	71	260	353
2006—2007	24	70	275	369
2007—2008	27	69	＊	＊
2008—2009	28	70	＊	＊

基础学位的专业设置非常广泛,几乎囊括了所有学科门类,但学生在专业选择上表现出很大的差别,有些专业如普通医学和牙科、兽医、数学、语言等几乎没人选择,自然科学、法律这类大众化的专业学生数量也很少,比例基本在 1% 以下,商业和教育吸纳了比较多的学生。在专业选择上,全日制和非全日制学生有一定的差别。全日制学生数量最多的集中在创意和设计专业,非全日制学生选择最多的是教育专业。基础学位全日制的学制一般为 2 年,2006—2009 年统计也表明 90% 的新生预期修学时间为 2 年,1 年和 3 年的在

① HEFCE.*Foundation Degrees: Key Statistics 2001-2002 to 2009-2010.*http://www.hefce.ac.uk/media/hefce/content/pubs/2010/201012/10_12.pdf.2017-01-02.

3%—8%之间。相比较而言,非全日制的学生 3 年完成学业的最多,4 年或 4
年以上的在 13%—19%之间。从学生的性别比例看,不管是全日制还是非全
日制,女性都比男性高,尤其是非全日制,女性的比例都在 60%以上。基础学
位还吸纳了较大比例的少数族裔、社会阶层较低的以及残障学生。①

表 3-8　2006—2007 至 2008—2009 学年全日制新生各学
科专业分布②(入读英格兰高校的英国本土学生)

学科	2006—2007		2007—2008		2008—2009	
	学生数	比例%	学生数	比例%	学生数	比例%
医学和牙科	0	0	0	0	0	0
辅助医学	1770	9	1795	8	2265	8
生物科学	1330	7	1580	7	2020	7
兽医学	0	0	0	0	0	0
农业及相关学科	1440	7	1640	7	1770	6
自然科学	245	1	250	1	305	1
数学	0	0	0	0	60	0
计算机科学	1595	8	1665	7	1910	7
工程技术	1170	8	1455	6	1945	7
建筑与规划	275	1	420	2	565	2
社会科学	1475	7	2340	10	2935	10
法律	85	0	110	0	165	1
商业和管理	2530	13	2985	13	3585	13
大众传媒	620	3	830	3	885	3
语言	0	0	0	0	0	0
历史和哲学	45	0	55	0	105	0
创意和设计	4375	22	5360	22	6310	22
教育	2140	11	2670	11	3025	11
综合学科	615	3	625	3	755	3

① HEFCE. *Foundation Degrees*: *Key Statistics 2001-2002 to 2009-2010*. http://www.hefce.ac.
uk/media/hefce/content/pubs/2010/201012/10_12.pdf.2017-01-02.

② HEFCE. *Foundation Degrees*: *Key Statistics 2001-2002 to 2009-2010*. http://www.hefce.ac.
uk/media/hefce/content/pubs/2010/201012/10_12.pdf.2017-01-02.

学科	2006—2007		2007—2008		2008—2009	
	学生数	比例%	学生数	比例%	学生数	比例%
总计	19720	100	23835	100	28545	100

表 3-9　2006—2007 至 2008—2009 学年非全日制新生各学科专业分布①
（入读英格兰高校的英国本土学生）

学科	2006—2007		2007—2008		2008—2009	
	学生数	比例	学生数	比例	学生数	比例
医学和牙科	0	0	0	0	0	0
辅助医学	915	7	1340	8	1300	7
生物科学	215	2	280	2	420	2
兽医学	0	0	0	0	0	0
农业及相关学科	510	4	580	3	490	3
自然科学	45	0	90	1	220	1
数学	0	0	0	0	15	0
计算机科学	720	5	695	4	895	5
工程技术	1035	7	1110	7	1370	7
建筑与规划	585	4	665	4	565	3
社会科学	1270	9	2105	12	2300	12
法律	225	2	245	1	320	2
商业和管理	2985	21	3820	23	4885	26
大众传媒	30	0	25	0	65	0
语言	0	0	0	0	0	0
历史和哲学	170	1	270	2	390	2
创意和设计	325	2	805	5	665	4
教育	4705	34	4680	28	4670	25
综合学科	275	2	235	1	375	2
总计	14015	100	16945	100	18950	100

---

①　HEFCE. *Foundation Degrees：Key Statistics 2001-2002 to 2009-2010.* http://www.hefce.ac.uk/media/hefce/content/pubs/2010/201012/10_12.pdf.2017-01-02.

与本科学位相比,基础学位职业性更强,教学虽然在高校进行,但课程是由雇主来主导的,学生将学校的学术学习与工作场所的学习结合在一起。如果将攻读基础学位与本科学位的学生进行对比,两类学生在专业选择上的不同也凸显出两种学位定位的差异。总体上本科学生选择理工科专业的学生比例为46.2%,基础学位学生全日制和非全日制平均为33.5%。在理工科专业中,工科专业方面两种学位的学生分布比例差别不大,只是基础学位学生选择计算机科学的比例明显高于学士学位学生,这在一定程度上体现了基础学位的职业定向,而学士学位学生修读生物、自然科学以及数学的比例大大高于基础学位学生同样体现了学士学位的学术性。在社会科学和人文学科领域两者也体现出类似的差别,即在应用性职业性强的专业方面差别不大,如本科生和基础学位学生比较集中的专业是商业及管理,差别较大的则是语言、历史及哲学,这些专业本科学生选择的比较多,基础学位的学生则非常少。[1]基础学位学生在专业选择上表现出的特点也反映出政府实施基础学位的目的之一,即从就业出发,培养中高级应用型人才,满足雇主的用人需求。

基础学位从2001年开始实施到2010年学生基本处于每年增长的状态,但自2009—2010年度学生数开始下降。2011—2012学年度到2015—2016学年度,获得基础学位的学生从27145下降到14820,下降幅度高达45.4%,仅2015—2016学年度比前一年度就下降了12.2%,与此同时,获得本科学位的学生从390890人上升到399820,增加了2.3%。[2]这说明经过十多年的发展,政府和社会对基础学位的关注度都有所降低。相对于基础学位来说,人们更加看重的还是本科学位,这与英国的传统文化有关。从未来发展看,如果基础学位能够保持平稳的发展速度未必不是一件好事,因为它毕竟经过了作为新生事物的最初发展期,过分追求数量的增长有可能会忽略其质量,这对基础学位以至于整个高等教育来说都是一种伤害。

---

① HESA.*Higher Education Statistics for the UK 2015/16*.https://www.hesa.ac.uk/data-and-analysis/publications/higher-education-2015-16.2016-09-06.

② HESA.*Higher Education Statistics for the UK 2015/16*.https://www.hesa.ac.uk/data-and-analysis/publications/higher-education-2015-16.2016-09-06.

（二）高等学徒制的设置

学徒制作为职业教育最传统的一种形式一直在英国很受重视。自 20 世纪 50 年代起,学徒制培养了大量的技术工人和技术员,甚至也有皇家特许工程师(the Chartered Engineer),为 16/18 岁以上的年轻人提供了学校之外的发展道路,也极大地促进了经济发展。进入 80 年代之后,英国遭遇了经济发展下滑,年轻人大量失业的窘境,实施多年的传统学徒制失去了吸引力。为焕发学徒制的活力,解决英国日益严重的技能人才短缺问题,英国政府从 1993 年开始实施现代学徒制(Modern Apprenticeship)并不断完善,力图使学徒制成为英国教育系统中重要的组成部分,学徒成为 16—18 岁年轻人的主流选择。①

目前学徒制分成四个资格层次并分别对应《资格规范框架》(RQF)中不同的资格等级:中级学徒(Intermediate Apprenticeship),资格 2 级,相当于普通中等教育证书考试 5 科 A-C 成绩;高级学徒(Advanced Apprenticeship),资格 3 级,相当于中等教育证书高级水平考试两科及格;高等学徒(higher Apprenticeship),资格 4—5 级,相当于基础学位;学位学徒(Degree Apprenticeship),资格 5—6 级,相当于学士学位,资格 7 级相当于硕士学位。在这四级结构中,属于短期高等教育层次的为高等学徒制。申请成为高等学徒的申请者年龄须在 18 岁以上,拥有普通中等教育高级水平考试合格成绩(A-Level)、高级文凭(Advanced Diploma)、国际课程证书(IB)或完成高级学徒培训的人都可以申请。从申请条件上可以看出,高等学徒制的起点与大学基本一致,因此可以说高等学徒制为年轻人提供了大学之外的又一种选择。

现代学徒制的改革始于中级学徒,20 世纪 90 年代中期引入高级学徒制,到 2009 年才设置高等学徒制,但高等学徒的数量增长很快。据统计,2009—2010 年度到 2015—2016 年度,参加 4 级水平学徒计划的人数增长了 9 倍,5 级水平的更是增长了 16 倍。2015—2016 年度两级水平的具体人数是 9510(4

---

① Department for Innovation, Universities and Skill, Department for Children, School and Families. *World-class Apprenticeships*: *Unlocking Talent*, *Building Skills for All*. https://www.researchonline.org.uk/sds/search/download.do? ref=B7702.2017-02-05.

级）和 16870（5 级），①表 3-10 中的统计是比较粗略的数字。

表 3-10 高等学徒制参与人数②（单位:千）

	2009/2010	2010/2011	2011/2012	2012/2013	2013/2014	2014/2015	2015/2016
4 级	1	2	3	4	4	7	10
5 级			1	6	5	13	17

　　高等学徒制和其他学徒制一样，都是将学校的学习与工作场所的培训紧密结合在一起。为保证质量，教育部和教育与技能基金会（Education and Skills Funding Agency）于 2013 年联合出台了《英格兰学徒制标准细则》（Specification of Apprenticeship Standards for England），为每一个英格兰学徒框架设定最低标准。而且每一个学徒框架标准和评价方法都由雇主小组共同制定。由于高等学徒制属于高等教育层次，因此参与的学校为大学和继续教育学院。学习者可以选择的领域包括农业、商业及信息技术、建筑、媒体及创意艺术、能源、工程及电子、金融、保健、旅游、制造、加工与物流、公共服务、车辆与运输等等。高等学徒制通常的学习时间为 2 到 4 年，工作场所之外的学习有不同的脱产方式，有一周一天的，也有集中一段时间脱产的。学习者不但不用缴纳学费，还可以获得工资报酬，一般一年薪酬可达 10000 英镑，最高可达 25000 英镑。③

　　包括高等学徒制在内的学徒制带来了可观的经济效益和社会效益。就个人来说，有研究表明完成学徒计划的人比未参与学徒计划的同辈平均工资高出 10%，求职时被录用的可能性也要高出 4—6%。对企业而言，有 72% 的雇主在一项研究调查中认为学徒制提高了企业的生产力。从总体上看，一个学

① James Mirza-Davies.*Apprenticeship Statistics：England.http：//researchbriefings.files.parliament.uk/documents/SN06113/SN06113.pdf.*2017-02-11.

② James Mirza-Davies. *Apprenticeship Statistics：England.* . http://researchbriefings.files.parliament.uk/documents/SN06113/SN06113.pdf.2017-02-11.

③ *Higher Apprenticeships.*http：//www.careerpilot.org.uk/information/apprenticeships/higher-apprenticeships/#link-1.2017-02-11.

徒每周可以为雇主增加 214 英镑的经济产出。① 从社会效益上看,高等学徒制开辟了新的向上层社会流动的通道,完成高等学徒制的人既可以直接就业,也可以进一步接受学位学徒制的培训,它使高等教育惠及了更多的人。另外仅从高等教育本身而言,高等学徒制是一种新型的高等教育形式,它拓展了高等教育的空间,加大了高等教育的可能。

(三)继续教育学院的短期高等教育

20 世纪七八十年代的经济危机、经济滞胀以及人口出生率的下降,导致高等教育从扩张进入调整阶段。作为公共高等教育系统中的组成部分,继续教育学院也经历了合并重组的过程。到 1990 年,继续教育学院的数量从 700所降到不到 400 所。②虽然继续教育学院一直在提供高等教育,但在《1992 年继续教育与高等教育法》(Further and Higher Education Act 1992)中除规定了继续教育学院的独立法人地位,并没有提及其高等教育功能。1997 年《迪尔英报告》发表,在其所提的建议中特别指出英国在中高级人才培养方面不足,要加大本科学位以下人才的培养力度。《迪尔英报告》指出:"在很多情况下,继续教育学院以直接的或者与高校合作的方式可以很好地满足地方上对本科学位以下高等教育的需求⋯⋯我们向政府以及经费拨付部门建议从中期看本科以下教育的增长应该优先由继续教育学院承担"。③

《迪尔英报告》中所指的本科学位以下的高等教育主要是全国高级文凭和证书,因为继续教育学院是这两种文凭的主要提供者。工党政府接受了关于进一步发展非本科教育的建议,鉴于财政压力,政府采取了两条途径,一是大学授权继续教育学院开设相关课程,一是设置新的工作本位的基础学位。

大学授权给继续教育学院是大学与继续教育学院合作的一种形式,通常是大学将某些课程授权给继续教育学院,大学负责课程的标准和质量,继续教

① Sarah Ayres Steinberg, Ethan Gurwitz. *Apprenticeship Expansion in England: Lessons for the United States*. https://www. americanprogress. org/issues/economy/reports/2014/06/06/91011/apprenticeship-expansion-in-england/.2017-02-11.

② Terry Hyland, Barbara Merrill. *The Changing Face of Further Education: Lifelong Learning, Inclusion and Community Values in Further Education*. London and New York: Routledge, 2003:29.

③ Gareth Parry. "College higher eduation in England 1944-1966 and 1997-2010". *London Review of Education*, 2016(01).

育学院负责教学,大学将从高等教育基金委员会获得的相关经费给付给继续教育学院。这种合作应该说是一种双赢的模式,因为继续教育学院在按照大学的标准进行课程教学的过程中教育质量会在无形中得到提高,大学在减轻了一些教学负担之后会把更多的精力放在科研方面。正是看到了高等教育授权经营的益处,政府在 2002 年白皮书《所有人都成功》(Success for All)中大力鼓励大学和继续教育学院之间的这种合作。在 2003 年教育部的白皮书《高等教育的未来》(The Future of Higher Education)中也同样提倡通过大学与继续教育学院合作的方式扩大高等教育。白皮书指出:"我们认为继续教育学院与大学之间的结构性合作,即通过提供资金的合作大学授权或结成联盟的形式是实现这些目标的主要途径,而且也会为学习者带来最大的利益。"[1] 2005—2006 学年,继续教育学院中高等教育层次的学习者占到整个高等教育总数的 11%,其中 3% 的学生参与的是大学授权项目。[2]

2001 年设置基础学位之后,越来越多的继续教育学院参与进来,目前 70% 以上的继续教育学院都提供基础学位课程,2006—2007 学年,2/3 的全日制新生以及一半非全日制新生入读继续教育学院。2013—2014 学年度,继续教育学院全日制学生中有 40% 修读基础学位,其他高校中的学生比例为 1%;在非全日制学生中,攻读基础学位的学生比例为 18%。[3]在 2007 年之前,所有在继续教育学院开设的基础学位课程都是由有学位授予权的大学授权进行的。考虑到基础学位的职业定位以及大学在课程设置上对就业市场反应的滞后性,《2007 年继续教育与培训法》授予继续教育学院申请颁发基础教育学位的权力。[4]申请者要求至少有 4 年提供 5 级及以上教育教学的经验,符合申请

①　Department for Education and Skill.*The Future of Higher Education*.http://www.educationen-gland.org.uk/documents/pdfs/2003-white-paper-higher-ed.pdf.2016-05-10.

②　Britta Leusing. *Franchising: An Adequate Business Model for the "Proactive University"? A Public-Private Perspective on German HE*. http://www.scielo.org.mx/pdf/sine/n36/n36a8.pdf.2016-05-10.

③　The Education and Training Foundation.*The Local Impact of College Based Higher Education*. http://www.et-foundation.co.uk/wp-content/uploads/2016/04/CHELIS-report-final.pdf.2016-05-10.

④　Learning and Skill Improvement Service.*Higher Education in Further Education Colleges: Brief Guide for Governors and Clerks in Further Education Colleges*. https://www.aoc.co.uk/sites/default/files/Guide%20to%20HE%20in%20FE%20for%20college%20Governors%202013.pdf.2016-05-12.

指南中的所有标准。英格兰学校从 2008 年可以申请,威尔士的学校则从
2010 年开始。目前有 4 所继续教育学院获得了颁发基础学位的权力,它们是
杜伦新学院(New College Durham)、北沃里克和辛克利学院(North
Warwickshire & Hinckley College)、纽卡斯尔学院集团(Newcastle College
Group)以及布莱克本学院(Blackburn College)。

　　除了基础学位,继续教育学院提供的短期高等教育还有全国高级文
凭/证书以及各种其他的专业资格文凭,如英国专业会计协会(AAT)、特许
市场营销协会(CIM)资格等。在基础学位推出之前,继续教育学院是商业
和技术教育委员会(BTEC)全国高级文凭/证书的主要提供者。2013—
2014 学年度,修读全日制全国高级文凭的学生比例为 12%,全国高级证书
的为 2%,其他高级文凭课程的为 5%。非全日制学生中修读全国高级证书
的多于全国高级文凭(15%对 4%),其他高级文凭课程的为 25%,还有 29%
的学生攻读各种专业资格。① 与其他高等学校相比,继续教育学院更倾向
于开设商业、管理与法律,教育与培训,艺术,媒体与出版,工程与制造技术,
建筑、规划与人造环境等专业课程。这些专业职业性更强,与地方经济的联
系更为紧密。如果从净现值(NPV)的角度计算继续教育学院提供的短期
高等教育对经济的贡献的话,基础学位的净现值接近 8.43 亿英镑,高等教
育文凭接近 8.92 亿英镑,相比之下,其提供的本科学位净现值为 12.88 亿
英镑。②

　　尽管英国绝大多数继续教育学院都能提供高等教育,尤其是短期高等教
育,但是高等教育主要在大规模的学校进行。以 2012—2013 年度,在提供高
等教育的 252 所继续教育学院中,其中有 1/3 是 20 所学院提供的。在提供高
等教育的学院中,有 23 所修读高等教育课程的学生超过 1000 人,有 52 所学
院学生的数量不到 100 人。获得基础学位授予权的杜伦新学院、纽卡斯尔学
院集团和布莱克本学院就位于规模最大的前 5 所学院之列。以杜伦新学院为

---

　　① The Education and Training Foundation. *The Local Impact of College Based Higher Education.*
http://www.et-foundation.co.uk/wp-content/uploads/2016/04/CHELIS-report-final.pdf.2016-05-10.

　　② The Education and Training Foundation. *The Local Impact of College Based Higher Education.*
http://www.et-foundation.co.uk/wp-content/uploads/2016/04/CHELIS-report-final.pdf.2016-05-10.

例,学生超过 11000 人,全日制学生超过 3500 人,能够提供 50 多种基础学位课程、各种专业协会资格课程以及高等学徒制课程。高等教育集中在大型学院的现象说明继续教育学院在教育功能上有所分工,但也从一个侧面说明继续教育学院的发展并不平衡。

自 20 世纪 90 年代末以来,英国在继续教育领域还进行了针对教师的改革,即强调教师的教学专业资格。1998 年政府发布了《学习化时代》(The Learning Age)的绿皮书,首次提出了继续教育领域的教师需要拥有专业教学资格的观念。① 1999 年就业与技能部(DfES)根据绿皮书的建议成立了继续教育全国培训组织(Further Education National Training Organisation,FENTO),此组织同年发布了《英格兰及威尔士职前教师培训标准》(*Standards for initial teacher training in England and Wales*)。2001 年,国会通过了《2001 年继续教育教师资格(英格兰)条例》(*Further Education Teachers'Qualifications Regulations 2001*),要求继续教育学院的全日制教师拥有教师职前培训的资格。具体来说全日制的新教师要获得国家职业资格四级继续教育教学证书(Level 4 Certificate in FE Teaching)或四级教育证书(Level 4 Certificate in Education)。前者由有资质的证书授予机构提供,后者由大学提供。② 此后政府进一步推进教师资格专业化的工作,最终导致了《2007 年继续教育教师在职专业发展与注册条例(英格兰)》(*Further Education Teachers'Continuing Professional Development and Registration Regulations 2007*)以及《2007 年继续教育教师资格条例(英格兰)》(*Further Education Teachers'Qualifications Regulations 2007*)的出台。这两个条例的出台,标志着英国继续教育领域教师专业资格框架的真正确立。

创新、大学和技能部制定的这两个教师条例从 2007 年 9 月 1 日起生效。其颁布施行的目的是促使继续教育领域形成能够促使教师不断提高和更新自

① DFEE.*The Learning Age - A renaissance for a new Britain*.http://www.lifelonglearning.co. uk/greenpaper/index.htm.2012-11-12.

② Halsey,Delia.*An Overview of Literacy*,*Language and Numeracy Teacher Education*.http://archive.excellencegateway.org.uk/media/Skills% 20for% 20Life% 20Support% 20Programme/Chapter_1_overviewplus_biblio_CB_V2.doc.2012-10-02.

己知识和技能的专业主义文化,使继续教育领域的教职能够成为受人尊重的职业,进而吸引更多的优秀人才。2007 年教师条例的实施取得了一定预期效果,但联合政府执政后于 2013 年废止了这两个条例。目前继续教育学院在教师聘任上并没有法定的资格要求,但毫无疑问提高教师的教学专业能力是未来的发展方向。

(四)苏格兰的短期高等教育

作为英国的组成部分,苏格兰拥有自己独立的教育系统,其高等教育不管是历史发展还是组织结构上都与英格兰不同,这些不同同样也体现在短期教育方面。

苏格兰属于短期高等教育层次的学历文凭有以下两大类:高等教育文凭/证书和苏格兰学历管理委员会全国高级文凭/证书(HND/HNC)。高等教育文凭/证书与英格兰没什么区别,分别相当于本科阶段的前 2 年和第 1 年,位于《苏格兰学分和资格框架》(SCQF)中的第 8 级和 7 级。

苏格兰的全国高级文凭和证书与英格兰商业与技术教育委员会的全国高级文凭和证书也基本相同,都是在劳动力市场具有很高的职业认可度的职业领域的资格文凭。与英格兰不同的是,这些证书和文凭由苏格兰学历管理委员会(SQA)与大学、继续教育学院、工商业界合作开发,由苏格兰学历管理委员会负责管理和颁发。在课程开发过程中,起重要作用的是继续教育学院,大学中只有参与这方面课程的学校才会发挥一些作用。全国高级文凭通常全日制学制 2 年,位于《苏格兰学分和资格框架》(SCQF)中的第 8 级;全国高级证书学制为 1 年,属于 7 级资格。全国高级证书和文凭都具备终结性和非终结性两种性质,即既可以作为直接就业的资格证书,也可以继续升学获取更高级的文凭。在苏格兰,大学、继续教育学院都可以开设这些课程,但主要由继续教育学院提供这些课程,大学在课程认定和质量保障方面不承担任何责任,只是提供少量的这方面课程。作为职业领域的资格证书,覆盖多种学科领域,开设的课程超过 1000 种,不管是全日制还是非全日制,学习方式都是学校的理论学习与工作场所的实践学习结合在一起。以苏格兰邦德斯学院提供的全国高级文凭和证书课程为例,商业专业全国高级文凭为两个学年以上 72 周的全日制课程,每周两天到两天半在学院学

习,一天在工作场所学习。电子工程专业的全国高级证书为 36 周的全日制
课程,每周两天在学院学习,一天在工作场所。①这种基于工作的学习
(WBL)模式能够及时回应用人单位对人才培养要求的变化,提高人才培养
的社会满意度。

　　在苏格兰短期高等教育发展过程中,继续教育学院发挥了巨大的作用。
尽管苏格兰的继续教育学院同英格兰等地的一样都是既提供高等教育,也提
供继续教育,但苏格兰的继续教育学院在高等教育领域所占的份额远远超过
英格兰。据统计,2000—2001 年度苏格兰继续教育学院的本专科层次的学生
占总数的 28%,英格兰则在 10%左右。②苏格兰继续教育学院学生中 2/3
(64%)的学生修读的是全国高级文凭或证书,3%的学生修读本科学位,英格
兰修读本科的比例则在 20%左右。③自 2007 年起继续教育学院的学生数量持
续下降,从 2007—2008 年度的 379233 人降到 2014—2015 年度的 226919 人,
减少了 15.2 万人。在这期间,女性的比例也由 58%滑到 51%。有人将其归
咎于苏格兰民族党(SNP)执政后对继续教育学院的忽视及对其经费的削
减。④近些年来,政府为了节约开支,提高效率,对继续教育学院进行了调整,
一些学校被合并,2011—2012 年度学校有 37 所,到 2014—2015 年度减少到
20 所。⑤这种调整对继续教育学院的未来会产生什么影响现在还不好断定,目
前能看到的效果就是减少了开支。

　　①　Borders College. *Borders College HNC/HND*. http://www. borderscollege. ac. uk/ckfinder/
userfiles/files/hnc-hnd_courses_at_borders_college.pdf.2017-03-09.

　　②　Janet Lowe, Vernon Gayle. *Exploring the work/life/study balance:the experience of higher edu-
cation students in Scottish further education college*. https://www. researchgate. net/publication/
248979620_Exploring_the_worklifestudy_balance_The_experience_of_higher_education_students_in_a_
Scottish_further_education_college.2017-02-05.

　　③　In James S.Taylor. *Non-University Higher Education in Europe*. Springer Sccience+Media B.
V. 2008:240.

　　④　Andrew Whitaker. *Number of Students in Scottish Colleges falls by 15200*. http://www.
scotsman.com/news/education/number-of-students-in-scottish-colleges-falls-by-152-000-1-4000847.
2017-02-05.

　　⑤　Audit Scotland. *Scotland's Colleges 2015*. http://www. audit-scotland. gov. uk/docs/central/
2015/nr_150402_scotlands_colleges.pdf.2017-02-05.

(五)私立高等教育机构的短期高等教育

私立教育机构在英国称之为替代性机构(Alternative provider),有些非营利性的机构如神学院历史悠久,但在高等教育领域的影响极其微小。20 世纪70 年代以后,一些私立的职业教育机构开始出现,主要从事中等程度的职业教育与培训。进入 21 世纪以后,政府不断推进高等教育的市场化,私立高等教育得到迅速发展,不但数量剧增,一些学校还获得了大学的地位,如 BPP 大学、法律大学(University of Law)、伦敦摄政大学(Regent's University London)等。据英国商业、创新和技能部的统计,2011—2012 年度英国私立高等教育机构达 674 个,修读高等教育课程的学生 16 万人左右。与此同时,公立高校163 所,在校生 250 万人。2015 年英格兰拥有学位授予权的私立高校有 8 所,其中有营利性机构,也有非营利性机构。

作为独立机构,私立高校不能从英格兰高等教育基金会(HEFCE)直接获得公共资金,但这并不意味着它们得不到公共资金的补助,它们获取补助的渠道是通过学生的贷款系统获得某些课程的费用。2011 年,在政府发布的高等教育白皮书《学生是高等教育系统的中心》(The Heart of the System)中,保守党政府承诺进一步开放高等教育市场,将就读于私立学校的全日制学生最高学费贷款额度从每年 3375 英镑提升到 6000 英镑。2008—2009 年度,私立学校中接受公费资助的学生数量为 3818,到 2013—2014 年度增长到 52745。2011—2012 年度,公共经费的此项支出为 1 亿英镑,到 2013—2014 年度迅速攀升到 6.75 亿英镑,受益的私立学校达 140 所左右。①

私立高校大多是规模很小的专业性学校,如商学院、计算机学院、神学院、替代医学学院等等,674 所学校中 217 所的规模不到 100 人,只有 35 所超过1000 人,其中 5 所学生超过 5000 人。学生中留学生的比例很高,英国本国学生和外国留学生的比例约为 49% : 51%。私立机构大多位于经济发达地区,如50% 的学校位于伦敦,20% 在英格兰东南部,剩余的 30% 分布于英国各地。超过一半的学校为营利性学校,只有 34.9% 的学校为非专业性学校。这些学校

① UK Parliament.*Expanding Private Higher Education:Key Issues for the* 2015 *Parliament.*http://www. parliament. uk/business/publications/research/key-issues-parliament - 2015/education/higher-education/.2016-03-23.

提供从中等教育到研究生教育各层次的课程,其中55%的学校提供短期高等教育层次的课程,此层次的学生占25%左右。这些课程大多是爱德思(Edexcel)、伦敦城市行业协会、牛津、剑桥和皇家艺术学院考试院(OCR)、英国资格评估与认证联合会(AQA)以及一些专业组织的证书或文凭课程。有不同的机构负责认可及保障这些学校的质量,如英国教育认证委员会(British Accreditation Council)、质量保障署、国际学院认证中心(Accreditation Service for International Colleges)等等。

私立高校平均建校时间为12年,其中23.7%是2005年以后开办的,[①]而且大多是营利性机构。它们抢滩高等教育并且能够立足,说明其人才培养的质量有一定的保障。随着基础学位的推出,修读全国高级文凭的人数总体上有所下降,但在私立高等教育领域人数却有所上升,这也从一个侧面反映了私立高校的社会认可度。随着私立高校的不断扩张,由于监管不力导致的问题越来越多,政府的财政压力也越来越大。2013年在财政压力以及大学和学院工会(UCU)的压力下,联合政府改变了大力推进私立高等教育数量发展的政策,强调提高质量。2013年6月政府发布了《替代性机构:特定课程认定指南:标准和条件》(*Alternative Providers: Specific Course Designation Guidance for Providers: Criteria and Conditions*),提出私立学校要想获得学生贷款公司(SLC)的财政补助,必须得到商业、创新和技能部的认可,而在申请课程认可之前必须接受高等教育质量保障署的审查;2014—2015学年起全日制本专科层次学生有招生名额限制,学校不能任意扩大招生数。[②]由于私立高校中全国高级文凭/证书课程处于无序状态,政府提出23所私立学校的全国高级文凭/证书课程暂停招生。2014年1月起,所有想招收国际学生的私立高校必须接受高等教育质量保障署(QAA)的"高等教育附加考察"(Higher Education Review Plus)。政府的这些措施旨在保障私立高等教育的质量,以便"保护英

① Department for Business, Innovation& Skills(BIS).*Privately Funded Providers of Higher Education in the UK*. https://www.gov.uk/government/uploads/system/uploads/attachment_data/file/207128/bis-13-900-privately-funded-providers-of-higher-education-in-the-UK.pdf.2014-10-12.

② Sue Hubble.*Expansion of Private Higher Education Provision in England*.http://researchbriefings.files.parliament.uk/documents/SN06961/SN06961.pdf.2017-02-02.

国高等教育的整体声誉",同时也让"纳税人知道商业、创新和技能部是在保护公共利益"。①

私立高等教育作为教育市场上的鲶鱼,政府对其进行规范的目的也是为了更好地激发高等教育的活力,它在短期高等教育领域同样也会发挥这样的作用。

二、短期高等教育面临的问题和挑战

1992 年取消高等教育双元制之后,尤其是进入 21 世纪推出基础学位以来,英国的短期高等教育有了进一步的发展,在扩大教育机会、促进社会流动以及满足劳动力市场需求方面发挥了一定的作用,但近些年来,短期高等教育领域也面临着一些问题,这些问题能否得到妥善解决将影响到未来短期高等教育的健康发展。

(一)短期高等教育领域受教育人数出现下降趋势

作为世界上的发达国家,迅速兴起的知识经济给英国的经济结构带来了很多变化,但这种变化并没有改变社会对初中高级人才需求的金字塔结构。短期高等教育培养的中级人才本不应该少于高级人才,但现实中的情况如何呢? 2014—2015 年度,英格兰高等教育系统中的学生数为 202 万,其中 61% 的学生为本科,17% 为硕士,4% 为博士,3% 为基础学位,2% 为全国高级证书,1% 为全国高级文凭,12% 为其他类型的资格证书(主要为医学和教师教育)。②由于医学和教师教育主要在本科和研究生层次,因此属于短期高等教育的实际包括了基础学位、全国高级证书/文凭,这三类相加的结果其比例只有 6%。高等教育数据中心(HESA)的研究表明,绝大多数获得基础学位的学生会继续攻读学士学位,以 2014—2015 的统计为例,45% 的基础学位毕业生

---

① Andrew McGettigan. *Uncontrolled Expansion: How Private Colleges Grew.* https://www.time-shighereducation. com/features/uncontrolled-expansion-how-private-colleges-grew/2016579. article. 2017-02-02.

② Universities UK.*Higher Education in England: Provision, Skills and Graduates.*http://www.universitiesuk. ac. uk/policy-and-analysis/reports/Documents/2016/higher-education-in-england-provision-skills-and-graduates.pdf#search=Diploma%20of%20Higher%20Education.2017-02-11.

在完成学业 6 个月后会继续学习,还有 19% 的人选择边工作边学习的方式。①
这意味着最终进入劳动领域的人拥有短期高等教育学历的不足 6%。这种情况与其他机构对英国劳动力调查的结果基本吻合。2011 年英国技能委员会(Skill Commission)发现英国在科学、工程和技术方面拥有的技术员只占整个劳动力队伍的 3.7%,远远低于欧盟国家的平均水平 5.3%。② 而据经济合作发展组织 2012 年对 20 个成员国中 20—45 岁成年人所做的调查,10 个国家此年龄组中最高职业资格为短期高等教育的比例在 20% 以上,其中爱尔兰和加拿大在 30% 以上,而英格兰和北爱尔兰的比例分别为 10% 和 9% 左右,位列第 15 和 16 名。③应该说正是为了应对中级人才缺乏的危机英国才启动了基础学位以及高等学徒制等计划,但 2001 年推出的基础学位修读人数到 2009/2010 年度达到 8.1 万之后便开始出现下滑,到 2013—2014 年度已经下降到 47800。其他短期高等教育层次的学历如全国高级证书、全国高级文凭、高等教育文凭以及高等教育证书等都出现类似情况,全国高级文凭从近 20000 降到不到 5000。④在中级人才培养数量逐年下降的时候社会上对这些人才的需求却在加大,尤其是一些重要部门,随着产业的不断扩大和人员的退休,这种需求会更为强烈。据预测到 2020 年英国需要 83 万以上的工程师;信息技术方面的专业人才需要每年增加 2%;在核电领域 2025 年 70% 的技术人员要退休;在自动化领域 2020 年的缺口大约是 48000 人;石油工业有 20% 的专业人员要从海外招募;在航空航天领域,到 2020 年需要的专业技术人员和管理人员要增加 8 万人;农业技术领域在 2010—2020 间所需要的四级及以上

① Universities UK. *Higher Education in England:Provision,Skills and Graduates*. http://www.universitiesuk. ac. uk/policy-and-analysis/reports/Documents/2016/higher-education-in-england-provision-skills-and-graduates.pdf#search=Diploma%20of%20Higher%20Education.2016-07-11.

② Nick Davy."The college perspective:why we need a diverse academic and higher vocational education tertiary system"。In AoC. *Higher Vocational Education:A Collection of Think Pieces*[C]. 2014.

③ OECD. *A Skills begond School:Brief on the United Kingdom*. https://www.oecd.org/unitedkingdom/skills-beyond-school-United-Kingdom.pdf.2016-07-11.

④ http://www.gov.uk/government/uploads/system/uploads/attachment_data/file/355037/fe-andskills-level-4-plus.xls.2017-20-11.

人才约 4.2 万人。①

表 3-11　2005/2006 至 2013/2014 年度本科及以下学历证书数量②

	2005/2006	2006/2007	2007/2008	2008/2009	2009/2010	2010/2011	2011/2012	2012/2013	2013/2014
学士学位	1042200	1052400	1075800	1112900	1169400	1209700	1280200	1271900	1288300
基础学位	38300	47700	58700	69200	81100	80100	76700	59400	47800
全国高级文凭	19200	15200	13100	11700	10800	8900	8100	6000	4700
全国高级证书	8800	8400	8500	8600	7100	6100	5100	5000	4500
高等教育文凭	66200	62600	54200	52100	50000	46600	36900	21500	10600
高等教育证书	14400	14800	17100	17600	12700	11400	10400	6300	5900
其他资格	261300	257900	248600	255000	245600	216600	180400	114400	95900

　　短期高等教育与社会需求之间的矛盾并非英国一国所独有,因为经济发展的复杂性以及劳动力市场变动的非人为性导致社会经济结构与人才培养结构之间并非完全是一一对应的关系,因此某些时候出现结构性对接偏差是正常的,这也说明了当出现偏差时人为调节的必要性。我们在英国高等职业教育发展中既看到市场的"手"在起作用,也看到政府的"手"在干预,尤其是 21世纪以来英国政府推出的基础学位以及高等学徒制都是在调整这种偏差。但现实的情况是从 2005/2006 年度开始,英格兰修读本科学位的学生逐年增长,但短期高等教育领域的学生数量却逐年下降。如果这种趋势继续下去,势必会加大结构偏差从而影响到经济和社会的发展。但如何解决这一问题呢? 有研究指出短期高等教育萎缩的原因在于政府对短期高等教育投资不足。③实

　　① Department for Business Innovation & Skill. *A Dual Mandate for Adult Vocational Education*. https://www.gov.uk/government/uploads/system/uploads/attachment_data/file/427342/bis-15-145-A-dual-mandate-for-adult-vocational-education.pdf.2016-07-11.

　　② http://www.gov.uk/government/uploads/system/uploads/attachment_data/file/355037/fe-andskills-level-4-plus.xls.2017-20-11.

　　③ Department for Business Innovation & Skill. *A Dual Mandate for Adult Vocational Education*. https://www.gov.uk/government/uploads/system/uploads/attachment_data/file/427342/bis-15-145-A-dual-mandate-for-adult-vocational-education.pdf.2016-07-11.

际情况也确实如此,受新管理主义(managerialism)的影响,英国政府运用"竞争"和"问责"两种机制来分配高等教育资源,尤其是继续教育学院脱离地方控制之后,其资金的获取建立在英格兰继续教育基金委员会(FEFC)对其表现和质量评估的基础上。由于近些年来英国经济不景气,政府在强调效率的基础上进一步缩紧了对高等教育的投资,大学和继续教育学院普遍处于捉襟见肘的窘境,这种情况会导致一些学校的课程出现变化,如2010—2012年间大学与继续教育学院之间的授权合作下降了59%,[①]这势必会导致一些继续教育学院基础学位课程的减少。由于经费短缺,一些继续教育学院为争取经费取消全国高级文凭课程而开设基础学位课程。但经费不足可能只是表层原因而已。英格兰高等教育基金委员会(HEFCE)在2014年的分析报告中指出短期高等教育领域人数下降的原因可能是供需一方或双方对其态度发生了转向。就基础学位人数下降而言,最简单的解释是基础学位在很多高校里没有作为核心活动进行推广,再有就是非全日学习及基础学位的优势在缩小、对学生人数进行限制、雇主和求职者对职业导向课程需求的减退、2012年对与全日制本科同样交费的预期等因素的影响。[②]这些原因分析也不无道理,但是有没有更深层的原因呢? 基础学位本身是一个学位,但很多人看重的不是它的终结性就业功能,而是"专升本"功能,大部分获得基础学位的学生,尤其是全日制学生会选择直接进入本科阶段继续学习。全国高级文凭是以就业为导向的,但对获得者来说继续攻读本科学位也是大多数人的选择,如2009—2010年度有61%的人在获得全国高级文凭后直接在原来的学校攻读本科学位。[③]从终身学习以及终身教育制度构建的角度来说,选择继续学习不但没有错而且还应该鼓励人们这样做。但从社会对人才需求的角度来说,短期高等教育又应该是一个相对独立的阶段。一些人之所以只将其看成是过渡阶段,其深

---

① Sharon Smith, Hugh Joslin, Jill Jameson. *Progression of College Students in England to Higher Education*. https://www.gov.uk/government/uploads/system/uploads/attachment_data/file/460394/BIS-15-531-progression-of-college-students-in-england-to-higher-education.pdf. 2016-07-22.

② HEFCE. *Undergraduate Courses other than First Degrees : An Analysis of Recent Trends*. http://www.hefce.ac.uk/media/hefce/content/pubs/2014/201408c/HEFCE2014_08c.pdf. 2017-03-04.

③ HEFCE. *Undergraduate Courses other than First Degrees : An Analysis of Recent Trends*. http://www.hefce.ac.uk/media/hefce/content/pubs/2014/201408c/HEFCE2014_08c.pdf. 2017-03-04.

层原因还是 20 世纪 60 年代克罗斯兰德所指出的人们"势力的、受特权阶级支配的对大学地位的摆脱不了的着迷情感"。①不管是全国高级文凭/证书还是基础学位,其本身所具备的职业色彩使人们在心中看低它们的地位。基础学位虽然以学位命名,但低于学士学位的地位使其处于二流地位。2008—2009年度,45 所 1992 年之前的大学中有 28 所提供基础学位课程,17 所没有参与这方面的工作,牛津大学不提供基础学位课程,也不授权给其他学校提供,牛津大学的做法可以让我们从中窥见出基础学位在精英大学中的地位如何。

(二)短期高等教育内部结构复杂,多头管理

英国的短期高等教育是民间的自愿主义与政府干预相结合的产物。在长期的发展过程中,形成了系统复杂、条块分割、多头管理的现状,这些在短期高等教育的学历证书设置、课程安排、经费来源以及质量保障方面表现得尤为突出。

从学历证书看,短期高等教育主要包括基础学位、全国高级文凭/证书、高等教育文凭/证书以及各种专业协会的证书。这些学历证书没有统一的颁发机构和管理机构,而是各自为政,各有山头。如基础学位和高等教育文凭/证书由拥有学位授予权的大学颁发(2008 年继续教育学院也可以申请基础学位授予权),全国高级文凭/证书由培生集团(Pearson PLC,前身为爱德思)授予,高校和继续教育学院获得培生集团的许可证也可以颁发,专业协会的证书则由各自协会发放。学历证书授予机构设置课程标准,负责设计课程,课程实施则可以在大学、继续教育学院以及其他教育机构中进行。尽管各种学历文凭的课程都要按照英格兰高等教育质量保障署颁布的《高等教育质量准则》(QAA Quality Code of Higher Education)去设计,但课程的实施者往往不是课程设计者。在短期高等教育领域,继续教育学院是各种学历文凭课程的提供者,但继续教育学院不能设计自己的课程,在其实施的各种学历文凭课程上也没有发言权。由于短期高等教育领域的学历文凭主要是职业类资格证书,理应让雇主多参与课程设计和实施以便课程能及时反映生产领域需求的变化,

---

① 王一兵:《八十年代发达国家教育改革的动向和趋势述评》,人民教育出版社 1994 年版,第 96 页。

但课程设计的这种安排使得雇主参与困难重重。

从经费来源和管理看，不同的高等教育有不同的经费来源。英国将高等教育分为管制类高等教育（prescribed higher education）和非管制类高等教育（non-prescribed higher education），其中大学提供的是管制类高等教育，大学之外的是非管制类高等教育，如培生集团、伦敦城市行业协会、英国专业会计协会（AAT）、特许市场营销协会（CIM）、英国特许律政人员协会（CILE）等机构提供的教育以及高级国家职业资格（NVQ）。高等教育基金会（HEFCE）为管制类高等教育提供经费，2000 年《学习与技能法》（Learning and Skills Act）授权学习与技能委员会（Learning and Skills Council）为非管制类高等教育提供经费，2010 年变成技能基金会（Skills Funding Agency），现在是教育和技能基金会（Education and Skills Funding Agency）。就短期高等教育的主力继续教育学院来说，它的经费来源有三个：直接来自高等教育基金会、间接来自高等教育基金会（通过授权方式）、教育技能基金会及其他高等教育基金会之外的途径。它所开设的课程有两个外部质量保障机构：高等教育质量保障署负责直接和间接经费的高等教育课程，教育标准局（Ofsted）负责由教育技能基金会提供经费的课程。在大学注册但在继续教育学院上课的学生由高等教育统计中心（HESA）收集数据，在继续教育学院注册的学生由数据中心（Data Agency）统计。此外用于拨付经费、质量控制以及数据收集的方法不同机构也不一致。短期高等教育领域这种条块分割，多头管理的现象造成了效率降低，在一定程度上妨碍了短期高等教育的发展。

以上所提到的是英国短期高等教育面临的最为突出的问题。在社会迅速变化的今天，短期高等教育还面临着很多挑战，如作为终身教育体系中的一环如何更好地与中等教育和高等教育贯通，如何作为社会平等的助推器推动高等教育系统吸纳更多的处境不利人口，如何在人才培养上与国民经济各部门实现更好的对接？在短期高等教育内部，如何协调好各利益群体的关系？如何看待基础学位？如何更好地利用教育技术？如何从整体上提高教师队伍的素质？所有这些都是需要进一步解决的问题。

与世界上其他发达国家一样，英国短期高等教育作为相对独立的阶段出现在 20 世纪五六十年代，但在这之前，短期高等教育经过了很长的奠基时期。

19世纪上半叶的技工讲习所运动,19世纪末20世纪初涌现出的技术学院以及多科技术学院,皇家艺术学会以及伦敦城市行业协会创办的文凭考试制度,20世纪20年代的"全国证书计划",所有这些都为短期高等教育的出现奠定了基础。在这个过程中,政府对技术教育的干预也起了一定的推动作用。二战结束之后,在社会与经济重建的框架下,短期高等教育获得了发展的契机,位于顶端的技术学院开设越来越多的全国高级文凭/证书课程。《罗宾斯报告》之后,短期高等教育成为扩大高等教育的工具。在高等教育二元化时期,多科技术学院成为短期高等教育领域的主力军。这期间,高等教育文凭/证书问世,开放大学创办,短期高等教育领域又添新军。取消高等教育二元制之后,继续教育学院开始接替多科技术学院承担起短期高等教育领域的主要任务。进入21世纪以来,基础学位又成为连接中等教育和本科教育的重要桥梁。英国短期高等教育在发展过程中形成了资格证书系统完备、专业设置丰富、学习形式灵活等特点,为英国高等教育大众化及经济社会发展做出了很大的贡献。

第四章　法国短期高等教育史

　　法国的高等应用技术型人才培养肇始于 20 世纪 50 年代中期的高级技术员班(Sections de Techniciens Superieurs,STS),到 20 世纪 60 年代时随着大学技术学院(les instituts universitaires de technologie,IUT)的创建,形成大学技术学院和高级技术员班两种机构并行发展的格局。大学技术学院和高级技术员班在性质上都属于短期高等教育,能够颁发国家文凭证书,是法国高等教育体系的重要组成部分。

　　根据 1984 年《高等教育法》,法国高等教育泛指中等教育后的所有科学、文化和职业性公共教育机构,包括大学、大学校、短期高等教育机构和大型科学文化教育机构 4 种类型。大学又称综合大学,是从事科学研究与教学的主要场所,培养教师、研究人员、律师、医生、药剂师以及公职人员等,学科齐全,学生集中,是高等教育大众化、民主化的标志。大学校是专门培养政府官员、企业领导人、工程技术人员、金融和商业高级管理人员的摇篮,通常规模小,实行选拔性招生,招生名额少,进行精英教育,教学设施精良,教学质量较高,要求严格,与企业保持密切联系。大型公共科学文化教育机构是法国高等教育中一个特殊组成部分,其主要任务是传播科学文化知识、进行学术研究和专题讲座等学术性活动,开展一些成人教育和继续教育等活动,也颁发相应的国家文凭,其特点是创办时间长、水平高、影响大,国际合作广泛、师资水平高等。短期高等教育机构主要是指实施 2 年制短期高等职业技术教育,培养高级技术员的大学技术学院和高级技术员班。大学技术学院设在综合大学内,既受大学领导,又具有独立的法人资格,是法国大学特殊的教学与研究单位,颁发大学科技文凭(diplome universitaire de technologie—DUT),等同于法国大学第一阶段文凭,但是毕业生就业出路好。高级技术员班通常设在条件较好的技术中学内,是在原来的中等技术教育的基础上发展而成的,学生完成学业可获得高级技术员证书(Brevet de technician superieur—BTS)。

第一节　二战后法国短期高等教育的创建

法国大学技术学院和高级技术员班作为一种教育类型出现,有着特殊的时代背景,承担着独特的社会使命,是法国教育体系对外界经济发展的回应。当然,除了经济驱动力之外,政治也在其中发挥着重要推动作用。

一、短期高等教育创建的背景

在法国,技术教育"像学校教育系统中其他重要组成部分一样,它的形成始于高等教育阶段"[①]。短期高等教育作为培养应用型高级技术人才的教育机构,其创建背景与过程恰恰反映了这一判断。

(一)大学生数量激增与高淘汰率的矛盾突出

二战后,法国经历了20世纪50年代的"光辉时代",经济和社会相对稳定,教育和科学技术事业蓬勃发展,人口出生率上升,广大民众对教育在提升自我就业及社会阶层方面的认知也更加深刻。1959年,法国开始推行义务免费教育年限延长至16岁的政策。1963年,法国取消了高级小学教育。这两项措施导致民众继续接受教育的意愿更加强烈,接受高中教育并通过高中会考的年轻人数量大大增加。1960年有59000人,1970年增加到167000人。在法国,高中毕业会考不仅意味着高中毕业,还是进入大学接受高等教育的准入证。在这种背景下,1960年法国大学中注册的学生人数为215000人,这一数字到1970年翻了三倍,增至637000人,法国大学学生人数激增。

法国大学实行"宽进严出"政策,每个学年结束都会进行严格考试,伴随

---

① 张人杰:《法国教育改革》,人民教育出版社1994年版,第562页。

着高等教育大众化的发展,大学生人数的增加必然引发淘汰率持续增加。尤其是这一时期法国尚未设置职业类会考,首批数学和技术型会考学生只占注册大学生的极少数,注册文学类专业的学生比例很高。1963年,54%注册文学的学生和37%参加上课的学生没有通过大学第一学年的考试。选择科学的学生没有通过考试的比例分别为56%和47%。40%的医学生还没有得到文凭就放弃了学业,65%学习科学的学生也是如此,选择法律和文学的学生放弃学业的人数则更多。① 这种情况引起了政府部门的担忧。

(二)企业发展急需大量高级工程技术人员

早在五十年前,法国工业研究的代表性创始人物亨利·勒夏特列曾提出,"在我们的工厂里,工头统治一切,工程师只起到次要的作用,也就是说工程师的存在仅仅是在行政意义上的……,这与德国工厂的情况是相反的,德国工厂的巨大繁荣靠的是出身于工程师学院的工程师们,……这些工程师们代替了无知的管理者……"。其实,这一事实在二百多年前(法国共和历11年8月份)就被指出,当时的国家工业促进协会公报谴责说,"在法国,我们几乎不重视技术,而且技术从来没有成为公共教育的一部分。而在这方面德国比我们做得好"。二战后,随着法国经济发展与产业结构调整,生产力、发展、研究和开发日益成为企业发展的关键,并且成为一种不可逆转的趋势。在这种形势下,企业内管理人员与工程技术人员接替问题日益突出。内部晋升成了人员流动的重要渠道,而晋升条件则取决于这些管理人员和工程师管理产品、服务以及生产水平的提升。高级工程人员成为企业在市场竞争中取胜的重要砝码。随着经济发展和行业技术的进步,新的技术设备在各个行业领域不断出现,这对劳动力的需求提高了,要求工程师更加专业化,需要大量相应的技术人员,除此之外,还需要工程师们不断进行反思、掌握相应的表达与交流方式以及学会适应不断变化的环境。然而,当时企业里严重缺乏具有高级技术学位的工程师,12000名工程师中具有高级技术学位的还不到5000人。与此同时,在高等教育系统中,1964年到1965年,注册文学和法律专业的大学生占

---

① *Livre blanc sur le systeme IUT Apres 40 ans d'existence*:*Histoire*,*Bilan*,*Perspectives*.www.iut-fr. net. 2007-10-01.

53.7%,注册理科专业的比例为 31%。1960 年,法国虽然在一些理科院校中设置了高级技术学位 DEST,但这一学位成立 5 年之后,仅授予了 78 名学生,其发展未能满足预期的目标。①

大学校和工程师学校培养的高级专门人才需要经过专业训练的助手,而技术中学培养的技术工人难以胜任日益复杂的工作,工业生产需要大量能够独立操作、组织和管理生产并能随时解决实际问题的熟练技术人员。企业 10 年内对高级技术人员的需求将增加 2 至 3 倍,经济的增长也需要科学与技术的发展。政府决策者也越发认识到"劳动力'质量'越来越成为经济发展的重要因素","工业结构只有在提高工业技术能力的情况下才能得到有效的加强"②。法国的一篇文章报道:"工业界缺乏为所从事的职业经过合适训练的高级技术人员。直至短期大学创立之时,人们可以估计,每个工程师需要二、三名助手,而当时培养的技术人员和工程师的数量却是相等的。更广泛地说,必须培养确实能够同工程师、研究人员或行政、财政和商业的高级干部进行新的合作的技术干部。"这些技术人员的知识结构、职业愿景与普通本科教育不同,与技术高中也不一样。这就要求对不断增加的高中毕业会考学生根据经济与社会发展进行方向指导与分流。因此,法国亟须发展一种新的教育模式,以满足不断增长的"中级管理人员"的需求。

(三)国外经验的借鉴

在 20 世纪五六十年代,美国、德国、加拿大等国家的短期高等教育机构已经得到了很大的发展,法国曾派出代表去各国考察,其中重点考察研究了美国社区学院。然而,一向善于特立独行的法国人并没有完全照搬其他国家的短期高等教育形式,而是根据本国国情,在综合大学内创建了大学技术学院,在高中内设立了高级技术员班,这符合法国人的文化特性。在此背景下,法国短期高等教育应运而生了。

---

① *Livre blanc sur le systeme IUT Apres 40 ans d'existence:Histoire,Bilan,Perspectives.*www.iut-fr.net.2007-10-01.

② [法]费尔南·布罗德尔等:《法国经济与社会史——50 年代至今》,谢荣康等译,复旦大学出版社 1999 年版,第 86、145 页。

二、短期高等教育机构的创建——以大学技术学院为例

1963 年,法国国民教育部长克里斯蒂安·富歇组建了首个由 18 人组成的决策团,思考如何改革法国中等和高等教育体制结构。为了避免各方力量之间的交锋,同时为学生提供更多的选择,第二年 9 月,法国政府决定在综合大学内部设立一个专门提供高级技术教育的学院,面向所有高中毕业生招生,招生标准根据毕业生的会考成绩,学制 2 年,教育内容比普通大学更为具体,直接与行业企业对接。由于这一学制比综合大学及大学校要短 1 年,符合社会需求与广大学生及其家长的预期,并且在综合大学内部为学生提供了一个全新的选择,从而避免了设立新的教育机构所引发的矛盾与冲突,因而这一决定得以顺利通过。

1965 年,法国成立了由国民教育部总秘书长直接管辖,由高等教育职员、高级行政官员和工业领域代表组成的高级技术学院委员会。该委员会负责制定新兴大学技术学院的办学定位、专业目标以及学院的结构组织框架。其目标是确保大学技术学院要完全有别于综合大学、大学校以及高中教育,满足不同行业需求,具有很强的有效性。大学技术学院的设计者们通过全面认真而细致的考察,在当时特定环境背景下,明确了这一大学创新模式的具体的社会与职业目标,使大学技术学院成为法国高等教育体系中一个独特的组成部分。在大学技术学院创建过程中,要求有明确的职业方向,要根据教育类型接受多元的教育目标与教学方法,从而使大学更加开放但又要杜绝功利主义对文化和教育的侵蚀。大学技术学院既要不断适应社会发展,还要对未来教育有一定的影响,确保其在整个法国教育系统中的地位和作用。这些改革原则在皮埃尔·洛朗会议上提出并讨论通过,最后以《皮埃尔·洛朗报告》的形式正式认可了这一基本决策中教育方案的各个方面。

法国政府希望"相当一部分的学生(25%)进入大学技术学院学习",还希望"在未来,法国大学科技文凭成为这个级别中唯一的官方文凭,而在经过结构调整后,高级技工类学校会服务于大学技术学院的建立"。最后希望"随着大学技术学院的建立,以获得高级技工文凭和高级工程师文凭为目的的其他教育机构将会被取代"。政府的意愿与决定成为大学技术学院成立与发展的重要推动力,并使之发展成为主要的短期高等教育机构。

1965 年 5 月 3 日,在一次小型部长级会议上提出了教育改革的一些补充举措:对中学教育的推广、对高中教育的改革(创立五种类型的普通高中会考以及数学和工程技术人员高考)以及推动高等教育多样化。这种多样化尤其将通过大学技术学院的创立而体现出来,而大学技术学院的创立由 1966 年 1 月 7 日颁布的法令予以确认。通过 2 年的教育,大学技术学院负责将从高级技术中学毕业的学生培养成高级技术人员。

1965 年 10 月,作为试验,4 个大学技术学院率先成立了。1966 年 1 月 7 日颁布的法令使 11 个大学技术学院应运而生,这显示出政府的最终决定,而且由此确保了已经开放的技术学院的合法性,并确保 1966 年顺利招收了 1503 名学生,由此开启了大学技术学院的工作。在此过程中,大学技术学院的创建将《皮埃尔·洛朗报告》中记录下来的明确的创新规则运用到现实与实际中,并让大学里的教师、由高中派遣的科技教师以及临时聘请的职场人士共同参与到学生的培养工作中。但从零开始创立一种在已有大学中还不存在的高等教育的新模式,以培养出一批新型毕业生,"这些毕业生能够将工程设计的概念和理论研究成果应用到实际中,能够理解并转化高级行政、金融、贸易老师传授的普遍性知识",还是一个很大的挑战。大学技术学院不隶属于任何大学,而直接由所在地区的学区管理。

大学技术学院这一组织得到了律师、金融家、国家教育部中央机构管理者、地方行政机构以及不同身份地位的教师们的热情帮助,他们在促进大学技术学院教育发展的过程中发挥了很大的协调与促进作用。1965 年到 1968 年间,一个名为"35 条"(1965 年 9 月 19 日颁布的法令)的咨询机构针对大学技术学院培养、教育及其教学法方案进行了初步研究并提出了一些富有创造力的改进建议,这一咨询机构有 38 名成员,主要由不同地位的教师和经济专家组成。

大学技术学院的发展不是直线上升的。创立后的前 3 年,25 所普通大学中已有 14 个得以设立,而且在 1966 年到 1970 年间,三分之一的普通大学中的系都在大学技术学院内开放。这一阶段过后,大学技术学院发展较为平缓。20 年间只新增了 5 个专业,并且每年新增系的数量在 1 到 20 个之间波动。其中,1966 年大学技术学院设置的专业门类最多,主要有化学、生物工程、土木工程、机械工程与制造、电气工程和信息工业、企业与行政管理、信息化。其次为 1967 年，设置了 5 个专业，主要有热力工程与能源、物理测量、信息通信、社会工作、营销技术。1968 年设置了 2 个专业，主要是化学工程——制造技术工程、数据信息处理与统计。

从不同年度开设院系的数量看，从 1966 年至 1968 年开设院系数量直线上升多达将近 70 个，之后直线下降。从 1980 年开始，开设院系数量又呈上升趋势，到 1992—1993 年达到又一个高峰，之后再次下降一直到 1999 年。从这个曲线可以看出，1967、1992、2002 年分别出现三个建设高潮，具体如下图所示：

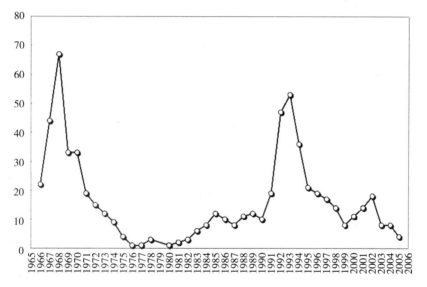

图 4-1　大学技术学院每年度开设院系的数量

资料来源：DES,2005.

大学技术学院的发展也不是一帆风顺的。1968 年 8 月 23 日，法国颁布了一份新的法令，修正了 1966 年 1 月 7 日颁布的关于创建大学技术学院的法令。1968 年，法国"五月风暴"直指法国高等教育体系，但主要指向综合大学，并未对首批设立的大学技术学院造成太大的破坏与阻碍。然而，1968 年为回应学潮所颁布的《高等教育方向指导法》（也被称为《埃德加·富尔法》）改变了法国高等教育结构，取消了法国执政府时期建立的院系制，同时赋予大学行政、教学与经济上的自主权。该法律规定在大学内增添大学技术学院,并剥夺了大学区对大学技术学院的直接管理权。在这种状况下,大学技术学院立即遭到各方强大的、有组织的敌对势力直接施加的压力。为了生存下去,大学技术学院委员会的负责人们持续动员各种复杂关系,最后终于获得政府的支持,于 1969 年 1 月 20 日颁发了 69-63 号例外条令,从而保障了相对的自主权,使得能够继续创建更多的大学技术学院。

总的说来,1966 年开始的大学技术学院创建活动达到了两个目的:一是促进了持续增加的越来越多的学生顺利进入高等教育学习,二是满足了经济发展对于"中层管理人员"的需求。法国政府的既定目标是创建多所大学技术学院,使其总体招生量在 1980 年能达到 125000 人,事实证明,法国这一改革是成功的,到 1997 年时,法国已有 100 所大学技术学院。

三、短期高等教育的运行模式

法国短期高等教育在教育类型、办学定位、招生要求、课程设置以及管理体制等方面都与其他高等教育机构有着显著区别,具有独特的运行模式。

(一)教育类型与办学定位

从二战结束到 20 世纪 60 年代,法国经济社会状况和工艺状况都发生了深刻的变化。法国逐渐形成了大型工业集团,从事农业部门的劳动力人数大量减少,传统的职业开始重组,出现了一些新型工作岗位,劳动力流动也开始出现。在此背景下,教育开始被赋予越来越重要的地位。大学技术学院和高级技术员班就是创建于二战后法国工业生产和经济社会发展对高级技术人员需求日益增加的背景下。

1966 年法国在大学内部创办的大学技术学院,也称短期大学,学制 2 年,全部属公立性质。大学技术学院实施的教育介于技术高中和大学之间,它既培养学生就业能力,培养介于工程师和技术员之间的高级技术人员,也注重培养学生适应社会变化的能力,目的是为工业和第三产业培养高级技术员和同一级的干部,以满足经济发展对技术人才的需求。法国大学技术学院的培养目标为"为工业和第三产业的活动培养干部和高级技术员,这些人的任务是将抽象的设计或理论研究的结果具体化"。"造就直接协同经济、管理和工业尖端力量工作、协助工程师进行研究、计划、发展和生产的较高级的技术人才和中间领导人员"。"因此,他们在技术方面应当受到比工程师更高深、更具体地培养,在对事物的一般认识方面应比普通技术员的眼界更开阔"。学生毕业后,获得"高等技术文凭",大部分学生通过相应的考试,担任国家部门和私人企事业的中级干部和技术人员,一部分学生继续到普通大学第二阶段学习。[①]

法国高级技术员班属于高等职业技术教育机构,因大多数班设在技术高中,通常也称中学后教育,但其性质属于短期高等教育。还有一些这类班由职业协会、工商协会等机构和学徒培训中心单独或合作开办。高级技术员班分私立和公立,其中一些私立班与国家签订合同,它们在教学大纲、课时、招生等方面与公立班基本相同,在财政和教学方面接受国家的监督指导,有40%的学生就读于私立班。法国高级技术员班设在条件较好的技术高中内,专业划分较细,技能培养具有明显的岗位针对性和实践性。毕业生通过国家考试可获得"高级技术员证书"。学制2年,共计120学分,目前约有145个专业,其目的在于培养这些专业的中级技术干部,其毕业生具有比较扎实的普通文化素质和水平较高的专门技术,绝大多数毕业生直接走向就业岗位,从事技术员工作。还可以继续深造,通常高级技术员班30%的毕业生会选择综合大学、工程师学院或高等商学院继续深造。

（二）招生要求

法国实行高中毕业会考制度,会考通过者可得到会考证书,这既是高中毕业证书,也是进入高等教育机构继续学习的资格凭证,通常被称为高等教育的第一级学位,即业士学位。大学技术学院和高级技术员班的招生大致相同,审查考生高中会考的成绩及其所获文凭类别,着重参考高中阶段（尤其是最后2年）的学习情况。持有各类毕业会考证书者都可以进入大学技术学院相应专业学习,但这两类学校对高中会考文凭类别有明显的选择性,介于综合大学与工程师及大学校之间,这与两类学校的教学和培育目标直接相关。此外,大学技术学院还招收与高中毕业会考证书同等学力的人,要经成绩审查并面试,合

---

① 刘志鹏:《法、日、美、英、联邦德国的短期高等教育》,《江汉大学学报》1984年第2期。

格者仅 10%,来自高中普通班的学生占 70%。高级技术员班和大学技术学院刚成立时招收的生源中普通高中毕业生较多,到 20 世纪 80 年代时技术高中毕业生的比率逐年提高,到 1990 年时不同科别分别达到 10—38%。

(三)课程设置

从教学组织与课程设置看,大学技术学院和高级技术员班都实施 2 年制短期高等职业技术教育,性质、学制相同,课程设置中几乎全是技术性的专业课程,培育高级技术员,其人才培养的教育计划的制定与修改都由教育部决定,这是由法国中央集权型教育管理体制决定的。但这些人才培养计划都是由大学和企业界人士组成的全国教育委员会拟定,该委员会根据相关领域的发展情况,修订教育计划,并向教育部提供实施建议。大学技术学院和高级技术员班更因它们在培养方向、招生、专业设置、课程安排、教学组织、成绩检验等方面的不同,而各自特点突出,既相互竞争,又相互补充。

大学技术学院课程设置强调多样性、综合性,注意培养学生较强的适应能力。课程安排第 1 年为基础理论课,教学安排侧重实践,这个阶段要求学生根据企业的实际问题完成专业设计。理论课的比例不到总课时的 40%,力求"精致有效"。第 2 年是专业课和实习。要求学生结合自己所学专业到工厂企业实习,在此期间完成实习报告和毕业设计,考核合格者被授予大学技术学院文凭。通常每年有 33 周、每周 35 学时,2 年共约 2000 学时,有 6—12 周的实习。① 教学以技术理论为主,在此基础上掌握一定的专门技术,强调实际应用。

与大学技术学院相比,高级技术员班的教学专业性更强、实践课比重更大,教学强调专业化和实际技能。每周课时 32—35 学时,2 年中有 6—9 个月的实习。教学组织类似高中,以班级授课为主。高级技术员班在课程设置与教学组织方面非常注重专业与课程的融合,以此提升学生未来的职业进阶与拓展能力,跨专业、跨学科的教学组织形式形态贯穿于整个教学系统。

(四)管理体制

大学技术学院和高级技术员班虽然分别隶属于大学和高中,但他们都在

---

① 高迎爽:《法国应用技术型人才培养与质量保障体系》,《世界教育信息》2015 年第 24 期。

教育部行政部门的直接领导下开展工作。在法国,国家教育部拥有广泛的权力,高等教育司司长同教育部长共同主管所有的大学事务,包括管理结构、课程设置、学位要求、任命教师等,并通过对所有开支的事先严格预算,进一步加强政府对高校的影响。从学校的管理看,在法定地位上,大学技术学院是大学的一个组成部分,独立性较强。高级技术员班大多附设在技术高中或职业高中,其法定地位与高中大致相同。因为大学技术学院、高级技术员班是由教育部内不同部门领导的,属于教育部管辖但独立于所附属机构,所以管理起来很复杂,社会上和政府内有很大一部分人强烈要求这类机构不受《高等教育方向法》的影响。因此,在学校内部组织管理方面,1968 年的《高等教育方向指导法》对这两类短期高等教育机构没有影响,在大学内作为教学和科研单位继续运行,预算直接由教育部划拨,领导由教育部任命,而不是通过选举。教学和科研单位理事会中必须包括校外人员,以保持他们与他们所培养的人才的专业之间的密切联系。

应用技术人才培养应立足于所在区域,融入区域发展,满足区域发展的需求,为区域创新做出贡献,这涉及课程提供、学生实习、通过特殊课程满足当地劳动力的培训需求、支持本地企业家等多方面的问题。在师资队伍方面,法国大学技术学院和高级技术员班自创建时就保持了一个主要特色:由企业界干部和技术人员参与教学,综合大学、企业、职业机构合作完成,任课教师大多来自企业界。按规定,法国大学技术学院的教师队伍由高等教育教学人员、中学高级教师和企业界人士这三部分组成,各占教学人员总数的三分之一,企业界人士以全日制或部分时间制任教。1984 年《高等教育法》第三编第四十条规定,校外人士包括两部分人:一部分是学校所在地的各级行政部门的代表,各经济部门特别是各雇主和雇员工会的代表,各社会经济组织的代表,各科学文化团体的代表,各主要公共服务部门的代表,还可以有初等和中等教育的代表;另一部分是各种委员会指定的以个人身份出席的知名人士。[1]

---

① 张人杰:《法国教育改革》,人民教育出版社 1994 年版,第 431 页。

四、短期高等教育的人才培养特色

从初创时起,法国短期高等教育的人才培养就具有如下几大特色①:

(一)立足本土与制度性创新相结合

法国短期高等教育的人才培养是扎根法国本国政治经济和教育发展的现实而发展起来的。法国分别在技术中学和大学内创建了高级技术员班和大学技术学院,这两个机构形成了中学与学院之间的一个中间网络,具有职业性,实施大学短期职业教育。此外,大学技术学院和高级技术员班在招生方面具有一定的选择性,在教师聘用方面实行聘期制,不再实行终身聘用制,实现了制度上的创新,具有很大的灵活性。

(二)既与普通教育交融,又与中学教育衔接

法国短期高等教育致力于应用型人才培养,其独特之处在于,其性质是高等应用技术型的,其机构属于高等教育,一个设置在普通大学内,一个设置在技术高中,与普通教育、中等教育互相交融,很好地弥补了一般高等应用技术教育的缺憾。毕业生考察合格后,既可以直接就业,也可以进入高一级机构继续深造,因此更受人欢迎。

(三)培养目标明确,办学定位清晰,针对性强

法国短期高等教育人才培养主要对学生进行与技术相关的理论、专业培训以及实地训练,为生产一线培养高级技术人员,定位清晰,目标明确。针对性强,专门针对所在地区的经济与社会发展需求服务,针对所在地区的工业、农业和商业发展需求设置专业、安排教学计划,培养本地区发展所需要的人才。

(四)课程设置注重实践性、应用性和灵活性,在教学师资方面充分挖掘利用动态开放的外部资源

法国短期高等教育的人才培养重视实践性和应用性,通常不设文化修养等通识类课程,教学计划中的专业基础课都是围绕所学专业、为保障专业技术教学而设置的。在师资选择方面,这两个机构都有一支稳定的来自企业的兼

---

① 高迎爽:《法国应用技术型人才培养与质量保障体系》,《世界教育信息》2015年第24期。

职教师队伍,他们承担了20%—25%的教学任务。企业大力支持工作人员参与学校教学活动与理事会、考试审查会等活动,有的兼职教师还是本校的校友,有的侧重理论教学的专职教师也在企业担任部分工作,这种校企密切合作给教学带来大量动态的外部信息与资源,确保了实践教学的质量。

(五)严进严出与宽进严出,确保质量标准

法国高级技术员班和大学技术学院重视质量,高级技术员班采取相对宽进严出的原则,大学技术学院遵循严进严出原则。大学技术学院是有条件进入的学院,入学选拔条件严格,除了参考高中毕业成绩外,有些学校还要求学生通过一个口试或专门测验,重视学生的工作经验、社会经验和在集体中所负的责任。教学管理严格,师生配备比高,采取小班编制。

第二节 20世纪八九十年代法国短期
高等教育的逐渐壮大

进入20世纪80年代,西欧国家在经历了第二次世界大战后的恢复与重建、经济高速发展之后,经济进入转折期,出现了滞胀,GDP下降、通货膨胀与高失业率并存,许多国家开始严格控制公共支出,重视质量与效益,发展内涵式经济增长方式,促进经济的均衡发展,积极参与国际竞争。物质资源也是影响教学质量的一个重要方面。诚如联合国教科文组织所说,到世纪之交时"全世界几乎所有国家的高等教育,实际上都处于危机之中。虽然就学人数在不断增加,但国家的资助能力则在下降"。[①]

这种状况极大地影响了高等教育并对其提出了更高的要求,尤其是针对高等教育大众化进程中出现的一系列问题,提高质量,追求效益,实现数量与质量均衡发展成为西欧各国高等教育改革与发展的主旋律。法国在这一时期也存在经济压力大、社会福利支出负担重、人口入学压力与大学生就业难并存

---

① 赵中建:《全球教育发展的研究热点:90年代来自联合国教科文组织的报告》,教育科学出版社2003年版,第116页。

等问题,政府积极通过权力下放、高等教育合同制改革以及"大学 2000 年规划"等政策,试图改进高等教育版图与整个体系效益,从而为化解国家经济负担与社会问题带来转机。在这样的背景下,法国短期高等教育迎来了新的发展机遇,逐渐发展壮大。

一、短期高等教育进一步发展壮大的背景

这一阶段法国短期高等教育的发展壮大与本国政治、经济政策密切相关,政府成为短期高等教育进一步发展的最大驱动力。

(一)经济压力与政治驱动

1981 年,社会党人密特朗作为左派政治家的代表当选为法兰西第五共和国第四届总统,他推崇"社会主义"社会的执政理念,主张在保持中央集权制的前提下,扩大人民自由和民主权利,实施权力下放政策,放宽一些行政管理权,促进经济和文化机构的自治管理能力,鼓励地方投资和市场竞争,以刺激经济发展。其中,对短期高等教育发展影响最大的就是权力下放和国土资源整治政策。所谓权力下放(décentralisation),即指中央政府"有针对性地面向地方(如市、镇、省)进行权力下放,也可以针对服务部门进行权力下放(如高中、大学……)"①。密特朗政府希望通过行政管理体制的权力下放改革,增加广大民众的"责任感",以实现"历史性伟业"。国土整治(Amênagement du ter-ritoire)规划就是在权力下放的理念下实施的,旨在促进全国人口合理分布和地区经济均衡发展,发动落后地区的积极性,促进落后地区经济发展,扭转经济僵局。②

密特朗政府认为"高等教育作为一种公益服务应该为地区发展和国土整治规划的开展做出贡献"③。1983 — 1985 年间权力下放法案(lois de décentralisation)虽然没有直接提及高等教育,但在高等教育行政管理改革中

---

① [法]雅基·西蒙、热拉尔·勒萨热:《法国国民教育的组织与管理》,安延译,教育科学出版社 2007 年版,第 159 页。

② 高迎爽:《法国高等教育质量保障体系研究——基于政府层面的分析》,中国社会科学出版社 2014 年版,第 71 页。

③ [法]雅基·西蒙、热拉尔·勒萨热:《法国国民教育的组织与管理》,安延译,教育科学出版社 2007 年版,第 192 页。

中央政府和地区机构已经向高等教育机构转移了一些行政管理权,部分政策决策权也从中央转交到地方。学区长可以代表国家执行一些职责,例如:"大学教授、讲师、助理讲师、教研人员的日常管理(假期、批准接受双重报酬、级别的晋升等);合作教师除外的某些非正式教学人员(研究津贴领取者、外国教师、语言教师等)的聘用与管理。"①这一政策调动了地区、省和社区各级教育行政机构的积极性,自1989年之后,在《大学2000年规划》中,他们积极参与本地新建高等教育机构工作,为其提供经费支持。其中,地方行政区域团体(collectivités locales)为了推动本地经济和文化的发展,大力支持新设大学技术学院,希冀大学技术学院的课程和科研更加符合当地社会需求,服务当地经济和工商业的发展。因此,大学技术学院在这种背景下,实现了数量与质量的大发展。

(二)人口压力与教育改革的影响

第二次世界大战之后,法国人口出生率不断增长,受就业压力和人力资本理论的影响,广大民众受更高层次教育的需求不断增加,法国先后通过初等教育和中等教育改革,在满足大众接受初等与中等教育需求的同时,政府又在20世纪60、70年代和80年代中叶分别进行了两次高等教育大规模扩展,②以迎接大量涌入的适龄青年。到1980年,法国大学生总数由1960年的31万猛增至120万。③ 政府预测在1985年到1990年间,法国18—24岁年龄阶段的人口达到高峰,为充分发挥法国人口优势,政府决定在20世纪90年代中期进行第三次高等教育扩张,以满足广大民众对高等教育的需求,提高国民的初始学历,提升普通民众的平均文化水平。1985年,时任法国国民教育部部长的谢韦纳芒(Chèveniment)作出了一项重大决定,规定到2000年时,将同年龄组中高中毕业生的比例从40%提高到80%。④ 作为高等教育大众化的主要承担

---

① ［法］雅基·西蒙、热拉尔·勒萨热:《法国国民教育的组织与管理》,安延译,教育科学出版社2007年版,第197页。

② Délégation à l'aménagement du territoire et à l'action régionale.*Développement universitaire et développement territorial: l'impact du plan Université 2000: 1990 – 1995*. Paris: La Documentation française,1998:15.

③ 王晓辉:《比较教育政策》,江苏教育出版社2009年版,第95页。

④ 张人杰:《法国教育改革》,人民教育出版社1994年版,第498页。

者的综合大学,将迎接更多的学生,大学技术学院作为综合大学中的一部分,也会相应地增加更多的生源。其实,政府制定这一政策的预期目的,就是希望大学技术学院能够得到更大的发展,能够接纳更多生源。这一时期法国高等教育机构学生规模增长迅速,从中可以推断出大学技术学院和高级技术员班学生人数的增长情况。详见表4-1:

表4-1　各种类型的高等教育机构的学生规模①

学生人数	1985—1986	1990—1991	1985—1991 增长比率
类型1:综合大学(包括大学技术学院和大学教师教育学院)	966 095	1 174 498	+21.6%
类型2:中学后教育、大学校预备班、高级技术员班、公立和私立	165 100	266 549	+61.4%
类型3:大学校	226 702	257 669	+13.6%
总　计	1 357 897	1 698 716	+25.9%

学生人数的增加必将要求扩大学校基建规模和数量,以确保必要的物质基础,大学技术学院在这一背景下获得了数量上的增长。

(三)就业压力

经济发展低迷与人口激增带来就业难、失业率高的严峻问题。据1980年统计,青年失业者的人数占同年龄组青年总数的14.5%,占法国全国200万失业大军的30%。② 大学生就业难和青年失业的原因很多,其中最为重要的一点就是缺乏劳动力市场所需的职业技能。因此,密特朗在1988年蝉联总统就职演讲时指出,"一切从青年开始,这是我们最可靠的资源。我将贡献出我们的主要力量,使青年人通过学习,通过精神上和技艺上的培训获得均等的机

---

① Délégation à l'aménagement du territoire et à l'action régionale. *Développement universitaire et développement territorial: l'impact du plan Université 2000: 1990 - 1995.* Paris: La Documentation française,1998:15.

② 国家教育委员会教育发展与政策研究中心:《发达国家教育改革的动向与趋势——美国、苏联、日本、法国、英国1981—1986年期间教育改革文件和报告选编》,人民教育出版社1986年版,第243页。

会。这些培训也将使我们绝大多数的企业在现代的竞争中稳操胜券"。①　为促进青年就业,加强高等教育职业化和社会适应性,成为这一阶段高等教育改革的时代要求。虽然在很多法国人的观念中,普通教育仍比技术教育更受青睐,但面临就业压力和失业的危机,因为大学技术学院具有职业性、实用性强,毕业生能更好地适应社会需求,有助于学生就业等独特优势,因而也相应地增加了很多吸引力。

现代化科学技术的发展与普遍应用在促进产业结构调整的同时,也为短期高等教育的发展带来了新要求,提供了学科与专业发展的新机遇,在基础设施方面提供了现代化的支撑。

二、短期高等教育的大发展

(一)政治博弈中的短期高等教育

大学技术学院和高级技术员班作为短期高等教育机构的两大类型,是互相联系又互相竞争的关系。1984 年 1 月 26 日出台的《高等教育法》(又称《萨瓦里法案》)第 33 条规定大学技术学院负责人不再像以前那样通过大学技术学院委员会的选举,再由学区任命,这就打破了大学技术学院与大学学区的直接联系,在一定程度上加大了对大学技术学院的压力。为了减轻这一法律带来的负面影响,只有依靠中央行政机构特殊的信贷资助,才能保证大学技术学院所必需的补贴津费。

《高等教育法》颁布之前,代表高中权益的组织掌握有较大的权力,曾野心勃勃并且活力十足地推行改革,成功地取消了高级初等教育。《高等教育法》颁布之后,该组织被国民教育部内部中央管理监督组织取代了。情况也发生了相应的变化,一些普通学校、水文地理学校以及工程师学校都从高级初等教育中汲取资源。当时由皮埃尔·洛朗负责的高等科技学院委员会希望1966 年存在的高级技师班消失或者像大学技术学院一样被纳入大学体系,但高中这一权益组织阻碍了他们这一愿望的实现。而且,高级技术员班的数量增长迅速,当时共有 1312 个公共高级技师班,可接收学生数量达 162000 人。

---

① 邢克超:《战后法国教育研究》,江西教育出版社 1993 年版,第 137 页。

高级技术员班的大幅度发展并未摧毁大学技术学院。社会各方都意识到大学技术学院在人才培养、学生分流方面的责任以及其文凭对于国家利益的贡献，这使他们将一如既往地满怀信心地继续开展工作。

从法国教育发展史尤其是高等教育发展史看，每当需要一种新类型人才而新增学科时，往往会受到社会各方的激烈抗议与抵制，通常会在既有高等教育中或其外重新构建，法国大学校就是这种文化制度传统的产物，因此，法国存在许多类型的高等教育机构，形成了复杂的高等教育体系。在法国人的文化观念中，技术一度被误解为知识的汇编，而大学技术学院的创建被一些人认为是在传统的学术型大学中引入技术，因而招致这些人士的反对。他们指责大学技术学院为教育体系中的特洛伊木马，但看到大学技术学院的发展活力，又进一步引发他们的"羡慕嫉妒恨"情绪。与此同时，为了得到社会团体协议的认可，大学科技文凭需要坚定对抗决心，在教师们的支持下还增加了街头示威活动。有些压力团体丝毫不考虑企业雇主的意愿，极力反对大学技术学院制定的有规划的培养方案，尽管这些方案已经经过多年的专业检验，最初的大学技术学院学生也已经成为真正的工程师。大学技术学院坚强发展的结果就是对这些反对人士最好的回复。

（二）高中会考类型多样化改革的影响

法国高中会考制度具有独特的政治特色与教育内涵，体现了法国自由、平等和博爱的精神，具有中等教育学业终结与高等教育招生的双重功能。因此，高中会考制度改革直接影响着高等教育规模、类型与结构，而处于职业高中与综合大学中的短期高等教育更是不可避免。

1984年《高等教育法》确定了大学第一、二、三阶段的培养目标，并围绕高等教育职业化提出了两项措施。一是加强对学生提供有关职业的信息指导，让学生及早了解职业信息，进行正确的职业选择；二是设置专业针对性较强的大学科技学习文凭（DEUST），促使学生获得适应社会所需要的职业技能、科学方法等方面的基本训练。1986年，随着社会对实用型人才需求的增加与高等教育入学人数的增多，法国在原有的普通会考（baccalauréat général）的基础上，增加了技术会考（baccalauréat technologique）类型，从而将更多优秀的高中技术类毕业生引入高等教育，据统计，1980年技术类学生进入高等教育的比例不足60%,到1993年时这一比例已达80%以上。① 同年,法国还出现了职业会考(baccalauréat professionnel)。这种新型的会考使持有职业会考证书者拥有了继续接受高等教育的权利与机会,他们多半都分流到高级技术员班学习。随着生源类型的多样化,高等教育机构也需进行相应的调整,以满足不同专业背景的学生以及社会的需要。法国新设了大学第二阶段文凭(Magistères),该文凭注重课程与实习相结合,属于职业类学科。1994年,法国设置了专门面向一些特殊的大学申请者的大学学习录取文凭(Diploma for Admission to University Studies, DAEU),使具有同等学力的持有该文凭的人能够进入大学学习,具有与所申请专业学习相关工作经历的人经过认证,可以获得文凭资格,同时也使那些具有实习或工作经历的人有权利进入高级技术员培训班、大学技术学院和工程师大学校(écoles d'ingénieurs)等机构接受职业教育。此外,法国还设立了高级专业学习文凭(Diplômes d'études Supérieures Spécialisées-DESS),该文凭使一些年轻的学徒可以参与地区青年职业培训规划(plan régional de formation professionnelle des jeunes, PRDF),通过工学交替的方式继续学业。

会考类型和高等教育机构与学位文凭的调整适应了社会对高等教育的需求,吸引了大量生源。如图4-2、图4-3所示:

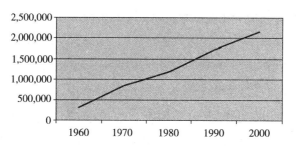

图4-2 1960—2000年间法国高等教育机构中注册的学生总数的增长

资料来源:评估与展望司(Direction de l'Evaluation et de la Prospective),2004。

---

① Eurydice. *Vingt années de réforme dans l'enseignement supérieur en Europe: de 1980 à nos jours.* Etudes Eurydice. 2000:327.

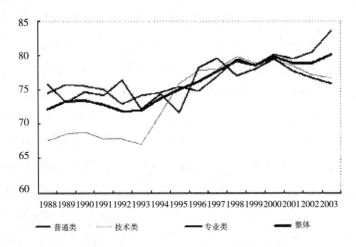

图 4-3　1988—2003 年会考成功率的变化

资料来源：评估与展望司（Direction de l'Evaluation et de la Prospective），2004。

对比图 4-2、图 4-3 两个图表可看出，从 20 世纪 60 年代法国高等教育大众化以来，入学人数逐渐增加，但入学人数大幅度迅猛增长是 20 世纪 80 年代到 90 年代中期，这一阶段会考整体成功率也呈稳定提高的趋势。其中，技术类会考成功率从 20 世纪 90 年代初之后一直处于快速上升状态，直到 20 世纪 90 年代末期，三类会考成功率才基本大致相同。这为短期高等教育提供了更多、更稳定的生源保证。

（三）高等教育地方化驱动下的短期高等教育

从法国高等教育发展史上看，大学技术学院的创建是充分考虑了各方情况之后而做出的决定，其重要性大于其他任何高等教育改革。大学技术学院一个独特之处在于有多位社会经济领域的代表参与到学生的培养中来，体现出其教育的职业化特征。《萨瓦里法案》进一步强化了这一特征。该法案第三编第一章第三十五条规定包括大学技术学院在内的大学以外的学校和学院的管理制度："行政理事会成员不得超过 40 名，其中 30—60% 为校外人士和从校内工作人员及学生中选出的代表""理事会从担任理事的校外人士中选举主席……行政理事会决定本机构的总政策；根据国家规定，确定教学的组织以及科研、科技信息和国际合作计划；制定有益于机构内集体生活的措施；表决预算，批准决算，分配主管部下达的人员编制；……按法令规定的特殊条件，批准借贷、投资、创建分支机构、接受捐赠和遗产、购置不动产。"①第三十六条继续规定了大学技术学院院长的权力："……院（校）长根据理事会确定的方向,领导和管理本机构;他参加理事会会议并向其汇报管理工作;除不担任行政理事会主席之外,他享有大学校长的各种特权。"②可见,该法案规定综合大学以外的学院和学校内部组织结构与附属于大学的学院和学校基本相同。这就从制度层面给予大学技术学院很大的自由空间。

20世纪90年代,法国教育改革出现职业化、社会适应的趋势。这与法国当时高等教育大众化以及青年就业问题密切相关。1990年6月26日,法国各级政府官员、教育部门各级领导以及教育界的专家、学者齐聚巴黎大学,召开全国高等教育会议,讨论高等教育大众化所引发的各种问题,提出了在20世纪90年代进行资源优化配置和高等教育均衡化的目标,即大学2000年规划,又被称为U2000规划。这是法国国土资源整治规划的重要组成部分。政府希望实现高等教育与地区发展之间的互动与相互促进,鼓励社会参与办学,实现高等教育经费来源多样化,强化高等教育职业化和社会服务功能。在高等教育经济功能和社会服务功能的引领下,法国高等教育职业化特征加强,出现了地方化、区域化趋势。

在U2000规划中,法国新建、翻修了旧教室,扩大并改善了大学生的学习及生活条件,为迎接更大规模的学生、实现高等教育民主化和大众化提供了条件。U2000规划的另外一项重要使命是改变了法国高等教育版图,使历史上长期以来高等教育地区、学科以及技术与人文的分布不均衡现象得以改观。尤其是通过该规划,构建了一种经济资助的合作关系,以高等教育的空间布局为切入点,挖掘外省资源,建设外省大学,实行低风险招生政策,缓解巴黎市区人口压力,稳定地方人口,同时化解巴黎之外地区经济和教育落后的状况。这种高等教育地方化和均衡化的改革,使法国逐渐形成了密集而又有序的高等教育版图,"几乎每一个行政区都有一所或几所高等教育机构,即使居住人口少于5000或者在5000到10000之间的小市镇也建立了高等教育机构,甚至

---

① 张人杰:《法国教育改革》,人民教育出版社1994年版,第428页。
② 张人杰:《法国教育改革》,人民教育出版社1994年版,第429页。

在最偏远的农村地区也拥有了 20 多所大学"。① 其中,大学技术学院实现了较大的发展,这可从以下几组数据的对比中看出:

表 4-2　高等教育各个阶段大学生人数状况:法国/法兰西岛的再均衡②
　　　　　大学第一阶段学生人数的发展——法国/法兰西岛

1985—1986	法　国	法兰西岛	地方,法兰西岛之外
大学第一阶段	486478	120138	366340
大学技术学院	60714	8237	52477
比例(其中大学技术学院)	100.0%	24.7% (13.6%)	75.3% (86.4%)

1995—1996	法　国	法兰西岛	地方,法兰西岛之外
大学第一阶段	671914	155967	515947
大学技术学院	99201	13424	85777
比例(其中大学技术学院)	100.0%	23.2% (13.5%)	76.8% (86.5%)

通过表 4-2 对比可看出,大学技术学院在法兰西岛以外的地区得到较大发展。而大学第二、第三阶段在不同地区也得到了改善,具体见表 4-3:

表 4-3　大学第二、第三阶段学生人数的发展——法国,法兰西岛③

1985—1986	法　国	法兰西岛	法兰西岛之外的地区
大学第二阶段	323284	105773	217511

---

①　高迎爽:《法国高等教育质量保障体系研究——基于政府层面的分析》,中国社会科学出版社 2014 年版,第 94 页。

②　Délégation à l'aménagement du territoire et à l'action régionale.*Développement universitaire et développement territorial*:*l'impact du plan Université 2000*:*1990 - 1995*.Paris:La Documentation française,1998:27.

③　Délégation à l'aménagement du territoire et à l'action régionale.*Développement universitaire et développement territorial*:*l'impact du plan Université 2000*:*1990 - 1995*.Paris:La Documentation française,1998:27.

续表

1985—1986	法 国	法兰西岛	法兰西岛之外的地区
大学第三阶段	158015	67700	93315
分　布			
大学第二阶段	100%	32.7%	67.3%
大学第三阶段	100%	42.6%	57.2%

1995—1996	法 国	法兰西岛	法兰西岛之外的地区
大学第二阶段	458256	126981	331275
大学第三阶段	204867	75849	129018
分　布			
大学第二阶段	100%	27.7%	72.3%
大学第三阶段	100%	37.0%	63.0%

表4-3显示,高等教育不同阶段在十年间地区化过程中实现了区域均衡,反映了法国的高等教育与经济发展战略。其中,大学技术学院的发展最为显著,具体如表4-4所示:

表4-4　大学第一、二、三阶段学生人数增长比例——法国、法兰西岛及其以外地区[1]

10年内的增长比率	法 国	法兰西岛	法兰西岛之外的地区
大学第一阶段	38.1%	29.6%	40.8%
大学技术学院	63.4%	63.0%	63.5%
大学第二阶段	41.75%	20.10%	48.60%
大学第三阶段	28.40%	12.00%	38.30%

大学技术学院在地方上的发展再次反映了政府和社会对高等教育职业

---

① Délégation à l'aménagement du territoire et à l'action régionale. *Développement universitaire et développement territorial：l'impact du plan Université 2000：1990 - 1995.* Paris：La Documentation française,1998:27.

性、应用性的关注。社会更加看重毕业生的就业与社会适应能力,而地方当局提供经费资助的重要指向就是看高等教育机构的服务地方经济发展的功能,看其是否开展了职业技术课程。企业的功利性更强,中等城市的企业主要为能够为其提供技术创新的高等教育机构提供科学实验室。因此,在 U2000 规划中,86% 的基建投资都是针对"教学与培训单位"、大学技术学院和工程师大学校的。在这种形势下,大学为了生存,也开始考虑地方经济和社会发展的需求。如大学校长委员会(Conference des Presidents d'universite,CPU)所要求的那样,"大学意识到它们能够和应该在提供符合地方需求的课程中发挥作用,大学要响应国家的要求"。① 据统计,U2000 规划中建立的大学技术学院比原来增加了一倍,再加上高等教育地方化招生与 1990—1995 年这一阶段获得中考毕业证书的学生比例的增加,大学生人数增长最快的就是大学技术学院和大学教师教育学院,增长比例高达 31.6%。②

U2000 规划在全国范围内增加了大学技术学院的设置。1992 年到 1994年间新增了 4 个新专业,且目前存在的院系中的三分之一都产生于 1991 年到 1996 年间。这意味着政府承认了大学技术学院模式的成功,并将其作为 U2000 规划的核心内容。这一决策化解了政府三方面的担忧:一是成功地分流了大量技术类高中会考毕业生,避免他们进入综合大学第一阶段后被淘汰的窘迫;二是改变了 1980—1990 十年间综合大学发展落后的僵局;三是迎合了地方政府对大学技术学院这一教育模式的强烈需求以及他们对其提供财政帮助这一事实,地方政府(大区、省、市镇)对大学技术学院的支持超过了中央政府,这在其他高等教育类型中是绝对没有的。大学技术学院在 1991 年到 1995 年间多招收 5 万名学生,并且在各地区间的设置分配得更加合理。因此,大学技术学院成为中等城市中卓越的大学组织。

---

① Délégation à l'aménagement du territoire et à l'action régionale.*Développement universitaire et développement territorial:l'impact du plan Université 2000:1990 - 1995.* Paris:La Documentation française,1998:74.

② Délégation à l'aménagement du territoire et à l'action régionale.*Développement universitaire et développement territorial:l'impact du plan Université 2000:1990 - 1995.* Paris:La Documentation française,1998:25.

（四）高等教育职业化

1984 年的《高等教育法》明确提出了高等教育的职业性，到 1992 年时，法国政府将"职业化"作为整个公共高等教育的培养目标。自 1889 年以来，除了普通大学外，法国只出现了极其有限的一些职业学校，如农业学院、啤酒工业学校、造纸工业学校等，这些学校有着明确的职业化目标，并得到企业的部分资助。但职业化一直未能深植于法国人的内心观念中。以前，每当提及"职业化"，人们就可能罢工和街头游行。直到 20 世纪 80 年代之后，职业化才得到越来越多人的认可，不再遭到显著的抗议，这说明人们的思想在不断进步。其实，大学技术学院从创立之初，通过与社会和经济领域各种层次的协商合作而实施的教育模式就属于"职业化"教育模式。事实上，大学技术学院并不把文化与教育看作是功利性的，它自身成为教育、研究、经济、行政和社会等领域专业人士之间针对其各个层面的运作进行交流经验、相互认证与激励的场所，其活动涉及录取、监督、学位委员会、教学、教学方案的制定和机构的行政管理等各个方面，而且各方面积极合作的目的都在于维护求职者、学生与毕业生们的利益。

尽管自 20 世纪 90 年代以来，大学技术学院适应了介于"高级技师"和"工程师"之间的中等资格证书的需求，并设置了大学科技文凭，但想要在三年之内培养出高级技师还是一件相当复杂的事，而且专业技术文凭的获得是在大学技术学院体系之外的。至于技术学士学位，一方面受到了来自高等教育部和综合大学校长会议的联合阻碍，另一方面，也有来自经济实体的阻碍。对于高等教育部和综合大学校长会议来说，技术学士学位主要会带来两大风险，会扩大大学技术学院提供第三年教育的特权（需要指定用途的职位和资源），以及会给传统学士学位带来竞争。对于经济实体来说，他们怀疑看似能很好地满足公司需求的经过 2 年培养的技师们的重要性（尽管同时，一些职业领域表达了对于经过 3 年教育的"中层管理人员"的需求，而且这些职业领域也逐渐招聘更多的该水平的毕业生）。此外，还有担心由于要适应这一新的二级职业学位的出现，会导致工资标准的提高。但是不管怎样，大学科技文凭由于其培养出的学生的多样性而不断发展，赢得了很多打算继续学习的学生、获得大学本科文凭的学生（专业学习年限）和介于这两者之间的学生。

正如总理米歇尔·理查德在国务会议上所呼吁的那样，"高等教育并不是从里面按照内部逻辑发展的……，它是从外面根据外部逻辑发展的，来自社会外部的推动力是不可抗拒的"。① 其实，相对于高级技术员班（设有超过100 种类型的高级技师证书），大学技术学院里专业设置的数量（25 个）还是很有限的。除了增设专业，法国大学科技文凭经历了几次连续的调整，这些调整得益于大学技术学院与职业领域 40 年来建立起的密切联系，这也不断增强了大学技术学院的"职业化"特征。

表 4-5 以后勤与运输管理专业为例，表明了这一发展变化。首先，实习时间延长了。此外，共同监督计划的引进时间的延长也可作为一个例证。相反，传统的"老师在上面讲，学生坐在下面听"的授课方式减少了。同时，2005年出现了补充模块形式的教育进程概念。

表 4-5　后勤与运输管理专业教学内容的变化②

	1979	**1987**	**1998**	**2005**
面对面时间	2176 学时	1789 学时	1620 学时	1620 学时
核心能力培养				80%
补充模块				20%
第一阶段	4 周	4 周	3/4 周	3/4 周
第二阶段	4 周	6 周	8/9 周	8/9 周

总体说来，法国短期高等教育在这一阶段获得了数量上的大发展。在U2000 规划中，全国范围内每 150 平方公里至少有 1 所大学，几乎所有的城市都至少拥有 1 所大学技术学院。法国在外省设立的大学技术学院、高级技术员班、大学和大学校内其他的技术培训、职业和技术中学等高等教育机构为地方城市经济和企业发展搭建了科技平台，为法国地方经济发展以及高等教育

① Délégation à l'aménagement du territoire et à l'action régionale. *Développement universitaire et développement territorial : l'impact du plan Université 2000 : 1990 - 1995.* Paris : La Documentation française,1998 : 15.

② *Livre blanc sur le systeme IUT Apres 40 ans d'existence : Histoire , Bilan , Perspectives.* www.iut-fr.net.2007-10-01.

整体战略规划的落实发挥了重要作用。

三、短期高等教育进一步发展的成效

U2000 规划宣布之后，面对解决高等教育地理分布上的均衡问题与高等教育学生淘汰率增加的问题，大学技术学院采取了一系列行之有效的举措，加之其自身独特的优势，取得了很好的效果。

（一）促进了技术转移，提高了地区活力

技术转移的目的是促进地区技术发展，大学技术学院在这一转移中的作用是多方面的。学院首先根据地区情况进行各种研究，更重要的是学院听取地方经济发展的需要，同时学院领导开展、促进并支持地方项目。大学技术学院采取的行动主要有：创建青年团队和接待团队；与企业签订多学科研究合同；通过合同、专利以及技术平台等开始渗透到国家和国际竞争性机构以及卓越的组织系统中；通过大学科技文凭或职业学士文凭的实习课程以及指导项目，使学生了解企业生活；大学技术学院对企业职员进行新兴技术、软件技术、设备与工艺技术的培训。由于大学技术学院与职业领域有着紧密与稳固的联系，学院在企业的技术平台创建中发挥了重要作用。尽管学院的首要任务并不是做研究，但它让研究人员们能从技术平台中受益。

（二）促进了区域经济社会的发展

由于广泛的分布以及适应社会需要的教育方式，大学技术学院在招收学生的多样性上是十分突出的。大学技术学院及其整个短期技术教育成为真正推动社会进步的工具。学院更多招收的是工人和雇员的子弟。2004 年，这些学生占了大学技术学院新生总量的 32.9%，以及高级技师班新生数量的 40.5%。近年来这些特征都没有改变过。1990 年，21.2% 的大学技术学院新生以及 14.6% 的普通大学新生的父母是工薪阶层。这种招生民主化的结果就是，大学技术学院享受奖学金学生的比例（1990 — 1991 学年，31.9% 的学生）比普通大学（同一学年，16.6%）要多得多。大学技术学院不仅招收学生多样化，而且学生成功毕业的比例也比较高。

从经济的角度来看，被迁移到中小型城市的大学技术学院是真正促进当

地经济发展的组织。大学技术学院对当地经济的总体影响是与货币和就业带来的直接影响相一致的。其经济影响主要通过三点来实现:学院的运作开支和设备开支、学院用于职员的开支以及新生的开支。

此外,大学技术学院参与当地的经济发展,通过实习、指导项目以及通过技术转让过程中提供的特定权限与企业(中小规模企业、中小型工业部门、超小企业)进行合作。

同样,大学技术学院对地区经济发展的作用也由大学技术学院活动创建与恢复协会体现出来,该协会在法国发展起了超过40个中继站以促进企业活动的创建与恢复,并支持与促进国家及地区政策在该领域的实行。

(三)大学技术学院增强了地区吸引力

通过学院组织的各种活动或是以个人的名义,技术学院的职员和学生充分参与到当地城市的社会生活、体育与文化生活中。因此,这些城市从人口的年轻化以及有活力的发展图景中受益。当地政府机构的介入往往也是极其有利的。

第三节　进入 21 世纪的法国短期高等教育

到20世纪90年代中后期,法国U2000规划已经基本落幕,法国在物质层面上完成了高等教育大众化进程的基本需求,短期高等教育在此过程中获得了极大发展。但法国高等教育此时又面临新的国际、国内问题:国际留学人数下降,本国人口出生率稳定,中学和大学入学人数趋于稳定并有一定的下降趋势。与国际上其他国家的高等教育相比,法国亟须在现有基础上进一步改善师生的学习与生活条件,提高法国高等教育的国际吸引力与可视性。为此,法国积极加入博隆尼亚进程,进行欧洲高等教育与研究一体化建设,开展大学三千禧年规划(U3M),从内涵和品牌上提高法国高等教育的国际形象。因此,进入21世纪后,在欧洲高等教育与研究一体化背景下,法国短期高等教育在保持自身特色与优势的前提下,在课程、学位等方面改革更深入,更具国际性。

一、背景：国际化与欧洲一体化进程中的法国高等教育改革

20世纪末21世纪初，国际化与欧洲高等教育与科研区建设成为法国短期高等教育发展的重要背景。

（一）实施"第三个千年大学计划"（U3M）

针对U2000规划中对科研以及法兰西岛高等教育支持不足、学生数量逐渐减少的问题，法国在发布《区域可持续性治理与指导法案》（la loi d'orientation et d'aménagement durable du territoire）和《高等教育与研究集体服务纲要》（schéma de services collectifs de l'enseignement supérieur et de la recherche）的背景下，在第十二批《国家—地区2000—2006年合同规划》（CPER）框架内，于1997年12月13日由国民教育、研究和技术部部长推出了旨在改进法国尤其是巴黎地区高等教育国际吸引力，增强高等教育对社会的开放性，提高科研质量，促进科研创新的"第三个千年大学计划"（U3M，以下简称U3M）。这是U2000规划的继续。1998年秋，国民教育部长阿莱格尔宣布开始实施U3M规划。

这一新规划的重点在于优化高等教育与研究机构的组织结构、依靠新科技的发展调整高等教育与研究机构网络、使高等教育与研究机构对社会经济领域更加开放并加强教学—研究—企业之间的联系。对于大学技术学院来说，首要的是使位于大学本部所在城市外的大学技术学院更加完整，当然也会考虑那些能够招收到优秀技术类高中毕业生的院校。除了创立于1996年的计量学专业和质量监测专业，2000年只新增了包装工程这一个专业。1996年新增的院系不超过20个，1999年则不超过10个。而在2000年到2002年间情况又趋好转，从2003年起每年新增的院系数量再次超过10个。总体说来，U3M规划在U2000规划的基础上，进一步加强了高等教育机构与企业界的职业性对接，推动大学逐渐发展为"企业的孵化器"和"经济扩展中心"，从而加快了大学的技术创新和向企业的转化。在这一过程中，U2000规划期间成立的"科研—经济活力中心"越来越面向企业开放，树立起为企业服务的理念，全国共创建了20多个全国技术研究中心（CNRT），各个学区的大学也确立了服务社会、适应经济需求的理念，提出了职业化发展的规划，有的甚至在大学内创建企业，"大学将建立具有职业目的的大学文凭，或在国家层面上或按照专业人员的要求,进行培训,并确保促进与区域(当地企业)的合作"。①大学技术学院不仅要培养工程师,还兼具大学和大学校人才培养的功能。这是时代发展对短期高等教育提出的新挑战。从当时生均费用看,综合大学(除去技术类院校)中生均费用为 35,500 法郎,大学工程师学院生均费用将近 90,000 法郎,大学技术学院生均费用 53,500 法郎,大学校预备班生均费用 75,000 法郎。② 相比于综合大学的黯淡就业前景,大学技术学院相对较低的费用和光明的就业机会,继续在市场上受到学生的青睐。

(二)调整高等教育框架,适应欧洲体系

通过《索邦大学共同声明》(1998 年 5 月 25 日)和《博隆尼亚宣言》(1999年 6 月 19 日),欧盟国家的教育部长们决定建立欧洲高等教育体制。这一体制主要将高等教育分为三个阶段:学士—硕士—博士。例如,按照《索邦大学共同声明》,在学士阶段,"应提供给学生多元化的教学方案,让他们能够进行多学科学习,获得灵活应用语言并学会使用新兴信息技术"。因此,《博隆尼亚宣言》中规定,学士阶段所授予的文凭应符合"相应的资质水平,以使学生更好融入欧洲工作市场"。

这些有关学士、硕士和博士学位教育的变化给法国的一些过渡性文凭提出了新挑战,尤其是高级技师文凭(BTS)和大学科技文凭(DUT),这些技术文凭不属于上述的三阶段学位体系。尽管《博隆尼亚宣言》也强调了文凭与学位的区别,但当时法国教育部长认为,"如果我们规定了学士学位的对等学位,经过为期两年的学习,从大学技术学院出来的学生会处于不利地位。他们自身水平很高,却得不到与欧洲学位相适应的学位。为了解决这一问题,我们创立了职业学士学位。获得该学位需要在获得一个两年制高等教育文凭后,再继续进行一年的学习,这其中包括应用学科学习以及去企业实习。我们已经在获得大学普通学习文凭后愿意再继续学习一年的学生中扩大了这一学位的范围"。从改革者的初衷看,法国学位制度的改革不是要将获得大学科技文凭的学生排除在欧洲高等教育改革体系之外,也不是要抹杀法国教育的特

---

① *Contrat d'établissement 1999-2002*,projet au 15 octobre 1998,validé par le CA du 22 octobre.

② Rapport de la commission presidee par Jacques Attali ; Pascal Brandys.*Pour un modele europeen denseignement superieur*,Paris:Stock,1998:16,53.

色,而是在适应国际化标准的前提下,提高各级各类教育的水平与质量。可以想象,四十年后,"中层管理人员"的技术和技能水平要能够满足更高的需求,企业必须适应技术的快速发展以及新科技的出现,这些都需要对各级教育尤其是短期高等教育的教学目标、任务等进行新的规划,因此,职业学士学位应运而生。正是在这一意义上,学位制度改革逐渐改变了法国整个高等教育的架构。

二、职业学士学位的创立与短期高等教育的发展

(一)职业学士学位的创立

职业学士学位创立于2000—2001学年初,通过高中会考后经过3年学习合格者可申请职业学士学位。这一学位符合欧洲框架对学士阶段学生需要达到的资质水平的要求,即位于高级技术人员和工程师－管理人员之间的水平。该学位要求在职业领域实习12到16周,即既有理论学习也要有实践教学,这需要依靠高校、企业与专业部门之间的合作才能实现。凡是已获得一项2年制高等教育文凭者,比如大学普通学习文凭、大学科技文凭、高级技师文凭、高级农业技师文凭、大学科技技术学习文凭,都可以再继续攻读职业学士学位。已经获得高级技师文凭和大学科技文凭的学生能够通过攻读职业学士学位获得更高水平的职业资质,而已获得大学普通文凭的学生则能更好地融入职业生活。可见,凭借获得的有效职业经验,职业学士学位获得者可进一步提升技术人员的职业发展,为他们后期继续教育奠定基础。另外,职业学士学位为学生职业发展提供教育咨询与认证,其中包括入职安排、随时指导和方向选择方面的支持,能促进学生个人职业计划的实现。这是法国第一个一开始就主要依靠职业知识与经验的获得以达到继续教育目标的高等学士学位。因此,职业学士学位使在职的技术人员能够获得更高水平的资格证书,以促进其职业生涯的发展。可以说,职业学士学位就是一个以促进就业为目标的学位。

职业学士学位的创建为法国高等职业教育的发展提供了广阔的空间,法国开始创建更加多元化、多层次的高等职业教育,这既符合法国教育逐层分流的特征,也为发挥教育促进社会流动、教育公平、社会公正的功能提供了制度保障,体现了尊重人性、尊重因材施教和发展性原则。这对法国大学技术学院

和高级技术员班来说,是机遇,也是挑战。

2002 年 4 月 23 日,法国颁布了《关于学士学位的相关组织法令》,被称为新学士,新学士学位包括以前设置的相关文凭的内容如大学普通教育文凭、多学科文凭、公共行政管理学士、大学技术文凭、大学科学技术学习文凭、职业文凭(1999 年 11 月 17 日法令设置)等具有应用取向的文凭。① 该学位以促进学生学业成功、顺利获得学位为宗旨,6 个学期 180 个学分。新学士学位保留大学科技文凭的职业特色,调整大学技术学院的学习,为学生提供多样化的学士教育;将中学后多种教育机构,如高级技术员培训班、大学校预备班以及医学教育统一整合到新学士教育中,同一地区的其他中学后机构(尤其是高中)从而可以开展合作教学。这样的学位设置简化了法国以往中学后复杂的学位制度,打破了以往各中学后教育机构之间的封闭与割裂状态,并且通过多学科联合合作的方式提高了各机构的教育教学质量。其中,新学士学位对短期高等教育最大的影响是将大学技术学院学制延长为 3 年。

为了确保新学士学位的质量,2002 年 4 月 23 日法国颁布的《关于学士学位的相关组织法令》第 8 条规定,新学位需按照 2002 年 4 月 8 日法令的规定接受阶段性评估.评估主题有两个:一是改进教学,二是强调为具有职业倾向的学生提供职业化教育。② 大学教学向多个学科和多个职业领域开放,教学内容由大学学习与生活委员会和职业界代表协商之后决定。③ 2002 年 4 月 23 日法令第 9 条规定成立一个学士学位调查委员会,考察各大学的学位教学情况是否符合规定的要求,如教学目的、教学组织以及与欧洲学分的衔接、教学内容、教学模式、教学量、课程的有效模式、特殊招生条件等。此外,还包括学生的学习结果、成功率等。④ 其中,颁发新学位的学校与工商界的联系也是

---

① *Arrêté du 23 avril 2002 relatif au Etudes Universitaires-Etudes universitaires conduisant au grade de licence.*

② Soulas Josette, Descamps Bibiane, Moraux Marie-France.*La mise en place du LMD en France.* Ministère de l'Education nationale de l'enseignement supérieur et de la recherche, Inspection générale de l'administration de l'éducation nationale et de la recherche.2005:61.

③ *Arrêté du 23 avril 2002 relatif au Etudes Universites-Etudes universitaires conduisant au grade de licence.*

④ *Arrêté du 23 avril 2002 relatif au Etudes Universites-Etudes universitaires conduisant au grade de licence.*

评估的一项重要内容。社会企业界及工会代表、全国高等教育和研究委员会（CNESER）与大学生联合会组织的代表以及高等教育机构的代表共同组成国家职业学士学位评定委员会，调查职业学士学位的教学与以往毕业生的就业情况。所有评估标准都是公开透明的，这就确保了学位的质量。

为了确保职业学士学位获得者的发展，法国还在学士学位的基础上设置了与职业学士和研究学士学位两个方向相衔接的硕士学位文凭，"一轨是职业目的；一轨是研究目的"①，其宗旨是"致力于实现教育需求与国家文凭之间更好的平衡，保证区域平衡以及职业硕士与研究（专业）硕士的和谐发展"②。硕士教育中包括理论性、方法论和应用性教学，通常分阶段进行。许多大学在硕士一年级设置理论性更强的、对所有专业而言都具有普遍价值的公共基础课程，第二年则设置实用性课程。③　总的说来，新学士学位将大学技术学院、高级技术员班、大学校预备班和大学普通教育机构等文凭整合为职业学士和研究学士学位，从而增加了法国高等教育国际透明性与易读性（readable），为各类人才提供了多样化的选择和多学科教学，在节省并扩大教育资源的同时，为促进学生学业成功提供了多样化机会。新硕士学位的设立，则为法国短期高等教育的毕业生提供了继续深造的途径。

（二）法国短期高等教育随着职业学士学位的快速发展而发展

职业学士学位改革进展顺利，在法国大学内得到快速发展，2000 年审批通过的职业学士学位项目有 195 个，2001 年有 182 个。在之后的六年内，在提交的将近 2400 个职业学士学位项目中，大约一半都通过了鉴定委员会的审批④。而大学技术学院无疑在这一新学位的发展中起到了至关重要的作用。由于无法设立技术学士学位，大学技术学院在职业学士项目上进行了实实在

---

①　Soulas Josette, Descamps Bibiane, Moraux Marie-France. *La mise en place du LMD en France.* Ministère de l'Education nationale de l'enseignement supérieur et de la recherche, Inspection générale de l'administration de l'éducation nationale et de la recherche. 2005：52.

②　*Arrêté du 25 avril 2002 relatif au diplôme national de master.* NOR：MENS0200982A.

③　Soulas Josette, Descamps Bibiane, Moraux Marie-France. *La mise en place du LMD en France.* Ministère de l'Education nationale de l'enseignement supérieur et de la recherche, Inspection générale de l'administration de l'éducation nationale et de la recherche. 2005：16.

④　*Livre blanc sur le systeme IUT Apres 40 ans d'existence：Histoire, Bilan, Perspectives.* www.iut-fr. net.2017−10−01.

在的大量投入,承担了近60%的教学任务。

除了在数量上取得的成功,我们也不能忽视大学技术学院,尤其是大学科技文凭对新学位的设计产生的重大影响。1999年出台的相关法令在赋予职业学士学位项目设计者很大的自由权限的同时,试图保持促使大学科技文凭取得成功的因素,如让职业领域人士介入教学、企业实习、指导项目……保留国家指导机构的作用(职业学士学位鉴定委员会、职业学士学位监督委员会)以及大学技术学院全国咨询委员会和全国教学委员会的一些任务(但不是全部)等。

企业与职业领域积极参与职业学士学位的建立、运作及教学,也是该学位设置成功的一个关键因素。职业学士学位的毕业生就业情况很好。获得职业学士学位后选择继续学习的人数也高于获得大学科技文凭的学生数量。一些公共机构在接受职业学士学位方面虽然仍存在较大的差异,但职业学士学位项目在与经济领域团体进行实质合作的基础上使毕业生得到发展的能力,甚至在促进毕业生就业能力上也起到了积极作用这一点是毋庸置疑的。

应当指出的是,大学技术学院很大程度地参与到职业学士学位的创立中,再加上学院在监督毕业生方面有着丰富的经验,这些使得职业学士学位能够观测毕业生未来的发展情况。职业学士学位是法国出现的第一个高中毕业会考后学习3年(bac+3)水平的大学职业教育,这一新学士学位使法国综合大学内出现了职业教育,且使高中毕业会考通过者能通过职业教育而获得学士学位,从而确保高等职业教育的地位与普通大学教育的地位一致。大学技术学院依靠其技术教育模式,具有了一条通往大学学业成果的通道。对于广大学生来说,大学技术学院教育模式的感应式教学比学术型大学刻板的教育模式更为有效。大学技术学院能够敏锐地意识到社会对处于高级技师和"工程师管理人员"水平之间的人才的需求,并且能够很好地在地区或国家层面与职业领域开展高质量的合作,这些都是大学技术学院的优势所在。此外,之前法国高等教育系统一直注重全国学位、组织管理的一致性和可辨别性,一致性很好理解,但可辨别性造成了法国学位学历的高度复杂多样性,这也是新学位制度改革要着力改善的地方。职业学士学位由于其学科的极度多样性具有明显的可辨别性,给高等教育系统带来很大的异质性。相对于大学科技文凭来说,职业学士学位的课程通常是一些相对边缘的学科,而那些"大学科"在职业学士领域是很难出现的。

最近,遍布法国的 87 所公立大学里的 116 所技术学院的院长组成大学技术学院院长联盟(Assemblée de directeurs des Instituts Universitaires de Technologie),即法国大学技术学院院长的联席会,直接隶属法国教育部高教司管辖,负责处理技术学院体系所有共同相关的问题,如教学大纲的制定、文凭内容的改革、学校与企业行业的关系、国际项目的推行等,共同致力于学校治理。

三、欧洲教育体系创建背景下的法国短期高等教育国际化

2005 年 8 月 3 日出台的有关在欧洲高等教育体系内的大学科技文凭的法令,使得大学技术学院体系有了新的发展。除了实行教学的学期制外,该法令一方面使大学科技文凭的教育主要致力于保证满足特定职业领域的技能需求,另一方面使大学科技文凭围绕三种不同类型的补充模块实施教育,要么帮助学生顺利得到 3 级文凭(bac+2),要么使学生获得 2 级文凭证书(bac+3),或者让学生能继续接受教育以获得 1 级文凭证书(bac+5)。这些新的结构使大学技术学院成为一条真正通往接受成功的高等教育的途径。同时,该法令还推广实行贯穿于每位学生整个教育过程的个人职业计划。这样,学生便能熟悉自己想要进入什么样的行业,他们在选择教育体系或职业时也有方向可循,他们也能够自己选择适合自己的教育课程。这项改革是促进大学技术学院发展的关键因素,它从制度上巩固了大学技术学院内部根据每位学生的生活规划而构建起的职业教育。

(一)发起并参与国际项目

法国大学技术学院具有召集学术领域和职业领域的人士共同商讨毕业生就业问题的能力,是高等技术教育领域的重要成员,也是欧洲高级技术人员资格认证项目的发起者。该项目成员来自 8 个欧洲国家,遍及 16 所大学以及 19 个职业领域。该项目是欧洲教育系统为了提高毕业生在高级技师教学课程中得到的职业经验的价值而采取的措施,其目的在于提高毕业生的就业能力和国际流动能力。这是一种非常具体实用的举措,涉及国家间评估工具的界定与实施,也能转移到其他活动领域,适用于其他欧洲或世界上的国家。因

此,为了加强法国高等技术教育体系在欧洲的地位,与欧洲类似机构进行必要的协调与合作,在整合各方特点的条件下,来确定一种可相互比较的能力水平与标准是非常重要的。在国际上,法国大学技术学院不仅是一个与外国交流的场所,也是一个在欧盟以及世界范围内能够对高等技术教育进行界定的特殊对话者。在这个意义上,法国大学技术学院院长联盟加入欧洲高等教育机构协会就是一个重要的环节,这使法国教育体系得以普及并与其合作伙伴进行交流,在对获得技能的定义以及为了获得技能而需要投入的资源方面相互认可,从而确保必要的一致性。法国大学技术学院参与到这些行动中并能将法国的科技文化传播到海外。同理,大学技术学院系统还努力参与到相关学术、制度、经济以及政治机构中,致力于将法国的职业科技部门推向欧洲一体化进程。因此,大学技术学院体系希望在有关教学及组织规定的共同方案制定方面加强交流,以促进高等技术与职业教育的发展。

(二)接收外国学生

多年来,在很大范围内法国大学技术学院都接收外国学生。这是大学技术学院与一个或几个外国合作伙伴之间开展双边合作的结果。通常情况下,大学技术学院接收外国学生是根据当地机构安排进行的,有时候几个在地理上接近的大学技术学院会共享一种接收安排模式。大学技术学院接收外国学生的所有安排与规定,其首要目的都是为了促进学生学业成功。在此方面,法国大学技术学院的通常做法如下:

——清晰地介绍学校的培养模式;

——实施严格的学生入学筛选程序,确保学生学术水平、必要的已有技能以及学生的个人职业计划;

——给予签署过协议的信誉良好的以及水平高的高等教育机构优先招收国外学生的权利;

——确保学生能获得资助,以保障其能在法国生活;

——确保每个学生在进入大学科技文凭或职业学士文凭攻读课程时能够实际运用法语,以保障他们能跟上大学技术学院提供的课程;

为了满足上述要求,整个大学技术学院体系出台了一系列专门针对招收外国学生的规定:

——设置对外法语教育(FLE)大学文凭,根据技术语言的需要而提供法语培训课程;

——与法国大使馆以及外国政府和机构签订协议,以协调对外国学生的挑选并促进相关签证的发放工作;与法国大学及学校事务管理中心签订协议,以管理在法学生的奖学金及住房问题;

——设置一个针对学生的监督委员会,以便更好地了解所有措施带来的物质上和教学上的问题,在每个大学技术学院安排一个联络员,让其负责一个或几个学生;

——最后,将其中一个阶段的培训安排在国外,以便让学生们能对法语以及高等技术教育有初步了解。

目前参与这些行动的国家有:中国、加蓬、塞内加尔、墨西哥、泰国、越南。在此背景下,2005学年开学时大约有150名外国学生进入法国大学技术学院学习。

(三)欧洲维度与国际开放

欧洲高等教育区建设的重要目标是促进人才在欧洲范围内的流动,培养具有国际开放视野和就业能力的高级技术人员,开放性、流动性是这一政策的重要特征。为培养学生的国际开放视野与就业能力,法国大学体系需要确保学生本科阶段职业教育学习尤其是企业实习时的学业流动性,与国外大学合作设置本科联合学位,以促进学生在需要"中层管理人员"的行业内就业,并与合作高校一起开展每学期一次的学生流动。大学技术学院作为综合大学的一部分,其国际化活动也丰富了法国整个大学体系的国际化。法国高等技术教育体系在传播知识与技术以及国际鉴定评估方面都得到了国际高度认可。

现实中,国际联合培养或合作办学能够提高学位的质量,快速解决国家对技术型毕业生的需求,能使新兴技术得到快速转让,并且减少国家在技术型毕业生培养方面的耗资,但如何监管和评估其质量仍是一个尚未解决的难题。此外,随着互联网的发展,有些领域可以通过远程教育进行国际联合办学,但大多数领域的职业教育的技术特性需要实行面对面的课堂教学,因此在促进在校生和毕业生流动与联合学位发展方面,如何满足学位要求,仍值得进一步探索。

大学技术学院在国际上表现出的强势活力,也是其得到认可的原因之一。通过交换学生、教师以及进行教学的、政治组织性的或文化性的活动,大学技术学院一直力图与外国高等教育系统交流经验。这些交流一开始通常是由高校内人士通过人际关系自行发起的,但目前在很多情况下,已经发展成机构间的交流,有时是在机构框架协议下的交流,也有由大学技术学院体系发起的有组织性的国家间的交流。针对国际环境采取的一系列行动确保了对大学技术学院这一严密教育体系的传播。同样,这一系列行动也有助于促进法国科技的传播以及促进法国经济活动与世界其他国家经济活动之间的联系。

第四节　法国短期高等教育的经验、困惑及未来展望

法国短期高等教育尤其是大学技术学院是法国高等教育的一个辉煌成就,它将技术与职业化放在重要地位,将自身建设成为大学与就业、大学与企业之间完美的对接平台。并且,随着时间的推移,这一能动性的体系展示出了它强大的适应力、凝聚力以及协调性。法国短期高等教育体系能够发挥其教职员工的作用,为学生、学生家庭、企业、经济以及整个大学团体的发展服务。其中,大学技术学院通常被视为一个真正促进技术发展的职业教育的实验室。大学技术学院的教育的质量、与企业界和创新界合作的质量及其促使更多学生成功发展的能力,都是经济发展和未来社会进步的关键。

一、短期高等教育的优势与经验:以大学技术学院为例

大学技术学院作为法国短期高等教育的主要机构,在其发展过程中形成了独特的优势,积累了适合其自身发展的经验,主要体现在以下几个方面:

(一)制度上的优势

一是体系架构优势。大学技术学院作为综合大学的一部分,但坚持自身的自主权,并且坚持使自身的组织与管理机构很好地适应现实需求,当然这也与其特殊地位有关。1984年的《高等教育法》没有将之纳入整个高等教育共同规则中。大学技术学院理事会的成员中三分之一都是学院外部人员,理事

会由外部人员的代表负责。理事会负责管理大学技术学院,它是大学技术学院里的决策与监督机构。大学技术学院仍然深受行会主义传统的影响与保护,这在 1984 年《高等教育法》第 33 条有明确规定。除了促进资源的分配,该法令规定了大学技术学院内领导团队的责任落实方式,且使领导团体们能够为了实现各项目标而采取应对和调整措施。这条法令一直是保障大学技术学院高质量发展职业教育的一大利器,但也常常招致部分人士的批评。大学技术学院体制上的成功加强了其与企业之间的密切联系。

二是专项资金支持。大学技术学院的特殊地位使教育部长专门拨给各地区所有教育机构内的大学技术学院所需的资金,以实现大学技术学院的技术与职业教育。这使大学技术学院能够采取与教育目标相适应的招生政策,并确保学院各项设备能够满足技术发展的需要。

三是作为国家机构的地位。由于大学技术学院全国咨询委员会和全国教学委员会在大学技术学院内部发挥着一定的作用,尤其是在新增院系方面提供建议,并召集大学技术学院内部和外部人员对大学技术学院及大学科技文凭进行评估,因此,这些国家委员会可视为一个促进大学技术学院整体发展的意见交流与辩论的场域,大学技术学院这种组织机构也因此与国家机构有了关联,具有作为国家机构的地位与身份。

四是多样化的教学团队。教学团队组成了各个院系,也是促成大学技术学院职业化模式成功的重要因素。大学技术学院的教职人员由教师、教研人员、行业从业者组成,这种多样化身份一方面确保教学方法多种多样,同时这种多学科背景的特点能够使教学涵盖职业化培养的各个方面,如:专业学科知识、综合学科知识以及交叉学科知识。这些教学团队长期参与对学生的学业监督以及创建合作式教学方式,教职人员与科研的联系、技术的转化等都能确保技术的及时更新,与职业领域的联系能够将技术应用到实际操作中。大学技术学院教研人员招聘时还会考虑其教学能力与研究能力。委员会指定具体的教师招聘的特定条件,这些都保障了教学团队的顺利运转。所有教职员工不管是临时代课教师,还是讲师、副教授,他们都在保障大学技术学院教学质量方面发挥着重要作用,尤其是他们的实践教学使得课程设置及内容更加丰富,这远比他们在职业学士学位中发挥的作用还要大。由此可见,整合所有教学团队的多学科教学是大学技术学院的一个主要优势。

五是实践工作的平台。实践工作是技术教育和职业化教育的重要基础与平台,实践工作不断适应技术的发展,这是技术教育成功的保证。大学技术学院的教学设施费用很高,并且在培养过程中需要大力增加学生们的工作实践时间,相比于普通综合大学的教学,这无疑会增加大量的教学工作量,并且需要大量的设施设备以及特定的教学工作量作为保障,这些都有助于培养出高质量的职场工作人员。

六是选拔性招生制度。最初,大学技术学院在选拔学生时,不仅要看学生的学业成绩,还要考察学生的学习动机,尽量确保生源多样化,但相当一部分名额留给技术型会考毕业生(1975 年设置)。现在,这种选拔方式与标准逐渐改变了。有人指责大学技术学院招生时给予普通型会考毕业生优先特权,实际上,大多数大学技术学院选择普通型会考毕业生的数量与选择技术型会考毕业生的数量相差并不多。而招收的职业型会考毕业生除了个别特别出色的学生之外,往往缺乏令人满意的经历。U2000 规划中大学技术学院地理分布的均衡扩展促使其能招收更广范围的学生。

(二)大学技术学院的独特教育理念

技术是现代知识中至关重要不可分离的组成部分,技术、知识与科学密不可分。技术发展、知识进步、科学创新都是大学发展不可回避的责任,迫使大学不断进行反思与改革。例如,电子商务是贸易学科的新兴课程,这不是传统贸易学科基础上直接简单添加信息技术这层知识的问题,而是涉及重新思考顾客、沟通、网络化语言、面向世界、法律化、库存管理、物流运输、支付安全、顾客安全、分销商等问题,一切都需从网络技术开始进行重新思考。就此而言,新兴技术或机器等教学设备不仅是一种工具,更是一种动态概念。一次简单的职场实习或一些应用模块的学习对于学生专业化的培训来说是不够的。技术不是单纯地在应用实践理论的过程中就能获得的。

大学技术学院的教学理念是,知识与技术教学应是一体的、互相促进的,不应进行严格区分。这是对当前或之前法国以及很多国家存在的技术与知识双轨制教学的否定:一种是为优秀学生提供的从基础知识学起的学术型教学,另一种是为中低等水平的学生提供的更为简单的一成不变的技术的技术型教学,通常专门招收那些被普通教育排除在外的学生。从理论上说,具备坚实的技术文化知识的学生不应该全都过早进入职业领域,他们能够进入长期学制的高校继续学习,以获得更高水平的资质认证。大学技术学院从建立时起就形成一套独特的教学方法——以技术为媒介进行界定认知的教学。这一方法使技术服务于知识,体现了基础知识与技术知识教学的平衡,这一平衡不仅能从实践的角度学习到概念性知识,还能构建学生们坚实的科学知识基础。这使得毕业生们不仅能更好地继续学业,也能有更好的职业发展。因此说,大学技术学院通过教学在真正地传授技术、促进技术发展。

大学技术学院提供的技术型教育通道对很多学生来说都是走向成功的重要途径。不管是技术型还是综合型的高中毕业会考生都能通过这一通道进入高等教育第一等级(bac+3)、第二等级(bac+5)、第三等级(bac+8)文凭的学习。由于大学科技文凭在社会上广受欢迎,毕业生发展状况很好,所以2005年8月3日出台的有关大学科技文凭的新法令将其纳入欧洲高等教育体系中,并规定获得该文凭即获得120个学分(欧洲学分互认体系),以使学生能找到不同水平的工作。大学技术学院提供的技术教育使学生以特殊的方式认识日后所要进入的职场,并且技术教育的方法本身也是一个职业化的过程,这不仅能保障学生成功,也是未来职业培训的一部分,这些都有利于未来职场人士的培养。虽然大学技术学院不是法国大学内唯一实施技术教育的机构,大学职业学院、大学内部工程师学院以及一些硕士同样能促进本科阶段和硕士阶段的大学技术教育,但大学技术学院是从高中毕业会考通向硕士文凭的一种重要技术教育类型。总之,不管学生日后的职业选择方向的门槛高低,大学技术学院的技术教育方式都是保障大学阶段获得成功的一条途径。

(三)大学技术学院教学方法的创新及其成就

大学技术学院成功的重要原因是其教学方法的成功,主要归因于如下几点:一是其实施的技术教育的理念符合不同来源、不同水平的学生,通过将学生分成人数不多的小组形式,让不适应抽象性理论教学的学生能够成功完成大学学业。二是课程的密度适当。三是注重实习的重要作用,实习让学生首次体验到职场生活并使他们意识到自己学习的意义,同时使任课教师在监督与评价实习学生的过程中,有与职场一线的合作者交流的机会,并在此过程中能够更好地了解毕业生就业环境;有的指导项目使学生能针对一个交叉学科问题进行团队合作,在可能情况下参与到企业委托项目中,这使得他们能够在真正的工作场域内进行实践。四是职业化教育,这主要体现在大学技术学院聘请的任课教师中有大量来自职场的职业人士。大学技术学院的教学计划规定,攻读大学科技文凭至少20%(攻读职业学士学位至少25%)的教学由校外人士来进行。大学技术学院从校外聘请的教学人员来源广泛,包括教研者、高中教师、临时教研专员、辅导员、兼职合作教师、临时代课教师等,每位教师都具有丰富的专业经验,因此教学团队非常多元化。大学技术学院的规模能使教师、行政人员和技术人员为了实现学生的最大利益而进行真正具有互补性的研究。院系是大学技术学院教学组织的基础部分,院系设置保障了有组织、有活力的教学团队的实际存在,而且越来越多的各院系间的,甚至是各大学技术学院之间的教学方法的交流讨论被组织起来。个人职业计划(PPP)的推广使大学技术学院体系能增强自身的职业化特色,并加强学习计划与职业计划之间的密切联系。五是大学技术学院不断进行教学方法的创新与改革,如指导项目、个人职业计划、语言教学、文献研究教学、教育信息通信技术、网络技术学院等,培养跨学科能力、合作能力、自主性等。最后是大学技术学院重视教学评估。从2001年开始,大学技术学院开始对大学科技文凭进行自我评估与鉴定,以期保持一个高质量的教学与培养过程并进行持续改进与完善。此外,法国对获得大学科技文凭以及大学职业学士文凭的学生的跟踪观察为职业教育体系提供了宝贵的指导性的参考。

(四)大学技术学院的职业化成就

目前,大学技术学院是职业领域与高校之间最完美的联系。这一类型教育体系的重要性以及它在职业领域中所取得的成就都是不可否认的。然而,想让大学技术学院成为高校里职业教育的重要而必不可少的环节还需数年时间。大学技术学院培养出了几代高级技术人员,获得大学科技文凭的毕业生超过了一百万人,其中相当大一部分人目前都在企业和行政机构内部担任重要职位。就此而言,大学技术学院的一大成就就是完成了初建时确立的目标,自创立以来,满足了企业对于"中层管理人员"的需求。经过多次完善与演变的教学大纲使技术教学与综合教学能够交替进行,这也是培养出能够迅速承担部分职位责任,并且能在供职的企业里得到发展的年轻人的关键因素,甚至能增强他们未来的职业活动能力。

20 世纪 50 年代后期大学技术学院颁发了一千多个高级技术人员文凭。自大学技术学院创建以来,这类教育模式就在高校里发展起来,但短期高等教育这一模式在高中里也并没有消失。这一教育模式在一些方面与大学校的培养模式比较接近:合理选择生源,不根据竞赛成绩选择学生而是根据对材料的审查来决定;低退学率以及低淘汰率;学生出路基本有保障。尤其是大学技术学院与企业间根据时间而建立起的稳固的合作伙伴关系,企业定期重申与大学技术学院的合作伙伴关系可以给予证明。法国咨询机构 Ifop 最新在《回声报》上发表的一项关于"对大学技术学院的印象"的调查结果很好地体现了大学技术学院的地位。调查对象包括 15 到 24 岁之间的年轻人、初中或高中学生的家长、企业领导人以及高级管理人员。结果显示,90%的被调查者都对大学技术学院印象良好,80%的被调查者十分推崇大学技术学院。问到大学技术学院的突出优势,88%的年轻人和企业负责人认为学院提供的教育为从事各种行业都做好了准备,81%的企业领导人或高级管理人员认为学院的教学内容能适应企业的需求并随企业的发展而进行调整。

大学技术学院的成功有其立法基础,这与其自创建时起立法机构便想将其与企业联结起来的决心有关。具体而言,奠定大学技术学院与企业之间联结的立法与监管条款主要有:

大学技术学院理事会:1984 年 1 月 26 日颁布的《高等教育法》84—52 号法令规定,大学技术学院要与社会职业领域之间建立起联系。条款决定设置一个管理大学技术学院的理事会,一方面,该理事会的主席要由理事会选举出的一位学院外部人士担任,另一方面,该理事会成员中的 30%到 50%的学院外部人士是企业代表(包括雇主和雇员)以及地方当局的代表。

大学技术学院咨询委员会:1995 年 4 月 19 日颁布的法令规定,大学技术学院咨询委员会的职能与权限主要是在教学方法指导、录取、专业设置、院系设置以及对大学技术学院的评估方面。该委员会的成员是由部长任命的高校与企业人士;委员会的组成是:1 位大学校长,2 位大学技术学院主任,1 位大学技术学院理事会主席,2 名学生,2 名教师,3 位雇主代表,3 位职工代表以及

3 位法定资格人士。每位成员还有 1 位代理者。

全国教学委员会：1992 年 6 月 4 日颁布的法令条款规定，全国教学委员会的权限与职能在于制定学院每个专业的教学大纲，监督学院教学质量与每个专业教学的发展。每个教学委员会的组成是：5 名教师、5 名雇员代表、5 名职工代表、5 名学生以及 5 名法定资格人士。每个教学委员会都轮流由雇主团体和雇员团体内的一名成员负责管理。

在上述国家法定条款的鼓励与约束下，企业采取与大学技术学院的运行相协调的方式不断扩大其在大学技术学院体系内的参与度，参与到学院内院系委员会、评审委员会、教学、实习指导、改进委员会各方面，企业参与考虑并采用每个学院所适合的方式，但其共同目标都是加强高校与企业之间的联系。

（五）科研是大学技术学院的教学驱动力

大学技术学院作为综合大学的一个组成部分，1984 年颁布的《高等教育法》规定了大学技术学院的任务为：初始教育、继续教育与研究。因此，大学技术学院也凸显了作为高等院校的特征并在各个方面彰显其科研能力。面对无处不在时刻都在发展的技术，进行技术研究是发展、知识创造以及技术创新的动力源泉。大学技术学院的工作人员参与到研究活动中是学院中组织创建的一大优势。大学技术学院中职业学士学位的发展就是大学技术学院内教职员工科研能力强的结果。大学技术学院院长联盟鼓励学院内职员的研究积极性，不管他们的研究是在学院内部进行还是在大学其他机构进行。院长联盟坚持认为，大学技术学院能为大学的研究进步做出贡献，而且保障大学技术学院的研究能力就是对其高校特征的认可。

就大学技术学院内的研究情况看，2004 年底大学技术学院共有 4807 位教师-研究员，其中 849 位大学教授以及 3958 位副教授，他们是大学技术学院内重要的研究力量，此外，工程师、行政技术教辅人员以及高中教师，他们同样也参与到了研究工作中。据统计，2004 到 2005 年间，法国 69 所大学技术学院内共有 161 个实验室。[①] 大学技术学院的教师-研究员的研究情况分以下

---

① *Livre blanc sur le systeme IUT Apres* 40 *ans d'existence*：*Histoire*，*Bilan*，*Perspectives*. www. iut-fr. net. 2007-10-01.

三种：

第一种是大量的教师-研究员在隶属于大学技术学院的实验室里进行研究。这些实验室有的得到高校研究质量奖励体制的认可与支持，有的是青年团队(JE)、科研团队(ERT)或小型接待团队(EA)或其他机构迁移过来的实验室分部。他们进行的研究通常是多学科、学术型或应用型的，并且研究结果有时会进行技术转让。

第二种是教师-研究员在大学里其他机构或大型组织内进行的研究。特别是当大学技术学院位于一个高校众多的城市里时这种情况就很普遍。这些机构可能是接待团队、混合研究单位、国家健康和医学研究院等。

第三种是大学技术学院里的研究团队全是在中型混合研究单位里进行研究，例如：位于尚贝里的大学技术学院里的 LMOPS-UMR CNRS 5041 实验室，该实验室包括 24 位成员以及 10 位博士；位于勒克勒佐的大学技术学院里的 LE2I UMR CNRS 混合研究单位，该单位包括 13 位成员以及 8 位博士。

无论是哪种实验室并且不管是在大学技术学院内部还是在国家层面，对研究活动的评估都以相同的方式进行。隶属于大学技术学院的实验室申请享受研究质量奖励体制，且与其他实验室一样拥有产业合同。教师-研究员的招聘要遵循与大学科学委员会相互沟通协调的原则，且符合大学科学政策。此外，一些大学技术学院有一个研究委员会，该委员会起着科学委员会的作用，能够管理大学技术学院提供的预算以及协调学院的科研政策。

大学技术学院的教师-研究员需要通过各种内部活动来促进他们的工作：研究日、内部会议、技术转让，这些都与加强同经济组织的联系相适应，且教学目标的制定最终也通过与经济组织的联系来制定。

大学技术学院研究国家年度研讨会的目的在于促进学院内人员在人文与社会科学或工业科学与技术领域的所有研究活动。在这个国家标准，甚至是国际标准的多学科研讨会上，论文的科学质量都由一个独立的国家阅读委员会负责保障，该委员会涵盖了全国大学委员会的所有部门。这些论文的匿名性是有保障的，都会经由两个或三个报告员进行审核，被选为口头报告论文、海报论文或被拒绝。研讨会文件是由当地大学出版社或拥有国际标准书号(ISBN)的出版社进行发表的。

2006年6月1—2日,第十二届大学技术学院研究国家年度研讨会在位于布雷斯特的大学技术学院举行,在此之前,该研讨会还在位于以下城市的大学技术学院内举行过:圣纳泽尔(1995年)、克莱蒙费朗(1996年)、枫丹白露(1997年)、图卢兹(1998年)、普罗旺斯地区艾克斯(1999年)、布尔日(2000年)、罗阿讷(2001年)、勒克勒佐(2002年)、塔布(2003年)、尼斯(2004年)以及鲁昂(2005年)。顺便指出,这些城市中没有一个是大区首府城市,这进一步证明了迁移了的大学技术学院对于研究活动的极大兴趣。

然而,大学技术学院的教师-研究员也遇到了一些困难,且这些困难常常在学院的位置分散时会加剧。尤其是资金并不总是被分配到拥有实验室的学院,而财务责任中心缺失的情况也并不少见。为了实现地方分权而导致的迁移费用几乎不被考虑。进行研究工作的工程师、行政技术教辅人员没有被登记在大学技术学院资金分配分析系统中,大学也从不曾恢复他们的地位。同时,大学有着进行合同提款的严重倾向,提款可从百分之几达到将近25%,还包括大学不参与实验室的管理以及其资金运行。教师-研究员经常希望国家能够考虑他们对学院以及对教育所做的科学贡献,以及更好地被地方认可。

(六)组织严密的大学技术学院发展共同体

大学技术学院在发展中形成了全国性组织严密的发展共同体,该共同体包括大学技术学院院长联合会、大学技术学院院长联盟、大学技术学院地区协会和大学技术学院系主任联合会。

大学技术学院院长联合会的职能是:在大学技术学院地区协会的协助下,调整院长们之间教学与信息的一致,以便增强他们在全国范围内行动的有效性与一致性;在制度、职业或政治审查中保卫并促进大学技术学院体系的发展;加强与青年人和雇主的对话与沟通,每年在巴黎企业家沙龙举办"大学技术学院年度大会"。

大学技术学院院长联盟定期召集所有院长讨论各种热门问题或学院的发展方向,该联盟拥有人事与资金委员会、研究委员会、沟通委员会、国际关系委员会、继续教育委员会、兼职与就业委员会、教育委员会等一系列机构,这些委员会都可开发新项目,互助互惠,发挥团队的所有优势。

大学技术学院地区协会聚集了某一大区(或几个大区)的所有大学技

学院院长,协调一个地区大学技术学院的工作,院长之间分享经验,开展一些共同的活动,与地方政府尤其是区议会进行对话。近年来,随着法国区域化的发展和法国大学格局的演变,大学技术学院地区协会的作用与重要性不断增强。

大学技术学院院长联合会与院长联盟在政策制定方面共同合作,这对于增强大学技术学院的活力与行动力具有关键性的作用。这种"院长-院长"搭档互补方式通过大学技术学院地区协会对地区大学技术学院发挥作用。大学技术学院系主任联合会是交流经验与调节管理的重要组织,对学院的正常运行发挥着关键作用,极大地促进了大学技术学院体系的一致性。此外,法国还有一些其他的协会或项目,在推动大学技术学院之间的合作、职业资格认可等方面发挥着不可或缺的作用。这些组织共同搭建了大学技术学院运行的有序、可持续发展的空间,使大学技术学院的发展不仅受益于院长本人的领导与智慧,还能充分受益于其本地与大区内的人事资源网络,该网络能促进大学技术学院与经济领域、商务与职业机构、第一产业、大小型企业之间关系的最优化发展。

大学技术学院院长联席会(Assemblée de Directeurs des Instituts Universitaires de Technologie)由法国87所公立大学里的116所大学技术学院院长组成,直接隶属法国教育部高教司管辖,负责处理大学技术学院体系所有共同相关的问题,如教学大纲的制定、文凭内容的改革、学校与企业行业的关系、国际项目的推行等,这种整合能力将会进一步促进大学技术学院的发展。

除了以上四个主要的大型组织外,还有一些其他的协会或是集体项目:大学技术学院顾问(国际化教学工程)、大学技术学院工会联合会(教师的继续教育)、创建-大学技术学院(活动的创建与恢复)、继续教育年度研讨会、大学技术学院研究国家年度研讨会(CNRIUT)、欧洲高级技术人员资格认证项目(VALEURTECH)、在线大学技术学院(在线教育媒体以及媒介工具)、大学技术学院语言教师协会(APLIUT)、大学技术学院参与企业沙龙项目等。

二、大学技术学院面临的困惑

正如哲学上所讲的那样,任何事物的发展都有两个方面。大学技术学院的体制及各方面的优势在促进其成功发展的同时,也面临着一定的困难,为其未来发展埋下了隐患。

(一)招生方面的矛盾日渐突出

研究表明,人们选择一种教育是根据对该教育带来的未来风险和回报的认识。研究还指出,学生的学业成绩越普通未来的风险就越大,相反,高中毕业会考通过者的成绩越好,未来的回报也就越高。因此,对于"中等"或"低等"水平的高中毕业生,他们通常选择毕业后直接进入职场,大学技术学院以及高级技师技术员班向他们提供了一项有利的方案,该方案的风险性小(尤其是对于攻读大学科技文凭的学生)且内部回报(可能获得文凭)以及外部回报(获得一份工作)较高。而对于"优秀"水平的高中毕业生,他们继续学习的可能性大,而且,很多获得了大学科技文凭的学生都选择进入综合大学或工程师学院继续学业。对于这部分学生来说,大学技术学院是进入工程师学院、管理或商业大学校的一种途径,它为在攻读大学普通学习文凭失败以及参加苛刻的大学校预科班竞争的学生提供了解决办法。一开始,大学技术学院旨在培养经过2年教育,就直接进入职场工作的学生,而现在,大学科技文凭既能让学生很好地融入职场,又能让他们继续学业。这既是大学技术学院的魅力所在,也是它的弱点。

由于大学技术学院非常有利的成本-效益比例以及其占优势的准入条件,很多学生争相进入大学技术学院学习。在一定程度上,这使得学院根据"学术"标准来挑选学生,也就是说学院更加重视普通高中毕业生,而这对接受专业教育的技术型(或职业型)高中毕业生是不利的。但高级技术员班却是一直坚持既定的目标与原则,因此,一些已经顺利通过大学技术学院的入学考核的申请者,转而投向高级技术员班。当然,这也与高中阶段为学生提供的信息准确与否有关。继选择进入大学技术学院学习的普通高中毕业生达到三分之二之后,这些学生的数量在2004年又恢复到了1997年的水平。目前,进入大学技术学院的理科和社会经济科高中毕业生的专业方向与进入综合大学本科阶段的学生的专业方向非常相近。且它们都招收了更多比例的工业科学与技术专业和第三产业科学与技术专业的学生。

目前,许多大学技术学院招收的普通高中会考毕业生与技术型会考毕业生的数量不相上下。一项关于 2002 年大学技术学院成功毕业的学生情况的调查确认了普通高中会考毕业生的优势地位,显示出了其与技术与职业型会考毕业生的显著差距。

(二)收取学生费用高而被谴责

人们经常因大学技术学院教育成本高而否定其成果。1994 年审计院公布的一份报告指出,每位在大学技术学院接受教育的学生每年的花费高于所有其他同等水平的教育机构。根据法国研究与预测局(DEP)的估计,1992 年每名学生每年在大学技术学院的费用为 52500 法郎(8000 欧元),而在传统普通大学中的费用为 31200 法郎(4750 欧元),在高中高级技术员班的费用为 40300 法郎(6150 欧元)。然而,这种费用的差异主要归因于教学管理人员统计方法的不同,它没有考虑学生学业的成功率。实际上,考试失败以及复读都会延长学习期限并增加教育费用。因此上述计算方法不利于大学技术学院,因为其学生学业的成功率高于普通综合大学,甚至高于高中的高级技术员班。将学生从幼儿园到高等教育这整个教育过程考虑进去的话,1992 年获得大学科技文凭的毕业生的平均教育费用为 490000 法郎(74700 欧元),获得高级技师文凭的毕业生的平均教育费用则为 472500 法郎(72000 欧元),获得学士学位的毕业生的平均费用为 485500 法郎(74000欧元)。[1]

一份关于 2004 年教育费用的文件指出,每位大学生(包括私立学校)的平均教育费用增至 8630 欧元。从 1980 年到 2004 年,经过了近四分之一个世纪,每位大学生的平均教育费用只增长了 28%,也就是平均每年增长 1%。这一增长相对于初等教育和中等教育来说是较为有限的,因为对初等和中等教育阶段来说,师资人员的改善是很重要的。学生的平均教育费用根据教学课程的不同而有很大差异。大学校预科班的学生平均费用每年 13760 欧,比综合大学(每年 6700 欧元,不包括隶属于综合大学的大学技术学院和工程师学院)高两倍。国家每年为大学技术学院每人的教育开支拨款为 9160 欧元。最

---

① *Livre blanc sur le systeme IUT Apres* 40 *ans d'existence*：*Histoire*，*Bilan*，*Perspectives*.www.iut-fr. net.2007－10－01.

后,高级技术员班的学生每年的平均费用增长至 12300 欧元。① 因此,这些变化是非常显著的。

这种纯数据性的推理方式忽视了不同类型教育会导致不同的学生学业成功率,以及不同的教育课程对学生就业率影响的不同。但是,即使考虑到这些因素,2006 年底进行的一项调查显示,对于大学里大学技术学院和非大学技术学院学生的教育费用比较可以用另一种方式表述。《2006 年参考与数据》上关于教育汇报的数据显示:综合大学里(不包括大学技术学院)每名学生每年"花费"6700 欧元,大学技术学院每名学生每年则"花费"9600 欧元。这一总体数据是有误的,因为它只考虑了攻读大学科技文凭的学生,没有考虑到所有大学技术学院里的学生(攻读大学科技文凭和攻读职业学士学位的学生),而平均数据应该涉及所有学生。修正这一数据是很重要的(2006 年 1 月有 18000 名学生攻读职业学士学位),修改后的数据应为每名学生每年花费 8400 欧元。根据 2005 年教学工作量计算出的每名学生每小时的教育花费的数据结果恰恰与此相反。国家花费在大学里非大学技术学院的学生的每小时教育费用(每小时超过 600 欧元)是大学技术学院学生(少于 300 欧元)的两倍之多。尽管这一数据并不是完全准确,但它补充了原先的计算方法,并从另一个角度思考问题。

目前,获得大学科技文凭的学生比获得高级技师文凭的学生花费的教育费用少。通过取得大学科技文凭而进入工程师学院、高等商校或管理学校的学生,比通过大学校预科班的学生花费的教育费用更少。虽然应该以谨慎的态度对待这些数据,但 2004 年关于教育费用的文件还是呈现了一些不同类型的教育机构理论上学生平均的教育花费,并将学习年限考虑了进去。为了反对关于费用的讨论,大学技术学院常常强调学生学业的成功率。目前,这一成功率的差距也突显了出来,这值得我们去进行客观的分析。

(三)国家对大学技术学院的资金援助逐渐减少

自 2002 年以来,政府分配给大学技术学院的资金援助缓慢而持续地减

---

① Livre blanc sur le systeme IUT Apres 40 ans d'existence:Histoire,Bilan,Perspectives.www.iut-fr.
net.2007-10-01.

少,与此同时,大学技术学院积极设置了超过一半的职业学士学位。整体运作资助金(DGF)的增加以及指派给大学技术学院的就业任务的增加超过了学院招收学生数量的增长速度(大学科技文凭+职业学士学位),新任务的增加并没有得到资金补偿,这加重了学院的预算负担。事实上,拨给整个大学技术学院的整体运作资助金的平均比率和最低比率在持续下降。

2003 年,教育部投入到大学技术学院的整体运作资助金的最低比率为0.89。为了恢复到这种水平,2006 年需要投入的资金应为 770 万欧元。在民意调查中,家庭与企业领导普遍都认可大学技术学院的成功,但其成功并没有得到教育部的支持与肯定。其表现如下:自 2000 年以来,大学技术学院里工作岗位的增加不符合增长了 11%的学生数量所产生的需求;2005 年 8 月 3 日出台的法令设置了新的教学进程,实施这一新教学进程产生了额外的教育量的增加,但没有任何的预算增加安排;2006 年,运作开支几乎增长到整体运作资助金的 10%(企业主的开支、额外退休金、流动资金等);评估委员会一再强调,大学技术学院不再能够充分地更新其技术平台,因为缺少所需的资金分配;将任务转移到大学技术学院身上,但又不提供必要的补偿,这种补偿的缺失可能会使一些大学技术学院的状况更加恶化。

问题很明显,就是分配给法国大学体系的资金总体上不足。国家要想建立起有国际竞争力的知识经济,必须向大学体系投入更多的资金。

(四)获得大学科技文凭后选择继续学业的学生比例不断增加

有人说:"大学技术学院已不再扮演一开始被指定的促进就业的教育机构角色。"这句话很简单,也给人留下深刻印象,也成为那些质疑大学技术学院作用的人的一个论点。面对这种说法,我们需对情况进行客观分析。从2003 年和 2004 年进行的两次全国调查结果看,获得大学科技文凭的学生选择最多的就是进行长期学习。在获得大学科技文凭两年半之后,44%的学生仍然在继续学业(上一届毕业生继续学业的学生有 40%)。如果再加上推迟了一年或两年进入职场的毕业生(24%),就很轻易地估量这一现象的广泛性了。

此外,由于高中毕业会考形式不同,获得大学科技文凭的学生的选择也因此有很大的差异。通过普通高中毕业会考的学生一般都会选择继续学业,并且优先考虑长期教育。当然,通过技术型高中毕业会考的学生在长期教育方面也并不落后。其实,一些毕业生毕业后在一份雇佣合同下继续学业的也越来越多,有40%到80%获得了大学科技文凭的毕业生选择以学生的身份继续学业。

当然,造成上述情况的原因很多,我们需要辩证地分析。首先,大学科技文凭已经存在了40年,随着科技进步,社会对高级技术人员的要求也明显地提高了,在某种程度上可以说是更加复杂了,企业的预期要求也提高了。从对毕业生的跟踪调查显示,大学科技文凭的毕业生找工作已经遇到了一些困难。其次,法国人尤其是年轻人失业现象严重,很多学生及家长普遍认为应获得更高的学位,以避免失业。因为随着社会对技能水平要求的提高,虽然大学科技文凭能够继续得到企业负责人的认可,但从毕业生的工资水平看,进入职场2年以上的毕业生每月领到的净工资勉勉强强1300欧元。可以说,在一定程度上说这一文凭的水准降低了。再次,虽然我们前面指出大学技术学院的风险-回报比率非常有利,因此大学技术学院在争得社会上弱势青年以及普通水平学生方面取得了成功,但学士-硕士-博士(LMD)体系的设置以及随之而来的强烈反响增强了许多学生及家长的信念,他们认为只有获得本科学位才会在未来能被企业看重。而对于那些反对学生们争相获得本科学位的企业来说,则选择大力促进职业学士学位的发展。最后,很多学生担心就业之后没有机会再接受继续教育,并且法国接受继续教育时申请资助的材料审核流程非常复杂,所以他们希望尽可能地及早继续求学。

三、短期高等教育的发展前景

大学技术学院作为综合大学的一部分,大学体系发展中的一些问题不可避免地直接影响到它的发展。目前,法国大学体系发展中存在的与大学技术学院相关的问题主要有:

一是大学技术教育途径的消失。学士-硕士-博士体系的设置导致大部分综合大学的职业学院消失。一些职业学院通过工程硕士一年级和硕士二年级教育的设置而得以存活下来,但它们的被认可度和资源都被削弱了。大学科技文凭成为唯一可供学生选择的可通往工程师学校或高等商学院的衔接文凭,从高中毕业会考结束通往硕士阶段的完全的技术型教育已经不存在了。因此,为了使学生获得学业上的成功且优化职业教育,使技术教育体系具有整体一致性,在获得大学科技文凭到通往硕士阶段之间设立本科第三年的技术教育作为交接点就成为当务之急。

二是文凭的国家性质被削弱。大学科技文凭是一项由国家颁发的文凭,这是雇主、学生及其家人认可的重要因素。但自从大学技术学院教育中设立了一些供学生选择的补充模块后,该学位的国家性质削弱了。大学科技文凭及其25个专业获得了认可,但职业学士学位并不能吸引学生以及用人单位的选择。目前在职业领域以及大学领域都对职业学士学位的认可度以及其专业设置存在一些疑问,一些职业学士学位的专业设置只专门针对某一个职业,或者相反,同时针对一些不同的职业。

三是师资队伍的弱化。现实中,法国大学内的人力资源都以科研标准为重,这种做法削弱了大学技术学院建立起的协调强有力的师资队伍的能力。科研标准在教师-研究员的晋升中所具有的优越性,以及延长来自中等教育体系教师的任职期,都不利于教职人员的教学投入和对整个学院的投入。大学技术学院50多年的发展历程证明,稳固的师资团队是教育成功的关键。在学士—硕士—博士三阶段教育体系的教育团队的建立中,经常会遇到缺少对教学投入的评估的问题。必须立即重新对教学活动进行评价,同时继续开展必要的研究,以使学生能真正地适应社会的发展。

四是国家资金援助逐渐减少。法国大学正经历资金分配模式的重大变革。教育机构负责人与"高等教育与大学研究"项目的负责人之间的对话对于资金与资源的分配决定是至关重要的,他们之间通过制定合同来确定资源分配。而在这一对话中,大学技术学院是缺席的。因此应该给予大学技术学院在教育机构合同中应有的地位。国家对于大学技术学院的运作应承担的责任不能完全转移给大学。大学无法充分考虑到所属的大学技术学院的技术和职业化需求,而这通常又是对学院教职人员的主要要求,想要在不失去曾促进大学技术学院成功的有利条件的情况下,而抛弃支配着大学技术学院的特别法规条例的条件还不具备。对于大多数大学技术学院来说,援助资金的缺乏实际上会导致其衰落甚至是解散。整个大学体系的实力也会因此而被大大削弱,而这种削弱又会对地方和国家的经济发展产生直接的影响。

总的说来,法国短期高等教育是法国高等教育体系的重要教育类型,在解决学生学业失败率高、大学生就业与机会均等等社会核心问题方面发挥了重要作用,被视为法国高等教育体系的巨大成功。近年来,在高等教育国际化的背景下,短期高等教育尤其是大学技术学院在促进所有合作伙伴(学生、企业、大学)的发展中继续发挥作用的同时,应着重致力于生源的多样化并确保雇主看重的毕业生质量,考虑不同学生的需求,从自身能力出发,建立从高中毕业会考结束通向硕士阶段的技术教育,培养学生的创新创业精神与能力,促进教育与就业之间的联系,加强自身国际化发展和国际吸引力,有效地帮助许多学生进行定位或者重新定位,依靠技术教育,真正帮助他们就业。

第五章　德国短期高等教育史

　　德国短期高等教育兴起于 20 世纪 60 年代末 70 年代初,1990 年两德统一之前民主德国并未建立类似联邦德国高等专业学院(Fachhochschule,简称 FH,1998 年后统称为应用科技大学)的短期非大学高等教育机构,因此本章主要论述联邦德国的 FH 及趋向双元制高等学校(Duale Hochschule)的职业学院(Berufsakademie,简称 BA)的发展史。

　　因最初学制为 3 年且直接由专科学校升格而成,并导向职业界,我国学界及教育交流协会等组织在 20 世纪 80 年代前后,多将 FH 译为"高等专科学校",致使很多人将其与国内 2 年或 3 年制高等专科学校混淆。FH 不仅后来延长学制并规范为 4 年,且在入学条件、课程设置及授予文凭上均与我国高等专科学校存在重大差别。根据德国法律及外宣资料,FH 属本科教育为主、研究生教育为辅的强调实际应用的高等教育机构。1998 年,为提高国际辨识度和避免翻译偏差,德国文化部长联席会议和大学校长联席会议决定将 FH 英文译名统一为"University of Applied Scinces",也有译为"University of Applied Sciences and Arts"(如汉诺威 FH)。此后国内研究人员纷纷撰文①,提出应将 FH 译为"应用科技大学",如今使用该译名者渐多,但尚未统一。从词源学分析,FH 一词由 Fach(专业)和 Hochschule(高等学校)两部分组成,早期我国德汉词典未收入该词条,常被简译成"高等专科学校"(高专),德国 2005 年出版的《瓦里希德语词典》确定其与综合性大学相当,多为公立的提供专门性教育

---

① 　如徐理勤等的《准确认识德国 Fachhochschule》(2001)、李好好等的《德国的应用科技大学(Fachhochschule)研究》(2002)、张庆久的《德国应用科技大学与我国应用型本科的比较研究》(2004)及张建荣的《德国高等职业教育的特征及其启示》(2006)等,均提出译名商榷问题。

的高等学校,2001 年出版的《朗氏德汉双解大词典》德文释义也突出其相比综合性大学更强调学生实践性培训,中文译名为专科高等学校(大学)。考虑到德国通常将高层次"职业教育"称为"专业教育",且我国语境中"专科"并非仅指"专业",往往代表一种低于本科的高中后学历,FH 一词前缀实为"专业",应尽量避免译成"专科"。综上所述,兼顾 FH 的词义、身份地位的继承性与发展性,除直接引用外,本书将 1998 年前的 FH 称为"高等专业学院",之后的称为"应用科技大学"。

1973 年,经合组织规定短期高等教育为"中等后多为终极的由大学外教育机构提供的(但也有一些国家中大学也提供短期高等教育),旨在为学生提供中等人力职位培训的教育"①。按此定义考量,高等专业学院属非大学教育机构,最初学制 3 年且强调职业训练功能,并长期保持与大学相对较短的学习时间及非大学属性,因此属短期高等教育范畴。20 世纪 80 年代前后,德国高等教育专家泰希勒(Ulrich Teichler)等人②就已明确将高等专业学院看成短期高等教育机构(short-cycle higher education)。在我国,1979 年张人杰教授撰文《国外短期高等教育的由来和发展》,明确高等专业学院为短期高等教育机构,1984 年原国家教委高教司工科处处长刘志鹏在文章《法、日、美、英、联邦德国的短期高等教育》中也将高等专业学院作为德国短期高等教育的讨论对象。此外,本章补充了职业学院这一形式,该类机构产生于 20 世纪 70 年代的巴登-符腾堡州(Baden-Württemberg,以下简称巴符州),最初为专门的职业教育与训练机构,定位为第三级教育领域中的双元制(Dual-system)教育模式,后在追求与高等专业学院文凭等值的过程中有的升格为双元制高等学校,同样具有非大学性质,学习时间短且导向职业训练,故作为补充专节论述。

本章详述战后联邦德国高等教育结构转型期高等专业学院产生的历史必然;20 世纪 70、80 年代立法支持下高等专业学院的稳健发展;20 世纪 90 年代两德统一后高等专业学院的规模扩张及提升专业内涵的系列革新;2000 年至今博

---

① Slantcheva-Durst, Snejana. "Redefining Short-Cycle Higher Education Across Europe:the Challenges of Bologna".*Community College Review*,2010(10).

② Teichler U.,Bikas C.Sanyal.*Higher Education and the Labour Market in the Federal Republic of Germany*.Paris:The Unesco Press. 1982:22.

洛尼亚进程中应用科技大学的国际化与绩效导向下的管理体制改革,以及特色化发展战略;最后论述职业学院的创办与发展。高等专业学院是战后德国高等教育以大众化、多样化、民主化为特征的现代化转型的重要成果,职业学院的诞生则体现了非大学教育机构的多元化。从高等教育发展视角看,非大学短期教育机构是推动高等教育大众化与普及化的重要力量①。当20世纪60年代末德国高等教育改革重心从扩建原有大学转向建设新型高校,高等专业学院应运而生,及至20世纪70年代综合化新大学尝试终因导向学术而无力承担大众化重任时,高等专业学院开始蓬勃发展,并以学习周期短、重视应用学科与实践教学、直面职场等特色,成为德国高等教育双类型基本结构中的重要一员。

第一节　20世纪60年代德国高等教育的结构转型与高等专业学院的诞生

德国高等教育常与洪堡的新人文主义或理想主义大学观念相连,这些观念支撑了19世纪初到20世纪初德国高等教育的持续繁荣。到20世纪中期,经历纳粹及两次世界大战摧残后的联邦德国,在西方扶持下曾用近20年时间恢复大学传统。及至20世纪60年代,传统大学显然已无力应对飞速发展的工业社会对新型人才的需求及日益推高的民众期望。随着市场供需矛盾的加剧,一场持续近20年的高等教育变革拉开帷幕。在规模扩张、机构整合及机构差异化发展的改革大潮中,高等专业学院得以创办,并逐渐成为缓解高等教育供需矛盾的一支强有力的新生力量。

一、德国的大学传统与战后复兴

德国大学起步较晚,继1348年布拉格大学后,德意志境内才相继在维也纳、海德堡、科隆、爱尔富特、莱比锡等地建立多所大学,这些大学主要效法意

---

① Rüegg W.*A History of the University in Europe*,*Universities since 1945*.Cambridge:Cambridge Unversity Press,2011:41-48,56-59.

大利及法国大学模式,以经院哲学为主导,不同的是它们皆由代表封建邦国的诸侯在罗马教皇授权下所建,因此在保有传统自治权的同时,这些大学与各邦国关系紧密。15 世纪中叶,北欧开启文艺复兴,宗教神权与经院哲学开始受到人文主义思想冲击,格赖夫斯瓦尔德、巴塞尔、美茵茨、杜宾根、威腾堡和法兰克福等地又增建 9 所大学。宗教改革开始后,宗教领袖路德与人文主义教育家菲利普·梅兰克吞(Philip Melachthon)尝试将人文主义与新教教义结合,建立世俗政权领导的高等教育机构,掀起了兴办大学的热潮,马尔堡、柯尼斯堡、耶拿、黑尔姆施泰特、阿尔特多夫等著名大学得以建立。至 16 世纪,德国已拥有 42 所大学,数量居欧洲各国之首。总体来看,文艺复兴和宗教改革虽推动德国大学在教学内容与方式上得到一定程度的更新,但办学思想与实践并无太多新意,依旧未能摆脱教会束缚。17、18 世纪,在启蒙运动和法国大革命的双重影响下,新生的哈勒大学和哥廷根大学首次将学术自由与理性主义引入大学,以此指导课程与教学模式革新,奠定了近代德国大学重视科学研究的传统根基,但因两所大学主要服务贵族精英阶层,影响所及依然有限,其他多数大学并未改变对中世纪大学的因袭。直至 19 世纪初,德国大学才迎来发展的黄金时代。

18 世纪末,新人文主义思想在德国发展至顶峰,德意志民族意识迅速觉醒,然而高涨的民族情绪很快在拿破仑战争中遭到毁灭性打击,德国大学损失惨重,学校数量与学生规模骤降。1807 年,战败的普鲁士被迫与法国签订屈辱的《提尔西特和约》,此后很快陷入全面危机。为补救大学损失与重拾民族精神,在国王威廉三世支持下,德国一些爱国人士开启了教育救亡的改革运动。以洪堡、费希特和施莱尔马赫等为代表的新人文主义者,提出了符合国家利益的大学改革计划与独特管理理念,并在新建的柏林大学成功实践了洪堡的"教学与研究的统一""学术自由""学术独立"等主张。洪堡的大学理念及柏林大学的创办成为近代大学的肇端,对德国乃至世界高等教育产生了深远影响,自此大学开始从单纯重视教学转向重视科研,并逐步摆脱教会与国家的控制。"柏林大学的创办像一个燃烧点发出耀眼的光芒,一切光线全都从这里发出"。① 以柏林

---

① [英]G.N.克拉克:《新编剑桥世界近代史(第 9 卷)》,中国社会科学院世界历史研究所组译,中国社会科学出版社 1999 年版,第 169 页。

大学为榜样,德国先后在波恩、慕尼黑等地建立一批新大学,莱比锡与海德堡等地的传统大学也追随柏林大学模式进行改革,学术自由与科学研究在德国大学蔚然成风。洪堡是 19 世纪近代大学改革的旗手,其新人文主义指导下的德国大学常被学者称为"洪堡传统",该传统支撑了德国大学的百年辉煌,尤其 1871 年德意志帝国建立后,高校规模迅速扩大,德国大学很快成为世界各国效仿的标杆。伯顿·克拉克认为,毋庸置疑,1900 年的德国高等教育系统是世界上有成效的科研——教学——学习结合体大量存在的唯一地方,这个历史性的制度到 1900 年已完全成熟①。直到一战前,德国大学一直是各国学子向往的学术圣地,仅一战前 14 年间,全球 42 位诺贝尔奖得主中就有 14 位为德国学者。教育发达与人才涌现为德国的政治进步与经济繁荣提供了支撑。19 世纪中叶到 20 世纪 20 年代,德国成为世界科学与高等教育的中心,在科学界及科学人才培养中占有绝对优势。

1933 年纳粹政权上台,德国大学在道德、精神和规模上全面步入衰退期。与其他组织机构一样,大学处于政治集权控制之下,许多教授遭到解雇与迫害,科研人才外流,师生人数锐减,学术自由与大学自治遭到严重破坏,加之两次世界大战的战火重创,德国大学的领先地位逐渐被美国、日本的大学所取代,世界科学和高等教育中心开始移至美国。1945 年纳粹政权垮台后,德国一分为二。民主德国在苏联影响下清除法西斯流毒,对教育进行社会主义改制;联邦德国在以美国为首的占领国控制下对高等教育进行调整,清楚纳粹余毒,废止了高校中的"领袖原则",集中力量恢复和重建"教授大学"的传统结构。"德国大学在战争中损失了约 60% 的建筑物、附属设施及图书资料等,战争结束时之前的 23 所大学保存相对完整的仅剩 9 所。"②因此,对联邦德国来说,1945—1960 年间高等教育的主要任务就是重建和巩固几乎被战火摧毁的传统大学,重拾古老的大学理念,希望能恢复到 1933 年前的水平,尚无暇顾及教育理想与社会现实需求间日益明显的鸿沟。1947 年 6 月,在西部德国,盟国根据各占领国意见确定了推动教育民主化改革的《施瓦巴赫方针》,第二年

---

① ［美］伯顿·克拉克:《探究的场所》,王承绪译,浙江教育出版社 1995 年版,第 40 页。

② Daniel Fallon. *The German University:A Heroic Ideal in Conflict with the Modern World.* Colorado:Colorado Associated University Press. 1980:55.

盟国专家委员会提出了改革高等学校的具体意见。1949年联邦德国成立并通过了"德意志联邦共和国基本法"(Grundgesetz für die Bundesrepublik Deutschland),进一步确定了以州为核心的地方分权式教育管理体制,重新恢复国家和高校关系的传统定位,将学术自治作为不容质疑的基本原则。经历了高等教育极端政治化的沉痛教训,许多德国人开始反思纳粹高教政策,并希望洪堡传统能成为复兴高等教育的良方。"尽管联邦各州成立委员会来加强相互间的协调与合作,联邦政府也加大了规划与资金支持力度,但在根本上,该时期的高等教育处于近乎停滞与裹足不前的状态"。① 到20世纪60年代初,大学建设方面并无明显进展,主要的机构类型包括大学、高等技术学校和师范学院,除新建3所传统意义上的大学,增建了大量规模较小且无博士学位授予权的师范学院及专科学校外,大学建设方面远落后其他资本主义国家,大学入学人数仅占入学年龄段人数的3.5%—4.3%。总之,战后20年间,联邦德国的高等教育以复兴传统大学为主,实行地方分权的管理模式,注重大学自治,到1956年联邦政府仍未将其纳入管辖范围,这种恢复洪堡传统的高教政策一直持续到20世纪60年代初。因全盘复兴魏玛时期大学的办学方针与学术制度,又在新大学建设上建树无几,该时期通常被称为"未改革的20年"。然而,大学建设发展缓慢的同时,自20世纪50年代初开始随着联邦德国经济发展与人口增加,民众对高等教育的需求却不断累积,进入20世纪60年代后,供需矛盾更加严峻,大学的传统结构开始动摇,到20世纪60年代末德国高等教育史上迎来了战后第一轮现代化改革高潮。

二、20世纪60年代高等教育供需矛盾的加剧

高等教育供需问题反映了高等教育与其所处社会的经济、政治、人口数量及民众发展诉求等多种需求间的契合关系。战后由于经济腾飞、政治民主化、高等教育大众化浪潮及人口升级等多因素的累积效应,无论数量和规模,还是人才培养规格与质量,德国传统学术型精英大学都已无法满足现代工业社会

---

① Wolter, A."From State Control to Competition: German Higher Education Transformed.". *The Canadian Journal of Higher Education*, 2004(3): 77.

发展的多元化需求。

　　首先,现有高等教育体制的人才产出数量与培养规格无法满足经济界对大量新型技术人才的需求。虽然战争洗劫后的德国经济匮乏不堪,如1946年德国工业总产值不足十年前的40%,但很快因为以美国为首的西占区当局采取一系列经济、社会措施,尤其是"马歇尔计划"的援助与币制改革,使遭受重创的德国经济在废墟中迅速崛起。1950年至1966年德国实际国民生产总值接近翻番,年均增长率高达6.7%,失业率从8.2%将至1%以下,尤其是1959年至1963年间经济增长最高达10%以上,除1967年因当局政策失误造成失业率升至1.6%外,整个20世纪60年代失业率均保持在1%以下。① 这一阶段,联邦德国的国民生产总值年均递增7.1%,总量增长超过英法,重回资本主义世界第二经济国地位。②随着工业化进程与产业升级加速,新兴产业的科技含量比重不断增大,对技术创新和生产者素质也提出了更高要求,劳动力市场急需大量实用型高级技术与管理人才。而在人才供给方面,传统研究型大学培养的学术性人才占比很小,且欠缺动手实践能力,工科大学虽接近实际需求但同样数量太少,大量中级技术人员因国际资格认证问题缺乏市场竞争力,面对巨大的人才缺口,联邦德国不得不引进国外高级技术人员来弥补,这种情况激起了企业界对高等教育的非议与社会各界的关注。科隆联邦雇主协会明确指出,高等学校培养的人才无法满足经济界对实践型工程技术人员与企业管理人员的需求。德国教育改革家奥尔格·皮希特(Georg Picht)也在1964年发表系列文章,警示德国面临的严重教育危机③,认为教育危机即为经济危机,技术时代如缺少合格后备力量,任何生产体系都无法运转,经济奇迹将会很快终结,教育失灵最终会威胁整个社会的生存。皮希特将教育与经济问题的讨论推向民众,并进一步指出高等教育关乎社会平等,应扩大教育规模,推行学制改革。1965年,艾哈德总理在施政演说中承认,德国劳动力储备枯竭将导致经济增长模式的根本性改变。1968年至1969年,德国经济增长冲高

---

　　① [德]哈达赫:《二十世纪德国经济史》,扬绪译,商务印书馆1984年版,第168页。

　　② [德]韦·阿贝尔斯豪泽:《德意志联邦共和国经济史1945—1980年》,张连根、吴衡康译,商务印书馆1988年版,第53页。

　　③ 瞿葆奎:《教育学文集·联邦德国教育改革》,人民教育出版社1991年版,第342页。

回落,社会生产方式开始转向资本密集型,劳动力匮乏引发的经济下行进一步验证了高等教育的投资不足及严重的结构缺陷。

其次,战后国际社会加快了政治民主化进程,推高了德国民众对教育机会均等与大学内部民主化治理的诉求。德国政治长期滞后于经济发展,战后经济崛起为推行民主政治奠定了物质基础与群众基础,经历了纳粹集权与战败命运,民众渴望西方民主能成为解放和重振德国的重要力量。以美国为首的盟国通过"非纳粹化"和"再教育"运动,对德国政治、经济进行民主化改造,确立了完全的资产阶级政治经济体制,20 世纪 50 年代联邦德国正式加入北约组织,投入西方阵营。随着 20 世纪 60 年代后期经济奇迹接近尾声,人们对现存各种社会现象的批评日渐增多,变革的呼声一浪高过一浪。1962 年美国著名学者马丁·特罗(Martin A.Trow)开创性地提出"大众高等教育"的概念,高等教育大众化逐渐成为国际社会的改革议题。在国内外政局与民主思潮影响下,以反越战为初始诉求的大学生运动在联邦德国愈演愈烈,最终演变成批判传统大学结构与功能,反对现存教育体制的斗争。在国际学运的推动下,德国学生运动于 1968 年达到高潮,核心诉求是师生员工平等享有大学管理决策权,推进大学管理、课程、教学等各方面的现代化与民主化改革,传统大学的深层危机得以公开。与此同时,学术界也开展轰轰烈烈的批判教育学研究,法兰克福学派登上舞台并盛极一时。人们开始认识到教育是公民的基本权利,政府应采取积极的教育政策,消除社会歧视与地域歧视,扩大入学规模。德国接受高等教育的人数远低于美国和日本,1960 年仅有 5% 的适龄青年(19—23岁)有资格进入大学学习,到 1965 年仅 38.4 万大学生,尚不足适龄人口的5%,且多由传统学术性高校培养,远落后其他发达国家。社会学家达伦道夫(Ralf Dahrendorf)指出:"只有当教育政策不再首先考虑经济需要及其他附加愿望,而是将其作为发展个体与社会自由的基础时,学校才能真正成为大众的学校。"[①]在其影响下,社会各界尤其教育界人士纷纷主张国家有义务保障公众教育权利的实现,采取积极的教育政策扩大教育规模,通过创建分段培养的

---

① Dahrendorf R.*Bildung ist Bürgerrecht*:*Plädoyer für eine aktive Bildungspolitik*.Hamburg:Nannen-Verlag.1965:35.

新型机构扩大入学比率,满足人们的多样化需求。民众追求教育的民主权利成为重要的需求驱动,直到 1970 年 6 月,布兰特总理(Willy Brandt)在联邦政府关于教育制度与未来研究的报告前言中,依旧延续这一观点,他虽强调了经济和社会目标是联邦政府政策的基石,但在解释教育目标时关注最多的却是机会均等和个人发展①。

第三,战后生育高峰、外来人口涌入及义务教育阶段延长,导致 20 世纪 60 年代大学入学需求激增,"学生山"的堆积加剧了传统大学学段的拥挤。战后出现世界范围内的生育高峰,20 世纪 60 年代中期,新生人口正值大学入学年龄,加上普及教育的发展及民众经济条件的改善,各类中等教育机构毕业生囤积严重,接受高等教育的愿望和要求也更加迫切。"1946 年西德人口 4400 万人,60 年代中期增到 6000 多万人"②。除生育高峰导致的人口剧增,还有因相对稳定的经济和政治环境吸引来德的大批移民与难民,进一步推高了高等教育的入学需求。据科学委员会 1967 年统计,20 世纪 60 年代 19 岁至 23 岁青年取得完全中学毕业证书的人数大幅增加,1955 年为 32712 人,1965 年增至 49167 人,1967 年高达 65080 人,较 1955 年增加近一倍。另外,通过夜校或业余补习学校等第二条教育途径获得高校深造资格的学生成倍增长。据北威州科学部统计,1965 年至 1969 年间,联邦德国大学生人数年均递增 5.3%③。经济发展使更多的人有条件接受高等教育,一些人为求职或升职也要求接受高等教育,要求就读大学的人数不断攀升。1950 年至 1960 年间高校在校生数和新生人数虽成倍猛增,但大学资源并无相应增加。如全德大学生人数从 1913 年的 7.9 万增至 1960 年联邦德国的 20 万,高校总数却从 21 所大学和 11 所技术高等学校降至 18 所大学和 8 所技术高等学校,且教授教席数几无明显增长④。学生数量的迅速攀升严重超出现有大学的容量,加上宽松学制

① Teichler U.,Bikas C.Sanyal.*Higher Education and the Labour Market in the Federal Republic of Germany.*Paris:The Unesco Press.1982:62.

② 张炳杰:《德国—历史与现状》,旅游教育出版社 1995 年版,第 106 页。

③ [德]约阿希姆·H.克诺尔:《西德的教育》,王德峰译,人民教育出版社 1980 年版,第 114 页。

④ Wissenschaftsrat.*Empfehlungen des Wissenschatsrates zum Ausbau der wissenschaftlichen Hochschulen bis 1970.*Tübingen:J.C.B.Mohr,1967:24−25.

的纵容,学生无限延长学业或在校滞留,加剧了大学拥堵。"据 1965 年统计,大学生修完学业平均所需的学期数是 10.3 学期,注册入第十一学期或以上的人数占 16.8%"①。

不难看出,德国经济、政治、人口的变化及高等教育大众化潮流极大推高了民众和社会对高等教育的需求与期望,然而现实供给却严重不足。扩张的需求严重超出大学实际承载能力,不仅数量上与国际风起云涌的大众化思潮相悖,且在培养目标、修业年限、人才质量等方面,均无法满足社会对高素质技术人才的需求。德国社会学家韦伯 20 世纪初就看到了大学的深层危急,指出"德国传统大学无论内在之精神还是外在面貌,均已徒有其表"。② 供需矛盾与投入不足及传统大学的不适应,如科研与社会需求脱节、人才培养周期过长、教学质量低下等,导致人才缺口与毕业生结构性失业并存。事实证明,精英时代的传统大学已无法应对大众化时代的来临,洪堡传统与现代工业社会的割裂仅靠修修补补也不能彻底解决问题,在强大改革势能的推动下,德国高等教育开启了战后首次大规模的扩张与结构调整。

三、20 世纪 60 年代高等教育改革的开启与高等专业学院的诞生

当代教育学家布鲁赫(R. Vom Bruch)认为,德国大学不是在 20 世纪 60 年代才与洪堡理想背道而驰,而是从 20 世纪初就已经"与洪堡告别",③然而因战后重新确立起传统大学模式的主导地位,所以直到 20 世纪 60 年代教育现实主义才逐渐取代理想主义,重大转折的契机才日渐成熟。人口增长激发了巨大的现实需求,经济发展为高等教育扩张提供了可靠的物质保障,政治与教育民主化浪潮强化了改革的环境支持。同时,人力资本理论开始大行其道,国际社会的教育规划意识增强,国际竞争刺激着德国各级政府及社会人士图谋改革的积极性。客观需要、物质基础、国内外环境与主观愿望共同促成了 20 世纪 60 年代末开启的教育大变革。此次变革持续近 20 年。20 世纪 60 年代

---

① 孙祖复、金锵:《德国职业技术教育史》,浙江教育出版社 2000 年版,第 197 页。
② 陈洪捷:《在传统与现代之间:20 世纪德国高等教育》,《高等教育研究》2001 年第 1 期。
③ Ach. Mitchell G. *Mythos Humboldt: Vergangenheit und Zukunft der deutschen Universitäten*. Vienna: Böhlau, 1999: 29.

末的主要改革成果包括,国内学术界和政策制定者依据现代化理论、人力资本理论及人力规划学说等掀起空前的教育变革大讨论,在舆论和组织上加强了各州及与联邦之间的合作,并在此基础上启动了一系列扩建和新建大学的实践创新,促成了高等专业学院的诞生及此后的蓬勃发展。

人力资本、规划学说等理论引发的教育大讨论及改革建议的密集出台,为高等教育结构性变革奠定了理论与政策基础。舒尔茨的人力资本论及丹尼森的教育经济学思想引入德国后,教育是投资及生产性事业的观点逐渐被接受,政府成立了专门委员会阐述教育与经济发展的关系,肯定其对生产力的促进作用,论述经济增长、社会结构与职业结构变革、职业人才训练及教育结构变革间的关系,主张应适应社会需求与大众化趋势,按人才规格需求的多样性调整大学学制和单一的培养模式。人力资本理论与规划学说的盛行增强了政府及相关组织的教育规划意识,为改革实施提供了组织准备,德国逐渐形成了合作的文教联邦主义。1959 年经合组织召开海牙大会,强调人才需求预测与规划,1961 年华盛顿大会再次重申制订教育计划的人力与社会需求驱动。华盛顿大会上,德国教育经济学家埃丁(Friedrich Edding)等人的报告强调,应以经济学思维和规划手段解决教育发展的实际问题。经合组织的相关会议促成了一些国家或地区在教育改革中合作规划,也强化了德国联邦政府对高等教育的干预力度及与各州合作的意愿,各种全国性协调组织日益活跃。1963 年联邦政府通过了《1961—1970 年学校需求计划和确定需求的决议》,进一步凝聚起社会各界对教育经济学理念的共识。1964 年之后,皮希特和达伦道夫继续以教育经济学和机会均等理念论证教育的政策构想。成立于 1957 年的科学委员会作为州际和全国性教育政策问题的专业和科学咨询学术组织,仅在1960 年至 1967 年间就先后发布了《学术委员会关于扩建学术性机构的建议书》《推动建立新的高等学校建议书》《重新安排学术性高等学校学习的建议书》《关于到 1970 年扩建学术性高等学校的建议》等政策性文件,建议改革重点应从"扩建现有机构"转到"建立新型机构",从以学术主导转为承认高等教育的职业性。1970 年,科学委员会发布《关于 1970 年后高等教育领域中教育体系结构与扩建的建议》,明确将综合高等学校视为内容差异化、组织一体化的组织形式,成为高等教育机构改革的基本蓝图。同年,联邦教育和科学部

（BMBW）颁布《20 世纪 70 年代教育报告：联邦政府的教育政策方案》，指出高校传统结构应进行组织与质量重塑，组建一体化的综合高等学校。总之，20世纪 60 年代中期以来，各界对高教领域问题的讨论强化了改革的需求驱动与联邦合作，将改革重点聚焦在扩大投资规模、改革学习周期，以及变革内容与机构设置等问题上。

基于理论探讨成果，借助联邦参与平台与民众支持，20 世纪 60 年代前后联邦各州开始了改革实践。最初的改革重点集中在大学内部结构和学习项目上，希望通过调整学习过程、整合学科资源和尝试分段管理，来提高教育效率与满足多样化人才的需求。然而，由于传统势力的阻挠，在大学机构内部试办应用性专业的做法未能得到有效实施。根据 1960 年发布的《关于扩建学术性机构的建议书》，联邦继续加大经费支持和建设力度，在保证大学传统的前提下扩建现有学校规模，很多技术类高校通过增设学院扩容升格成技术大学。如慕尼黑和亚琛的技术机构增设医学院，亚琛、斯图加特和柏林的技术机构增设文学院，艾尔朗根-纽伦堡增设工程院，布伦瑞克技术高等学校的自然科学-哲学学院分化成自然科学学院、哲学和社会科学学院等。另外，也有专业类高校合并、升格或并入大学的情况，如吉森的农业高校与兽医高校合并成吉森大学（1957），柏林政治高等学校并入柏林自由大学（1959），纽伦堡经济高等学校并入艾尔朗根大学（1961），杜伊斯堡医学院扩容升格成杜伊斯堡大学（1965），豪恩海姆农业高等学校升格成豪恩海姆大学（1967）等。然而，扩建升格原有高校与膨胀的需求相比如杯水车薪，根本无法缓解大学的拥挤问题，于是科学委员会 1967 年发布《推动建立新的高等学校建议书》，提出应控制学术性高校人数，增建中等层次的"高级专业学校"（höherer Fachschulen）来疏导部分需求，以平衡大众教育与精英教育的关系，保全大学传统。1965 年到 1969 年间，新建高等教育机构的基本特点是趋于综合，以学术为导向。如趋于综合的波鸿大学（1965）、强调学科融合的康斯坦茨大学（1966）和比勒菲尔德大学（1969）等。另外，科隆、汉堡、汉诺威、施佩耶尔、魏玛等地新建的技术大学也基本具备综合特性。除高校的综合化改革，德国各地也增建了一些服务地方经济发展的区域性高校。总体来看，试图兼顾学术与应用的综合高等学校最终仍未脱离学术导向，且集中在巴符、黑森和北威州，未能从根本上缓解大学拥堵和满足技术经济的需求,持续投入多年后效果并不理想。据北莱茵-威斯特法伦州科学部统计,1965 年到 1969 年间,联邦德国大学生人数年均递增 5.3%。① 当扩建原有大学和新增综合性高校仍无法满足规模扩张的需求时,为保全大学传统和节约投资成本,升格现存大量专科学校就成为改革的最佳选择,高等专业学院由此诞生。作为传统大学在大众化阶段功能失灵的替代性产物,专科学校的升格也契合了自身生存发展的内部需求。

专科学校的诞生可溯至 1799 年普鲁士率先建立的柏林建筑学院。1817 年,商工局局长博依特(CP.W.Beuth,1781—1853)建议在普鲁士设地方工业学校,最终建成中央工业学校(即柏林工业专门学校)和地方工业学校网。1856 年之后,在德国工程师协会积极推动下,部分工业学校升格为技术学院或工科大学,并在同期增设了商、农、工及军事类专科学校。1885 年至 1913 年,仅普鲁士专科学校的数目即由 56 所增加到 96 所,学生数由 8000 人增加到 30000 人。② 在专科学校发展过程中,机械类专科学校如艾伦堡机械专科学校(1871)以及工业学校机械特别部,如科隆工业学校机械技术特别部(1879)、波鸿矿山学校特别部(1881)等,于 1898 年起开始与技术中学统称为"高级机械制造学校",成为工程师学校和高等专科学校的前身。19 世纪末,德国三分之一的技师来自各类技术学院。20 世纪前后各种行业的专门学校相继建立,工程师学校不断发展。1909 年德国成立博依特工程师学校,1922 年组建高斯工程师学校,1945 年成立柏林-高斯联合建筑学校,1966 年成立柏林建筑工程师学校。在 20 世纪 60 年代前后的大学改革中,联邦德国除增建大量师范学校,专科技术学校也获得长足发展,20 世纪 50 年代即增至数十所,1957 至 1968 年间翻番达到 148 所。大量专科学校为后期升格为高等专业学院奠定了组织基础。同时,各类专科学校尤其是工程师学校自身也有升格的迫切需要,由于所培养的中、初级技术人员和研发类人才水平上无法满足时代发展的需求,加上经合组织成员国为便于人才交流统一了工程师认证要求,无论入学条件还是学制年限,工程师学校都无法获得国际认可,因此升格

---

① ［德］约阿希姆·H.克诺尔:《西德的教育》,王德峰译,人民教育出版社 1980 年版,第 114 页。

② 孙祖复、金锵:《德国职业技术教育史》,浙江教育出版社 2000 年版,第 64 页。

的外部需求与内部冲动极为强烈。1960 年德国成立了代表工程师学校利益的"德国工程师教育委员会"(Deutsche Kommission für Ingenieurausbildung),推动各州文化部长常设会议(Konferenz der Kultursminister der Laender,KMK)于 1964 年签订了《关于工程师学校教育的统一协议》,明确工程师学校及其他类似职业学校高等化发展的可能性。随着改革讨论的深入,增建非大学高等教育机构逐渐成为共识,鉴于原有高级专科学校和工程师学校在应用型人才培养方面的基础与水平,1968 年 7 月 5 日,各州州长会议同意将以此为基础建立新型高等学校类型,同年 10 月 31 日,各州正式缔结《联邦各州统一专科学校的协定》(决议汇编 1591),统一高等教育层次的各类专科学校名称,规定 1969 年到 1971 年将原工程师学校、工业设计高级专科学校、社会公共事业专科学校、经济高级专科学校等中等职业学校合并改制,在保持其实践性、应用型特色的基础上升格为高等专业学院,并规范其性质、入学条件、学制、学习内容、毕业条件、学位授予及与其他类型学校的关系等内容,明确其为传统高等教育框架内的新型高校。

总之,高等专业学院的诞生是战后经济高速发展、人才需求变化及公民需求激增的产物,是传统大学功能失灵与专科学校自身层次提升综合作用的结果,契合了现代工业社会知识技术分化对学术和教育组织的新要求,也是 20 世纪 60 年代联邦与各州高教改革的主动选择。"高等专科学校(即高等专业学院)的创办,标志着西德高等教育改革迈出了本质性的第一步,即优先发展高专(即高等专业学院)的战略得到了确认。"①至此,高等专业学院开始发展繁荣,并与大学及大学类高校共同构成了战后德国高等教育新体系。

第二节　20 世纪七八十年代立法保障下德国
高等专业学院的稳健发展

高等专业学院创立之初,因专业实践性强、学制紧凑等特色获得社会各界

---

① 黄福涛:《外国高等教育史》,上海教育出版社 2003 年版,第 300 页。

认可,发展非常迅速,但其运行主要依据各州协定,缺乏立法保障,因此当20世纪70年代初经济放缓、人才供求发生变化时,其社会地位及毕业生质量开始遭到质疑。为巩固高等教育改革成果,维护高等专业学院的合法地位,1976年1月联邦政府颁布了首部全国性《高等教育总法》(Hochschulgesetzt),在强调高等学校综合化发展的同时,首次明确了高等专业学院在高等教育中的合法地位,并于1985年和1987年的修订中进一步确认其法律上享有大学各项权利,鼓励不同类型的大学加强合作。在《高等教育总法》及联邦系列职业教育立法的支持下,高等专业学院开始步入稳健发展的轨道,吸引力不断增强,学生数量成倍增长。根据德国联邦科学部的统计数据,1970年到1984年学生总数从8.95万人增至29.21万人,招生人数占比也从1968年的22%升至1985年的31%左右。更为重要的是,1960年到1980年间,这种新兴机构将德国高等教育体系转变成双结构体系(two-tier system)①,经过十几年的发展,高等专业学院逐渐发展成双结构体系中与大学类高校相对的非大学机构类型。

一、高等专业学院的初步繁荣与1976年《高等教育总法》的颁布

1968年《联邦各州统一专科学校的协定》规定了高等专业学院的机构性质与功能、入学条件、学制安排、学位授予及进修等问题,为各州颁布相关法律提供了依据。协定第1条规定:"高等专业学院是教育体系中高等教育领域的独立机构,至少设1个文教部长常设会议认证的专业,提供以科学基础为依据的教育,学生毕业参加国家认可的考试后可在职业领域独立执业。"②由此可见,高等专业学院属于独立的高等教育机构,课程和学习均导向职业而不是传统学术领域,这一定位很好地传承了专科学校尤其是工程师学校的办学特色。协定第6条规定了入学条件,要求申请者"已取得高等专业学院入学资格"或"证明已取得高等学校入学资格并曾接受某种实际训练",此规定强调了申请者的实际训练且放宽了申请范围,受过12年初等和中等教育或具有同

---

① Wolter, A. "From State Control to Competition: German Higher Education Transformed". *The Canadian Journal of Higher Education*, 2004(3).

② Holuscha E. *Das Prinzip Fachhochschule: Erfolg oder Scheitern?*. Marburg: Universität Marburg, 2012: 69-70.

等学力者皆可申请,涵盖了 10 年制实科学校毕业生再加读 2 年专科补习学校的毕业生,以及中等专业学校、技术高中或高级职业学校、甚至函授学校毕业生。协定第 8 条规定,高等专业学院的学习内容具有延续性,可继续在大学相关学院深造。第 9 条规定完成学习并通过国家考试可获得学位称号并授予证书,获得学位后有资格申请到技术大学深造。第 8、9 条突出了高等专业学院的学习内容与学习过程,以及与传统大学的差异与贯通连接。协定第 7 条规定学制为 3 年,每年教学时间最低 220 天。随后,各州根据该协定精神和本州发展实际相继颁布《高等专业学院法》,明确此类机构的法律地位和制度要求,如入学条件、师资要求及教学条例等,各州具体要求不尽相同,有些州如巴伐利亚州和巴符州,均要求增加两学期的实习训练。

1968 年《联邦各州统一专科学校的协定》为高等专业学院获得全国性立法支持做了铺垫,而 1969 年《联邦德国基本法》(以下简称《基本法》)的修订则为全国性立法的出台提供了实现的可能。作为本轮改革国家加强管理力度的成果之一,修订后的《基本法》改变了过去高等教育仅由州政府负责的惯例,规定联邦政府和州政府共同承担教育和科研任务,联邦政府有权颁布高等教育制度的原则性框架,高等教育机构的扩大、新建及发展计划等均在框架范围内进行。如新修订的《基本法》第 91a 条规定"联邦参与州的任务"(称为"共同任务"),即联邦政府参与和协助高等学校的扩建和改建;第 91b 规定"联邦计划,科研资助",即联邦和各州可依据协议在教育计划和州际科研机构、科研项目上进行协作,分担费用。可以看出,战后的经济腾飞提高了联邦对教育的财政支付能力,"有财政能力的联邦政府分担高等学校基本建设经费,同时还能确保先前被质疑的改革同一性"。①《基本法》关于共同任务的规定标志着"纯粹的文教联邦制"被正式放弃,"合作的文教联邦制"正式取而代之。②另外,新修订的《基本法》规定到 20 世纪 70 年代末,各州必须调整各自的《高等学校法》(Hochschulgesetzt),以适应联邦的框架性法规,从而赋予

---

① [德]克里斯托弗·福尔:《1945 年以来的德国教育:概览与问题》,肖辉英、陈德兴、戴继强译,人民教育出版社 2002 年版,第 220 页。

② [德]汉斯格特·派泽特、格茜尔德·弗拉姆汉:《联邦德国的高等教育——结构与发展》,陈洪捷、马清华译,北京大学出版社 1993 年版,第 10 页。

联邦为高等教育制定纲领性法规的权力,联邦的立法权限主要包括竞争性立法权和框架性立法权。1969 年 9 月联邦颁布《高等学校基本建设促进法》《联邦培训促进法》等,确立了与州在资助教育问题上的义务,此后,联邦开始承担大学生教育资助的主要责任。同年,联邦政府将原科研部扩建成联邦教育科学部,进一步加强了对全国教育和科研任务的宏观管理。在此背景下,高等专业学院也逐步走向规范化,1970 年成立了自己的校长会议,1971 年获准参加"大学校长常设会议",标志着大学正式接受其独立高校的身份。1972 年各州文教部长常设会议通过《关于各州统一高等专业学院学期时间的长期规定》《关于高等专业学院授予学位的协议》及《关于高等专业学院考试制度一般指导方针的建议》等协议规定,进一步规范完善高等专业学院的管理和运行。在《基本法》与各州相关协议的支持下,1969 年到 1971 年间,高等专业学院出现第一轮兴建高潮,很多工程师学校及设计、社会工作、经济领域的高级专业学校,升级改造成高等专业学院。与此同时,以医学和经济学教育为主的私立高等专业学院也开始出现,这些学院多为工科类专业学院,另有少量高等艺术学院,如 1969 年成立的韦德尔高等专业学院(Wedel)和 1972 年的矿山技术高等专业学院(Bochum)等。行政高等专业学院是其特殊形式,招收和培养非技术行政官员,主要为行政、司法、税收、海关、邮局和通信等部门定向培养人才。总之,由于目标明确、特色鲜明、直面职业、应用性强和学制短等特点,20 世纪 60 年代末 70 年代初高等专业学院获得蓬勃发展,学生规模仅次于大学。1970 年高等专业学院有 98 所,占当时高校总数的 46.4%,到 1975 年达 136 所,占当时高校总数的 51.1%,达历史高点①。

　　需要指出的是,虽然高等专业学院数量上突飞猛进,但因没有明确的针对性法律,人们对其地位及毕业生竞争力仍心存怀疑,加上 20 世纪 70 年代初经济危机的不利影响,高等专业学院在学校数量增加的同时,学生数量的比例却略有下降。如 1970 年学生数占比 21.1%,到 1975 年下降至 20.8%,尤其1975 年德国高等专业学院 145 所,超过高校总数的一半,但招收的学生数仅

　　① Ulrich Teichler. " Recent Development in Higher Education in the Federal Republic Germany". *European Journal of Education*, 1982(2).

占总数的 20.8%。1970、1973、1975 年高等专业学院学生占比情况表 5-1 所示：

表 5-1　1970—1975 年高等专业学院的学生数及占比情况①

年份	全部学生数（千人）		
	大学和艺术学院	高等专业学院	高等专业学院占比
1970	421	89	21.1
1973	606	123	20.3
1975	696	145	20.8

高等专业学院发展的瓶颈问题与 20 世纪 70 年代初的经济下行密切相关。虽然直到 20 世纪 80 年代，德国的经济增长仍高于英、法、美、意等主要资本主义国家，但在 20 世纪 70 年代前后就已出现递减趋势。尤其 1973 年石油危机之后，德国经济正式进入低速增长周期，失业率增加，通货膨胀加剧，经济下行迫使联邦政府削减高等教育经费投入，加上劳动力市场供求关系的改变，高等专业学院的毕业生开始出现供大于求的局面，人们开始忧虑其未来发展前景。而且在此期间，《基本法》并未规定联邦与州及州际法律之间的关系，科教领域的合作仍主要通过国家协议来实现，如 1972 年 10 月签订的有关高校学额分配的国家协议。因此，高等专业学院等机构的发展尚无统一的立法规范。1970 年，联邦教育和科学部曾决定起草一部全国性高等教育总法，并根据联邦和各州签订的行政管理协定成立了"联邦和各州教育计划委员会"（Bund-Länder-Kommission für Bildungsplannug），用以加强对教育改革模式的实验、实施、科学跟踪与评价，但因各州协调难度太大，导致全国性立法迟迟未能出台。后经联邦与各州长期磋商，1973 年 6 月 15 日，联邦和各州教育计划委员会出台了首部联邦和州共同制定的全国范围内有效的《教育总规划》（Bildungsgesamtplan），明确了 1985 年前教育事业发展的方针和政策，指出高

---

① Ulrich Teichler."Recent Development in Higher Education in the Federal Republic Germany".*European Journal of Education*,1982(2).

等学校当前的首要任务是"为越来越多的职业提供学术性教育"①，未来阶段主要通过科研和教学为扶植和发展科学与艺术服务，并为某种职业做准备，建议"重新调整高等学校的目的，建立一种既分层次又相互联系的学习途径和学历提供可通性的体制"。② 1972 年到 1975 年间，因经济危机影响，人们开始对高等教育的投资效益及高等专业学院的合法性产生怀疑。为平衡劳动力市场，消除人们对高等教育投资的顾虑，改善高等专业学院的处境，巩固 20 世纪 60 年代末以来的改革成果，1976 年 1 月 26 日，历经反复协商，联邦政府终于颁布了首部全国范围内有效的《高等教育总法》，并于次日生效。

在《高等教育总法》前言，联邦教育与科学部长海尔姆特·鲁德（Helmut Rohde）特别指出，自 1969 年 5 月联邦政府获得为高等学校基本法规制定总则的立法权开始，经过 5 年协商，联邦议会和议院于 1975 年 12 月通过该文本，因此该文本是协调委员会认真磋商的结果，是高等教育政策统一的前提和依据。《高等教育总法》规定了高等学校的任务、入学资格、成员、组织管理工作，以及发展规划与州法调整等事项。第二条第 1 款规范了高等学校的任务，即"通过研究、教学和学习，为维护并发展科学和艺术服务。高等学校为需要应用科学知识和科学方法，或需要艺术创造能力的职业活动做准备"。③ 在第 7 条和第 8 条学习目的与改革中，指出"教学和学习应为学生今后的职业活动做准备"以及"学习内容适应职业领域变革情况，向学生提供广泛的就业可能性"④。由此可见，该法体现了教育功能的正式转向，一方面延续传统，保持和发展科学和艺术的功能，一方面为职业活动做准备。第 4 条和第 5 条明确了高等教育改革的目的，也就是将承接不同任务的各类高等学校的研究和教学连接起来，实现不同类型学习间的交叉、过渡和渗透，创建合作或一体化的综合高等学校。因此，该法实际上强调了综合性高等学校的改革方向，同时也首次正式将高等专业学院纳入国家法律框架。除明确各州公立高等学校均适用本法外，第 75 条转聘规定中的第 4 款，将高等专业学院与综合高等学校相应

---

① 瞿葆奎：《教育学文集·联邦德国教育改革》，人民教育出版社 1991 年版，第 620 页。
② 瞿葆奎：《教育学文集·联邦德国教育改革》，人民教育出版社 1991 年版，第 626 页。
③ 陈颖、李亚美、董琦：《联邦德国高等学校法选编》，辽宁人民出版社 1987 年版，第 56 页。
④ 陈颖、李亚美、董琦：《联邦德国高等学校法选编》，辽宁人民出版社 987 年版，第 59 页。

学程任职的公职人员转聘问题同等对待,明确其为国家重点发展的本科层次的高等教育,法律上与综合高等学校具有同等地位。《高等教育总法》首次以全国性法律的形式确认了高等教育职业准备的功能,为高等教育从以学术为中心向兼顾职业准备提供了依据,虽然该法出台之后,德国仍继续保持大学的学术传统,但高等学校"首先是为职业做准备已不再是难以启齿的事情了"①。

《高等教育总法》在一定程度上是 20 世纪 60 年代以来高等教育改革实践的结果,然而其旨在兼顾学术和职业的综合高校设想并未达到差异化发展的目的。"转型包括设想的改革和新近社会变革的系列后果,计划和计划外的变革叠加会产生意想不到的效果,其中包括期望的结果,也伴随不想要甚至相对立的副产品"②。1971 年卡塞尔曾建立第一所综合高等学校,到 20 世纪 70 年代中期共建立 11 所,招生人数有所增加,1971 年招生 2900 人,1978 年招生 6 万多人,占学生数的 6.5%,③但除北威州外多数州并未响应,到 1990 年仅剩黑森州的卡塞尔综合高等学校 1 所,综合化改革最终宣告失败,再次证明了"带有洪堡大学印记的高等学校的结构和教学内容,不论是在教学方面还是在研究方面,都已经不能适应高度发达的工业社会的要求了"④。与改革预期不同的是,高等专业学院因适应性强,能根据各州和地区经济发展的特殊需要设置相关专业,尤其是工程和应用技术专业、法律和经济管理专业,以及许多新兴学科,如电子技术专业、精密仪器、计算机、合计数、能源、经济工程和环境保护等,从而受到市场欢迎,快速崛起为中坚力量。在 1977 年的大学新生中,进入大学类高校的占 66%(包括教师学院、神学院和艺术学院),进入综合性大学的占 7%,而进入高等专业学院的占到了 27%⑤。除了立法保障,高等

---

① [德]汉斯格特·派泽特、格茜尔德·弗拉姆汉:《联邦德国的高等教育—结构与发展》,陈洪捷、马清华译,北京大学出版社 1993 年版,第 14 页。

② Wolter, A."From State Control to Competition: German Higher Education Transformed.". *The Canadian Journal of Higher Education*, 2004(3).

③ 肖化移:《大众化阶段高职教育发展模式之比较》,《职业教育与培训》2004 年第 7 期。

④ [德]约阿希姆·H.克诺尔:《西德的教育》,王德峰译,人民教育出版社 1980 年版,第 118—119 页。

⑤ Teichler U., Bikas C. Sanyal. *Higher Education and the Labour Market in the Federal Republic of Germany*. Paris: The Unesco Press. 1982: 22.

专业学院新生占比增加与其较低的失业率紧密相关,1978 年秋与 1973 年秋相比,大学毕业生失业人数增至 4 倍,而短期教育机构毕业生失业人数为 3 倍,远低于劳工市场的平均失业人数。1978 年各类高校毕业生平均失业率为 3.9%,大学毕业生为 2.2%,短期机构毕业生的失业率为 1.8%[①]。据 1980 年的数据统计,在联邦德国的雇佣人口中,7.6% 的人拥有高等教育学位,其中 5.2% 的人有大学学位,2.3% 的人有高等专业学院的学位。[②] 1982 年,联邦科学审议委员会建议,在尚未成立高校的中小城市设立高等专业学院,作为与传统大学并行的教育机构独立发展,联邦政府在经费、设备、用房等方面优先照顾,扩大其与地区在应用研究方面的合作。根据该建议,高等专业学院开始承担培训在职人员的任务,在联邦资助下开办函授教育。高等专业学院与大学相比适应性较强,能根据社会需求及时调整专业和培养方向,其毕业生就业前景较好,尤其在电子、机械工程专业方面。根据联邦数据,1984/85 冬季学期选修专业的情况,高等专业学院选修工程学、经济学专业的学生占到 84.6%,而在大学仅占 34.8%。到 1985 年,高等专业学院的在校学生人数比 1968 年初创时增长了 3 倍多,教授数量也增长了不到一倍,占高校教授总数的比例有了明显提高。

二、20 世纪 80 年代《高等教育总法》的修订与高等专业学院地位的上升

1976 年颁布的《高等教育总法》虽然规定了高等专业学院与综合高等学校享有同等法律地位,但并未指出其学位类型、毕业生水平及拥有的具体权利,因此在普遍声望、教师工资级别、科研可能性、博士授予权及在国家机构就业的毕业生工资待遇上,与大学及大学类高等学校仍存在实际差别。为打消人们对高等专业学院科学性和等级性的怀疑,1981 年联邦德国科学委员会指出,各类高校应各具特色,但不应构成等级。为适应新时期高等教育不断发展的需求,《高等教育总法》颁布最初几年曾做过小幅调整,直到 1985 年才开始做大范围的调整,为理顺高等学校原有经验与新任务的关系,1985 年 3 月 28

---

① Teichler U., Bikas C.Sanyal.*Higher Education and the Labour Market in the Federal Republic of Germany*.Paris:The Unesco Press. 1982:35.

② 孙祖复、金锵:《德国职业技术教育史》,浙江教育出版社 2000 年版,第 64、213 页。

日、6月14日、11月14日三次对原法进行修改。时任联邦教育和科学部长多罗特·维尔姆斯(Dorothee Wilms)博士在修订法的前言中指出,这些新修订体现了以竞争为主的发展方向,"取消以总合(有的译为'综合')大学为统一组织模式的目标,改善高等专科学校(即本研究中的'高等专业学院')的地位。各类高校均有其重要地位"①。在该法适用范围的规定中,明确列出了高等专业学院,强调在办学水平和层次地位上与其他高校并无等级差异。第44条第1款规定的受聘教授基本条件中,在传统学术型高等学校教授之外,新设了应用型高等学校(高等专业学院)教授一类,在任职资格中强调实践工作经验,这种对教授资格的差异化区分为高等专业学院师资地位的确立奠定了基础。另外,该法第18条关于学位的规定中指出"若在高等专科学校,或在其他高校的高等专科学程中进行高等学校毕业考试,则需在学位证书上注明"高等专科学校"(FH)"。② 该规定一方面确认了高等专业学院毕业生本科文凭的合法性,但同时因要求注明学校类别,也为其后续发展带来了不利影响。1987年联邦议会再次修订《高等教育总法》,要求全国不同类型的高校联合培养人才,大力提倡校际合作。《高等教育总法》的修订使高等专业学院不论在教学还是科研上,都获得了相应的自主权,开始逐渐摆脱起步阶段的身份尴尬,及盲目扩张学校数量的做法,走上提升质量的法制化与规范化道路。在规模稳步扩张的同时,高等专业学院着重提升办学水平,力求与经济发展相适应,受到全国生产技术、企业管理和公共事业部门的欢迎。

首先,伴随各项法律出台,联邦和各州对高等专业学院的投入不断加大,师生规模稳步增长。20世纪70年代是德国大学扩展的高峰期,联邦提供的办学经费比例占到55%—58%,20世纪80年代中期因财政紧缩,这一比例下降为40%—42%,而高等专业学院的费用却从20世纪70年代的5%—7%上升到9%,显然扩大高等专业学院的总体规模是联邦政府的战略重点之一。"1986年高等专业学院(不含管理高等专业学院)投资额达2.96亿马克,经常

---

① 陈颖、李亚美、董琦:《联邦德国高等学校法选编》,辽宁人民出版社1987年版,第3页。
② 陈颖、李亚美、董琦:《联邦德国高等学校法选编》,辽宁人民出版社1987年版,第17页。

费支出为 14.33 亿马克"①。在招生人数方面,虽然 1964 年以来人口出生率急剧下降,但高等专业学院人数仍呈稳步递增趋势,1985 年其他高校的在校生人数增长 1.8 倍,高等专业学院在校生的人数增长达到 3 倍多,招生数占比不断上升。根据科学委员会的数据,到 1987 年,德国 70% 的工程师、建筑师、普通计算机科学家和 45% 的商业管理毕业生,均来自高等专业学院。② 1978 年到 1988 年间,高等专业学院的在校生人数几乎翻了一倍,新生人数及占比情况表 5-2 所示:

表 5-2 　高等专业学院 1978—1988 年在校生、新生数及占比情况③

年份	在校生人数	占比(%)	新生人数	占比(%)
1978	164200	18.4	41900	26.0
1980	192600	19.5	54200	29.6
1982	240000	21.1	64300	30.3
1984	278000	21.1	64400	31.1
1986	289000	23.1	63200	32.1
1988	372000	23.6	70600	31.0

其次,高等专业学院的生源和毕业生质量稳步提升,较之前有明显改善。一般来说,德国完全中学或专业完全中学毕业生接受完整的 13 年学校教育(包括小学和中学),毕业后可取得"一般高校入学资格"和"与专业相关的高校入学资格",专业高级中学毕业生接受 12 年学校教育,取得高等专业学院入学资格,因此最初高等专业学院的生源多来自专业高级中学。从 20 世纪 80 年代初开始,高等专业学院对完全中学毕业生的吸引力日益增大,新生中

---

① 　Wissenschaftsrat (WR). *Empfehlungen zur Entwicklung der Fachhochschulen in den 90er Jahren.* Köln : Wissenschaftsrat. 1990 : 608.

② 　Edgar Frackmann. "Resistance to Change or No Need for Change? The survival of German higher education in the *1990s*". *European Journal of Education.* 1990(2).

③ 　数据来源 : Bundensminister fur Bildung und Wissensschaft. *Bundensminister fur Bildung und Wissensschaft Grund-und strukturdaten 1989/90. Bonn*, 1989.

具有"一般高校入学资格"的数量越来越多,不得不采取措施,通过学额分配机构限制热门专业的入学申请。1975 年到 1986 年间,高等专业学院来自完全中学的生源比例从 15% 上升到 49%,而专业高级中学的生源比例则从 67% 下降到 38%,入学者中 91% 的学生具有普通和专业高校入学资格,仅 9% 的学生只符合高等专业学院入学资格。① 1975 年到 1988 年间,在所有的大学申请者中,有资格进入大学的申请者选择高等专业学院的增加了一倍,从 7% 上升到 14%。② 越来越多的具有大学申请资格的学生选择高等专业学院,一方面由于大学课程过于理论化,学习时间太长,另一方面看重高等专业学院较好的就业前景,自 1984 年起其毕业生失业率一直低于大学及大学类毕业生。如 1989 年,高等专业学院毕业生失业人数占毕业总数的 4%,而大学毕业生的失业人数占比达到 5.7%。③ 在毕业生就业领域方面,高等专业学院毕业生多在经济界就业,据 1986 年统计,其毕业生占工程师队伍的 67.7%,尤其土木工程师、机械制造与电气工程师,占比分别为 71% 和 74%,在新型专业中,如计算机工程师和企业经济师也分别占到 48% 和 43%,显然高等专业学院已成为联邦德国工程师的摇篮。1988 年德国科学委员会在《德国高等学校 20 世纪 90 年代发展展望》中明确提出,进入 20 世纪 90 年代高等专业学院仍是德国高等教育发展的重点。随着高等专业学院毕业生在经济界比重的持续增长,1990 年德国工商代表大会在讨论中指出:"在多类型高校体系中,许多高等专业学院成功彰显了自身特色,直面经济界对人才素质的需求。……且今日之毕业生在进入企业领导层方面机会较好,从经济界角度证实了高等专业学院的教育质量。"④高等专业学院日益增长的吸引力从新生数量增长率也可得到证实,相比 1988 年,1989 年大学新生增长率为 1%,而普通高等专业学院达到 6.5%。

① Wissenschaftsrat（WR）. *Empfehlungen zur Entwicklung der Fachhochschulen in den 90er Jahren.* Köln：Wissenschaftsrat. 1990：509.

② Edgar Frackmann. "Resistance to Change or No Need for Change？The survival of German higher education in the 1990s". *European Journal of Education*, 1990（2）.

③ Aus Politik und Zeitgeschichte. *Supplement to the weekly Das Parlament*, 1989（8）.

④ Wissenschaftsrat（WR）. *Empfehlungen zur Entwicklung der Fachhochschulen in den 90er Jahren.* Köln：Wissenschaftsrat. 1990：49.

　　第三,在适应经济发展与追求和大学等值的过程中,高等专业学院不断扩展专业范围,优化专业设置,突出人才培养的实践特色。高等专业学院以培养应用型人才为宗旨,专业按工程领域和技术甚至工艺领域划分,因之前多为区域性工程师学校,及经济类、社会教育类、艺术造型类和农业类高级专业学校,因此与大学相比规模小,行业性和区域性突出,专业设置狭窄单一,最初仅设化学、物理、工程等少量自然科学专业,有的学校仅一两个专业。1972年各州文化部长会议统一设置了47种专业,包括土木工程、采矿、制造、纺织技术、冶金技术、电子技术、精密仪器技术、木工技术、材料技术、食品工艺、饮料工艺等。20世纪70年代末以来,根据市场需求专业种类不断扩展,专业设置和分配模式也日趋成熟,开设了自然科学的应用性专业,如应用数学、化学工程、物理工程、信息技术、经济法、管理类专业和语言、文化、社会学等,同时根据实际调整专业比例,如经济科学专业学生比例从1972年的10%增至1986年的21%,人数从4400人增加到1.3万人,社会学专业则从18%下降到10%①。在发展新兴专业方面,信息学、经济信息学、生物工程、修缮技术、旅游及国际方面专业,到20世纪80年代已占5%。② 高等专业学院拓宽专业领域的同时,并未淡化应用型与实践性特色,这与专科学校百余年的积淀密切相关,课程安排上突出理论应用和培养学生的职业能力。以1982年巴伐利亚州高等专业学院社会公益事业专业的教学总纲为例,为培养学生在社会公益事业各领域独立从事职业活动的能力,总纲要求以社会公益工作和社会教育课程为核心,医学、艺术体育、教育学、哲学、政治学、心理学、法律、社会工作方式方法、社会学等课程均为辅助,如政治学旨在使学生熟悉影响公益工作和社会教育的社会、地方和国家机构和组织,心理学则强调如何将必要的心理学知识用于公益事业。与大学强调学科逻辑、偏重理论探讨相比,高等专业学院的专业设置目的明确、实用性较强。为保持实践性优势和追求与大学的等值,许多高等专业学院的学习年限从创建之初的3年延长到4年。最初巴符州、巴伐利

---

① Wissenschaftsrat（WR）. *Empfehlungen zur Entwicklung der Fachhochschulen in den 90er Jahren*.Köln：Wissenschaftsrat. 1990：516.

② Wissenschaftsrat（WR）. *Empfehlungen zur Entwicklung der Fachhochschulen in den 90er Jahren*.Köln：Wissenschaftsrat. 1990：609.

亚州率先在 20 世纪 70 年代引入 2 个实践学期将学习年限改为 4 年,之后其他各州也相继将学制延长至 4 年。① 1987 年修订后的《高等教育总法》明确规定了高等专业学院的学习年限一般为 4 年。巴伐利亚州 1988 年 12 月公布的《高等教育法》第 79 条第 2 款规定,高等专业学院的教学进程通常是 4 学年或 8 学期,其中 2 学期为实践学期。对实践学期各州规定不尽相同,有的设置 2 个学期,如巴符州、巴伐利亚州、下萨克森州和萨克森州,有的则安排 1 个学期,如黑森州的许多专业和柏林等地。除了实习时限的差异,在实践学期的具体安排上,各校各专业也未做统一要求。

最后,为追求与大学等值,高等专业学院不断开拓教授科研的可能性。因教师层次及学校定位的制约,长期以来高等专业学院的教师科研基本处于缺位状态。1980 年,随着高等专科学校的教师过渡为教授,科研和开发才成为高等专科学校教授们的工作任务之一。② 联邦和各州政府开始从立法角度为应用型科研开发活动提供便利与经费资助。1985 年修订后的《高等教育总法》第 22 至 26 条对研究事项的相关规定,特别明确了适应于应用性研究的发展计划和艺术发展计划③,尤其第 25 条,规定由第三渠道资金资助研究工作。据此,高等专业学院纷纷成立技术转让中心等科研机构,并专门为教授安排了科研学期。1986 年根据联邦法院判决,高等专业学院的教授开始正式使用"教授"职衔,从法律上真正拥有了科研权利。各州在新制定的一系列高等教育法中,为应用型科研开发活动提供了更大空间,自此高等专业学院的科研和开发任务不再仅仅是术语规定,开始有了实质内容。

总之,在联邦立法保障下,高等专业学院的法律地位得到巩固,到 20 世纪 80 年代真正成为正规高等教育系统中与大学并行的双结构中的一元。但也应看到,在办学规模和总体学生人数、教师科研、毕业生地位与市场竞争力上,高等专业学院与大学之间仍存在明显差距,其毕业生攻读博士学位的可能性及其在

---

① Wissenschaftsrat (WR). *Empfehlungen zur Entwicklung der Fachhochschulen in den 90er Jahren*. Köln: Wissenschaftsrat. 1990:20.

② Wissenschaftsrat (WR). *25 Jahre Fachhochschulen in Nieder-sachsen*. Köln: Wissenschaftsrat. 1996:48.

③ 陈颖、李亚美、董琦:《联邦德国高等学校法选编》,辽宁人民出版社 1987 年版,第 18—20 页。

政府部门的职业前景上,明显不及大学毕业生,即使在经济领域也存在一定差异。"大学和高等专业学院的不同类型的学位和毕业生的入职工资尤其是在公共部门的工资水平,显然更有利于大学毕业生。"①根据大众、奔驰汽车公司等6家大企业工程师队伍调查,高等专业学院毕业生虽占工程师总数的三分之二,但多集中在生产加工、维护修理、设计、实验、技术应用和销售等领域,而大学毕业的工程师主要从事研究开拓、系统规划和工程管理工作,即使同在管理岗位,高等专业学院的毕业生主要担任班组负责人、班组管理主任,而大学毕业生则以部门主任居多。由此可见,在提升教育质量、追求与大学的等值上,高等专业学院任重而道远。

第三节　20世纪90年代两德统一后
高等专业学院的扩张与改革

20世纪90年代以来,德国高等教育面临着国内外诸多挑战,一方面两德统一后经济持续低迷与高等教育大众化需求增加,加剧了高等教育的资源短缺,资源短缺与过时的管理严重制约着教育质量的提升;另一方面,国际化浪潮下欧盟加快了一体化进程,提升国际竞争力成为高等教育改革的一大驱动因素。在新公共管理思潮影响下,20世纪90年代中期德国高等教育开启了追求效率与绩效的市场化改革,1998年第四次《高等教育总法》的修订标志着管理政策的正式转向。在此背景下,高等专业学院一方面在两德统一后获得持续扩张的动力,规模迅速扩大;另一方面在应对管理转型及国际化挑战中继续提高教育质量,追求与大学的等值,以谋求更大的就业市场,并于1998年正式统称为"应用科技大学"。

一、高等专业学院的二次扩张与高等教育管理改革的开启

两德统一为高等专业学院扩张带来契机。高等专业学院快速发展主要集

---

① Edgar Frackmann."Resistance to Change or No Need for Change? The survival of German higher education in the 1990s".*European Journal of Education*,1990(2).

中在20世纪70年代初和20世纪90年代初两个时期,20世纪70年代初的发展得益于高等教育结构调整,而20世纪90年代初大发展的主要动力来自两德统一后的教育一体化改革。根据1990年8月31日东、西德签署的统一条约,1991年6月30日之前,东部五州须分别制定学校改革法、学校法或临时教育法,改造教育体制,逐步实现东西部教育一体化。除特殊情况外,民主德国高等教育系统按联邦德国模式进行改革,高等院校改造和重建工作主要依联邦德国《高等教育总法》及修订本进行,科学院机构被解散或与大学合并,按标准建立一批应用型高等专业学院。早在1989年政权更迭前,民主德国的高等工程师学校几乎全部升格为工科高等学校,纳入学术性高校体系。因此,为适应经济发展对多层次人才的需求,在东部地区新建高等专业学院成为教育一体化的重要内容。1990年11月6日,原民主德国最后一届政府及联邦德国与各州政府邀请德国科学审议会制定大学和高等专业学院发展规划,建议在东部设立20所高等专业学院,学习位置暂定5.2万个,在其《关于高等专业学院发展的建议报告》中提出加速发展高等专业学院,按职业技能要求扩展学科专业,开发新课程,坚持以教学和贴近实际培养人才的办学特色,并进一步完善其与学术型大学之间的贯通体系。1990年11月28日原联邦德国高等教育部长关于统一后高校发展方针的报告获得通过,其中最重要的措施就是扩建东部高校,扩建法学、经济学、社会学和教育学专业,将西部高等专业学院作为高校改革的成功经验推广到东部各州。由于有关建议比较务实,各州政府均予以采纳并付诸行动,1991年德国东部新建高等专业学院17所,1992年初达到23所。1992年10月,联邦教育科学部部长在提交给联邦内阁的报告《德意志联邦共和国高等学校现状》中再次强调,必须在大学建设和扩建前优先考虑高等专业学院的扩建。1993年联邦教育科学部与联邦研究技术部共同起草"教育及研究政策的原则"草案,强调扩大高等专业学院招生能力。在政府和社会的大力支持下,1993年东部地区的高等专业学院达到33所,1994年全德共有136所普通高等专业学院,在校生人数由1970年的89500名增加到398200名①。到1995年,德国拥有138所普通高等

①　[德]克里斯托弗·福尔:《1945年以来的德国教育:概览与问题》,肖辉英、陈德兴、戴继强译,人民教育出版社2002年版,第238页。

专业学院和 30 所管理高等专业学院,遍布全国 16 个州[①],在校生为 449000 名,比例从 1970 年的 17.5% 提高到 24.2%(总的在校生人数为 1858400)[②],毕业生比例达到了 35%,而在 1984 年前该比例还徘徊在 29% 和 30% 之间[③]。2000 年,联邦教育与科研部出版《德国的 Fachhochschulen》一书,提出要将高等专业学院的在校生比例提高到 40%。总之,整个 20 世纪 90 年代,在两德教育一体化改革背景下,扩大高等专业学院的招生能力成为优先事项。根据联邦教育部 1995 年的基础数据统计,1991 年到 1995 年间,高等专业学院学生发展状况如表 5-3 所示。

表 5-3　1991—1995 年间高等专业学院(含行政管理类)在校生数量及占比情况

年份	高等专业学院学生数 (万)	高校学生总数 (万)	高等专业学院学生占比 (%)
1991	39.77	178.27	22.3
1992	41.98	182.31	23.0
1993	44.30	187.52	23.6
1994	44.47	185.65	24.0
1995	44.90	185.84	24.2

　　虽然两德统一为高等专业学院的扩张提供了动力,但因统一后的经济低迷加剧了高等教育财政紧缩,高等专业学院同样存在质量下滑与超载运行的情况。为改变原有管理模式的弊端,提高经费使用效率,20 世纪 90 年代中期,德国管理体制开始向市场化转型。事实上,此次改革的根源在于高等教育发展的经济驱动模式无法满足大众化和市场对新型人才的需求,其基本逻辑是 20 世纪 60 年代末以来,联邦和州政府承担的经费负担大规模增加,而支持税收的经济增长却在放缓甚至低迷倒退,从而导致高校财政日益紧缩与超载,资源投入不足直接导致教育质量下滑,并最终引发了人们对投资模式和管理

---

①　BMBF.*Grund-und Strukturdaten*.1996/1997.Bonn.1996:145.

②　BMBF.*Grund-und Strukturdaten*1996/1997.Bonn.1997:146-147.

③　Wissenschaftsrat(WR).*Empfehlungen zur Entwicklung der Fachhochschulen in den 90er Jahren*.Bonn.1990:43.

体制的反思与改革。因此可以说,20 世纪 90 年代末的改革与 1966 年开启的现代化改革及经济发展态势紧密相关。20 世纪 60 年代末开启的教育民主化改革中,联邦和州政府取消了大学学费,并增加了对贫困生的资助,学生规模的持续扩张加重了联邦和州政府的经费负担,公共债务不断增加,税负几乎达到极限。1965 年到 1978 年间,因出生率下降近一半,预计 20 世纪 80 年代新生数量会有所下降,于是政府开始限制容量削减开支,然而因错误预测及移民增加等因素,大学生入学数量不降反升。1977 年 15% 的 19 到 26 岁的年轻人接受高等教育,到 1989 年达到 21.5%,当年 252500 名新生进入大学、高等专业学院和其他高等教育机构①,1990 年新生继续增加,达到 25.5 万名,占 19 岁至 21 岁同龄青年的 35.8%,在校学生总数达 148.59 万名,占 19 岁至 26 岁同龄青年的 23.3%。② 在入学人数和在校生数持续走高的情况下,德国经济发展势头却日趋减弱。根据两德签署的统一协议,新五州各领域按联邦德国模式进行改造,为缩小地区经济差异,大量资金投入新州建设,短期刺激下 1990 年和 1991 年的生产总值分别比上年度增长 5.5% 和 4.9%,达到 20 世纪 70 年代以来最佳水平。然而,因东部地区在社会转型中出现一系列不适应,加上国际经济不景气尤其美国经济衰退的影响,东部地区经济复苏乏力,进一步拖累了西部地区的发展。1993 年经济增长率出现负增长,为 -0.8%,此后 20 世纪 90 年代大部分时间处于低迷状态,增长率长期徘徊在 1% 至 2% 之间,1996 年上半年一度滑落到 0.7%,平均年度增长率仅为 1%③。经济形势恶化导致政府拨款逐年减少,在资源严重短缺和停滞的情况下,行政管理部门被迫改革资源配置机制和管理方式,以实现资源利用的最大化,并鼓励高校与企业合作,拓宽经费来源以弥补财政拨款的不足。不难看出,资源短缺是管理体制变革的直接动因,不仅影响了教育质量,而且动摇了政府的投资信念。

　　资源短缺加剧了高等教育供给与大众化需求之间的矛盾,并直接导致教育质量下滑。德国战后几十年在高等教育上的投资模式基本可以概括为"丰

　　① Edgar Frackmann."Resistance to Change or No Need for Change? The survival of German higher education in the 1990s".*European Journal of Education*,1990(2).

　　② Federal Ministry of Education and Science.*Basic and Structural date*.1991,S.70,71.

　　③ Statistiches Bundesamt Deutschland.*Statistical Yearbook 2008*.Wiesbaden.2008:627.

裕的 70 年代(fat 70s)、消瘦的 80 年代(lean 80s)和贫瘠的 90 年代(meager 90s)"①。"1977 年以来新生数量增长了 70%,总数增长 75%,而高等教育仅扩容 10%的学额和 6%的学术职员职位,相应的研究和教学预算增加 4%,与生产总值相比,高等教育花费从 20 世纪 70 年代中期的 1.32%下降到 1992 年的 0.93%,减少近 30%。"②高等教育投资跟不上需求扩张的步伐,高校学额过度拥挤,经费和人员不足恶化了教学研究条件,20 世纪 70 年代在斯图加特建立学额分配中心(Zentralstelle für die Vergabe von Studienplätzen),限制招生和解决拥堵问题。20 世纪六七十年代人们沉浸高校扩张的乐观情绪中,直到 20 世纪 80 年代结束,几乎所有非政府机构如大学理事会或科学委员会都认为,负载运行并未影响办学质量和声誉。然而,到 20 世纪 80 年代末政策改革的信号开始显现。1988 年到 1989 年秋冬学期,由于资源短缺引发学生不满,为争取资源大学生举行抗议活动。20 世纪 90 年代财政拨款进一步紧缩,据经合组织统计,1990 年 22 个成员国中德国公共教育经费占国内生产总值的比重仅为 4.00%,位列倒数第三,与其经济、科技实力位次极不相符。20 世纪 90 年代以来,经济年均增长率长期徘徊在 1%至 2%之间,财政拨款连年减少,1996 年联邦和各州政府的高教拨款比 1995 年减少了 20 亿马克,相当于关闭 5 至 6 所中等规模的大学。1997 年德国整体财政预算削减 2.5 个百分点,教育投入削减 5.6 个百分点,提供给学生的资助金比 1992 年的 30 亿马克削减 2.7 亿马克,各州纷纷出台政策强行合并机构和硬性裁员,中低收入家庭的学生陷入就学困境。1997 年末,德国 100 多所高校的学生在波恩举行游行,抗议政府在教育上的财政紧缩,直陈高校管理的各种弊端。"时任高等学校联席会主席的汉斯·埃里克(Erich,Hans)呼吁,再不解决这一问题,德国高等学校就有发生崩溃的可能性"。③ 高校抱怨政府投入不力的同时,遭到社会各界尤其政府的批评,如过长的修业年限和过高的辍学率,僵化的人事制度与过分

---

①　Wolter, A. "From State Control to Competition: German Higher Education Transformed". *The Canadian Journal of Higher Education*, 2004(3).

②　Helmut De Rudder. "The Quality Issue in German Higher Education Policy". *European Journal of Education*, 1994(2).

③　杨汉清、韩骅:《比较高等教育概论》,人民教育出版社 1997 年版,第 316 页。

理论化的学习内容,以及缺乏压力的校园环境等。由于没有固定的教学计划和严格的学期数量限制,加上免交学费加剧了校园滞留,毕业周期从1977年的9.8个学期增加到1986年的12.4个学期,1987年大学毕业生的平均年龄超过28岁①。1989年某些专业平均学习期限高达16.5学期,同期比英国、日本、美国等发达国家长3年左右。1990年科学委员会指出,毕业生高龄浪费教育资源的同时,减弱了在欧洲市场的竞争力,建议缩短学制,统一要求为4年额外加3个月考试准备时间。投入不足导致生师比从1975年的10∶1下降到1985年的15∶1,高等专业学院则从16∶1下降到30∶1,②据统计各专业平均师生比为1∶37,其中德林根高专(Riedlingen FH)的经济学专业师生比为1∶48,③进一步引发教学质量下滑和辍学率的上升。到1997年,除了传统的机电专业和机械制造专业师资相对充足,经济专业和社科专业的教授仍相对缺乏,4个专业的学生与教授之间的比例见表5-4。20世纪90年代初,大学的辍学率约25%,高于高等专业学院的辍学率。1993年3月,科尔总理在联邦会议讲话中指出,德国大学生平均辍学率为27%,某些专业高达50%,某种程度上是一种资源损失和浪费。

表5-4 1997年高等专业学院(表内简称高专)四大专业学生与教授比例④

经济、企业经济专业		机电专业		机械制造专业		社科专业	
柏林技术高专	4	哈茨高专	2	安哈尔特高专	3	汉堡高专	14
汉诺威高专	11	施特劳尔苏高专	3	施特劳尔苏高专	3	纽勃兰登堡高专	17
弗伦斯堡高专	14	威斯马高专	3	利普高专	4	波茨敦高专	18
默尔斯堡高专	14	施马卡尔敦高专	4	马格德堡高专	5	弗兰克福特高专	19
勃兰登堡高专	15	凯泽斯劳顿高专	5	施马卡尔敦高专	5	默尔斯堡高专	21
汉堡高专	15	默尔斯堡高专	5	弗伦斯堡高专	6	纽伦堡高专	21

---

① Edgar Frackmann. "Resistance to Change or No Need for Change? The survival of German higher education in the 1990s". *European Journal of Education*, 1990(2).

② Edgar Frackmann. "Resistance to Change or No Need for Change? The survival of German higher education in the 1990s". *European Journal of Education*, 1990(2).

③ *Ein Drittel Daimler.* "ein Drittel Bosch", *Der Spiegel*, 1999(15).

④ *Ein Drittel Daimler.* "ein Drittel Bosch". *Der Spiegel*, 1999(15).

续表

经济、企业经济专业		机电专业		机械制造专业		社科专业	
霍夫高专	15	汉堡高专	6	英格斯塔特高专	6	劳西斯高专	22
罗伊特林根高专	16	兰德舒特高专	6	凯泽斯劳顿高专	6	尼德尔海高专	24
莱茵-西格高专	17	弗伦斯堡高专	7	肯普顿高专	6	埃斯林根高专	24
阿伦高专	18	肯普顿高专	7	弗兰克福特高专	7	福尔达高专	24

　　显然,20 世纪 90 年代德国高等教育面临的严重危机源于 1975 年以来投资与入学增长间日益扩大的剪刀差,在过度拥挤和资源停滞的双重挤压下,不仅无法满足高等教育大众化的需求,且因传统管理模式的低效无法匹配国内外市场对高层次技术人才的需求。由于德国高等教育政策更多来自财政驱动,因此质量与效率的双重下滑直接动摇了政府支持高等教育的信念,在新公共管理思潮的冲击下,德国高等教育的管理政策开始转向。早在 1978 年,联邦和州政府协议中提出,应依靠现有机构吸纳日益增长的社会需求,意味着承认联邦管理限制了高校自主,影响了办学效率,希望从增长性改革转到提高效率的理性化改进。20 世纪 80 年代初,保守党提出"用竞争代替官僚"的高等教育政策新方针①。1985 年科学审议会"关于德国高等教育中竞争问题的建议"提出,应促进高等学校在各方面展开竞争。进入 20 世纪 90 年代,管理的官僚程式化极大制约了高等学校的效率和活力,随着对东部高等教育体制改造的深入和社会对各种弊端的广泛讨论,高等教育管理体制改革再次提上日程,席卷欧美发达国家的"市场导向"的新公共管理开始波及德国。政府希望学校承担更多责任,积极参与国际合作与竞争。在此背景下,政府、高等教育组织及主要的雇主协会在高等教育政策上做了一系列努力,以改善办学条件,提高管理绩效与人才培养质量。1992 年 7 月,德国大学校长会议的主题定为"德国高等教育发展理念"(Concept for the Development of Higher Education in Germany),主张高等教育政策的核心任务是保证和改善研究与教学质量,强调政府放松管制,给高校更多的自治权和建立质量绩效评价调控制度。1993

---

　　①　陈学飞:《美国、德国、法国、日本当代高等教育思想研究》,上海教育出版社 1998 年版,第 173 页。

年初,科学理事会出版"科学理事会高等教育政策十大主题"(Ten Theses of the Science Council on Higher Education Policy),该报告聚焦质量问题,如学习周期和淘汰率等,主张完善内设结构,开发实践训练与理论研究相结合的学习模式,突出职业特色,构建教学绩效导向的经费资助体系等。1993 年 7 月,各州文化部长和校长会议发表联合声明,强调改革主旨即为提高学习质量和制度效率。显然,教师的教学和学生的学习正成为质量的核心,"与 20 世纪六七十年代相比,当前高等教育政策讨论关注的是质量问题。高等教育质量的含义正在改变,主要基于教学和学习,而不是学术和研究"①。1997 年,前任联邦教科部长吕特格尔斯(J.Ruettgers)博士发布改革报告《面向 21 世纪的高等学校》,其中许多改革思想纳入 1998 年 8 月新修订的《高等教育总法》。1998 年社会民主党执政后,新任联邦教科部长布尔曼(E.Bulmahn)女士发表"变革的勇气:德国需要现代高校"改革建议书,认为改革重点是努力在高等教育领域实现平等、竞争、效率、开放和自治的目标。20 世纪 90 年代以来,在联邦立法、相关组织及各界人士的支持下,各州都修订了本州高等学校法,如巴符、黑森、下萨克森及北莱茵-韦斯特法伦州,有的已完成二次修订。1998 年《高等教育总法》的第四次修订成为管理转向的标志,德国高等教育正式引入市场机制,通过"去国家化""去控制化"为高校松绑,赋予各州高等学校更多自主权,为 21 世纪全面启动以市场为导向、以绩效和效率为目标的全方位改革提供了法律保障。

二、20 世纪 90 年代高等专业学院追求与大学等值的努力

虽与大学类高等学校相比,高等专业学院有着较好的前景,但仍存在阻碍其发展的经济与制度因素,如普遍存在的财政紧缩政策同样会影响其发展速度与教育质量,因规模小且主要由地方建立,专业和学生人数依然受限,政府投资远不及大学。就基本建设费用来说,根据科学委员会的报表统计,1986 年各州用于大学的资金达 9110 百万马克,而用于高等专业学院的资金仅

---

① Helmut De Rudder. "The Quality Issue in German Higher Education Policy". *European Journal of Education*,1994(2).

1443 百万马克。在制度设计上,高等专业学院和大学的师生地位依然存在差距。德国教师工资级别设四个等级,除 C1 为教学辅助人员其他均为教授,高等专业学院只有 C2、C3 级,没有大学最高的 C4 级;在毕业生学位授予上,大学授予学士或硕士学位(Diplom 或 Magister),而高等专业学院在(Diplom)中须注名"高等专业学院(FH)字样,州法可规定高等学校有权授予就业资格的硕士学位证书,但不适用于高等专业学院。差异化的制度设计导致其毕业生在升学攻读博士学位和国家机构就业上无法与大学毕业生等同对待,在攻读博士学位的可能性上,至少须在大学重新完成学习阶段的学习并取得大学学位,且机会有限。以弗赖堡阿尔贝特-路德维希斯大学为例,1995 年高等专业学院毕业生只能在其经济学系、森林学系、生物学系和物理学系攻读博士学位。到 1999 年为止,高等专业学院毕业生中只有 30 名学生获得博士学位。[①]在就业方面,虽在经济界的工资待遇与大学毕业生无明显区别,但在国家机构公务员的职位划分中,只有大学毕业生可任高级职务,原则上高等专业学院毕业生只能担任较高级职务。可见,高等专业学院与大学之间法律规定的"不同类型,但是等值的"的关系在现实中并未实现。当 20 世纪 90 年代竞争和自主逐渐成为管理改革的主题,提升专业实力、学术水平及市场竞争力,成为高等专业学院追求等值的重要举措。在提升专业实力上,高等专业学院继续保留职业性和区域性特点,瞄准现代经济和科技发展的需要,调整和扩展专业领域及专业方向,同时应高等教育开放性与国际化需求,加强外语及国际课程的教学。科学委员会提出的"90 年代高等专科学校建议"要求,针对职业素质拓宽专业范围,加强校际资源整合力度,开发新的专业模式,及时淘汰偏离社会需要的专业,改革与市场契合度低的专业。在扩大专业覆盖面上,高等专业学院主要增设适应广、综合性强的交叉学科专业。根据其建议,专业面的拓宽将主要涉及以下新的专业重点:工程技术与经济学相结合的新专业,物理工程、医务技术、医院管理等,以及语言、文化和社会学领域中新的面向职业的新专业。[②]

---

① Ein Drittel Daimler."ein Drittel Bosch".*Der Spiegel*,1999(15).

② BMBF.*Das Hoehsehul system in Deutseh-land*.Bonn:Wissensehaft. 1994:45.

为适应上述新专业建设的需求,茨维考西萨克森高等专业学院 20 世纪80 年代末开设工程与经济结合的新专业,包括经济工程学、公共企业管理等,同时在这些领域针对大学毕业生开设第二学位课程,首次专设经济中文专业以满足中德经贸发展的需要。据联邦统计署统计,1992 年 101 所普通高等专业学院中,开设 2 个或 2 个以上专业方向的只有 42 所。① 1993 年政府出台《各州文化部长会议关于高等专业学院专业设置的决议》,专业设置的重点转向工程科学领域,特别是建筑工程、电气工程、机械工程(共有 30 个专业)、经济科学、信息科学、社会科学和工业设计等领域,强调实践性与应用性,且以工程技术专业为主。如科隆高等专业学院(cologne FH)1971 年建校时只设冶金和采矿等专业,20 世纪 90 年代设置了电气工程、信息科学、机械工程、建筑工程等领域的 45 个专业,不仅包括工程类、信息类,还包括人文类、经济类,发展成以科技类为中心、兼顾人文类的综合应用型大学,吸引了来自 93 个国家和地区的学生。1996 年到 1998 年,高等专业学院新设置和开发的专业达到 28个,其中 1996 年 3 个、1997 年 14 个、1998 年 11 个,"特别是 1997 年信息与通信领域新开四个 IT 职业,即信息与通信系统电工、信息与通信系统商务员、专业电子信息处理员、电子信息处理商务员,是新开发的专业的代表",②成为工程技术之外的主干专业。如汉诺威高等专业学院在 2000/2001 学年共有 10个系,29 个专业,涉及工程技术、信息、经济、人文、艺术五大类,德累斯顿高等专业学院在 2000 年春季学期设有 8 个系、21 个专业,涉及工程技术、信息、经济、艺术四大类。为与地方经济接轨,慕尼黑高等专业学院采用宽专业下设专业方向的做法,设置建筑工程和交通技术专业,又在建筑工程专业下设公共建筑工程和建筑实施两个单一专业,在交通技术专业下设陆上交通工具和空中交通工具两个单一专业。汉诺威高等专业学院则根据该州森林多、地势平坦、河流多的特点,设立建筑学、土木工程学和生物处理技术等 10 大系科,从2000 到 2001 年冬季学期开始,在前两个专业领域设继续教育研修专业"持久性规划与建造",在生物处理技术领域设奶制品业的食品技术和可再生原材

---

① 朱绍中:《德国高等技术学院的发展新动向》,《德国研究》1997 年第 4 期。
② 姜大源:《论世纪之交德国职教改革的基本理念》,《中国职业技术教育》1999 年第 6 期。

料技术专业。1997年,德国在里斯本签署欧洲各国文凭互认协议,开始酝酿向英美学位制度转变。在应对国际化方面,高等专业学院一方面加强外语课程的教学,如卡尔斯鲁厄高等专业学院(Karlsruhe FH)开设采用英语、法语教学的课程,为学生提供学习俄语、西班牙语、葡萄牙语的条件等;另一方面推动国际化专业的开设,于1997年冬季学期启动"高教国际课程计划",经评审委员会遴选,4所高等专业学院和9所大学率先实施,专业涉及经济学、数学、信息学、工程科学、电工学、化学工程和农业科学。1998年夏季学期继续扩大专业试点,具体情况见表5-5,截至2000年前,约1/3的高等专业学院开设了国际化专业。①

表5-5　1998/1999年夏季学期高等专业学院开设国际学位专业情况

高等专业学院	专业名称
亚琛(*FH* Aachen)	国际技术研究
达姆施塔特(*FH* Darmstadt)	电气工程/系统设计与技术
曼海姆(*FH* Mannheim)	生物技术
纽伦堡(FH Nürnberg)	国际企业经济
埃姆登(FH Emden)	物理工程
罗伊特林根(FH Reutlingen)	国际商务
施特拉尔松(FH Stralsund)	波罗的海管理研究

　　为提升学术水平,高等专业学院继续拓展教师科研的可能性与毕业生攻读博士学位的渠道。在改善教师科研上,高等专业学院获得了联邦和各州的资助与政策支持。1991年科学委员会提出投入启动资金吸纳经济界第三方资金,改善高等专业学院的实验室设备,减少科研活跃的教授的教学工作量,以及设置科研开发重点等主张。1992年6月联邦教育科学部部长建议,高等专业学院教师的教学工作量从18课时至少减少2个课时,并拓展其从事应用型科研和开发的可能性,同年联邦教育研究部启动针对高等专业学院的应用型科研开发资助项目,截至1999年共资助约500个科研项目,投入经费7500

---

① 　BMBF.*Die Fachhochschulen in Deutschland*.Bonn.2000:26.

余万德国马克。① 在高等专业学院获取联邦资助的同时,各州加大对应用科研的扶持力度,如下萨克森州科文部 1991 年成立"革新项目工作组(AGIP)",专门资助高等专业学院的应用型科研项目,年资助经费约 320 万马克,并计划提高至年均 500 万马克。② 除了减轻教授教学任务,高等专业学院还安排了科研学期,教授可据所申请的科研项目减免一定的教学工作量。1991 年科学委员会建议,通过投入启动资金吸纳经济界第三方资金、改善实验室设备、减少科研活跃的教授的教学工作量、建立高等专科学校的科研开发重点等措施改善高等专业学院科研开发的可能性。③ 在促进应用科研开发及技术转让方面,高等专业学院成立了技术转让中心。如在下萨克森州,7 所普通公立高等专业学院均设有技术转让中心。应用型科研与技术转让逐渐成为高等专业学院重要的工作任务之一。在高等专业学院毕业生攻读博士学位方面,与大学毕业生的差异化待遇一直是追求等值的阻碍之一。20 世纪 90 年代以来,高等专业学院优秀毕业生攻读博士学位的要求日益迫切,1992 年 12 月 3 日各州文教部长联席会议通过决议,允许其无须取得学术性大学学历直接攻读博士学位。1993 年 3 月 17 日,弗赖堡阿尔贝特·路德维希斯大学森林学系率先修改博士学位规章,允许具备条件的高等专业学院毕业生攻读博士学位,打破原先必须获得大学文凭才能攻读博士学位的限制。此后更多的州开始效仿,到 1995 年底 16 个州全部修改了《州高校法》,从法律上确认高等专业学院毕业生可直升大学攻读博士学位,高等专业学院也可与大学联合培养博士生,由大学授予学位,为其优秀毕业生拓宽攻读博士学位的途径。

在培育市场竞争力上,高等专业学院继续强化实践特色,加大国际化办学力度,提升服务区域经济和适应国际市场的能力。学生入学要求和教师入职晋升对实践经历的重视一直是高等专业学院的一大特色。学生必须有至少 3 个月与所申请专业一致的实践经历,并出具相关企业的鉴定证明。在教授聘用条件上,根据联邦《高等教育总法》第 44 条规定,绝大部分专业招聘教授特

---

① BMBF.*Die Fachhochschulen in Deutschland*.Bonn. 2000:21.

② Ministerium für Wissenschaft und Kultur.*Forschung an Fachhochschulen*.Bonn. 1998:7.

③ BMBF.*Das Hoehsehul system in Deutseh-land* .Bonn. 1994:41.

别要求至少五年的工作经验,且工作领域与该专业知识和方法的应用或开发相关,5 年中至少 3 年在高校以外领域并做出特殊成绩。有的州还规定高等专业学院教授任教期间每 4 年享受一次为期 6 月的学术假,到企业工作或开展研究,以了解实际工作中的最新问题和动态,更新和扩充专业知识。学生在学习过程中至少安排 2 个学期的实习,以伍尔芙特尔高等专业学院为例,安排第 5、8 两个学期实习,每学期 6 个月,共 26 周,每周 40 个学时,实习期间劳动强度较大。第一个实习学期学习基本操作和工作方式,了解生产过程,第二个实习学期需要进行工程师水平的业务实践和组织能力训练,还须结合企业实际进行毕业论文设计。为加强校企合作,除从产业部门聘任工程技术人员兼职外,20 世纪 80 年代高等专业学院开始出现"双元制"专业培养模式。如汉诺威高等专业学院 1986 年在机械系生产技术专业设置了与实践相关的大学学习,与企业合作培养工程师。科学委员会在"20 世纪 90 年代高等专业学院发展建议"中也提出,高等专业学院的学习至少包括一个企业实践学期。1996 年科学委员会通过"对高等专业学院双元制改革的建议",首次承认企业也是重要的学习地点,不仅为每个学生提供 1—2 个实践学期的实习岗位,还须配备指导人员并支付一定的实习工资,提供毕业设计题目,参与学校项目教学及教学内容的制定等,尤其在开设新专业、制订教学内容上,高等专业学院都会听取企业代表的意见。如埃斯林根高等专业学院应本区域的罗伯特·博世有限公司(Robert Bosch GmbH)、戴姆勒-奔驰股份公司(Daimler-Benz AG)、梅赛德斯·奔驰公司(Mercdees-Benz)和电气有限公司(Allgemeine Elektricitäts-Gesellschaft,AEG)等大工业企业的要求和工业发展的需要,多次扩展课程和专业。有些企业在提供兼职教师的同时,还专设基金对教授提供薪金补助,或通过捐赠实验设备等形式参与共建实验室和资助科研项目。"双元制"模式的引入对高等专业学院培养桥梁型工程师和企业型工程师相当有益,被德国经济界和工商管理界称为把理论知识转化为实际应用技术的桥梁式的职业人才。虽然在国际合作的基础与资源上,高等专业学院比大学薄弱,但仍努力适应德国企业跨国发展与劳动力市场国际化的强烈需求,于1987 年成为德国学术交流中心(DAAD)正式成员之一,通过 1987 年推出的伊拉斯谟计划及其他留学项目鼓励本校学生到国外留学。如罗伊特林根高等专业学院为使学生更快地走向国际市场,要求学生原则上一半时间在本国学习,另一半时间在其他国家学习。① 高等专业学院通常会在教学计划中每年安排1~2周的集中教学时间(Blockwoche),这段时间可以安排学生外出考察,包括到国外,也可安排学生就某个专题集中学习,邀请其他大学的学者,包括外国学者来集中授课或举办讨论班,还可进行案例分析。高等专业学院会定期派学生到跨国公司实习,努力满足跨国企业及国际人才市场需求。如沃尔夫斯伯格高等专业学院和曼海姆高等专业学院每年派学生到国际顶级汽车制造商德国大众集团、全球一流软件公司 SAP 股份有限公司学习世界先进技术。1997 年以来,高等专业学院尽力向留学生提供低价饮食和住宿、社会和学习咨询等系列服务,降低外国人在德就学的难度,有些学校允许学生延期、勤工俭学或转换专业。不少高校还为国际化专业的学生同时授予两个高校的学位,在不伦瑞克-沃尔芬比特尔高等专业学院 1996 年到 1997 年的学习指南中,可以看到专业学院机械系从 1996 年到 1997 年的冬季学期开始,开设"欧洲工程技术(European Engineering and Technology)"专业,学生毕业时可获得专业学院的文凭工程师(FH-Diplom)学位和英国大学的工程学士学位(Bachelor of Engineering)。1998 年《高等教育总法》修订后,允许高校授予国际通行的学士和硕士学位,高等专业学院与国外学校的交流合作有了保障。据统计截至 2000 年,高等专业学院已与 92 个国家的高校签订约 3450 个校际交流协议。② 仅纽伦堡高等专业学院就与上百个国外高校建立合作关系,德累斯顿高等专业学院则与 50 多所国外高校签署合作协议,埃斯图林根高等专业学院与美、英、法、捷克、约旦、马来西亚、新加坡和中国等 40 个国家的学校建立合作关系,每年派 15—25 名毕业生在国外合作学校攻读学位,曼海姆高等专业学院也与 16 个国家的高校建立联系。为便于国际交流,提高高等专业学院的辨识度和影响力,便于学生在德国各大学间自由转学及到国外学习,1998 年,根据德国文化部长联席会议和德国高校校长联席会议决议,各类高等专业类学校在对外联系中统称为"应用科技大学"(University of Applied

① Ein Drittel Daimler."ein Drittel Bosch".*Der Spiegel*,1999(15).
② BMBF.*Die Fachhochschulen in Deutschland*.Bonn.2000:25.

Sciences）。

经过 20 世纪 90 年代追求等值的学术化努力与提高市场竞争力的举措，高等专业学院的学生规模继续扩大，就业竞争力不断提升。根据 1998/99 学年冬季学期统计，高等专业学院在校生总数已达 403074 人，比 5 年前增加了16000 人。① 2000 年全德共有 154 所应用科技大学，遍布全国 16 个州，在校生约 425485 名。据联邦劳动力市场和职业研究所统计，在不同受教育程度的就业者中，高等专业学院毕业生就业率最高，失业率最低。以 1993 年 9 月的失业率为例，大学毕业生失业率为 4.2%，高等专业学院毕业生失业率为3.4%，职业学校毕业生失业率为 6.3%，没有学历者失业率则达 18.6%。② 德国《经理杂志》曾对 1276 个经理人员进行书面询问，1996 年 3 月发表对德国、奥地利和瑞士 155 所技术类高校的评价排名，在工程类系科形象比较中，亚琛工大总分名列榜首，而埃斯林根高等专业学院和曼海姆高等专业学院分列第7 和第 9 名，在前 20 名中高等专业学院占了 7 所，充分彰显了高等专业学院培养的工程师在工程技术领域中具有强大的竞争实力。

第四节　21 世纪以来德国应用科技大学的学位改革与管理创新

20 世纪 90 年代以来，高等教育国际化与质量效益并重成为世界性趋势。1998 年，德国《明镜》杂志对欧盟 14 国及瑞士 102 所大学进行评估，英国、荷兰的高校声誉均超过德国。2000 年，经合组织开始实施"国际学生评价计划"，在当年评价中，德国学生表现不佳，阅读素养在 32 个国家和地区中排名第 21 位。德国学生在国际性评估中的表现凸显了战后几十年高等教育规模增长和质量下降的矛盾，提高教育质量已刻不容缓。进入 21 世纪在经历了头三年的停滞与艰难后，德国经济开始缓慢复苏，2004 年整体经济实现了 1.1%

---

① Ein Drittel Daimler."ein Drittel Bosch".*Der Spiegel*,1999(15).
② 沈纯道:《德国高等专业学院及其走向》,《比较教育研究》1995 年第 5 期。

的增长,2006 年增长率从 2005 年的 0.8%上升到 2.9%,2007 年国内生产总值同比增长 2.5%。① 经济态势的转好为联邦和各州进行高等教育改革提供了物质基础。在此背景下,应用科技大学延续 20 世纪 90 年代末的改革,继续解决数量增加和质量下降的矛盾,一方面在博洛尼亚进程推动下改革学位制度,加强对外交流与合作;另一方面以绩效为导向创新管理体制,改革人事制度和经费筹措、使用机制等,并持续强化实践应用性办学特色,拓展双元制课程模式,主动融入区域经济和国家发展战略中。

一、博洛尼亚进程中应用科技大学的学位改革与国际化举措

德国的学位制度与英美等国不同,所有高校均采用硕士、博士二级学位制度,而非学士、硕士和博士三级学位制度。在教育全球化背景下,学位制度的不兼容给国外教育机构和社会大众了解德国高校带来很大不便,一定程度上阻碍了德国高等教育的国际化进程。应用科技大学尤其如此,因仅设硕士学位,无博士授予权,在本国高级技术人员的培养及吸引外国留学生方面处境艰难。在国内竞争体系中,应用科技大学所授硕士学位因后面注有"FH"字样以区别于综合性大学硕士学位,其含金量和等级逊于综合性大学,加上学位不兼容导致的国际认定模糊,加剧了国际社会对其实际学业水平的低估。虽然早在 1991 年欧共体高校文凭承认准则就已生效,但德国真正开启学位制度改革是在 20 世纪 90 年代末。为增强与国外高校的融通,在博洛尼亚进程建构一体化欧洲高等教育区的目标驱动下,德国政府颁布了一系列相关政策,努力使德国高校的毕业文凭具有国际对接的可迁移性,为德国大学尤其是应用科技大学的后续发展提供制度保障。1997 年德国在里斯本签署欧洲各国相认文凭协议,1998 年新修订的《高等教育总法》第 19 条规定,在保留传统学位制的同时,允许综合大学和应用科技大学设置国际通用的学士、硕士专业并授予学士、硕士学位。② 学士学位学习年限规定为 3 至 4 年,硕士学位为 1 至 2 年,偏理论型专业可授予文学学士(硕士)和理学学士(硕士)学位,偏应用型专业可

---

① Statisticsches Bundesamt Deutschland.*Statistical Yearbook 2008*.Wiesbaden. 2008:627.

② BMBF.*Die Fachhochschulen in Deutschland*.Bonn. 2000:26.

根据专业不同授予工学士和工程硕士等学位。1998 年 5 月英、法、德、意四国高等教育部长在法国巴黎签署《索邦宣言》,明确了建立涵盖本科和研究生教育的国际上可比较、可迁移、受认可的高等教育体系的行动目标。同年 7 月,德国大学校长联席会向各州文化部长联席会提交议案,要求在少数高校进行"学士(Bachelor)、硕士(Master)"学位改革试点,实行国际通行的学位文凭资格。1999 年 3 月德国文化部长联席会议《关于引入学士学位、硕士学位课程的结构性规定》提出,综合性大学和大学类高校的 Diplom 和 Magister 学位相当于其他国家的硕士,应用科技大学的 Diplom 学位相当于 4 年制学士学位。1999 年 6 月 19 日,欧洲 29 个国家主管高等教育的部长在意大利博洛尼亚就实现欧洲高等教育一体化达成共识,签署了著名的《博洛尼亚宣言》,该行动被称为"博洛尼亚进程",旨在于 2010 年前在欧洲范围内统一实施高等教育改革,实现欧洲区域高教和科技一体化,要求各国必须统一建立国际通用的三级学位体系。

博洛尼亚进程加速了德国高校尤其是应用科技大学的学位制度改革。1999/2000 学年,奥斯纳布吕克应用科技大学经济学院率先设立 2 个学段的"国际商务与管理"专业,本科阶段学制 3 年,每年在全世界招收 20 名学生,以英语授课,毕业后授予相当于英语国家 3 年制的学士(Bachelor)学位,研究生学制为 2 年,大部分课程用英语授课,毕业后授予 MBA(国际商务与管理)硕士学位。该专业颇受欢迎,报名人数一度超过录取人数的 10 倍以上。其他应用科技大学也纷纷设立新的学士、硕士专业,特别是硕士专业,如明斯特应用科技大学设化学工程、物理工程硕士专业,基尔应用科技大学设工商管理硕士专业,下萨克森东北应用科技大学设水资源经济学、材料流管理及建筑工程计算机应用硕士等专业。2002 年 8 月,德国正式启动与欧盟教育体系对接工程,参与"博洛尼亚进程"项目,在全国推行三级学位体系。2003 年《柏林公报》进一步提出将博士教育作为高等教育的第三等级阶段纳入学制,构建本科、硕士、博士的三级学位制度。2005 年《卑尔根公报》敦促尽快在高等教育资格框架中补充和完善对博士阶段的描述。2007《伦敦公报》和 2009 年《鲁汶公报》均强调三级学位制度是实现欧洲高等教育一体化的基础。在博洛尼亚进程推动下,1998 年应用科技大学加注"FH"的硕士工程师文凭统一改为学士和硕士毕业证,消除其与综合类大学在学历上的鸿沟,真正实现等级和水平上的等值或等价,应用科技大学的发展日益接近技术大学、理工学院或英语国家中的应用科学技术大学。2002 年以来,德国已有多所应用科技大学更名为技术大学(Technische Hochschule),或与综合类大学合并。如 2009 年"柏林技术应用科技大学"更名为"柏林博依特技术大学"。应用科技大学的学位制度改革因缩短学制,不仅提升了入学率,而且降低了辍学率。2002 年正式改革前,德国大学年均入学率约 37%,2010 年该数字接近 50%,其中应用科技大学涨幅显著。2011 年应用科技大学的辍学率也从之前的 39%下降为 19%,降幅超过一半①。

学位制度改革为应用科技大学获取优质生源带来利好,更为重要的是,真正实现了与其他高校在学位上的等值互通,为进一步获取博士学位授予权和加强国际交流奠定了基础。一直以来,应用科技大学因定位在技能型和应用型人才培养上,无博士学位授予资格,硕士学位的打通为谋求与综合大学合作培养博士提供了便利,从而为本校硕士毕业生提供了更多深造的机会。一般来说,与综合大学合作培养的流程是在双方达成合作培养意向后,由应用技术大学完成联合培养项目的研究工作,由合作的综合性大学负责正式辅导培养、考试、毕业论文和博士学位颁授等。除与国内综合大学合作培养博士,应用科技大学也与国外高等学校开展合作,如汉诺威应用科技大学与英国伙伴高校共同培养博士。随着合作培养项目的开展,各州陆续放开博士学位授予权的院校限制。2010 年,德国应用科技大学正式全面使用新的本、硕、博三级学制与国际通行的学分制。据统计,截止到 2014 年夏季学期开学前,德国应用科技大学设立 2217 个学士和 1453 个硕士学位专业。② 2014 年巴符州宣布,州内应用科技大学均可招收和培养博士生,并颁发博士学位。2015 年起,石勒苏益格—荷尔斯泰因州(Schleswig-Holstein)也在应用科技大学试点颁发博士学位。萨克森—安哈特州和不来梅两州的高等教育法规定,应用科技大学某些科研实力强的系,在特定情况及一定期限内拥有博士学位授予权。争取博

---

① Annette Schavan. *Bologna macht Lust aufs Studieren*. http: www. wiwo. de/erfolg/campus-mba/annette-schavan-bologna-macht-lust-aufs-studieren/6991246.html.2016-10-18.

② 《德国大学学制改革在碰撞中开始冲刺》,《中国教育报》2009 年 8 月 18 日。

士授予权的同时,应用科技大学进一步推进国际化发展战略。自 2002 年德国科学审议会在"应用科技大学发展建议"中提出国际化发展战略,此后不少应用科技大学开始制定推进措施,并参与德国学术交流中心推出的"德国高校学习计划在外国"资助计划。伴随欧洲高校间学生流动和课程成绩互认的欧洲学分专户体系的建立,应用科技大学开始调整专业以进军国际人才市场,扩大新学位专业比例,到 2007 年,已经有约 70% 的专业引入了新的学位体系,而在学术型大学引入新学位的专业比例仅为 39%。应用科技大学积极利用国内外校际联合的方式拓宽专业口径,引进国际先进专业,据统计,截至 2013 年已与 100 多个国家的 4000 多所高校联合开设国际性课程①。亚琛应用科技大学也与 40 多所外国大学共建国际性的课程②。除了课程的国际化,在科学研究方面,应用科技大学与国外高校或机构也尝试建立国际化科研联合体。如德国撒尔茨基特应用科技大学依靠其先进的仪器设备和优秀的师资队伍,参与欧盟开发"伽利略"定位系统项目,以及美国"X-31"战斗机设计的科学研究工作。柏林应用科技大学的教授与日本盛冈市(Morioka)岩手医科大学的教授领衔组成跨国、跨行业的科研联合体,共同承担"单色伦琴射线的生成"的科研项目,并将研究成果同时运用于工业材料检测与医学人体检查中。显然,德国学位制度改革繁荣了应用科技大学的国际交流与合作,大大提升了人才培养的国际化水平。

二、绩效导向下应用科技大学的管理创新

按照德国传统观念,大学并无好坏之分,各类大学不做垂直等级的划分,因此在高等教育大众化进程中,联邦及各级政府始终坚持均衡发展的原则,在相同的法律框架下给予各类高校均等的财政支持及入学机会,这样虽造就了各类型高校较为稳定的发展格局,但其均质化发展并不利于教学和科研质量的提升,总体上降低了国际竞争水平。"事实上,近几十年德国联邦和州层面

---

① *Education in Germany 2014.* https://www.bmbf.de/en/education-in-germany-2014-1417. html.2015-01-30/.2015-05-06.

② *Courses of Study.* http://www.rwth-aachen.de/cms/root/Studium/Vor_dem_Studium/~efv/Studiengaenge/lidx/1/.2015-5-26.

高等教育政策的推进与改革意图,就是将所有大学和高等专业学院近乎平等地加以对待,采用同样的考试标准、入学资格、课程,以大体同等的资助水平、管理任命和晋升规则进行管理,给予教师同样的薪资,使高校拥有相同的组织结构和科研、教学、学习条件。"①这样的一致性要求,旨在将机构、学习项目、学位、教育质量置于类似的高等教育框架中,因此机构使命几乎相同,这种普遍的趋同背后恰恰反映出德国高等教育在资金政策、标准和入学机会上的均等观念。均衡化政策有利于促进教育公平,但与传统精英理念相悖,也难以满足现代社会激烈的国际竞争,因此 20 世纪 90 年代中期后开启的新一轮改革引入了竞争和市场原则,在联邦放松管制、建立绩效拨款机制的同时,推出拉升质量扶持精英大学的"卓越计划",以此带动教育质量和效益的提高,增强德国大学的国际吸引力,引导高等教育体系向纵深差异化方向发展。1998 年《高等教育总法》第四次修订版删除了许多规定性条款,简化了国家监督规定,将更多办学权力下放给各州,赋予各州自主规范处理教学及研究事务的权利。2006 年,联邦议会和参议院通过联邦制改革法案,对德国《基本法》进行最大规模的修订,其中包括对教育立法权、管理权和财政分配权的改革等。本次修宪取消了联邦的高等教育立法权,2008 年正式废止《高等教育总法》,以2008 年联邦和各州达成的《2020 年高校协定》作为 2020 年前高等教育改革的法律依据。同时,取消联邦对扩建和新建高等院校及其附属医院的财政参与,2013 年后各州独立承担高校建设费用,2013 年之前仍由联邦为各州提供财务补贴,资助精英大学的建设,同时加强联邦参与教育研究和评估的责任,将包括大学教师在内的公务员工资和待遇的决定权下放到各州,以便实施教授工资和业绩挂钩的人事分配制度改革。此次改革,联邦保留了高校入学和结业决定权以确保文凭互认,继续维持对大学生学习资助的专项权以保证教育机会均等,保留联邦促进科研的专项权,特别是跨地区研究项目。根据《2020 年高校协定》,博洛尼亚计划的具体实施与保证各地未来 15 年新增大学的学位建设,都将由各州自行负责。《基本法》的修订和《2020 年高校协

---

① Helmut De Rudder. "The Quality Issue in German Higher Education Policy". *European Journal of Education*, 1994(2).

定》的达成传递了清晰的改革信号,即在尊重历史传统的前提下,寻求高教领域集权与分权的平衡,重新定位联邦与州的关系,改变过去因国家干预过多、统得过死,高校自主权受限、办学无特色的弊端。在政府权限划分和职能转变过程中,高等教育体制改革的主题就是通过激励和责任实现绩效竞争格局,从预投入为导向的国家控制机制向更灵活的输出为导向的资助程序转变。一方面,在应用科技大学与大学引入美国治理结构强化校级管理权限,同时重点改革拨款与经费筹措使用机制、人事与工资分配制度,以及教育评估与质量保证体系等。

在传统上,德国大学的拨款申请程序烦琐、方法复杂,资金分配缺少竞争,拨款资金指定用途。1998年《高等教育总法》第四次修正法第5条指出"国家高等学校财政以其研究、教学以及促进科学后备人才方面所取得的业绩为导向,同时也考虑高等学校在实现平等任务方面所取得的进步"。① 修订法引入以高校绩效为基础的政府拨款模式,通过强化高校比较优势争取资金,促使高等教育资金投向最有成效的机构和项目,进而提高资源效能。德国大学经费的主要来源分为基本经费和第三方经费,基本经费来自州政府,用于保证高校运转,第三方经费来自私人企业或公共科研资助机构,用于促进科研发展。第三方经费是衡量大学整体科研实力的重要指标。应用科技大学的经费来源除政府资助,大多来自第三方经费,即企业直接资助、企业集资资助、企业外资助和个人资助等。以固定资产拨款来说,拨款参数可为该校获得的研究经费,尤其私人、政府及半官方渠道的第三方资金数额,可为申请到或主持研究计划的项目数,也可为吸纳的科学界和社会各界名流的人数及学校在媒体上的出现次数等。以培养费拨款而言,拨款可参考在校生数、辍学率、师生比、就业率、实际修业年限、课程设置及博士论文数等。将高校业绩作为拨款变量指标增加了拨款的弹性,有利于提高办学效益。同时为提升经费使用效率,各州改革财政拨款制度,实行综合预算或一揽子预算或目标协议,赋予高校更多经费分配和使用话语权。以北莱茵-威斯特法伦州为例,2003年开始在4所高校进

---

① *Fourth Amendment of the Federal Framework Act.* http://www.dip.bundestag.de/btd/13/098/1309822.pdf.2017-03-05.

行拨款放权改革试点,2005 年全面展开,试点阶段高校经费总量的 10% 按业绩分配,高校可完全自由支配,并随改革推进逐渐扩大自由支配的资金比例,但有义务向州议会汇报资金使用情况。① 除政府拨款,在不影响高等教育公共性和政府公共投入为主的前提下,鼓励各高校广开财源,多渠道筹措教育经费,积极争取企业第三方经费,并允许适当收取学费。企业研究经费主要是来自企业界研究合同的"第三方经费",大学可从"第三方经费"收入中留出部分作为发展资金,用来聘用临时性专业研究人员,或为年轻科研人员提供科研资助。联邦保留了"促进科研"的专项权,要求各州将资助经费重点投入到提高应用科技大学的新生比例、提高女教授与女性员工比例及设立新编制上。在争取第三方经费方面,亚深应用科技大学最为出色,其专业研究人员一半以上由"第三方经费"聘用。另外社会出资委托高等学校举办专业,科研成果转让与转化均可获得收益。在学费问题上,1998 年修订的高等教育法规定应用科技大学的标准学制为 4 年,若学习时间明显超时,即在常规学习时间外增加 4个学期以上,或考试条件所规定的学时以外超过 30% 的课时,各州可根据情况采取收费措施。各州部长联席会关于高等教育免费的决议规定,各州对应用科技大学文凭阶段所受教育原则上免费,可实行学习券制和学习账户制,对超期学习进行收费。适当收取学费既能缓解经费不足、改善教学条件,又能增强学生的竞争意识,提高教学质量。

改革校内人事分配制度是提高办学效率的重要举措。德国高等学校的人事制度,尤其教授晋级和保障制度带有强烈的中世纪行会色彩,严苛漫长的职称晋升过程与只升不降的用人制度与市场化改革极不相符。按照法律规定,争取应用科技大学教授资格须完成博士学位后再花 5 年时间积累实践经验,且至少 3 年在校外单位,因此通常获得教授席位平均年龄在 40 岁以上,而在获得教授之前,教师无法独立进行科研和教学,即便获得教授职位,依然承担大量教学任务,工资晋升与工作质量无关,严重影响了青年教师和教授们的工作积极性,另外,教授一旦离开教师岗位转到其他单位,就不能保留公务员待

---

① 范文曜、马陆亭:《国际视角下的高等教育质量评估与财政拨款》,教育科学出版社 2004年版,第 79 页。

遇,这严重阻碍了教授在学校与企业之间的岗位流动与人才交流。僵化的人事制度成为制约应用科技大学发展的重要阻力,为营造竞争环境,加强科学后备力量,吸引青年才俊,培养教学和研究骨干,2000 年 4 月联邦教育和研究部组成专家委员会,专门对应用科技大学的人事工资制度进行改革。专家委员会由各高校和学术机构的专家、联邦与州政府主管教育的部门、工会及高校联合会代表组成。考虑到职业更替日益频繁,在维持应用科技大学教授公务员身份的基础上,准许其工资和各种福利随工作单位变动而转移,便利高校与企业、外国机构之间的人员流动。在激励年轻人上进和获得教授职位上,应用科技大学和其他高校一起设立教授资格考试和申请终身教授的新途径,实施"青年教授席位"(或助理教授)制度,规定年轻人 3 年内完成博士学位或 6 年内完成博士和博士后研究即有资格应聘"青年教授席位",各院系按一定程序公开招聘,并请校外专家对应聘者作出鉴定。成为"青年教授"后可拥有独立科研、教学和带博士生的权利,每 3 年评估一次,通过连续 6 年聘任后可申请"终身教授席位"。但政府规定应聘"终身教授"与完成博士学位须在不同学校进行。学校根据院系建议或校外研究机构与院系共同的建议对青年教授作出任命,不再执行州教育部参加聘任的程序。2004 年,德国对教授工资级别进行改革,根据《21 世纪德国高等学校服务法》建立了新的 W 级工资体系,将原来的 C2 和 C3 合并 W2,C4 转化为 W3 级,由 W1、W2、W3 代替先前的 C1、C2、C3、C4 等级。青年教授享受 W1 级工资,大学和应用科学大学的教授适用 W2 和 W3 级工资,这样解决了同一级别工资在大学和应用科技大学的不同发放标准。同时将工资分为固定工资和浮动工资,浮动工资与教授业绩挂钩,依科研和教学成绩、教学工作量及在学校中担任的职务分配,提高了教授的工作积极性和竞争意识。但新的工资制度对大学教授基本工资的规定仍高于应用科技大学教授的基本工资,将应用科技大学置于大学附属地位,显然不利于应用科技大学的长远发展。

在质量保证方面,除改革招生制度,主要是加强质量评估与专业认证工作。1998 年《高等教育总法》修订后率先打破招生制度坚冰,规定全国 20% 的学额指标交给高等学校根据自身要求和标准选拔录取,其次增加学习成绩在学额分配中的影响力,25% 的学习名额将根据中学毕业学习成绩分配,以增强学生和学校的竞争意识,提高大学新生质量。2004 年 7 月第七次修订的《高等教育总法》,采纳 2004 年 1 月科学委员会的建议,确定新的学额分配比例为 20∶20∶60,规定扣除特招名额后,20% 留给成绩最好的学生自由择校,20% 根据等待时间分配,剩下的 60% 直接由高校分配。招生选拔综合考虑资格证、毕业证上的平均成绩、特殊学科学业能力、职业培训或工作类型,以及面试结果、课外活动表现等。招生改革在 2005—2006 学期付诸实施,新的招生加大了学业成绩比重,提高了生源学业水平。在提高人才培养质量上,主要是加强不同类型高校的质量评估。1997 年北莱茵-威斯特伐利亚州建立了评估中介机构,负责对综合性大学和应用科技大学进行评估。1998 年德国大学校长会议成立认证委员会,确立了与《欧洲高等教育区质量保证标准和准则》(ESG)一致的基本认证要求,并选定认证代理机构。2005 年通过《欧洲高等教育区质量保证标准和准则》,政府高等教育管理机构、咨询机构或由其授权认可的评估机构,如下萨克森州高校评估中心、学科专业委员会成立的评估组及非官方的著名周刊、杂志等均可评估高校质量。德国各州文化部长常设会议与大学校长联席会议成立独立认证委员会,专门负责教学评估工作的质量认证及学士、硕士课程的审批工作。除政府组织和社会机构的考评,行业协会的监督在应用技术大学的教学质量保障体系中也十分重要。德国有约 500 个地方行业协会,依法监督对职业培训的组织、实施等各环节,审查培训合同,组织全国统一职业技能考试等。根据《职业教育法》,应用科技大学的学生需通过两次国家统一考试。

三、应用科技大学特色化办学的基本走向

按照法律规定,德国所有高等教育机构都有为专门职业培养学生的任务,尤其是进入 21 世纪以来,随"科学社会化"和"社会科学化"趋势加剧,综合大学逐渐走出学术金字塔,日益重视理论与实践的结合,同时应用科技大学的科学性特征也日趋明显,二者在发展上出现某种程度的趋近。突出办学特色依旧是应用科技大学竞争力的关键所在。应用科技实质就是为实际应用服务的科学,应用型是应用科技大学特色定位的核心,必须强调解决实际问题、不断开发应用科研项目,并在应用理论和科学方法的技术生产中引进、优化和监控

新方法的使用。虽然应用科技大学的竞争优势在于培养实践应用型人才,但因学位制度改革后修业年限从原来的 8 至 10 个学期压缩为 6 至 7 个学期,课程数量精简的同时实习学期也由 2 学期合并为 1 学期,实践操作和训练时间大幅缩水。为避免在市场化竞争中失去特色,在新一轮教学改革中继续保持实践性教学优势,并强化应用科研开发和服务国家重大经济战略的意识,加强与地方经济的联系及与企业的合作,引进"双元制"教学模式。根据联邦教学、科学、研究与技术部提出的 21 世纪高等学校"一揽子计划",鼓励通过企业和高校两个教学场所的结合开设双元制专业,继续强化应用科技大学的实践应用特色。

为体现科研开发的应用特色,应用科技大学必须克服教授教学工作量偏高、缺乏中间层科研辅助人员及科研设施不足的弊端,借助联邦资助计划,提升应用研究成果的水平和技术成果的转让力度。2003 年 11 月 3 日,联邦政府与各州政府共同签署"应用科技大学应用研究与开发的资助协议",共同资助应用科技大学的应用研究与开发。[①] 2005 年企业合作科研计划共资助 1050 万欧元,2006 年达 1500 万欧元,2008 年达到 3000 万欧元。此外由企业及公共基金会所提供的第三类资助也是应用科技大学科研经费的主要来源之一。这类资助是企业或公共基金会付给大学开展某具体科研项目的资金。提供者多为大企业,如德国大众基金会自 1961 年成立以来,截至 2008 年已累计为 29000 个大大小小的科研项目资助 35 亿欧元的资金。在人力和物力较困难的中小企业,应用科技大学从事科研主要采用委托研究或技术转让形式,这样既能解决实际问题,也有利于学校开展应用型、实践型教学。联邦教育与科研部指出"应用科技大学的科研以应用为导向,贴近实践,不是为了寻求最高真理,而是寻找可尽快实施的问题解决方案"[②]。如今应用型科研已成为应用科技大学重要的工作任务之一。为体现专业设置与人才服务面的应用特色,无论规模大小,所有学校不仅扎根地方经济,注重与地区产业结构、自然资源结构或社会需求密切结合,融于地区产业资源的创新集群,而且培育学生的国

---

① 徐理勤:《现状与发展:中德应用型本科人才培养的比较研究》,浙江大学出版社 2008 年版,第 56 页。

② BMBF(Hrsg.) *Forschung an Fachhochulen*.Bonn. 2006:6.

际化视野,主动融入国家重大经济战略。如奔驰公司总部所在的斯图加特地区和大众集团所在的沃尔夫斯堡,是汽车制造业集中的地区,当地应用科技大学均以工程制造、电子、汽车为特色专业。而不莱梅应用科技大学则充分利用港口城市特色和邻近空中客车生产基地的优势,大力发展航空科技、船舶制造、航海技术等特色专业。魏恩斯蒂芬应用技术大学的两个主校区均位于传统农业区,以培养服务农业经济的人才为主,在魏恩斯蒂芬校区设有生物、园艺、景观、营养、森林经济五个系,特里斯多夫校区设有农业和环境工程两个系,随着现代农业、新型生物能源与再生能源的发展,其服务地方经济发展的作用日益凸显。[①] 兰茨胡特应用科技大学针对企业对一线管理型工程师的迫切需求,于 2008 年设置经济工程学新专业,2012 年冬季学期瞄准市场急需生物医学应用型工程师,开设了生物医学工程专业。应用科技大学将办学与产业集群、创新集群相结合,一方面密切与地方产业资源的联系,强化校企在人力资源、科研创新、成果转移和就业等方面的合作共赢;同时也提升自身在某一领域独特的竞争力,实现和而不同的发展格局。随着国际化进程的推进,应用科技大学在发挥地区经济与产业优势的基础上,注重提高国际化办学水平。如代跟多夫应用技术大学的校区分布在巴伐利亚州各个地区,几个科研校区的研究方向都与当地企业产品研发相关,同时因处于世界著名企业宝马、西门子、奥迪、曼胡默尔等云集的代根多夫市,开设了国家经济政策、国际经济政策案例、发展和对外经济政策等课程,注重培养学生的国际化视野。在服务国家重大战略方面,2013 年 4 月德国在汉诺威工业博览会正式推出制造业向智能化转型的"工业 4.0"战略,为深度契合国家"工业 4.0"战略,应用科技大学从院校战略制定、专业建设、课程设计、教学实施、校企合作等方面实施一系列改革,将专业设置集中在机械制造、工程学、社会服务、计算机技术、设计、通信传媒等领域。

除加强应用科研、引导服务区域经济及国家战略,应用型人才培养的关键体现在教学实践环节。为培养学生运用理论知识解决实际问题的能力,应用

① *Fachhochschule Weihenstephan*. http://www.fh-weihenstephan.de/ Fachhochschule Weihenstephan.2017-03-15.

科技大学开设了大量实践课程和案例课程,教学过程中除设立专门企业实践学期,越来越多的课程开始采用双元制模式。双元制整体上是校企合作的培训模式,即由企业和学校共同担负人才培养的任务。学生一方面在学校接受专业理论知识培养,另一方面在企业接受实践技能培训,注重专业知识和企业实践的结合。如代根多夫应用科技大学的合作单位有安联保险、大众汽车、KVP(德国管理咨询公司)等,每年超过一半的学生在实习期结束后与实习企业签订正式工作合同。双元制课程偏重于应用研究,坚持职业能力与科研能力并重的培养策略。以纽伦堡应用科技大学为例,其机械与应用工程系有 8 个学期,1—2 学期为基础科学课程学习,第 3 学期到企业实习,认识企业产品的生产流程和技术,4—5 学期为专业技术基础理论课程学习,6 学期为再次到企业实习,通过承担工程师工作熟悉未来职业,较第 3 学期实习更深入,7—8 学期学生按专业方向选择 10 门左右的专业课程,同时进行机械工程实习和确定研究课题,开展毕业论文研究。4 年学习时间里,既重视理论基础又培养学生持续发展能力,采用理论实践循环交叉的模式,除每学期保证一定课时的实训外(20 课时),专门用 2 学期到企业实习,课时分配的实践性教学环节占到三分之二。2012 年 4 月,德国联邦职业教育研究所公布了不同院校开设的双元制大学课程的数量,其中应用科技大学数量居首,远高于双元制大学、职业学院、综合大学及其他类型的学院开设的双元制课程的数量之和,体现了应用科技大学在实践特色上明显优于综合大学,而在数量上又高于更加注重应用的双元制大学和职业学院。在双元制课程的模式上,根据汉诺威应用科技大学生产技术专业双元制教学结构安排得知,学校与企业合作培养工程师,学生每学期除了企业外培训,如在职业学校的技术培训或其他培训课程,需要在企业培训 20 多天,前 4 个学期每周 3 天在学校学习,后面的学期则增加到每周 5 天在学校学习。这种双元制教学与职业学院的双元制模式不完全一样,职业学院的双元制要求每 3 个月实践理论交替进行,同时与应用科技大学普遍采用的 3 年理论加 1 年实践的模式相比,企业培训和企业外培训所占的比重增加,而且嵌入到每个学期,这样的安排有助于理论和实践的紧密结合。双元制课程及实践教学的开设多由来自各行业的一线专家或工程师担任,作为兼职教师,通常需要有多年的实际操作经验,全面掌握了核心工作岗位的精髓,能深入浅出地传授学生实用技能。因为付费相对便宜,节省部分工资费用。从 1999 年到 2003 年应用科技大学教师的构成情况可以看出,兼职教师的数量逐年增加,充分说明了兼职教师模式对应用科技大学的重要贡献,也是校企合作的重要形式之一,具体情况见表 5-6:

表 5-6 1999—2003 年应用科技大学专兼职教师构成情况①

	1999	2000	2001	2002	2003
教师总数(人)	57,270	58,498	59,694	62,752	65,389
全职教师数(人)	38,205	38,170	39,052	40,182	40,842
所占比例(%)	66.7	65.3	65.4	64.0	62.5
兼职教师数(人)	19,065	20,328	20,642	22,570	24,547
所占比例(%)	33.3	34.7	34.6	36.0	37.5

总之,应用科技大学将博洛尼亚进程作为提升自身地位及价值的契机,虽在学位制度改革后,职能上与综合大学及 20 世纪 70 年代发展起来的职业学院有某些重叠,但始终保持自身的实践性特色和在高等教育系统中的独特地位,成为德国经济发展的强大动力。2010/2011 年冬季学期,德国共有 240 所应用科技大学(含 29 所行政类高等专业学院),在校学生人数为 716630(其中29780 人在行政类高等专业学院学习),占德国全部在校大学生的 32.1%。②近年来,随着私立应用技术大学就读的学生数量逐年上升,学生数量持续增长。2016 年,德国共有 432 所高校,其中应用技术大学 208 所,约占 48%。作为德国高校体系中不可或缺的一部分,应用科技大学拓宽了德国高等教育体系的边界,增强了德国教育体系的整体贯通性和灵活性,学生可根据自身优势和兴趣,通过不同路径进入高等学校学习,获得社会各界和世界各国的认可,其成功之处也引起国际社会的广泛关注,很多国家如荷兰、芬兰、瑞士和奥地

---

① BMBF.*Basic and Structural Date 2005*.Bonn. 2005:105-106.

② Statisticsches Bundesamt. *Bildung und Kultur: Schnellmeldungsergebnisse der Hochschulstatistik zu Studierenden und Studienanfänger/-innen* .Wiesbaden:Statisticsches. 2010:3.

利等据此在本国进行类似的高校改革。①

第五节　双元制模式驱动下德国职业学院的兴起与发展

德国短期高等教育机构,除高等专业学院,还有一种经常被称为体制外的高等教育机构,就是在首轮高等教育改革中诞生于巴符州的职业学院。由于专科学校升格为高等专业学院后,一度出现实践技能型人才的断层,加上20世纪70年代石油危机对德国经济的不利影响,科学技术和工业发达的巴符州,便借助传统双元制模式的训练优势,以及联邦职业教育立法的支持,与当地的专业类学院及其他社会组织合作,创办了对高中毕业生实施双元制教育的职业学院。经历了20世纪70年代的试验阶段,到20世纪八九十年代,尤其是1982年《职业学院法》出台后,职业学院不仅在规模上发展壮大,而且在追求与高等专业学院的等值上取得了重要成果。进入21世纪后,巴符州职业学院逐渐发展成双元制大学,在纯粹教学职能的基础上,增加了应用科研的任务。职业学院成功实现了双元制模式在高等教育领域的延伸与发展,成为高等专业学院之外另一直面就业的短期高等教育机构。

一、20世纪70年代职业学院的创办

作为一种校企联合办学的新型高等学校,职业学院被认为是企业与高校、企业与政府在高等教育领域合作的创举,其创建得益于德国校企合作的双元制传统、巴符州的经济与科教优势,同时与福斯特职教理论及联邦政府对职业教育的扶持密不可分。

首先,德国在长期训练传统中形成的双元制模式为职业学院的诞生奠定了基础,实质是双元制模式向上延伸发展的直接结果。双元制是诞生于德国职业训练领域的特有模式,指青少年拥有学徒和学生双重身份,既在企业接受

---

① Niederdrenk, Klaus. *Zur Rolle der Fachhochschulen im deutschen Hochschulszstem.* Bielefeld：W. Bertelsmann Verlag. 2013：30.

职业技能和与之相关的专业知识培训，又在职业学校接受专业理论和普通文化知识教育的一种模式。"这是一种将企业与学校、理论与实践技能紧密结合，以培养高水平专业技术工人为目标的职业教育制度"。① 德国双元制的形成最早可追溯至中世纪的学徒培训，19 世纪开始显现雏形，一元指提供继续教育的补习学校，一元指提供职业技能训练的企业现场或独立设置的训练工场，二者相互配合共同承担适应现代生产的职业训练。双元制体现了国家、私人经济、学校和企业各方的通力合作，由于训练与以现代科学技术为基础的大生产密切结合，便于应对经济部门的变动和劳动力市场的需求，因此"它是一个十分灵活和高效能的训练体系"。② 19 世纪 70 年代到 20 世纪初，随着劳作学校运动席卷欧洲，德国的进修学校获得快速发展，到魏玛共和国时期逐渐被大众认可。1937 年，德国各类职业学校被统称为"职业学校"（Berufsschulen），并根据 1938 年《帝国义务教育法》成为义务教育的一部分。"一般认为，1939 年是企业－学校双重训练体系形成阶段终结的一年，其标志是：在学校方面，1938 年实现了普及职业学校义务教育；相应地，在企业方面，德国技术教育委员会这个具有权威性的国家机构认为'训练职业'的确定已接近完成"③。双元制职业训练体系由完全不同的两类训练机构构成，一方通常为私营企业，另一方通常为公立职业学校，双方为同一对象、同一训练目标分工合作。该方式"从学习和学习场所的角度讲，结合了实际工作场景和职业学校保护性环境下的学习"④。二战后，联邦政府颁布了一系列职业教育法规，开始恢复与加强传统的双元制训练模式，1953 年、1959 年先后颁布《手工业条例》和《职业培训法草案》。1964 年，德国教育委员会在《职业训练与教育》报告中首次用"双元"指代工作岗位和职业学校中接受的训练，此后该表达被普遍接受。职业教育法规扫除了法律障碍，提升了双元制培训模式的制度化水平，职业学校虽在法律层面不属学徒训练范畴，但实际已成为学徒训练

---

① 冯增俊、陈时见、项贤明：《当代比较教育学》，人民教育出版社 2008 年版，第 432 页。

② 梁忠义、李守福：《职业教育》，吉林教育出版社 2000 年版，第 343 页。

③ 孙祖复、金锵：《德国职业技术教育史》，浙江教育出版社 2000 年版，第 33—34 页。

④ Joachim Munch. *Vocational Education and Training in the Federal Republic of Germany*. Berlin: European Centre for the Development of Vocational Training, 1992. 36.

的重要组成部分。双元的丰富内涵体现在多个方面,如训练机构、管理部门、训练者和受训者身份、训练内容及考核形式、训练计划制定及经费资助形式等,诸多训练要素均呈现企业与国家、私法与公法的分立共存。1969 年《联邦职业教育法》颁布,由于立法赋予的独特优势,与其他职业教育制度比较,双元制拥有更广泛的训练资源和对象,可通过密集的协会网络调动全社会的资源,使德国公司在工人训练领域共享成本与收益,为多数青年提供初级的职业教育与训练。当然,在职业学院诞生之前,双元制培训主要针对初中毕业生。

其次,职业学院的出现与 20 世纪 60 年代末开始的高等教育改革密切相关,最直接的动因来自当时高级实践性应用人才的技术断层与高中后教育入学人数的迅速扩张。为适应劳动力市场的需求变化,工程师学校的教学和科研日趋科学化,20 世纪 70 年代,几乎所有工程师专科学校都升格为高等专业学院,就业系统出现所谓"能力缺口"或人才断层,急缺具有较强实践应用能力的高级管理、技术和服务人才,尤其是工程师类人才。加上石油危机对经济的不利影响,德国经济增长放缓,人才结构性失衡问题日益凸显,企业为了应对日益激烈的市场竞争,急于寻求一种新的人才培养方式来满足自己的发展需求。传统大学因注重理论知识系统化与企业要求的实践应用型人才相背离,现有企业对技术工人的"双元制"培训层次较低,不能满足企业对高层次实践应用人才的需求。而新建的高等专业学院尽管在应用上优于传统大学,但因主要采取校内培养的模式,毕业生的岗位实践能力、企业实践经验等方面均不如企业培训的高层次人才更符合需要,加上出现供大于求、失业增多的现象引发人们对其培养模式的诸多质疑。随着经济危机的持续,各企业纷纷提高新员工录用标准,加强员工在职培训,以支撑企业发展,人才断层及对高层次实践应用人才的急迫需求促使一些大企业开始主动寻求与职业学校联合的新路。另一方面,战后基础教育机构的扩建,积累了大量高中毕业生,为职业学院的开办提供了充足的生源。"设立职业学院也是为利用双元制教育吸引那些原本计划参加中等职业培训的学生,去接受高等教育层次以实践为导向的教育"。[1] 高层次实践应用型人才的缺口和大量高中毕业生为双元制培训

---

① http://de.wikipedia.org/wiki/Berufsakademie.2016-11-25.

模式上延提供了动力和基础。

最后,巴符州的独特条件与福斯特的职业教育主张也促成了职业学院的诞生。巴符州位于德国西南部,是德国企业经济最发达的州,具有独特的经济优势与科教优势。该州以斯图加特为中心,集中了众多高校和研究机构,且作为工业重镇云集了很多大型工业经济体,中小企业也非常密集,是德国经济最为发达的地区之一。1952 年成立的州政府非常重视教育事业,实施科教优先战略,于 1958 年到 1978 年间大力推进教育机构改革和政策规划的落实,发展基础教育、高等教育和进修培训,在德国各州中,巴符州的高校数量最多。工业经济的发达与科教人才的集聚使一些比较活跃的企业尤其是著名大型企业对职业人才供需关系与未来需求高度敏感,他们担心专科学校升格出现技术断层,于是几家大公司开始联手共同寻求解决的途径。除了巴符州独特的经济与科教优势,在职业学院创办过程中,福斯特职业教育理论的影响也不容忽视,为发展非学校职业教育提供了理论支撑。20 世纪 70 年代的经济危机使人们逐渐认识到传统学校职业教育模式的弊端,尤其是应变能力差,将会在劳动力市场供过于求时加剧就业危机,严酷的现实使人们意识到 20 世纪 60 年代福斯特主张的合理性。福斯特认为,学校职业教育存在技术浪费,应在正规教育外发展企业本位的在职培训计划,开设工读交替的"三明治"课程,倡导产学合作的办学形式,实践课尽量在企业进行,尽量缩小正规学校职教与实际工作情景之间的距离[1]。在福斯特理论影响下,许多职业学校也开始寻求与企业合作开发或实施职业教育与培训课程的新路。在企业和学校寻求联合的双重驱动下,发展产学结合的双元制高等教育成为时代所需。

1971 年戴姆勒-奔驰公司向巴符州文化部提出议案,主张通过与大学课程体系连接的方式,增强双元制培训对高中毕业生的吸引力。同年斯图加特地区的罗伯特·博世有限公司、戴姆勒-奔驰股份公司和洛伦兹标准电气设备股份公司(Standard Elektrik Lorenz AG)积极开展合作对话,希望共同为高中毕业生提供区别于传统大学教育的真正有吸引力的培训课程。通过与巴符州斯图加特经济管理学院(VWA)和当地工商协会密切合作,三家企业开发了

---

[1] 石伟平:《比较职业技术教育》,华东师范大学出版社 2001 年版,第 240—247 页。

专为高中毕业生准备的新教育课程,并于 1972 年 7 月 15 日向社会公开培养方案,建立了德国首家职业学院,斯图加特模式由此诞生。斯图加特职业学院虽不是由政府而是由企业发起创办的,但在经济活跃的巴符州受到了企业和高中毕业生的欢迎,当年招生名额仅 30 名,却有 250 人报名申请,该州教育界和经济界备受鼓舞,坚信经济与社会需要为未来办学的新方向。1973 年,该州时任文教部长向社会公开阐述职业教育发展计划重点,主导思想是创建职业学院,通过斯图加特模式将双元制引入高等教育领域。1974 年 10 月 1 日,在试点项目框架内,斯图加特和曼海姆成立州立职业学院,首次招生 164 名,拥有 51 个培训工厂,在经济和技术科学两个领域开展教育培训,1975 年斯图加特职业学院开始提供社会科学领域方面的培训。职业学院办学模式体现了私营企业与州政府之间的双元合作,堪称企业与政府在高等教育领域合作的创举。有必要提及的是职业学院初创时,联邦对职业教育的支持功不可没。1972 年联邦通过向职业教育提供经费补充,逐渐取代行业协会和经济界的管理职责,为设立跨企业培训机构实行经费调度奠定了基础,职业教育逐步纳入联邦教育管理范畴。1974 年联邦教育与科学部提出《职业教育法修改报告草案》,并于次年被政府采纳,规定企业、学校、跨企业训练机构均属职业教育,各州设考试委员会,其余工作由各协会具体执行,联邦政府负管理监督之责。

二、1982 年《职业学院法》的颁布与职业学院的快速发展

自 20 世纪 50 年代以来,联邦政府颁布了十多项有关职业教育的法令,如《职业教育法》《高等教育总法》《职业教育促进法》《实训教师资格条例》等。1969 年 9 月出台的《职业教育法》系统阐明了职业教育培训的目的,规定了培训企业和受训者的关系及双方的权利义务、培训机构与人员资格、实施培训的监督与考试、职业教育的组织管理及研究等,同时明确了学校职业教育培训的具体事项,首次在联邦范围内确立了国家调控职业教育的法律地位,保证了全国职业教育的相对统一和均衡发展。1976 年的《高等教育总法》进一步明确了高等教育为职业做准备的人才培养目标,为职业教育向高等教育阶段上延提供了法律支持。作为新型高等职业教育模式,职业学院创办初期仅在巴符州试验,并未得到联邦各州的承认,也未列入联邦高等教育体系,经多年试验,其科学性和实践性得到证实,职业学院毕业生因宽广扎实的理论知识和极强的实践、应用能力受到企业界欢迎。到 1981 年,巴符州职业学院在维林根-施维宁根、海登海姆、拉文斯堡、卡尔斯鲁厄、莫斯巴赫与勒拉赫等地建立起 6 所分校。同年 12 月联邦议会通过《职业教育促进法》,进一步突出职业教育的公共特性与联邦的责任和义务,首次将职业教育与培训需求挂钩。在联邦职业教育立法支持下,1982 年 5 月 4 日巴符州通过《巴登-符腾堡职业学院法》(以下简称《职业学院法》),确立了职业学院在该州高等教育中的永久地位,标志着职业学院开始走出试验阶段,成为位列大学、高等专业学院之后的第三级教育新形式,有权颁发学位文凭证书,明确 3 年制职业学院与高等专业学院文凭等值,学生在职业学院的考试成绩可获得州立大学和高等专业学院认可。

《职业学院法》规定了职业学院的概念与任务,组织与机构建立,教师与学生的权利义务,入学资格及学习、考试、毕业等事项,是职业学院运行的详尽规则,明确职业学院为整个高等教育体系的一部分。该法规定入学资格须具备以下条件:持普通高等学校或与培训专业相符的相关专业高等学校入学证书,或已具备主管部门认可的相当的专业知识,掌握了必备的德语知识;与登记备案的适合的培训场所签订合同且符合管理委员会合同制定原则;证明已交付学费及其他相关费用。同时该法规定,如学生就学期间从不履行规定义务且情节严重,或一直干扰学院工作,或无法达到规定成绩及能力要求,或培训关系终结 8 周内未重新订立新的培训合同,或无法证明每学期初支付了学费及其他相关费用,将被取消入学资格。该法还针对无高校入学资格的在职人员做了特殊规定,强调申请者在本州居住工作的年限、参与职业培训进修的经历及学徒考试情况等。有关考试资格、能力要求、考试种类和范围、考试委员会组成、考试程序及违规后果等事宜,由文化科学部主导,与相关部门协调管理。职业学院的学制规定为 3 年,专业集中在经济、工程技术和社会工作(经济工程领域、工程技术领域和社会服务领域)三大领域,采用双元制模式,学校理论学习与现场培训交替进行,注重岗位技术和方法经验、能力的培养,两年基础培训后可直接进入劳动力市场,或通过国家考试获得助理经济师和工程师资格,第三年经专业深化阶段,通过论文答辩和资格考试后可根据公务员法获得与高等专业学院等值的学历文凭,授予职业学院经济师(BA)或工程师(BA)文凭。巴符州职业学院的学制结构如图5-1所示。

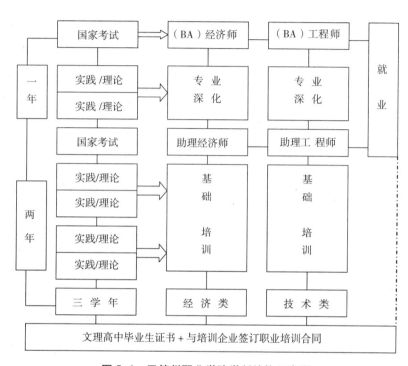

图5-1 巴符州职业学院学制结构示意图

虽然都以培养具有技术和综合管理能力的应用型高级人才为目标,并要求入学者为文理高中毕业生或同等学力者,但与高等专业学院相比,职业学院更注重企业实践和岗位能力训练,要求入学时即与企业签订培训合同,全部采用双元制办学体系和教学模式,专业基础和理论教学方面没有高等专业学院宽厚,但实践训练量大,且与所在培训企业岗位需求匹配度较高,因此毕业生就业优势也很明显。与通常招收初中毕业生为企业培养技术工人的双元制模式相比,职业学院招收高中毕业生,归属上称不上大学,也不能算中学,而是比专业工人更高一级的培训,其毕业生与高等专业学院毕业生学历等同。1985年《高等教育总法》修订案第71条规定,在公证学校毕业的学生与高等学校毕业生具有同等地位,"在巴登-符腾堡州的公证学校毕业,可以相当于在国

立高等学校的相应学程毕业"。① 经过十余年的发展,到 1985 年职业学院的
在校生规模约 5000 人,1989 年在校生达到 1 万人,与学校进行双元合作的企
业与机构增至 4000 个,同年获得联邦政府的法律认可,明确其毕业文凭与高
等专业学院毕业文凭具有同等的职业价值。1991 年两德合并后开始统一实
施联邦德国制定的《职业教育法》,以"双元制"为特色的职业学院得到迅速壮
大。同年,萨克森州建立起类似的职业学院,1993 年首都柏林建立职业学院,
随后又有 9 个州陆续建立职业学院。

由于职业学院并非全国统一办学模式,各州在借鉴巴符州办学经验的基
础上,主要根据本州经济特点建立职业学院,结构上并不一致,其中柏林和萨
克森州主要参考巴符职业学院模式,而下萨克森和石勒苏益格-荷尔斯泰因
州区别较大,尤其对职业学院毕业资格的认可上,巴符州、柏林和萨克森州的
职业学院毕业资格相当于高等专业学院毕业资格,而下萨克森州和石荷州职
业学院的毕业资格则低于高等专业学院的毕业资格。职业学院的文凭由各州
发放,州际无法互认,给学员就业造成不便,1993 年巴符、柏林等 5 个州决定,
相互承认各自职业学院的学历和证书,并认定其与高等专业学院等值。州际
互认的实现为职业学院进一步发展和获得联邦与国际认可奠定了基础。根据
欧共体议会 1988 年 12 月的决议,欧洲各国高等学校文凭认可的前提条件要
求学制至少为 3 年。《职业学院法》认定 3 年制的职业学院与高等专业学院
文凭等值,从而为毕业生的国际深造铺平了道路。如曼海姆职业学院提供去
国外学习的机会,平均每学期派奖学金生 15—20 名,1993 年提供的奖学金为
14 万马克,②参加欧洲高校学生交流项目,沟通学历与证书认可渠道,到 1993
年曼海姆职业学院的毕业生获得其他国家 12 所高校的认可,并可在美攻读 2
年制工商管理硕士学位,全美高校注册与入学管理者协会也认定职业学院与
高等专业学院等值,英国一些大学、法国商学院(INSEAD)及瑞士工商管理研
究生院也都接受其毕业生学习进修或直接攻读博士学位。

职业学院充分体现了企业、学校和社会之间在资源共享上的优势,一般职

---

① 陈颖、李亚美、董琦:《联邦德国高等学校法选编》,辽宁人民出版社 1987 年版,第 41 页。
② 姜大源:《德国职业学院发展综述》,《中国职业技术教育》1996 年第 1 期。

业学院在校学习费用及行政管理费用由州文教部门提供,在基建、设备购置、教师工资及外聘教师工资的费用方面也承担一定份额。为减少固定资产投资,职业学院尽量租借或借用本区域高等学校及培训企业的实验室或实验设备,如巴符州职业学院技术科学领域 20% 的实验课靠租用实验室完成,尤以动力电工实验课所占的比例最高,达 80%。在教师队伍方面,职业学院和高等专业学院一样,大量兼职教授承担大部分教学,如曼海姆职业学院 1992 年专职教授 245 人,承担了 18.7% 的教学量,兼职教师人数高达 5000,承担了81.3% 的教学量。① 职业学院的毕业生大多留在培训企业,如 1993 年和 1994年,曼海姆职业学院 75% 的学生在毕业考试前就与用人单位签订了工作合同②。1994 年 5 月,德国科学审议会对巴符州职业学院进行调查评估,结论是与高等专业学院相比,职业学院培养的工程师、经济师和社会教育工作者在个别项目上有些差异,但整体水平基本相同。1995 年巴符州修订《职业学院法》,规定职业学院提供知识性兼实践导向的职业教育,通过与公立高等专业学院及实施双元制的培训场所合作完成任务,提供高等专业学院或大学中的一种学习,属第三级教育范畴,学生 3 年期满,毕业所获文凭在巴符州与高等专业学院相应专业方向上等值。德国州际工资联合会和财政部长联席会议决定,巴符州模式的职业学院毕业生享受高等学校毕业生工资待遇③。1995 年职业学院毕业生接近 35000 名,一直保持着 85% 的毕业率。1995 年 9 月哈勒举行文教部长联席会议决定职业学院毕业生与高等专业学院毕业生享有同等待遇,确定巴符州模式的职业学院毕业生水平属于第三级教育领域毕业水平,符合 1988 年欧盟确定的高等教育准则。1997 年 3 月德国经济部长向欧盟报告后,职业学院的毕业水平在欧洲范围内得到承认。

三、21 世纪以来职业学院向双元制高校的迈进

21 世纪以来,职业教育立法不断完善,尤其新《职业教育法》的出台。

---

① 姜大源:《德国职业学院发展综述》,《中国职业技术教育》1996 年第 1 期。
② 姜大源:《德国职业学院发展综述》,《中国职业技术教育》1996 年第 1 期。
③ 朱绍中:《培养应用型人才的摇篮———德国高等专业学院综述和借鉴》,《外国教育资料》2000 年第 3 期。

2004年7月联邦政府制定《职业教育改革法》,决定将1969年颁布的《职业教育法》和1981年颁布的《职业教育促进法》合并制定新的《职业教育法》。2005年4月1日新《职业教育法》生效,进一步规范了职业教育的目的和概念,同时对培训场地、培训职业认可、培训条例、考试要求、证书发放、培训时间、培训合同、双方义务、对培训学校的要求、培训期间的补偿、职业能力、解除合同、试用期、对教师的要求与监管等都做了明确阐述,重申了职业教育的法律地位与基本结构,强调为经济发展服务的同时,要更好地满足个体需求。在博洛尼亚进程中,职业学院课程通过认证,获得开设学士专业和颁发学士证书的资格。新《职业教育法》首次认可在德国以外国家和地区接受的职业培训可按受训时间折算成双元制职业教育的一部分,但不能超过相应培训时间的四分之一,规定可要求行业协会开具由德文、英文和法文三国文字印制的证书,逐步引入"欧洲职业教育通行证""欧洲简历""欧洲证书"及"欧洲职业教育学分制"等。2006年5月5日,巴符州议会决定,按美国州立大学系统范式改组职业学院为州立双元制大学。2008年11月3日,州政府通过了《巴登符腾堡州双元制大学建立法案》。2009年3月,巴符州将该州职业学院改制为双元制高校(Die Duale Hochschule Baden-Eürttemberg,DH)。巴符州职业学院改为双元制高校后,该州新的《高等学校法》于2009年3月1日生效,第2条规定双元制高校办学定位为"双元制高校通过学院理论教学和合作培训单位的实践培训的结合,向学生传授职业实践中独立应用科学知识和方法的能力。根据双元制培训需要,双元制高校与合作培训单位共同从事相关科研(合作科研)"。① 而《高等学校法》第76条对职业学院的办学定位为"职业学院同时提供科学性和实践性的职业教育和继续教育"。② 由此可见,职业学院是一种纯粹的教学型机构,科学研究未列入办学任务,而作为职业学院进一步改组的双元制高校也仅仅获得了从事合作性科研的任务,即与参与培训的企业或

---

① Landestag Baden-Württemberg. *Gesetz über die Hochschulen in Baden-Württemberg*. http://www.uni-heidelberg.de/imperia/md/content/einrichtungen/zuv/recht_u_gremien/gesetze/lhg_stand_02.03.09.pdf.2017-03-20.

② Landestag Baden-Württemberg. *Gesetzblatt für Baden-Württemberg*. http://mwk.Baden-Württemberg.De/fileadmin/pdf/gesetze/2_Hochschul_ Gesetzblatt010105.pdf.2017-03-20.

其他社会机构一起开展与教学内容相关的研究。巴符州双元制大学总部在斯图加特,到 2010 年建有 8 所分校(海登海姆、卡尔斯鲁厄、勒拉赫、曼海姆、莫斯巴赫、斯图加特、拉文斯堡、维林根-施维宁根)及 4 个分支机构(校园),拥有全职教授约 700 人,合作伙伴约 9000 个,在经济与管理科学、工程技术科学和社会科学领域提供 22 个专业教育,在 100 个专业方向开展培训。2012 —2013 学年该校约有 31000 名在册学生,有超过 12 万的校友规模,是当前巴符州规模最大的高校①。

　　双元制大学的核心是双元学习方案,大学生同时也是培训生,通过校企间理论和实践交替进行及密切的校企合作达到知识转化为能力的目的,企业和社会机构自己选拔学生,与其签订 3 年培训协议,期间为学生持续提供津贴,由于学士文凭需在 3 年内获得 210 学分(其中 30 个基于实践结算的额外学分),因此双元制大学的学生学习日程紧张,比传统大学毕业生更能迅速适应职业岗位需求。调查显示:超过 85% 的毕业生在学期间就已签订雇佣合同②。另外,人才国际化也是双元制大学日益增强的特色之一,除提供众多符合国际热点的课程,几乎所有专业都会为学生提供部分国外学习机会,学生可通过向德意志学术交流中心、德国国际继续教育与发展协会及巴符基金申请奖学金等,到国外学习进修,或通过与英国伦敦开放大学合作获得国际学士学位。此外,学生还可以在跨国公司进行实践培训。2011 年初,双元制大学与德国质量协会签署合作协议,为其证书互认奠定了基础。与纯粹教学训练的职业学院相比,双元制大学因有从事合作科研的特殊使命,可以与合作伙伴联合开展研究活动,为经济、技术和社会领域的企业实践开发现实可用的问题解决方案。根据课程与学习领域的划分,双元制大学毕业生可获得人文学士学位(B.A.)、科学学士学位(B.Sc.)或工程学士学位(B.Eng.),与职业学院颁发的证书相比,双元制大学毕业生得到的学术性毕业文凭除了职业针对性,也具备与其他高校毕业证书等值的学术性。双元制大学全部课程均接受国家和国际认证(英国开放大学认证服务),自 2011 年起对具有两年工作经验的毕业生

---

① *Zahlen &Fakten*.http://www.dhbw.de.2017-03-20.

② *Duale Hochschule Baden-Württtenburg.* http://die-duale-huale-hochschule-kommt. de. 2017-03-20.

提供非连续性硕士项目,2012 年 4 月正式成为德国大学校长联席会新成员,标志着双元制大学拥有了与大学和应用科技大学平等的学术地位。

在管理上,职业学院和双元制大学通常由州教育管理部门监督,设管理委员会负责机构建立与撤销、办学质量与效益评估、专业或专业方向的规划与设置、培训规章或考试规程的制定等,作为州内所有职业学院的最高管理机构,同时设专业委员会负责制定教学计划和培训大纲、确定理论教学与实践培训的内容。它们与高等专业学院一样,在教师聘用上,采用专兼职相结合的聘任办法,兼职人员多为来自专科学校、高等专业学院、大学教师和实践领域的专业人员。在学生培养上,职业学院和双元制大学均采用双元制教育模式,以职业能力为本位,注重学生综合能力的培养。如柏林西门子职业学院提出培养学生跨专业合作能力,个人管理能力,面向国际培养外语能力(能用外语介绍产品,与国外工程师讨论问题),面向未来培养创新能力等。拉温斯堡职业学院注重学生专业能力、处理能力、软件能力、方法能力、社交能力、国际化能力、使用媒体等能力的培养。从现实情况来看,双元制的利好是显而易见的,由于实现了理论场域和实践场域之间的双向交融和有机互通,与高等专业学院 3+1 的教育模式相比,人才的实践能力更强,毕业前景丝毫不逊于高等专业学院和综合大学。2013 年前后,图林根大学的研究者对巴符州大学生的一项调查表明,该州成绩最优秀的中学毕业生更多地选择了双元制高校,而非综合性大学①。职业学院、双元制大学与高等专业学院并无明显的等级质量分化,因此优质生源充足,企业参与积极性很高,近些年的发展势头迅猛。一些职业学院正逐步扩建和扩大培训位置,参与合作的几千家培训企业和社会事业机构包括西门子、大众汽车、巴斯夫、汉莎航空、德意志银行、德里斯顿银行、德国邮政、德国铁路等众多著名大型企业。尽管在培训职业学院学生方面,企业花费较大,但它们仍将这一培训途径看作获取人才的最佳措施。

虽然职业学院和双元制大学发展势头不错,截至 2012 年已在萨克森、柏

---

① Einstieg.*Duale Studenten Sind am klügsten*.http://www.einstieg.com/infos/studium/news/artikel/studie-zu-unterschieden-zwischen-ztudenten-von-uni-fh-und-dualer-hochschule/.2017-03-22.

林、图林根等 9 个州落地生根、开花结果,办学点(或校)达 59 个,既有州立的,也有政府认可的私立职业学院①,但总体来看它们只存在于部分联邦州,学生总体规模较小,如在 2009/2010 冬季学期,约 10519 名学生在职业学院,25295名学生在双元制高校学习,占德国全部在校大学生的 1.6%②。无论如何,职业学院及改制后的双元制大学是德国双元制传统在高等教育领域成功运用的范例,此举改变了德国原有高等专业人才的校本培养模式,开创了在高等教育领域政府主导、企业和社会积极参与学校教学、管理的开放性办学模式。

高等专业学院是德国短期高等教育的主要形式,与职业学院同为德国高等教育现代化转型时期的产物。在产生动因上,与其他很多国家的短期高等教育机构一样,主要动力来自经济发展对人才的需求及高等教育大众化的根本驱动。"调整教育目标以适应数量上的新压力及新的社会需要,主要的途径是进行教育结构的改革。"③首先,德国短期高等教育的产生是科技进步与经济发展的产物。20 世纪中叶,在第三次工业技术革命的推动下,发达国家率先进入以电子计算机、原子能、航天技术应用为标志的第三次科技革命时代,科技革命推动着生产体系与经济结构变革。各国产业结构发生了重大变化,第一、第二产业的就业人数逐渐下降,第三产业就业人数急剧上升,生产的智能化水平空前提高。20 世纪 70 年代末,主要发达国家第三产业就业人数普遍达到总就业人数的半数以上,即便在第二产业也因生产自动化发展,出现大量技术密集企业,科学的技术化与技术的科学化对劳动力智能层次提出了更高的要求,原有中等职业教育无法适应这一要求,急需培养高层次新型技术人才的机构。其次,德国短期高等教育的迅猛发展与教育民主化浪潮密不可分,是高等教育民主化的产物。当代社会大学入学人数与适龄人口百分比及大学生社会成分构成等因素,成为衡量教育制度民主化程度的重要指标。为让更多青年特别是家境困难的青年有机会接受高等教育,必须突出服务地方的原则,激发地方政府筹资兴建的积极性,来满足中低收入家庭学生的求学需

---

① *Berusakademien/Duale Hochschulen*.http//studieren.de.2017-03-25.

② Duale Hochschule Baden-Württemberg.*Jahresbericht2009-2010*.Stuttgart:DHBW.2010:20.

③ 中央教育科学研究所编辑组:《世界教育展望(Ⅱ)》,教育科学出版社 1983 年版,第106 页。

求,这样一来不仅在办学规模上体量较小,入学门槛相对较低,学习费用也相对较低,形式相对灵活,可开发部分时间制的学习,以职业技术教育与培训为主,为那些文化基础较差的学生及成人提供接受高等教育机会的短期高等教育就更受青睐。最后也是很重要的一点,短期高等教育的发展离不开各级政府的支持与干预。从各国短期高等教育发展的历程来看,政府一方面依据人力资本理论对短期高等教育加大投资规模,吸引社会各界尤其经济界的投资与关注,同时完善各级法律法规,以法律形式推动、发展、巩固短期高等教育的地位与成果,推动其健康有序的发展。在立法保障方面,德国教育培训法规体系的完善程度在世界上首屈一指。汉斯·维勒(Hans N.Weiler)认为,在德国存在自下而上和自上而下两种改革方式,但更多地强调后者,其典型特征是改革由政府发起,联邦法律和财政及一群有改革意识的大学校长提供援助。具体来说,德国短期高等教育的立法保障首先来自《联邦德国基本法》的规定和各州的《教育法》和《义务教育法》,这些法律要求针对18岁以下完成普通义务教育的青年实行义务职业教育,原则上不允许年轻人不经过正规职业培训就开始职业生涯。与短期高等教育最直接相关的法律是联邦《高等教育总法》《手工业条例》《青年劳动保护法》《企业基本法》《实训教师资格条例》,以及各州《职业学院法》《职业培训条例》等法律法规,这些不仅明确了短期高等教育机构的法律地位,而且规定了各级政府、社会组织及行业协会的职能,尤其是针对企业的法律法规,为高等专业学院双元制课程的实施,以及职业学院的校企合作提供了保障。总之,由于德国立法体系完备、内容详尽、便于操作,使得短期高等教育的运行有章可循、有法可依,为其健康发展提供了法律保障。

由于相同的动力驱动机制,在应对上述需求及政府参与的过程中,德国短期高等教育机构在办学特点上与各国情况高度一致,其普遍特色就是主要实施终结性教育,同时提供继续学习深造机会,目的在于培养实践应用型高级职业人才。虽在社会地位和学位授予上明显不及传统大学,但与传统本科教育相比,都以服务地方为原则,直面科技和社会经济发展对应用型高级技术人才的新需要,具有学习年限较短、学程安排灵活、学制紧凑、专业适应度高、学费低廉等特点,在校企合作方面具有显著优势,因此毕业生具有相当的市场竞争力。然而,由于德国独特的社会文化背景与教育体制,德国高等专业学院和职业学院与美国社区学院和日本短期大学,以及其他国家的高等教育机构相比,在办学上又独具特色。除政府重视投资和完善的立法保障,以下两点尤其能体现德国特色:第一,在校企合作和整合资源上,与其他任何国家相比,德国短期高等教育堪称典范,主要体现在独特的双元制模式上。高等专业学院开设了大量双元制课程,职业学院及双元制大学则完全依托双元制传统办学,这种模式便于整合社会资源,激发企业办学的积极性,在教育资源、教育内容和方法等各方面,可以弥补学校教育的不足,体现了社会联动协作办学的大职业教育观。德国短期高等教育的经费主要由联邦、州政府或企业承担,是由公共财政和私营经济共同资助的一个多元混合经费模式。根据德国联邦职业教育研究所关于职业教育发展的报告,德国双元制形式的高校学习持续扩展,开设双元制形式专业学习的高校数量、学生人数及参与的企业数量迅速增加,双元合作模式的优点更加明显,由于培养目标明确、注重实践、突出应用、岗位针对性强、与企业合作密切、优势互补,在筹集资源和培养桥梁式职业人才方面具有不可替代的优势。第二,德国短期高等教育在整个高等教育系统中的地位和教育质量上,与其他国家有着明显的不同。在社会地位上,德国不像其他国家进行垂直的等级划分,并未将其作为金字塔的最底层来看待,而只是类型上的划分,这样与其他国家的短期高等教育机构相比,增强了对优秀的生源和师资的吸引力度,社会普遍重视职业教育和培训,将其视为关乎人一生稳定就业和民族生存发展的重要推动力量。德国教育专家胡勃先生认为"德国职业教育体系与其称它为一种教育,不如称它为一种思想,是一种注重实践技能,为未来工作而学习的思想"[1]。由于社会对短期高等教育的认可,不仅可吸引优秀学生和师资,而且由于发达的证书制度及严格的国家考试制度,与行业联动的质量监控体系等,德国短期高等教育的人才培养质量得到国际社会的认可,其高质量与国际化成为吸引各国学子前来学习的资本。与日本的高等专门学校一样,在培养高质量技术型工艺型人才方面独树一帜。

---

[1]　王文军:《浅析德国高等职业教育对我国高职教育的启示》,《吉林省经济管理干部学院学报》2007 年第 21 期。

　　显然,政府的扶持及自身不可替代的办学特色是各国短期高等教育发展的重要经验。德国短期高等教育机构的繁荣发展离不开联邦推动和各州分权体制下的多样化实践,更离不开机构自身主动调整适应经济社会发展的改革创新。第一,德国短期高等教育的健康发展离不开政府的大力扶持,以及社会各界的协调合作。"毫无疑问,联邦高等教育在这个时期的结构改革的迅速扩张是一个自上而下而不是自下而上的改革时期。"①德国政府从政策导向、法律保障到质量监督等各方面都设计、制订了一系列行之有效的制度政策。实践证明这些制度措施在短期高等教育机构的创办、发展过程中发挥着极其重要的作用。在联邦和州政府之外,很多教育协调和咨询机构,或政府合作机构,有的代表政府共同利益为政府决策服务并承担部分政府职能,不断向联邦和州政府提供有效的改革建议,有的属于高校自发性利益联合体,代表高校共同利益协调国家与高校间的关系,这些组织在德国高等教育宏观管理体制中发挥着重要作用,对德国高等专业学院及职业学院的规划发展具有重大的意义。第二,德国短期高等教育机构能在几十年内始终保持繁荣发展的势头,离不开机构自身主动改革创新的努力。德国短期高等教育机构从未放弃追求与大学的等值,然而始终未丢掉自身的特色,高等专业学院一方面体现了纵向上对萌芽于 19 世纪的传统职业类专科学校的继承,同时也保持持续上升的趋势,当然并非简单向普通大学的过渡,而是更高层次的科学与实践的结合,职业学院则是对双元制模式向高等教育层次的拉升,体现了各州高等职业教育多元发展的结果。正是这些机构自身能借助政府支持,积极适应外部经济社会发展的需求,不断调整办学重点,并始终保持和强化实践性办学特色,在整个高等教育生态中找准了自己的坐标,才拥有了强大的生命力。特色就是竞争力,质量就是制胜的法宝,无论高等专业学院,还是职业学院,其本质是为行业和企业服务,应用型和实践性是办学的根本和赖以生存的基础,其引入双元制的做法为强化实践教学开辟了广阔前景,缓解了就业压力,稳定了社会秩序,扩大了高等教育入学机会,对德国经济社会发展具有不可低估的作用。

---

　　① Helmut De Rudder. "The Quality Issue in German Higher Education Policy". *European Journal of Education*,1994(2).

第六章　加拿大短期高等教育史

　　加拿大位于北美大陆,国土面积998.5万平方千米,是一个多民族、多元文化的移民国家。2010年1月,人口为33,873,357人。加拿大国内生产总值(GDP)位居世界主要发达国家前五位。从1990年开始,联合国发展计划署曾连续7次将加拿大评定为最适宜人类居住的国家(每两年评选一次),在人均收入、人均寿命及教育程度三项指标中,加拿大的教育得分最高。

　　加拿大的高等教育,始于1663年魁北克神学院的建立,至今已有340年的历史。经过几个世纪的发展,加拿大形成了高度发达、多元特色的高等教育体系。事实上,在高等教育领域,加拿大早已是国际上发展水平最高的少数国家之一,其同年龄段人口中高等教育的入学率已与美国持平甚至略有超出(这离不开学院层次的贡献),其不少大学也早已跻身于世界一流大学行列。

　　加拿大短期高等教育是其高等教育体系中能够很好体现其多元特色的部分。概括说来,加拿大短期高等教育机构由相互竞争的公立和私立两种不同性质的学院组成。与美国最好的大学与学院都集中在私立方面不同,加拿大中学后教育的重心完全偏向公立,不管在大学层次,还是学院层次都是如此。这也是加拿大中学后教育的独特之处与优势所在。① 因此,在加拿大短期高等教育层次中,最为重要、同时也是最具优势的部分是其公立学院。安大略的

---

　　① ［加］格兰·琼斯主编:《加拿大高等教育——不同体系与不同视角(扩展版)》,林容日译,福建教育出版社2007年版,第6页。

应用艺术与技术学院、魁北克的普通与职业教育学院以及爱德华王子岛的荷兰学院等公立学院都在国际上享有盛名。因此在本章中,笔者将探讨加拿大短期高等教育的着力点放在加拿大的公立学院。

加拿大的公立学院种类繁多,包括初级学院、社区学院、普通与职业教育学院、职业技术培训学院、专科学院、地方性学院以及大学在地方开设的次级学院等。而很多时候,"社区学院"被用作以上各类公立学院的统称,用来指称承担 20 世纪 60 年代以来加拿大省级中学后教育体系扩展这一新职能的短期高等教育机构。凡是将教育入学权利、教育公平和满足地方经济社会实际需要作为优先考虑的学院,不论其是否以"社区学院"命名,均可统称"社区学院"。因此在本章中,除在某些特定学院名称(以"社区学院"命名的学院最早出现在阿尔伯塔省和马尼托巴省,1969 年)中出现外,"社区学院"一词均在"统称"的意义上使用。

第一节　20 世纪初期加拿大社区学院的初现

自 16 世纪起加拿大受法国殖民统治 150 多年,后经法英战争(1689—1763)直至 1763 年《巴黎和约》签订,加拿大成为英国殖民地。1867 年,英国议会通过《英属北美法案》,加拿大成立自治领,标志着加拿大作为一个国家的诞生。在殖民地时期,加拿大以皮毛贸易、渔业、林业和矿产开采为主要经济支柱,经济状况落后。这一时期加拿大教育发展十分缓慢。早期加拿大学校的创立与宗教有着密切联系,主要目的是传播宗教知识,培养牧师和社会上层人士。1663 年魁北克神学院的建立成为加拿大高等教育的开端。伴随着加拿大经济、社会生活的发展和 19 世纪 20 年代的科学发现,加拿大高等教育与社会生活的联系日益密切。加拿大高等教育中社会服务课程的开设和短期高等教育机构的出现都体现了这一转变。

一、"学院"层次教育机构的初现

加拿大的短期高等教育开端于 20 世纪初。早期出现的短期高等教育机

构多为初级学院。加拿大最早的初级学院——维多利亚学院,1903 年创办于
大不列颠哥伦比亚省。1903 年—1907 年,该学院开设 1 年制的文理学科课
程,至 1908 年—1915 年开设了 2 年制课程。1925 年,加拿大大学与学院联合
会召开第十次代表大会,会议通过决议,成立常设委员会专门研究初级学院问
题。1934 年西安大略大学校长舍伍德·福克斯(Sherwood Fox)经过对教学机
构问卷调查发现,当时加拿大已有初级学院 11 所,分布在安大略、萨斯喀彻
温、阿尔伯塔、大不列颠哥伦比亚、爱德华王子岛等省份,多数初级学院受教会
控制。时至 1958 年—1959 学年度,加拿大已拥有初级学院 49 所,其中 3 所为
军事院校(隶属联邦政府),5 所归省级政府管理,40 所归教会管辖,1 所由所
在地学校董事会管理。① 创建初期,多数初级学院为私立学院,受教会控制,
直到 20 世纪 60 年代以后一些初级学院向公立学院转变,与随后建立的社区
学院一起,被纳入加拿大省级中学后教育体系当中,其服务地方经济的特色也
日趋明显。

二、社区学院的特征与功能

以社区学院为代表的加拿大短期高等教育机构,是加拿大高等教育的重
要组成部分,也是加拿大职业技术教育的主要机构。它在加拿大社会生活中
发挥着积极重要的作用,这已为加拿大社会各界人士所公认。社区学院之所
以能发挥如此重大的作用,与社区生活息息相关,正是由于它是一种综合的、
多功能的、面向社区、服务社区的教育机构。它是高等教育的一种新形式,代
表着高等教育拓展、变革的新趋势。②

加拿大社区学院发展的早期阶段,基本不授予学位,以扩大入学机会、满
足地方经济社会发展需要为主要宗旨。从城市到乡村,加拿大社区学院的社
会服务性质有着很大差异,这些差异是由学院所在地区的经济类型和工业化
程度所决定的。社区学院多属公立性质,依靠(联邦和省)政府财政支持,注
重开放办学。

---

① 侯建国:《加拿大高等教育改革与发展》,高等教育出版社 2006 年版,第 84 页。
② 曾子达:《加拿大社区学院》,北京大学出版社 1994 年版,第 67 页。

加拿大社区学院开设 1 年、2 年或 3 年的课程。不同类型的社区学院在职责和功能上存在着差异,所开课程也各具特点。总体看来,加拿大社区学院提供的课程(或服务)包括这样这几种类型:1)开设大学学分专业课程或预科课程,使学生能得到大学一二年级所必需的学分,以便学生转入大学深造;2)开设工业、贸易、农业等部门的长期或短期技术培训课程,方便学生就业,或对已就业的学生进行再培训;3)开设继续教育课程,以日课或夜课的形式满足不同年龄阶段成人(或兼职学生)的教育需要;4)开展咨询服务,帮助学生择业。此外,加拿大社区学院还为参与社区文明服务的团体提供教育服务。

加拿大不同地区、不同类型的社区学院所承担的功能虽存在差异,但办学的灵活性是加拿大社区学院的重要特征。作为拥有办学自主权的教学机构,加拿大社区学院实行自由的入学政策,向不同年龄层次的人开放,提供他们所需的类型多样的教育服务。社区学院学费低廉,少收甚至不收学费,为加拿大民众接受高等教育提供了更多选择。由于强调技术教育、咨询服务,社区学院在教师选聘中,较之学历,更看重教师的职业技术和教学技巧,不断适应地区经济发展、社区和学生发展的需要。①

与加拿大的大学通用的管理模式不同,社区学院没有统一的管理模式。各省社区学院管理机构的结构和运作方式各不相同,主要可分为两种类型:一种不设具体的学校董事会,社区学院由省政府直接管理;另一种通过由当地居民组成的董事会(管理委员会)来实施决策,形成了以社区为基础的强有力的决策传统。董事会的职责包括:选任校长,制定学校发展目标和计划,筹措资金,制定学校预算方案,保证学院商业运行,决定管理部门、教学运行的总体原则。此外,董事会也关注学院招生、教学设备、物资采购等问题。学院董事会一般由 11—19 名成员组成,成员全部由本社区产生,其中有地方官员、社会知名人士、企业家、学院教师和学生代表(在某些省份,教师和学生参与学院管理是 20 世纪八九十年代后才出现的)。董事会成员在筹措学院资金、加强学院与社区沟通、联系方面发挥了重要作用。

① 侯建国:《加拿大高等教育改革与发展》,高等教育出版社 2006 年版,第 85 页。

第二节　二战后至20世纪60年代加拿大社区学院的蓬勃发展

第二次世界大战中,加拿大作为美国的盟国,派遣了92万军队赴欧洲作战,为盟军的胜利做出了重大贡献。虽然这场战争给加拿大的社会和经济造成了冲击,但另一方面,第二次世界大战不仅提高了加拿大的国际地位,也促进了其军需工业的发展,为加拿大日后成为世界第四工业强国奠定了基础。第二次世界大战后,加拿大出现人口出生高峰,人口从1945年的1200万极速增长至1961年的1800万。第二次世界大战的影响以及一些重要工业部门的出现改变了加拿大的产业性质,加拿大经济由以农业为主体转向以工业为主体。随着工业的发展以及工业人口的增加,城市化步伐大大加快,到1961年已有71%的人口生活在城镇,加拿大成为世界上城市化程度较高的国家之一。经济的发展、城市化的加快、人口结构的改变,都对教育的发展提出了新的要求。由于经济状况的好转和物质生活水平的提高,民众的价值观、教育观也发生转变——开始将教育视作获得美好生活的手段,从而更加关注教育的发展,希望获得更多的教育机会,并将高等教育看作促进经济和社会发展的重要因素。

在上述形势的驱动下,加拿大联邦政府和省级政府将加快发展教育,提高国民素质,推进经济、文化发展,增强国家综合实力,作为战后要完成的重要任务。加拿大政府通过一系列政策措施,推动教育的快速发展,20世纪60年代成为加拿大教育发展的黄金时代,教育经费投入和在校学生人数都有较大幅度的增长。[①] 加拿大的短期高等教育在这一时期也得到了蓬勃发展,短期高等教育机构纷纷建立,短期高等教育体系初步形成。

---

① 贺国庆、朱文富等:《外国职业教育通史》(下卷),人民教育出版社2014年版,第164页。

一、社区学院体系的初步形成

(一)阿尔伯塔省

20 世纪五六十年代加拿大经济与工业的繁荣、人口的增长及社会对高等教育需求的增加,刺激着加拿大各省份创办公立学院的热情。1957 年阿尔伯塔省创办的莱斯布里奇初级学院(The Lethbridge Junior College)被公认为加拿大第一所地区性公立初级学院。当时阿尔伯塔省的经济发展水平和工业化程度虽并不高,但随着阿拉斯加公路的开通以及 1947 年大油田的发现,石油产业的兴旺推动了工业的发展,使该省的经济结构进入了由以农业为主向工业化方向转变的重要时期,①由此产生了对工业技术人员的迫切需求。该省企业界及教育界迅速做出反应,在为阿尔伯塔大学建立分校的同时,着手创办公立初级学院增加高等教育机会,培养职业技术人才。

莱斯布里奇初级学院创办之初,经协商与阿尔伯塔大学达成协议,后者承认前者的学分成绩,该学院的学生毕业后可进入阿尔伯塔大学深造。为加速初级学院的发展,阿尔伯塔省议会于 1958 年通过了《公立初级学院法案》,阐述了发展公立初级学院的相关政策,明确了行政机构设置和学院资金来源。1959 年"皇家教育委员会报告"和 1961 年"高等教育委员会报告"等纷纷建议通过当地选举产生的董事会来管理学院事务、增加学院的自主性、扩展学院的办学职能、减少阿尔伯塔大学对学院的影响等;公立初级学院在承担大学学分课程的同时,也担负非学历教学任务。但由于政府难以为初级学院提供充足的资金,使得学院职能的拓展受到了限制,一些初级学院仅开设了大学转移学分课程,除转学功能外,无法承担起更多的社区服务职能。

阿尔伯塔省在发展公立初级学院的同时,也创办了一些公立技术学院,在一定程度上弥补了上述缺陷。1960 年,加拿大联邦议会通过《技术与职业培训资助法案》(Technical and Vocational Training Assistance Act),明确了联邦政府经费分担的新原则,为各省的技术、职业培训教育提供了资金支持。在教育部技术与职业教育局局长杰克·米切尔(Jack Mitchell)的努力下,1960 年北

---

① 曾子达:《加拿大社区学院》,北京大学出版社 1994 年版,第 30 页。

阿尔伯塔技术学院成立,阿尔伯塔技术与艺术学院(创立于1916年)更名为南阿尔伯塔技术学院。除提供技术教育外,米切尔建议为那些没有工作或受教育年限较短的成年人提供技术培训。

20世纪60年代,阿尔伯塔省公立学院数量显著增加。1964年,创立红鹿初级学院(Red Deer College)、1965年创立医用帽类初级学院(Medicine Hat College),1966年创立格兰德草原学院(Grande Prairie College),1966年卡尔加里私立学院——皇家山学院(Mount Royal College,创办于1910年)改为公立学院。1970年格兰特·梅斯万社区学院(Grant Macewan Community College)在埃德蒙顿创立。位于弗米利恩(Vermilion)的农业学校1975年更名为莱克兰德学院(Lakeland College),成为加拿大第一所省际学院,服务阿尔伯塔省东北部和萨斯喀彻温省西北部地区。①

(二)安大略省

安大略省是加拿大经济转型的主要受益者之一。第二次世界大战结束后,安大略省很快实现了经济的非军事化。随着其经济结构的调整和工业类型的多样化,对技能劳动力的需求持续增长,这成为该省社区学院兴起和发展的强大推动力。1946年湖首技术学院(Lakehead Technical Institute)的创办和1948年赖尔森技术学院(Ryerson Institute of Technology)的创建,都是安大略省政府为加快职业技术人才培养在短期高等教育发展方面的新尝试。至1956年湖首技术学院已发展为地位与大学相当的湖首文理与技术学院(Lakehead College of Arts,Science and Technology)。此后安大略省经济持续增长,对技术、职业教育人才的质量提出更高要求。1965年,威廉·戴维斯(William Davis)部长宣布,政府计划成立一种新层次、新类型的教育机构:应用艺术与技术学院(College of Applied Arts and Technology,简称CAATs)。此类学院设立综合性的中学后技术、职业教育培训项目以及学徒训练、技能培训提高项目等,所开设的课程更贴近本省经济的实际需求,体现地区特色,服务于地区对人才的特殊需求。值得注意的是,应用艺术与技术学院并未开设学

———————

① [加]格兰·琼斯主编:《加拿大高等教育——不同体系与不同视角(扩展版)》,林容日译,福建教育出版社2007年版,第66页。

分转移课程。学院创办者认为,设立此类社区学院的出发点是普及高等教育,为更多的人提供高等教育机会,满足本地经济对劳动力的需求;而学分转移课程的开设不仅不利于这一目的的实现,还可能在一定程度上增加这类学院沦为大学附庸的危险。安大略省应用艺术与技术学院自创办起发展迅猛,仅在1965 年—1967 年就有 19 所学院成立并对外招生。这些学院利用了原有的技术学校、培训中心的师资、教学场地设施等条件,开设了内容广泛的各类特色课程。至 1970 年,安大略省应用艺术与技术学院的全日制在校生人数已达35000 人,此外还有数量大致相当的兼职学生。① 为安大略省的地区经济发展培养了大量适用的职业技术人才。

(三)魁北克省

宗教对魁北克省教育产生的影响是深远的。魁北克省居民主要由讲法语、信奉天主教和讲英语、信奉基督教的两部分人口组成,且居民中讲法语、信奉天主教的人口占据优势。该省的教育也早已形成了两个相互独立的教育体系。自标志着加拿大高等教育开端的魁北克神学院(1663 年)诞生时起,教会就是教育的权力机构。长久以来,省政府将教育视为家庭和教会的事务而很少过问,因此该省的教育逐渐发展成为一个"独立自主"、不受政府干预的范畴,并分成天主教和基督教控制之下的两个部分。

作为教育改革的开端,1961 年魁北克省政府建立"皇家教育咨询委员会"(The Royal Commission of Inquiry on Education),对全省教育状况进行全面调查研究。拉瓦尔大学副校长帕兰特(Parent)出任该委员会主席。经研究,该委员会发现讲英语和讲法语的魁北克人在受教育的学制上存在明显差异。法语学生需要经过 18 年的学习(7+8+3)才能获得学士学位;而英语学生只需15 年。针对这一状况,该委员会在学院层次构想了一个全新的社区学院网络,并在研究报告中提出了全面改革教育的建议:为法语学生和英语学生建立一个协调、统一的教育体系。规定小学 6 年,公立中学 5 年,随后进入一种义务、免费、综合性的普通与职业教育学院。学生此时有两种选择,一是学习 2

---

① Glen A.Jones:*Higher Education in Canada:Different Systems,Different Perspectives*.New York and London:Garland Publishing,Inc,1997:146.

年的普通教育课程之后进入大学学习(在大学学习 3 年即可获得学士学位);
二是学习 3 年的职业教育课程后直接就业。[①] 学院课程分为两个阶段:第一
阶段学习若干基础课程,第二阶段则根据学生的教育和职业目标确定各种专
门课程和补充课程,以保证每个学生都有一个普通教育和所爱好领域相互均
衡的课程计划。可见,魁北克省的普通与职业教育学院融普通教育与职业教
育为一体,属于义务教育的一部分,学生不论升学还是就业,都须接受这一级
教育。

1967 年,第一批 12 所以法语教学的普通与职业教育学院开办起来。次
年,又相继开办了另外 11 所,共招收了 38,000 名学生。1969 年第一所以英
语教学的普通与职业教育学院——道森学院(Dawson College)建立;1970 年
第二所创办,即法尼尔学院(Vanier College)。

普通与职业教育学院体系的建立,不仅大幅提高了魁北克省的高等教育
入学率,对"皇家教育咨询委员会"调查报告中的两个关键词——"民主化"与
"入学权利"也作出了完美回应;以综合性社区学院这一形式提升了魁北克省
普通教育的水平和专业教育的质量,使得该省拥有了更加广泛、灵活、多样化
的高等教育体系。

(四)萨斯喀彻温省

萨斯喀彻温省拥有广阔的草原,直到 20 世纪六七十年代该省一半人口仍
生活在农村地区,其国内生产总值(GDP)的一半来自农业。第二次世界大战
结束后,农业生产活动逐步恢复,同时经济也呈现多元化增长。为了提升该省
农村生活质量,省政府于 1956 年建立皇家农业与农村生活委员会(Royal
Commission on Agriculture and Rural Life)对农村社区状况进行考察并提出改
进建议。该委员会在萨斯喀彻温大学贝克(W.Baker)博士的主持下,分别提
出了 16 项关于农村生活的报告,报告特别强调继续教育的作用,提出应更多
地将学校设施用于成人教育,大学应负责对成人教育进行专业指导。

该委员会报告对萨斯喀彻温省其后 10 年短期高等教育的发展产生了深

---

① [加]格兰·琼斯主编:《加拿大高等教育——不同体系与不同视角(扩展版)》,林容日
译,福建教育出版社 2007 年版,第 171 页。

远影响。1958 年,穆斯乔师范学校(the Moose Jaw Normal School)被改造为萨斯喀彻温技术专科学院(the Saskatchewan Technical Instisute),承担中学后职业培训的任务,开设各种商业和技术课程,为经济发展培养急需的技术人才。随着联邦《技术和职业训练支持法》的制订,萨斯喀彻温省政府充分利用联邦经费资助,于 1963 年创办萨斯喀彻温中心技术学院,开设课程培养各行业的学徒、助理护士、厨师、手工艺人和农场机械工等。1966 年,在里贾纳又兴建了第三所技术学院,在韦本和阿尔伯特王子城两地也建起了职业教育中心。1969 年,阿尔伯特职教中心被改建为阿尔伯特王子城地区社区学院,由省教育部拨付经费,由选出的社区管理委员会负责管理。

萨斯喀彻温的社区学院与其他省份的不同之处在于,它归属该省继续教育部,主要由地区负责管理(而不是省负责管理)。这些社区学院采取租用教学设施的方式办学,社区需要哪些课程,就与学院签订合同。学院里固定的专职教师数量很少,多是聘请其他院校的教师兼职授课,因此学院可称为教育服务的中间人、经纪人。这种"经纪人模式"在当时是独特、大胆的创新。通过社区学院,萨斯喀彻温省增加了农村地区接受高等教育的机会,弥补了当时位于城市的大学和技术学院无法向农村居民提供入学机会的缺陷。

战后加拿大短期高等教育的发展,是以这一层次教育机构和教育活动的大量增加为特征的,而这一发展,起初是渐进的;直到 20 世纪 60 年代前后,这种变化的程度和速度才变得引人注目。到 20 世纪 60 年代末,加拿大大多数省份都已拥有适应本省经济发展需求、扩大民众高等教育入学机会的地方性短期高等教育机构。1966—1967 年,加拿大社区学院共有 125 所,在校学生数占 18—24 岁同龄人口的比例达到 14.2%。[1] 这些社区学院建立并形成体系,已然在为各省提供转学教育、职业技术教育、补习教育和各种社会服务的过程中,为加拿大社会和经济发展做出了重要贡献。

二、社区学院迅速发展的动因

加拿大的短期高等教育为何能够在第二次世界大战结束至 20 世纪 60 年

---

① 侯建国:《加拿大高等教育改革与发展》,高等教育出版社 2006 年版,第 90 页。

代这短短的二三十年间迅速发展并初步形成体系？在这一时期加拿大教育整体大发展的形势之下，推动加拿大短期高等教育快速发展的具体原因有哪些呢？

（一）经济发展的需求与人口增长带来的入学压力

第二次世界大战的结束是导致高等教育需求增长的最早动因之一。战争结束，加拿大联邦政府为退伍军人提供教育援助，使得当时各省高校大幅扩大招生规模。如从 1945 到 1946 年，阿尔伯塔大学的招生人数就扩大了近一倍。然而，退伍军人重返校园与 20 世纪 60 年代经济结构转型和人口快速增长所带来的巨大教育需求相比，只是一个次要的因素。仍以阿尔伯塔省为例，首先，战后攀升的人口出生率带来了教育需求的持续增长；其次，自 1947 年大油田发现开始，阿尔伯塔省经济逐渐走上工业化的道路，工业化经济的快速发展又吸引了来自欧洲、美国和加拿大其他地区的移民热潮。这一系列变化都要求该省提供更多、更丰富的中学后教育服务，以满足迅猛增加的人口和转型后的经济对高等教育的需求。阿尔伯塔省迅速做出反应，创办公立初级学院和专科技术学院增加高等教育机会，培养工业技术人才。莱斯布里奇初级学院作为加拿大第一所公立初级学院建立于 1957 年，随后 1960 年北阿尔伯塔技术学院和南阿尔伯塔技术学院建成。在 20 世纪 60 年代，阿尔伯塔省社区学院的数量不断增加。这一时期创办的各类学院有：红鹿初级学院（1964）、医用帽类初级学院（1965），格兰德草原学院（1966）、格兰特·麦斯万社区学院（1970）等。

又如安大略省，安大略省的经济是加拿大成功的经济转型以及战后几乎整个非军事化过程的主要受益者。随着工业基础不断在多样化发展中得到拓展，安大略省工业领域的劳动力需求也不断增长和变化；与此同时，商业领域的教育需求也不断增加。这些需求推动了安大略省 20 世纪 60 年代在短期高等教育层次中的戏剧性变化。自 1965 年起，威廉·戴维斯代表政府发出倡议，呼吁建立一种新型的地区性短期高等教育机构——应用艺术与技术学院（CAATs）。时至 1967 年，在这项提议宣布仅仅两年之后，已有 19 所学院建立并开学。至 1970 年，安大略省应用艺术与技术学院的全日制在校生与兼职学生总数已达 70,000 人之多。

（二）联邦、省政府的立法与投入

加拿大高等教育管理不存在全国性的单一体系，而是一个以省/行政区政府为主导、联邦政府参与的体系。在联邦建立之时，加拿大就以《1867 年宪法法案》对各省负有发展教育的主要职责这一事宜作出了明确规定："各省/地区立法机关可以自主制定在所辖区内适用的教育法规"——将发展高等教育的职责划归各省政府所有。但从加拿大高等教育的发展历史，特别是战后至 20 世纪 60 年代加拿大短期高等教育的发展历程来看，加拿大联邦政府发挥的作用并不为小，甚至还扮演了十分重要的角色，特别是在对短期高等教育发展的相关立法和资助力度上，已经远远超过了省政府的作为。

正如保罗·艾克谢罗德（Paul Axelrod）谈到当时安大略省的情形时所言，"在 1945 年到 1960 年之间，安大略中学后体系的实际变化，并没有那么深刻。……公共开支仍然受到一个节俭的（省）政府的限制，而这一政府对公路建设的兴趣，远远超过了对高等教育的兴趣"。[①] 当然，省级政府的态度也在逐渐发生着变化。到 20 世纪 50 年代后期，各省政府开始尝试成立一些咨询机构（如安大略省大学事务委员会、魁北克省皇家教育咨询委员会、大不列颠哥伦比亚省麦克唐纳教育规划委员会、纽芬兰省教育与青年皇家委员会等），旨在指导与各类大学与学院有关的日益复杂的公共政策事务。这些咨询机构开展了一系列针对高等教育现状的调查，并为第二次世界大战后加拿大各省的高等教育发展提供了有益的建议和意见。

然而在这一时期加拿大短期高等教育的发展中，联邦政府无疑发挥了更加重要的影响。由于加拿大联邦政府很早就认识到职业技术教育培训对提高劳动者素质的重要作用，认识到扩大高等教育机会与经济发展之间的密切关系，因此，联邦政府积极采取措施推动职业技术教育的发展。早在 1910 年，联邦政府就成立了工业与技术教育皇家委员会，支持职业培训发展。1919 年通过的《技术教育法案》确立了联邦与省政府资金联结原则。1951 年，联邦政府决定从本财政年度开始，向全国所有的大学和学院直接拨款，拨款额度为人均

---

① ［加］格兰·琼斯主编：《加拿大高等教育——不同体系与不同视角（扩展版）》，林容日译，福建教育出版社 2007 年版，第 146 页。

50 加分（按各省总人口数下拨）。1960 年,联邦议会通过《技术和职业训练支持法》,为联邦政府指导职业培训、为职业技术教育提供财政支持进一步提供了法律支持。依据该法案,联邦政府在 10 年内出资 8 亿加元,同时要求各省也拿出相应配套资金（联邦政府资金占 75%,省级政府占 25%）用于技术和职业培训。1967 年,联邦政府又通过《成人职业训练法》《加拿大人力训练计划》《联邦与省财政安排法》等,加大了对职业技术教育的支持力度。[1]

那么,联邦对高等教育的拨款资助,是否会被视为侵犯省属法定教育权限呢?事实上,当联邦政府接受了梅西委员会（the Massey Commission）的建议,并在 1951—1952 财政年度直接向全国大学和学院拨款（拨款额度为人均 50 加分,按各省总人口数下拨）时,魁北克省政府便第一个站出来反对。在实施联邦拨款的第一个年度后,魁北克省政府指示该省的大学拒绝这一资助,致使这些大学陷入了由此带来的财政困难。这一问题在 1959 年以一种迂回的“向外承包”和“财政转移支付”[2]的方式解决。根据“等量转移”的原则,魁北克省利用通过“降低”联邦税率而增加的收入来资助省内大学和学院的发展,即联邦政府不再直接将经费划拨给大学,而是通过让渡一定的税收给省级政府,将等额的款项转移到省政府名下,由省政府来完成对大学和学院的资助。在 20 世纪五六十年代,联邦政府为各省高等教育提供的经费逐年增加,从 1951—1952 年度的 0.5 加元/人,增加到 1958—1959 年度的 1.5 加元/人,直至 1966—1967 年度的接近 5 加元/人。再依据 1967 年通过的《联邦与省财政安排法》,联邦政府与省级政府达成了新的税金分享协议,规定中学后教育运行费的 50% 由联邦税款返还各省,达到生均 15 加元。联邦政府通过投入大量资金,对各省扩大教育机会,加快短期高等教育的发展起到了激励作用。

（三）加拿大民众教育观念的转变

从历史渊源来看,长期以来加拿大教育受到英国精英学校体系的影响,小

---

① 侯建国:《加拿大高等教育改革与发展》,高等教育出版社 2006 年版,第 89 页。
② “向外承包”是税收制度运用中的一个创新范例。这种向魁北克省的“财政转移支付”方式,最初是通过降低该省联邦法人所得税的大约 1% 来实现的,如此,在没有增加魁北克省内法人税务负担的情况下,允许省政府通过相应增加省税而获得等量收入。根据等量转移原则,魁北克省通过这种“降低”联邦税率而增加的收入,每年进行调整,使它能够与原先联邦政府按照人均分配公式计算的、应下拨给魁北克各院校的经费总额完全吻合。

学与中学之间、中学与大学之间有着明显的界限。在加拿大的教育和课程观念中，各学科是依照其价值的高低被分为不同等级的。偏古典的学科被赋予较高价值，并被纳入大学课程体系之中；而那些实用学科则被认为不能登大雅之堂，而排除在大学课程之外。想要接受高等教育的人，也必须具备学习古典学科的能力。对于一般民众而言，义务教育阶段之后的教育（14岁以后）便属于特权或奢侈品，并不是人人能够获得的。

而到了20世纪50年代，加拿大人的教育观念，特别是高等教育观发生了重大变化，这一变化离不开第二次世界大战的影响。在这场战争中，安大略省的大学对国家战争事业迅速作出反应，而且在其中一个时期，大学变身成为公共服务机构，开放学校资源服务公众的利益。待战争结束，受联邦政府资助的退伍军人开始大量涌入大学校园继续学业，加拿大大学进入扩张时期。为此，大学常要借助战争遗留的临时建筑、设施和装备来满足巨大的教育需求。目睹上述变化，加拿大民众逐渐开始将大学，包括学院看成是推动经济和社会发展的重要手段。同时伴随退伍军人由参加战争到就读大学，再到重新就业的一系列角色变化，民众也认识到大学、学院在促进普通人的人生发展中所发挥的作用。正如保罗·艾克谢罗德（Paul Axelrod）所言："破坏和改变了加拿大人许多生活方式的第二次世界大战，却成了改变公众对高等教育品质和价值的认识的一种途径。"①

一些省级咨询机构的调查报告也呼应并引导着民众教育观念的转变。如在魁北克皇家教育咨询委员会走访了全省多所教育机构，考察了加拿大其他省份和美国、欧洲的许多教育机构，采访了200多位专家之后完成的调查报告中，"民主化"和"入学权利"两个关键词赫然出现。尽管外界仍在向该委员会施压要求给予精英主义某些方面的保护，但教育体系的"民主化"趋势已势不可挡。学生入学的权利不应因地理或财政方面的原因而受到阻碍已经成为公认的理念。同时，该委员会的报告还对普通教育与专业教育的关系以及专业教育的经济重要性进行了探讨，提出以新的视角和价值观来衡量不同学科所

---

① ［加］格兰·琼斯主编：《加拿大高等教育——不同体系与不同视角（扩展版）》，林容日译，福建教育出版社2007年版，第145—146页。

具有的特定价值,建议在文化多样性的基础上将人文科学文化和自然科学文化协调起来。

　　加拿大这一时期的经济转型与对技术劳动力的急迫需求,也使民众看到了接受高等教育所能得到的回报。此时,社会上的就业机会丰富,所需的各行业技术人员缺乏,且薪酬较高。人们逐渐将接受教育视为步入美好生活的一种途径。进入大学或学院学习成为一种权利,而能够提供充足的入学机会则成为一种理想教育体制的标志。入学率的增加,既成为加拿大高等教育转型和多样化发展的动力,同时又是其结果。

三、社区学院的多样化模式

　　加拿大社区学院所承担的功能是多样的,这决定了其课程模式的多样性。依据各省经济、社会发展的状况,其社区学院所承担的功能各不相同。如在阿尔伯塔省,20世纪五六十年代出现的初级学院,大多作为大学的附属学院,重视转学课程的开设,教学计划由大学制定;职业技术教育的功能由公立技术学院完成。在安大略省,社区学院则计划为80%不能进入大学学习的年轻人提供中学后教育。在魁北克省,社区学院被视为四层教育结构(小学、中学、学院、大学)中的第三层次,是义务教育与大学教育的过渡与衔接(其本身也属义务教育),是教育结构中不可缺少的重要组成部分。在社区学院建立、发展的过程中,各省对其所应承担的功能,也在不断探索、争论。

(一)阿尔伯塔省:初级学院转学模式+技术学院职业培训模式

　　1957年,根据本地学区的立法提案,作为加拿大第一所地区性公立初级学院的莱斯布里奇初级学院建立。在经过一段相当激烈的争论之后,阿尔伯塔大学与该学院达成协议,同意将该学院作为一所附属学院——前者承认后者的学分成绩,毕业于莱斯布里奇学院的学生可进入阿尔伯塔大学深造。因而阿尔伯塔大学在该学院创办的早期,主要招收过渡性专业的转学学生。这一做法进而推动阿尔伯塔省于1958年通过了《公立初级学院法案》,这一法案规定了公立学院的有关政策、管理机构及融资方式等。

　　这一时期也有许多报告发表,如1959年"卡梅伦皇家教育委员会报告"和1961年"高等教育调查委员会报告",都提议增加学院的自主权以及通过提供大学和非大学教育项目使学院拥有"双重身份",①如建议通过当地选举产生的董事会来管理学院事务、增加学院的自主性、扩展学院的办学职能、减少来自阿尔伯塔大学的影响等;公立初级学院在承担大学学分课程的同时,也要承担一些非学历教学任务。但由于政府难以为初级学院提供充足的资金,使得学院职能无法顺利拓展,一些初级学院仅开设了大学转移学分课程,除转学功能以外,未能承担起更多的社区服务职能。

公立技术学院的创办,弥补了初级学院这一功能上的缺陷。1960 年,加拿大联邦议会通过《技术与职业培训资助法案》,为各省技术、职业培训教育提供了资金支持。1960 年,北阿尔伯塔技术学院成立,阿尔伯塔技术与艺术学院(创立于 1916 年)更名为南阿尔伯塔技术学院。

初级学院和技术学院这两类公立社区学院在功能上相互弥补,提供了广泛的教育深造科目与课程,从大学专业科目到农业教育、艺术教育、职业教育科目、生涯教育等,满足了学校所在社区(地区)阿尔伯塔人的各类教育需要。

(二)安大略省:非转学模式

在短期高等教育大发展的高峰期到来之前,安大略省已经拥有如湖首技术学院、赖尔森技术学院等公立职业技术学院,体现了安大略省为加快职业技术人才培养在短期高等教育发展方面的努力。1965 年,一种新层次、新类型的短期高等教育机构应用艺术与技术学院在省政府的筹划下建立起来。此类学院设立综合性的中学后技术、职业教育培训项目以及学徒训练、技能培训提高项目等,所开设的课程更加贴近本省经济的实际需求,体现地区特色及地区对人才的特殊需求。值得注意的是,此类学院不开设学分转移课程。因学院创办者认为,设立此类社区学院的出发点是普及高等教育,为更多的人提供高等教育的机会,同时满足本地经济对劳动力的需求;而学分转移课程的开设不仅不利于这一目的的实现,还可能有损这类学院的管理自主权,增加其沦为大学附庸的风险。

(三)魁北克省:普通与职业教育模式

1961 年,魁北克"皇家教育咨询委员会"成立,在对全省教育状况进行全

---

① [加]格兰·琼斯主编:《加拿大高等教育——不同体系与不同视角(扩展版)》,林容日译,福建教育出版社 2007 年版,第 65—66 页。

面调查的基础上,构想了一个全新的社区学院网络,旨在为法语学生和英语学生建立一个协调、统一的教育体系:小学 6 年,公立中学 5 年,再进入一种义务、免费、综合性的普通与职业教育学院。在普通与职业教育学院中,学生有两种选择:一是学习 2 年的普通教育课程之后进入大学学习(在大学学习 3 年即可获得学士学位);二是学习 3 年的职业教育课程后直接就业。[①] 学院课程分为两个阶段:第一阶段学习若干基础课程,第二阶段则根据学生自身的目标与倾向确定各种专门课程和补充课程,以保证每个学生都有一个普通教育为基础且适合其特点的课程计划。具有魁北克省特色的短期高等教育机构——普通与职业教育学院融普通教育与职业教育为一体,且属于义务教育的一部分,学生不论升学还是就业,都必须接受这一级教育。

(四)曼尼托巴省:职业技术教育模式

曼尼托巴省社区学院的情况较为特殊,这些学院以"社区学院"为名,却只有职业技术学院之实。学院课程范围狭窄;在管理上也缺乏自主权,长期受控于省政府,作为一个促进经济发展的部门而存在。

20 世纪 60 年代,受联邦大力发展社区学院、扩大中学后入学机会的新浪潮影响,红河社区学院、阿西尼波恩社区学院和基瓦丁社区学院都是在先前职业专科学院的基础上更名而成的,学院的基本特征实质上并未发生改变。虽然学院课程做了适当扩展,但是学院的课程设置与整体氛围仍以职业教育为主,强调 2 年制的技术教育和学徒培训。尽管在为全省提供业余教育方面以及在解决弱势群体的中学后教育入学权利方面,这些学院都做出了很大努力,但是与其他省份的社区学院相比,这些学院的总体规模只居中流水平。

四、社区学院管理自主权的获得

1960 年,加拿大已有 4 个省份颁布社区学院法案,建立了社区学院管理机构与体制。与加拿大大学所形成的通用的管理模式不同,想要为社区学院概括出统一的管理模式几乎是不可能的。在加拿大,各省的社区学院管理机

---

① ［加］格兰·琼斯主编:《加拿大高等教育——不同体系与不同视角(扩展版)》,林容日译,福建教育出版社 2007 年版,第 171 页。

构的结构和运作方式各不相同,主要可分为两种类型:在一些省份,社区学院形成了以社区为基础的强有力的决策传统,即通过由当地居民组成的管理委员会来负责决策,如大不列颠哥伦比亚省的"学术委员会"、安大略省和阿尔伯塔省的"社区学院委员会"等;而在另一些省份,社区学院没有形成具体的学院董事会(或设有董事会,却没有管理、决策的权力),而是在省政府的管理之下运作,如魁北克省的社区学院即属于此类。另外,在发展过程中还形成了一种过渡类型,这些学院创建时由省教育部负责管理,随后逐渐摆脱控制,建立起学院董事会,拥有了自主自治的独立地位,如曼尼托巴省社区学院等。

(一)大不列颠哥伦比亚省

作为自主管理模式典型的大不列颠哥伦比亚省的社区学院,其管理模式的形成经历了如下过程。

1958年,为应对社会生活和经济发展给高等教育造成的压力,大不列颠哥伦比亚省政府对《公立学校法案》进行了一次重大修订,立法机关还通过了一部许可法律,授权学校委员会创立"附属于大不列颠哥伦比亚大学的"中学后地区性学院。这一授权反映了公众的态度和倾向:由于该省公众对新建的社区学院的学术水平抱有不信任态度,而寄希望于大学,认为新建的社区学院只有附属于大学,教学质量才能有保证。然而对于建立大学学院,大学的态度并不积极,一方面担心新建的学院会影响大学从政府得到的拨款数额,另一方面对13年级的教学质量也表示忧虑。但由于人口的增长和经济发展的需求,大学学院的建立又势在必行。当时解决这一问题的途径有以下几种:(1)大不列颠哥伦比亚大学迅速扩大规模,而不建立附属学院;(2)在全省范围内建立若干附属于大学的"分校",即大学附属学院;(3)另外兴建一批新的社区学院。最终在该省的多数地区第三种方案得到了实施。这与1962年约翰·麦克唐纳(John Macdonald)被任命为大不列颠哥伦比亚大学校长有着密切关系。

约翰·麦克唐纳上任后,负责一项有关该省中学后教育未来发展需要的研究工作。他带领的研究小组走访省内各个社区,深入听取公众对教育的意见,了解到公众对中学后教育入学机会少的担忧;且认清当时的主要问题是,全省除温哥华和维多利亚两地有大学外,其他地区缺少高等教育机构,在社区之间交通不便、通信落后的情况下,接受高等教育对于生活在没有高等教育机构的地区的许多适龄青年而言,是可望而不可及的。

该小组的研究报告《麦克唐纳报告》的发表引起了公众和教育界的巨大反响。报告中说,"对社会做出最大贡献的人是那些有能力与天赋而又最大限度地接受教育的人……人的资源是我们明天最重要的财富,由于教育的失败,国家不充分利用它的公民,这个国家至少会陷入贫困,甚至会造成经济上的灾难",[①]强调大力发展高等教育的必要,以提供更多入学机会给渴望接受高等教育的适龄青年。在报告的开篇,麦克唐纳便为报告写明了主题和基调,即不仅要加速发展短期高等教育这一层次,且在社区学院这一体系中要追求"卓越"(Excellence)。该报告指出,只有通过创办新的、课程结构多样化的、可自主管理的教育机构,才能促进中学后教育质量的提高。如报告所说:"卓越是不能通过立法、购买、公开宣布或指派等手段达到的。它只能通过追求、鼓励和嘉奖等方式去实现。而这正是规划大不列颠哥伦比亚高等教育的任务所在。"[②]

《麦克唐纳报告》建议在全省创办 2 所 4 年制学院和 6 所 2 年制学院,为满足人们(特别是内陆地区的人们)对高等教育日益增长的广泛需求,这些学院将提供学术的或"同等学历"的课程,学生由这些课程修得的学分可以"转移";这些学院还将为那些想从事具有本地特色职业的人提供技术性培训。报告还建议,2 年制学院应在当地学校管理委员会的管理下进行运作,"这些委员会在资助和发展教育机构方面拥有最广泛的知识和丰富的经验"。课程结构及入学机会的多样化和学院发展的自主权,被视为高等教育充分发展的必要条件。该报告破除了社区学院必须由大学监督才能保证其学术水平的传统认识,提高了社区学院在公众心目中的地位,增加了公众对社区学院亦可提供"卓越"教育的信心。

麦克唐纳小组的建议获得了大不列颠哥伦比亚省学校董事协会的支持,该协会认为,建立新的高等教育机构应以社区为基础,面向社区,并由社区控

---

① 曾子达:《加拿大社区学院》,北京大学出版社 1994 年版,第 34 页。

② [加]格兰·琼斯主编:《加拿大高等教育——不同体系与不同视角(扩展版)》,林容日译,福建教育出版社 2007 年版,第 37—38 页。

制,并提出:学校管理委员会应负责满足社区各类人群的教育需求。学校董事协会对该省社区学院的发展起到了积极作用。麦克唐纳小组建议的中学后教育模式也很快得到政府采纳,社区力量在社区学院的管理中起到重要作用。尽管仍需要得到当局的认可,但应该说,这些新建的社区学院本身就是基层活动的结果。

(二)曼尼托巴省

相比之下,一些学院在诞生伊始,管理与决策的权力并不在社区,而是在日后的发展中逐渐取得了管理自主权。以曼尼托巴省为例,曼尼托巴省作为加入联邦的第一个西部省份,财政上相对拮据,其社区学院体系的发展水平与规模在各省份中仅居中游。由于该省拥有的社区学院——红河社区学院(Red River Community College)、阿西尼伯恩社区学院(Assiniboine Community College)和基瓦丁社区学院(Keewatin Community College)均是在原先职业专科学院基础上更名而来(1969年,作为国家扩大社区学院为取向的中学后教育机会新浪潮的一部分),其基本特征实质上没有大的改变。除去课程偏重技术教育和学徒培训,专业范围过于狭窄之外,该省社区学院还被批评不具备高等教育机构的组织特征,表现得对省政府官僚决策俯首帖耳。学院里的预算审核、人员安置、课程规划与修订等都不在院长的权限之内。因为这些学院的院长必须直接对分管"中学后、成人、继续教育与培训分部"(PACET)的教育与培训部副部长负责。而该分部并不是一个专门负责管理中学后教育的机构,它同时监管其他许多事务(包括成人教育活动、曼尼托巴技术培训中心、入学机会促进计划、曼尼托巴学生财政援助计划以及与其他省份的合作培训计划,发展、协调与管理本省的就业活动、协调移民的语言服务活动及提供直接与就业有关的培训活动等)。因而,从政府到公众都习惯于将这些社区学院视为本省经济发展与社会政策实施机构的一个组成部分。正是在这一意义上,曼尼托巴省政府一直保持着对这些学院的严密控制、不愿赋予这些教育机构正常的自主权。这也是曼尼托巴省缺乏中学后教育协调体系以及在学院与大学两大层次之间缺乏协作的一个主要原因。

缺乏自治精神的一个重要原因,便是缺乏自治的组织机构——学院董事会。这是严密的政府控制造成的主要后果。伴随着这3所学院在1969年变更为社区学院,政府对它们的前身(职业技术专科学院)所设置的顾问委员会进行了整改。这些学院的负责单位,即技术与职业顾问委员会(the Technical and Vocational Advisory Board)的任务就是向部长提供有关整个体系的咨询建议,并将自身定义为特定的"咨询机构",旨在有效地保证学院的教育活动几乎不受地方(政府)的控制。1972 年,这些学校内部开始设立包含有教职工和学生代表的、属于他们自己的委员会。但这些委员会与大学的评议会不同,并未发挥立法机关的作用,而是再次被限定仅具有咨询功能。

直到 1990 年,省政府作出决定,社区学院体系将设立董事会,并在 1993 年通过《学院及相应修正法案》(the Colleges and Consequential Amendments Act)予以正式确认。这些学院董事会被期待发挥作用,促使社区学院提高效率、加强与社区的联系并提升学院地位。至此,曼尼托巴省社区学院才拥有了自治机构和独立地位。

第三节　20 世纪七八十年代加拿大社区学院的稳步发展

在 20 世纪七八十年代,加拿大教育进入平稳发展时期。受世界石油危机和经济危机的影响,加拿大经济发生动荡,出现通货膨胀,失业率升高,加之战后人口生育高峰已经过去,加拿大教育的迅猛发展势头受到抑制,教育投入减少,学费上涨,学生负债高,就业难,学生人数增长速度缓慢。尽管如此,这一时期的加拿大高等教育仍保持稳步发展。由于加拿大联邦与各省政府都重视加强职业技术人才的培养,采取特别措施加强社区学院建设,加拿大创造了具有鲜明特色的社区学院发展模式与经验;多数省份社区学院体系继续发展完善;为西北地区服务的育空学院和北极学院建立起来;爱德华王子岛的荷兰学院 CBE 模块教学闻名国际;在萨斯喀彻温省,社区学院作为一个社区教育空间,使社区学院的内涵得到拓展。

一、多数省份社区学院的持续稳步发展

在加拿大联邦政府的推动下,加拿大各省认识到职业技术教育对培养、培

训技能劳动力,推动经济发展的重要性,采取措施加强社区学院的建设。这一时期,加拿大的短期高等教育继续稳步发展。

在阿尔伯塔省,社区学院在这一时期保持稳定增长势头,不断有新学院创办或改组出现。1970 年格兰特·梅斯万社区学院(Grant Macewan Community College)在埃德蒙顿建立,1975 年阿尔伯塔职业中心和弗米利恩(Vermilion)农业学校分别更名为凯奴学院(Keyano College)和莱克兰德学院(Lakeland College)。莱克兰德学院是加拿大第一所省际学院,为阿尔伯塔东北部地区和萨斯喀彻温省西北地区提供教育服务。1978 年凯奴学院与 3 所农业学院转变为公立学院。1986 年,阿尔伯塔艺术学院(Alberta College of Art)从阿尔伯塔技术学院(Alberta Institute of Technology)中分离出来,成为一所独立的学院,开设了 4 年制的毕业文凭课程。阿尔伯塔省社区学院开设了职业技术和大学学分课程,在满足阿尔伯塔社区的中学后教育需求方面发挥了重要作用。在 20 世纪 70 年代,加拿大 30% 的学徒工是从阿尔伯塔省培训出来的,该省的学徒工培训在加拿大享有很高声誉,其培养的学徒工供不应求。为解决学徒工短缺问题,1979 年省政府决定在埃德蒙顿以西 40 公里的斯图尼(Stony)创立一所新的技术学院——威斯勒(Westerra)技术学院。1981 年省议会通过《技术学院法案》,对技术学院的管理体制进行调整,技术学院由省政府直接管理改为由学院董事会负责,获得了管理上的自主权。

就新不伦瑞克省而言,在 20 世纪 60 年代,省政府关注的重点主要在大学建设与发展方面,社区学院并未受到足够的重视。20 世纪 70 年代初期,在对全省中学后教育结构进行反思的过程中,该省政府转而大力发展各类职业与技术学校。1972 年,新不伦瑞克省高等教育委员会通过对全省高等教育调查后认为,高等院校的课程设置无法满足社区发展的需要,应大力发展社区学院来弥补高等院校课程设置方面的不足。1973 年新不伦瑞克省议会通过《社区学院法案》,决定成立新不伦瑞克社区学院(New Brunswick Community College)。1974 年在联合 9 所职业与技术学校的基础上成立新不伦瑞克社区学院,社区学院事务由董事会管理,隶属省教育部。新不伦瑞克省被划分为 5 个地区,每个地区都成立有教育咨询委员会,向该省社区学院提供建议。1980 年,新不伦瑞克省政府调整社区学院的管理体制,成立继续教育部,将社区学院纳入继续教育部管理,其目的在于适应本省经济和社会发展的需要,及时调整课程内容、专业设置,满足劳动力市场的需求。

二、边远地区社区学院的创建

虽然 20 世纪 60 年代加拿大大部分省份的社区学院体系都已建立起来,但在几处边远地区,社区学院是到了 20 世纪 70 年代以后才出现的。这一时期加拿大政府对边远地区的开发和关注,使得边远地区土著居民的中学后教育得到了加强。

(一)育空地区

育空地区是加拿大第一个自治区,地广人稀(1986 年人口仅为 23,360 人,而地域面积却相当于新不伦瑞克、新斯科舍和爱德华王子岛三省之和)。由于经济落后,该地区高等教育资源也长期匮乏。育空地区的高等教育发端于 1963 年 6 月创立的白马职业培训中心(Whitehorse Vocational Training Center),初创时该中心有教师 12 人,100 余名学生注册了各类职业课程。中心在创办之初就明确了"为工作而培训"的办学宗旨。① 1965 年,白马职业培训中心更名为育空职业技术培训中心。

20 世纪 70 年代,随着西北地区的石油开发,加拿大联邦政府对育空地区的关注程度不断提高,加快发展当地教育的呼声也日益强烈。20 世纪 70 年代末,育空地区政府聘请教育专家和研究人员调查本地区的教育情况,包括本地居民的教育热情以及教育经费、教育管理体制等情况。1979 年调查小组向育空地区政府提供了长达 173 页的调查报告,提出了加速本地区教育发展的 29 条建议,其中一条建议是以白马市为中心,创办一所独立管理的综合性社区学院,为学生提供学分课程和非学分培训课程。1983 年 3 月,育空职业技术培训中心与大不列颠哥伦比亚大学在育空地区开设的 2 年制文科教育项目合并组成育空学院。1987 年,在育空学院校园建设即将完成之际,育空地区教育部发布的《关于学院管理与实施的白皮书》(White Paper on College Governance and Phased Implementation)指出,育空学院不仅属于学员团体,且属于

---

① 侯建国:《加拿大高等教育改革与发展》,高等教育出版社 2006 年版,第 117—118 页。

育空社区,鼓励育空地区民众关心学院发展,参与学院管理与决策。白皮书认为,学院董事会中社区代表和当地土著印第安人代表应占据多数,永久性成员中民众代表应不少于 10 名,这 10 名民众代表中,印第安人代表应不少于 3 名,地方社区代表应不少于 3 名。这就决定了育空学院董事会的权力将由占主导地位的社区所控制。1988 年 5 月,育空地区议会通过《学院法案》,批准成立育空学院董事会。该董事会由 12 人组成,成员中包括 1 名学生代表。《学院法案》中有一条"不服从"条款特别引人注目。"不服从"条款强调,如果学院董事会不按此法案的要求指导学院活动,政府有权任命 1 名行政官员替代董事会行使职权,直到新董事会组建为止。① 1988 年 10 月 1 日,育空学院开始招收新生。育空学院开设了包括基本的识字培训、大学一二年级学术课程在内的成人教育、职业教育和普通教育课程,课程内容实用而广泛,满足了当地居民的教育需求。将社区成人教育和普通高等教育相结合,育空学院作了有益的探索,堪称典范。

(二)西北地区

西北地区作为加拿大设立的第二个自治区,面积占加拿大本土的 1/3,人口仅有 57,650 人,不足全国人口的 1%,且人口中土著居民占 58%。1986 年,西北地区 33% 的成年人受教育年限不足 9 年,56% 的人没有完成中学教育,土著居民中具有大学学历的仅有 130 人。② 发展教育,扩大民众的受教育机会,成为摆在西北地区政府面前的艰巨任务。1969 年,西北地区成人职业培训中心(AVTC)成立,开设了木工工艺、嫁接技术、打字、护理教育等课程。1980 年西北地区成立教育特别委员会,由地区议会的 5 名议员组成,负责调查民众关心的教育问题。1982 年该委员会发表调查报告,建议创办一所学院,面向西北地区的民众开设技术与职业课程、普通教育、成人与继续教育课程以及大学一二年级的转移学分课程等。西北地区政府接受了这一建议,创立了蒂巴查学院(Thebacha College)。1986 年,蒂巴查学院更名为北极学院。同年,北极

---

① Glen A Jones.*Higher Education in Canada:Different Systems,Different Perspectives*.New York and London:Garland Publishing,Inc.,1997:299.

② Glen A Jones.*Higher Education in Canada:Different Systems,Different Perspectives*.New York and London:Garland Publishing,Inc.,1997:299.

学院由福特·史密斯迁往地区首府黄刀市。1987 年、1988 年北极学院的奥罗拉(Aurola)校区、基瓦丁(Keewatin)校区、吉蒂迈特(Kitimeot)校区相继建成，北极学院成为具有多个校区、能够为西北地区提供广泛而多样教育的高等学校。至 20 世纪 90 年代初，北极学院保持了迅猛的发展势头，1991—1992 学年度学生数量达到 8,078 人，其中近 75% 是土著人，学生来自西北地区的 66 个社区和育空、阿尔伯塔、魁北克等省区。①

三、社区学院教育注重实用

20 世纪七八十年代加拿大短期高等教育的发展离不开联邦政府的立法与资助导向。1982 年，为适应经济和社会的发展，加拿大联邦通过《国家培训法》，并提供技能培训资助，支持各省职业技术教育的发展。此后，加拿大联邦政府又实施了《加拿大职业发展战略》，提出联邦政府对某些职业课程实行资助的政策和目标，鼓励紧缺专业技术工人的培训，鼓励发展技能与职业经验相结合的教育，鼓励设置灵活的课程以适应当地劳动力市场的需求以及妇女、土著居民和残疾人的就业需要。

这一时期加拿大职业技术教育主要由 3 个教育层次承担：中等教育、高等教育(中学后教育)和成人教育。社区学院是实施中学后职业教育的主要机构，②同时也承担着部分成人教育的任务。到 1990 年，加拿大有社区学院 204 所，全日制在校生 32,4550 人。社区学院提供长期和短期的徒工培训和成人短期职业培训任务。其中成人培训对象年龄跨度较大，既有 20 岁左右的青年，也有 60 岁左右的老年人，其中不少为谋职或变换职业而学习职业技术课程的大学毕业生。③

在课程设置和培训方式上，加拿大社区学院都体现出实用性的特点，重视培养学生的实践技能，强调实践环节，重视加强教育与社会的联系。加拿大社区学院课程设置非常广泛。除学分转移课程外，社区学院开设的职业技术课程种类多，范围广，大致分为商业、卫生、技术、工艺四大类，其目标是培养各种

---

① 侯建国:《加拿大高等教育改革与发展》，高等教育出版社 2006 年版，第 120 页。
② 蓝仁哲等:《加拿大百科全书》，四川辞书出版社 1998 年版，第 693 页。
③ 蓝仁哲等:《加拿大百科全书》，四川辞书出版社 1998 年版，第 693 页。

类型的技术人员,如教师、工程师、推销员、文秘员等,如安大略省实用艺术与技术学院职业教育课程就达 300 种之多。社区学院还与企业签订合作协议为企业培训徒工。徒工培训课程涉及的职业领域很宽,涵盖了商业、工业、卫生环保、工艺等许多工种,如安大略省实用艺术与技术学院开设的徒工培训工种有 69 个,专业点 1600 余个。① 参加徒工培训的人员 90% 的时间用于现场操作、在岗培训,10% 的时间在社区学院学习相关的课程知识。社区学院还开办成人职业培训课程,主要为企业培训技术人员、管理人员和技术工人,培训内容为技能培训或提高培训知识。加拿大社区学院短期成人培训的规模很大,年培训人员超过 100 万人,如 1985 年就超过 150 万人。加拿大重视学生就业,社区学院基本上都设立了"公共关系与就业部",免费为学生提供职业指导服务。②

四、荷兰学院 CBE 教学模式蜚声国际

在加拿大,有许多办学特点鲜明、教学质量优异的社区学院,荷兰学院就是其中的代表。创办于 1969 年的爱德华王子岛省荷兰学院(Holland College),不仅鼓励社区参与学校的政策制定和课程变革,把学院定位于社区学院,还因其独特的课程设置和先进的教学方法,在创立之初就受到社区民众的欢迎和肯定。荷兰学院的首任院长唐纳德·格林宁(Donald Glendening)博士曾是一位职业学校的教师,担任过加拿大联邦政府人力资源与移民局的官员。他知识丰富,精力充沛,富于激情,有号召力。他相信,在全省范围内普及教育是可能的,职业教育和技术培训对全省经济发展至关重要。为此,他在荷兰学院率先实行 CBE 模块教学法,并取得成功。

CBE(Competency Based Evaluation)模块教学法,其核心是以能力为基础、因材施教,具体做法是将课程划分为若干学习模块,全体学生可通过学校设置的教学服务系统进行学习。荷兰学院将职业能力和技能分成若干单元,学生根据自己的能力学习不同的单元,尤其是以职业岗位要求的具体特定技能为依据开展教学,把知识传授与能力培养密切结合。CBE 教学通过培训和教学

---

① 侯建国:《加拿大社区学院的特点及发展趋势》,《中国职业技术教育》2005 年第 12 期。
② 陈尊厚等:《论加拿大技能型人才培养经验及启示》,《职业与教育》2005 年第 33 期。

向学生提供个别指导,允许学生学习进度上的差异。教师和学生共同参与教学评价,学院能及时获得各方面的意见。在学习期间,学生不需要完成全部课程,只需掌握感兴趣或未来职业所需要的某项技能即可。在 CBE 模块教学法推行初期,荷兰学院只发给学生一张证明其所掌握技能的表格,而不颁发毕业文凭或毕业证明。毕业后,学生常会根据新的职业需要回到学院接受更多有针对性的培训。荷兰学院这种特殊的人才培养体系也称为自我训练与评价体系(Self-Training and Evaluation)。20 世纪 80 年代后期,由于加拿大一些省份不接纳其为学生提供的技能证明,荷兰学院开始向学生颁发毕业文凭,还向用人单位提供学生的能力、资格保证。如果学院记录证明学生能够胜任某一职位或掌握某种技能,而用人单位发现情况不符,那么荷兰学院将免费对这名学生进行再培训。荷兰学院的 CBE 模块教学法和 STE 人才培养模式取得了巨大成功,得到用人单位的广泛赞誉,荷兰学院也因此扬名国际,引起了加拿大国内、美国和世界其他国家和地区的关注。荷兰学院遂与许多国家的院校开展教育合作,推广 CBE 和 STE 模式和经验。

1985 年,加拿大政府授予唐纳德·格林宁博士一枚加拿大勋章,以表彰其在发展职业教育、培养技能型人才方面的功绩。1986 年格林宁博士从荷兰学院院长职位退休后,成为发展中国家的职业技术教育顾问,继续为传播职业教育的先进理念、推动职业教育发展做贡献。

五、"社区学院"内涵的拓展

1973 年,萨斯喀彻温省通过了《社区学院法案》。该法案的通过,是该省社区学院发展中的标志性事件。为该法案提供重要基础的,是著名的《法里斯报告》(Faris Report)。

1971 年新民主党重新上台执政后,形成了 4 份有关社区学院的研究报告,成立了社区学院咨询委员会(Advisory Committee on Community Colleges)。该委员会成立后向教育部长提交的建议通常被称为《法里斯报告》。该报告建议创办一系列不同于传统意义的"社区学院"——这种新型的"社区学院"是指由志同道合的人们组成的被称作"社区"的社会空间,"社区"又反过来影响着身处其中的人们的行为。该委员会倡导像创办一所学校一样,培育一种社会现象,调动各种社会力量,对现有提供终身学习机会的教育服务方式进行协调安排。社区学院不颁发学位或证书,尽可能利用租赁的设施开展教学,对全职教员的数量也加以限制,以便使教育活动具有最大的效率、灵活性与创新性。这些学院将作为其他教育机构(如能够根据协议提供课程和证书的技术学院和大学)的经纪单位,与大学或技术学院签订协议,为学生开设学分课程。社区学院的管理机构董事会由具有广泛代表性的社会各界人士组成,决定一个社区需要哪些课程与教育活动,并协调实施。社区学院起到了社区发展代言人和教育机构的双重作用。

咨询委员会也极力提倡新建的农村社区学院在董事会的管理下独立运作(不再受农村学校委员会的管理),并将所有的成人教育与娱乐活动都纳入这一新体系之中。一项基本原则是"一所社区学院,将通过为所在社区提供教育和服务帮助社区发展。在农村地区,它将充当一种机制,来维护和发展一种切实可行的生活方式"。① "社区学院应通过提供社区教育项目和社区服务来促进学院发展。在农村,社区学院应为发展有意义的生活方式做出贡献"。②

《法里斯报告》得到萨斯喀彻温省政府的采纳,推动了1973年《社区学院法案》的诞生。到1987年,全省共有社区学院16所,每所社区学院都由当地居民组成的董事会——"七人委员会"管理。1988年,省政府将城市的4所社区学院与萨斯喀彻温应用技术学院合并;将农村划分为9个区,创办了9所农村社区学院。到20世纪90年代初,萨斯喀彻温省有30,000名学生在社区学院学习。③

第四节 20世纪90年代以来加拿大
社区学院的改革及趋势

20世纪90年代以来,随着经济结构的调整,人才市场需求的变化,特别

---

① [加]格兰·琼斯主编:《加拿大高等教育——不同体系与不同视角(扩展版)》,林容日译,福建教育出版社2007年版,第106页。

② Saskatchewan Minister's Advisory Committee on Community Colleges.*Report of the Minister's Advisory Committee on Community College*.Regina:Department of Continuing Education:1972.52.

③ 侯建国:《加拿大高等教育改革与发展》,高等教育出版社2006年版,第112—113页。

是进入知识经济时代后,为保持其职业技术人才培养在世界的竞争能力和领先地位,加拿大联邦及各省不断出台新政策、采取新措施大力推进短期高等教育层次的改革。

一、社区学院改革政策及实施

1990 年以来,加拿大各省积极推进短期高等教育层次的改革,其基本精神主要体现在以下几份纲领性文件中。

(一)魁北克省《面向 2000:普通与职业教育学院的发展》

经过 20 世纪 60 年代以来几个时段的持续发展,加拿大社区学院达到了相当高的发展水平,不论学院的内部管理、招生、课程设置以及社会影响力方面,还是对经济社会发展的促进方面,社区学院都得到了社会的肯定。在 20 世纪 90 年代乃至 21 世纪,社区学院如何进一步发展引起了社会的极大关注。

1990 年魁北克省教育部下属的普通与职业教育学院委员会发表《面向2000:普通与职业教育学院的发展》报告,通过大量数据分析了全球经济挑战、人才竞争、社会发展不平等、家庭危机、文化差异等现象引发的一系列社会问题以及这些问题对教育的冲击。具体分析到普通与职业教育学院面临的主要问题表现为约三分之一的学生在一年级会不断地变换课程,有的甚至跨度很大,在社会科学学科与自然科学学科之间转换,也有部分学生更换了学校。学院委员会经调查发现,学生之所以大量变换课程、调整专业,根源在于这些学生职业目标选择的含糊和对学业失败的恐惧。①

学院委员会分析认为,魁北克省的社会价值观正在由 20 世纪七八十年代的集体主义向 21 世纪的个人主义转变,个人主义将成为 21 世纪魁北克社会的主导价值观念。为迎接这种挑战,魁北克普通与职业教育学院除继续提供以职业培训和终生学习为目标的教学计划外,还要通过教学研究中心和研讨班等多种途径提高学院教师的教学水平。《面向 2000:普通与职业教育学院的发展》对魁北克省乃至加拿大其他省份的社区学院课程设置、教学质量的

---

① Glen A Jones. *Higher Education in Canada:Different Systems,Different Perspectives.* New York and London:Garland Publishing,Inc.,1997:182.

提高起到了推动作用。1991 年，魁北克省各类学院达到 105 所，公立普通与职业教育学院 46 所，其中 7 所学院在校生超过 5000 人。普通与职业教育学院成为魁北克省社会、经济发展的重要促进因素之一。

1993 年，魁北克省撤销普通与职业教育学院委员会，成立专家委员会承担其职能。专家委员会重视教学计划、内容的更新，指导高等院校设置灵活的教学计划，鼓励教师教学方法、教学观念的创新，提高研究能力。支持学生自学与自我发展，参与、设计教学活动，形成教与学的良性互动。专家委员会还要求高等院校为贫困家庭的学生提供资助，设立半工半读课程，帮助学生熟悉职业技能和工作场所，创设宽松的学习环境等。专家委员会建议到 20 世纪末魁北克省 20 岁以下的人群中有 70% 进入普通与职业教育学院学习，毕业率为 60%；30 岁以下的人群中 35% 进入大学学习，毕业率达到 25%；硕士、博士研究生的入学率分别为 10%、5%，毕业率分别为 1.2%、1%。① 为保证教育改革目标的实现，专家委员会还建议对教育进行短期和中长期投资，教育投入要在公共财政支出中具有优先权。1993—1994 年，加拿大联邦政府对魁北克省高等教育的资助经费占全国拨款总数的 25%，魁北克省的教育经费支出占全省公共财政支出的 37%，位居加拿大各省之首。②

在《面向 2000：普通与职业教育学院的发展》这一纲领性文件的引导下，魁北克省以普通与职业教育学院为代表的短期高等教育机构通过灵活、自主、个性化的教学安排，不断提升教学水平，以适应个人主义价值导向的 21 世纪教育发展。

（二）大不列颠哥伦比亚省《当代技术：现实世界的现实技术》

大不列颠哥伦比亚省也是加拿大短期高等教育发展较快的省份之一。进入 20 世纪 90 年代，大不列颠哥伦比亚省政府加强了对社区学院的管理，以便对社区学院事务施加更直接的影响。该省的《社区学院法案》赋予省教育部

---

① Glen A Jones. *Higher Education in Canada: Different Systems, Different Perspectives*. New York and London: Garland Publishing, Inc., 1997: 184–185.

② *Toward the 21ˢᵗ Century: Federal and Provincial Support to Postsecondary Education in Canada: A report to parliament*, 1993–1994. Ottawa: Education Support/Student Assistance Branch, Minister of Human Resources Development, 1995.

在社区学院的预算、拨款、专业、课程设置审批等方面的决定权,社区学院董事会成员也由教育部任命。学院的重要事务由教育部决策使得学院失去了自治权。

但另一方面,这一时期社区学院在促进本省经济增长、培训技能型劳动者、提高劳动者素质等方面的作用受到政府部门的关注。1991 年,丹·米勒(Dan Miller)担任大不列颠哥伦比亚省技能、培训与人力资源部部长。他上任后采取的两项措施对社区学院的发展产生了重要影响。一是扩大职业技术学院学位授予权。此项措施,对该省乃至加拿大社区学院的发展意义深远。经他提议并经议会批准,大不列颠哥伦比亚技术学院和艾米莉·卡尔艺术与设计学院获得了独立的学位授予权。二是推动社区学院管理结构变革。经议会批准,教师、学生代表进入学院董事会,参与学院事务管理。社区学院成立由教学院系负责人组成的教育委员会负责社区学院的专业、学科建设。大不列颠哥伦比亚省是加拿大率先实行社区学院两院制管理的省份。此外,该省还成立入学与流动委员会,成员由社区学院和大学代表组成。委员会规范了全省大学、社区学院的学分转移课程,制定了全省学分转移课程标准,对社区学院是否设立副学士学位等问题进行了讨论(但未获通过)。

1991 年,丹·米勒发表《当代技术:现实世界的现实技术》,引起社会的广泛关注。在这份报告中,丹·米勒提出 5 个建议:第一,企业、人力资源部门和教育部门要关注高等职业教育,加大对高等职业院校的投入,进一步扩大高等职业院校的在校生规模。第二,进一步密切中学与工厂、企业的关系,要求中学开设职业教育学分课程,设置职业课程和可供学生选择的多种教育课程;鼓励学生半工半读,积累职业技能和实际工作经验。第三,扩大本省民众的受教育机会,在全省范围内设立 10 个社区技术中心。第四,重视培训技能型劳动力,成立大不列颠哥伦比亚省人力资源发展理事会,加强对全省劳动力市场和培训方面的咨询和指导。第五,变革救济方式,将救济金转变为培训经费,为接受救济者提供职业技能培训,使之掌握一技之能,成为自食其力的劳动者。鼓励企业和学校参与培训,通过培训此类人员获得政府划拨的培训经费。

这份报告受到大不列颠哥伦比亚省政府的肯定和众多院校、企业的欢迎。在实施过程中,该省社区学院发挥了重要作用,其培养的各类人才在竞争激烈的劳动力市场上赢得一席之地。

(三)新不伦瑞克省《生活与学习:教育与培训所面临的挑战》

20 世纪 90 年代,教育与培训、教育与经济发展的关系等问题日益受到加拿大省级政府的关注。1991 年,新不伦瑞克省政府成立教育专家委员会,由曾担任副省长的奥尔登·兰德里(Alden Landry)、曾任新不伦瑞克大学校长的詹姆斯·东尼(James Downey)担任教育专家委员会主席。1993 年,教育专家委员会发表了名为《生活与学习:教育与培训所面临的挑战》(To Live and Learn:The Challenge of Education and Training)的报告,报告就教育的功能、终身学习、社区学院发展等问题提出了 39 条建议。报告全面、系统地阐述了教育与培训,教育、培训与经济发展的关系,反对将教育与培训、终身学习与学生的计算、分析、交流等基本技能的发展截然分开的做法,并建议创办新不伦瑞克远程教育与培训网,以便进一步为全省民众提供平等的教育机会。教育专家委员会分析认为,社区学院较好地发挥了综合培训机构的作用,肯定了社区学院在全省各类人才的教育与培训活动中的重要功用,同时也指出了其管理方面存在的问题。对此,教育专家委员会建议加强对社区学院资金运行的管理,要求用有别于 20 世纪 80 年代所实行的资金分配办法和管理模式管理社区学院,强化教师的职业技能,提高教学质量和人才培养质量。此外,专家委员会还就学生流动、学分转移、高校拨款、学生学费等方面提出许多建议。[①]

1993 年 4 月,新不伦瑞克省高等教育与人力资源部部长沃恩·布拉尼(Vaughan Blarney)代表政府对专家委员会的报告表态。他在充分肯定了专家委员会所做的工作后,宣布创立新的社区学院,招收 12 年级的中学毕业生;成立新不伦瑞克教育委员会,确保男女教育机会均等,便利学分转移;实施学习中心计划,发展远程教育,提高民众的职业技能;要求高校重视教学质量,改善教师结构,切实履行教学、科研和社会服务的职能。1994 年,新不伦瑞克省依据《加拿大与新不伦瑞克企业与人力资源开发合作协定》,开通电信教育网。新不伦瑞克设立了 50 个远程教育网点,用英语、法语两种语言授课,远程教育

---

① Aldea Landry, James Downey. *To Live and Learn:The Challenge of Education and Training*. Fredericton:Government of New Brunswick,1993.

课程不断得到开发和传播,为民众提供了更丰富、便捷的教育机会,成为社区学院教育的有力补充。

二、社区学院发展的新趋势

在各省社区学院改革政策的推动下,20 世纪 90 年代以来,加拿大社区学院的发展不断取得新进展,呈现出新趋势。

(一)加强调查、评估,提高社区学院教育质量

社会与经济的快速发展与科学技术的日新月异,对加拿大短期高等教育的发展和职业技术人才的培养提出了更高要求。1992 年,加拿大全国经济委员会发表《加拿大教育与培训》报告指出,作为社会群体和个体的加拿大人必须把提高学习质量放在最重要的位置。[①] 加拿大更加关注教学质量和办学质量,采取了一系列措施加强社区学院的教育质量。一是健全教学质量评估体系。加拿大对社区学院的教育质量评估以外部评估与内部评估相结合的方式进行。1993 年,加拿大多数省份成立社区学院评估小组(委员会),对社区学院进行调查和评估,分析存在的问题,提出整改措施和建议。加拿大社区学院也十分重视教学质量,建立了内部的质量评估体系:制定学院的质量评估标准,并根据评估标准,责成专门机构、专门人员组织实施;组织校内专家对校内课程进行评估;邀请校外专家对课程专业设置和质量进行评估咨询,定期征求用人单位、毕业生、行业学会、协会有关教学质量的意见和建议;建立教学档案评估教师的教学水准等。二是注重新课程的审定。加拿大许多省份成立了课程审定委员会,负责评议、审定社区学院新开设的课程,保证了新课程的开设质量,同时也加强了社区学院之间课程方面的信息沟通与教育合作,避免了同一区域不同社区学院之间课程的重复设置与教育资源的浪费。三是强调师资的质量。加拿大对社区学院的教师除学历要求(一般要具有硕士及其以上学历)外,还要求有企业工作经历以及开设三门课程的能力。教师除上课外,每年还要有 4 周的时间到企业实践。为加强学生的技能培训,加拿大社区学院

---

① 强海燕:《中、美、加、英四国基础教育研究》,人民教育出版社 2005 年版,第 256—257 页。

还聘用了一批有实践经验的企业管理人员、工程技术人员担任兼职教师。这些措施促进了教师知识和技能的更新与提高。四是关注学生的学习质量。为确保学生的学习质量,加拿大在20世纪90年代进行的重大教育改革是全面实施学生成绩鉴定。为此,加拿大各省普遍制定了省颁课程标准,并将全省统一考试作为评估学生学习成绩、检查课程标准完成情况的手段之一。1995年2月,安大略省成立"教育质量与责任办公室",负责学生的成绩鉴定,其职责主要有:开发相关学科的统考试题,协调组织实施测验;采集教育信息,评估教育体系、教育制度的有效性,向政府提供教育改革与发展的建议等。①

(二)适应社会、经济发展需要,更加注重学生的技能培养

为增强教学的针对性,学以致用,学以促用,学用结合,加拿大社区学院开展了合作教育,把社区学院的课程学习与企业、工厂的带薪工作相结合,校内学习与企业工作分阶段交叉进行。学生先在社区学院学习职业理论2个学期,再到企业带薪工作4个月。之后,回到社区学院学习1个学期的专业课,再到企业工作1个学期。按此程序学习、工作交叉进行。在社区学院学习期间,学生至少要参加2个学期的带薪工作。为保证合作教育的开展,社区学院安排专职教师、管理人员负责合作教育的协调、组织工作。加拿大社区学院非常重视课程开发,邀请和组织行业专家依据劳动力市场需求、就业状况,制订人才培养目标,设计人才知识结构和能力结构;根据人才培养目标,组织教师编写教材、实施教学。由企业从事实际操作的专业人员制定岗位工作标准及所需技能,明确学生到企业的实习计划、带薪工作安排。课程开发特别强调学生技能的培养,适应了加拿大经济社会发展的需要,因此,加拿大社区学院吸引了大批拥有大学或专科学历文凭的毕业生前来就学。1991年乔治布朗学院在校学生中拥有大学或专科学历的只有20%,1995年达到了25%,其中具有大学毕业文凭的占10%。1998年,汉伯学院在校学生1.2万人,其中具有大学或专科学历的有600人。② 这么多大学毕业生到社区学院学习,究其原因,主要有二,一是这一时期加拿大失业率较高(在7%—10%之间徘徊,个别

---

① 洪成文:《加拿大教育质量保障的实践报告》,《比较教育研究》2001年第9期。
② 王仲达:《加拿大教育动态与研究(1996—1998)》,教育科学出版社1999年版,第104页。

年份甚至超过 10%），大学生毕业后找工作难度增加；二是社区学院注重技能培养，开设了劳动市场需要的短线专业及相关课程，促进了学生就业。

（三）取得应用学位授予权，积极应对教育全球化挑战

20 世纪 90 年代，随着教育全球化进程的加快，世界高等教育市场竞争日趋激烈，加拿大、美国、英国、澳大利亚等西方主要发达国家为争夺亚洲及太平洋周边国家和地区的优秀生源，纷纷出台优惠政策吸引这些国家和地区的学生前往就读，接受先进的高等教育。原加拿大国际贸易部部长马奇指出"教育的国际层面是加拿大经济的重要组成部分，也是加拿大贸易政策的主要成分"。"教育不仅仅关系市场经济、供给和需求，它还关系到通过海外教育促进加拿大的价值观念。除了政治和经济的考虑外，教育和文化也是加拿大贸易和对外政策基石的一部分"。[①] 这说明，加拿大将加强国际教育与合作、扩大加拿大的价值观念摆在了非常重要的地位，正是在这一理念的指导下，在短期高等教育这一层面，加拿大不断采取措施增强其社区学院的国际竞争能力和持续发展能力。

除了持续增加对社区学院的经费投入外，一项重要举措便是将社区学院升级为"大学学院"，赋予社区学院以学位授予权。大学学院是加拿大短期高等教育的一个创新，它融合了社区学院与大学的优点和特色，取得了较好的社会效益。加拿大第一所大学学院是 20 世纪 80 年代末在新斯科舍省创办的布雷顿角大学学院，由东新斯科舍技术学院和萨维尔初级学院合并而成。同一时期，大不列颠哥伦比亚省为扩大学位教育规模，将 5 所社区学院升格为大学学院，通过本省的 3 所大学授予学位。1995 年这 5 所大学学院获得独立授予基础与应用学位的资格。同年，阿尔伯塔省政府也准许本省的社区学院具有应用专业学位授予权。阿尔伯塔省社区学院授予的应用学位有 4 种：森林资源管理应用学士学位、石油工程技术应用学士学位、通信应用学士学位、小企业开发应用学士学位。阿尔伯塔省政府特别强调，学生必须完成 6 个学期的专业学习和至少 2 个学期的工作实践后才能获得相关的应用学士学位。大学

---

① 王仲达：《加拿大教育动态与研究（1996—1998）》，教育科学出版社 1999 年版，第 11—12 页。

学院充分发挥大学和社区学院的优势,发展出一种职业技术性应用专业学位教育,适应了加拿大国内外对专业性人才的需求,同时也促进了社区学院教育规模的扩展。加拿大社区学院在校学生人数持续增长,其中全日制学生增长呈上升趋势,社区学院学生人数从 1994—1995 年的 47,0771 人、1996—1997 年的 48,4389 人增至 1998—1999 年的 494,955 人,其中全日制学生数从 1994—1995 年的 37,9961 人、1996—1997 年的 387,308 人增长到 1998—1999 年的 403,516 人。[1]

(四)更加关注就业,解决学生后顾之忧

加拿大是世界上学校毕业生就业指导和服务工作做得较好的国家之一。在 20 世纪 70 年代,加拿大高等职业院校就强调传授学生就业技能。在 20 世纪 90 年代随着失业率居高不下,就业率起伏不定,加拿大更加关注学生的就业状况,许多社区学院以高就业率作为吸引优秀生源的条件。为提高就业率,不论政府层面,还是社区学院层面,都积极采取措施加强就业指导和服务工作。一是成立就业指导中心,为学生提供专业指导、就业咨询与安置服务。专业指导侧重于帮助学生分析其志向、爱好、专长、能力,使学生理解和明确自我认识与专业选择的关系。就业咨询与安置工作侧重帮助学生确定工作目标,为未来的工作或远大职业目标做准备,从受教育环境向工作环境过渡。加拿大对从事专业就业指导工作人员的素质要求非常严格,除要求具备指导学、咨询学、教育学的研究生学位外,还要具有社会工作或教学科研工作的经验,具备介绍工作、推荐人才、收集信息的能力、较好的人际交往能力,熟练掌握咨询技术、劳动力市场和工作环境知识以及求职技能。二是重视学生就业工作的宣传。加拿大政府、学校和行业协会除了发布就业政策指导意见和就业信息外,还经常出版就业指导书籍供学生参考。如加拿大联邦政府出版的《与青年的联系——帮你完成从学校到工作的转变》,是比较权威的就业指导书,该书内容包括奖学金与助学金的申请、获取就业信息的方法、企业帮助、寻找工作的途径、提高技巧和把握机会、实习与工作经历等诸多方面,其目的是帮助

---

① Statistics Canada. *Community College Postsecondary Enrollment*. www. statcan. gc. ca. 2017 – 04–30.

学生掌握知识、提高能力、获取经验、方便就业。三是建立职业与雇主信息库，开通就业网站，举办就业讲座和就业指导课，召开校园招聘会，为学生提供便捷服务。四是政府资助学生实习。加拿大各省通过教育部、人力资源部为学生提供奖学金和助学金帮助学生完成学业；并为社区学院工作实习提供资助，凡接收学生工作实习的雇主，政府均提供相当于学生工资40%的资助。政府通过核实就业率和奖励先进的办法促使学校重视就业工作。① 五是订单培养。加拿大社区学院与企业签订合同，采取订单培养的方式为企业培养技术员。如，1994年新斯科舍省社区学院与企业签订了7000万加元的培养合同，为电信公司培养接线员、为俱乐部培养发牌员、为工厂培养技术员，社区学院从中获得了1000万加元的利润。②

三、持续的争论及对社区学院理想模式的畅想

在加拿大社区学院的后续发展中，对其课程设置及其应承担何种功能的争论依然存在。争论的焦点主要集中在社区学院是否应当设有双套课程，即一方面提供大学学分转移课程，便利学生进入大学继续学习；另一方面提供职业培训课程，为学生就业做准备。

多伦多大学比斯尔（Bissell）教授主张社区学院提供职业技术课程，认为社区学院的课程不应当效仿大学，而应具有很强的职业技术倾向。他认为加拿大应大力发展工艺学院、技术学院以满足当地发展的需要，而反对社区学院沿用美国初级学院模式。

而约克大学校长罗斯（Ross）则持相反意见。罗斯认为，社区学院若只开设职业技术课程，便意味着社区学院对那些原本有能力进入大学继续深造的学生关闭了大门，社区学院也就成为专门为那些（学术）学习潜力不强的学生设立的教育机构。罗斯主张社区学院应当同时开设技术和学术的双重课程，而且学术课程应提供给所有学生，既包括那些有潜质进入大学学习的优秀学生，也包括那些毕业后即就业的学生。目前罗斯的观点在加拿大有很大市

---

① 北京大学加拿大研究中心：《加拿大研究（1）》，民族出版社2004年版，第260—266页。
② Glen A Jones. *Higher Education in Canada: Different Systems, Different Perspectives*. New York and London: Garland Publishing, Inc., 1997: 236.

场,大不列颠哥伦比亚、魁北克等省份的社区学院都开设了双套综合性课程。①

在加拿大,人们在设想创立一种理想的社区学院模式:全年 12 个月都排满课程,每天开课 14 个课时;学生能够在大量课程中选择适合自己的课程进行学习,通过考核即获得学分;学生还能够选择适合自身特点的学习方式,如分组讨论、自学、个别指导或讲座等;课程不分年级,在学习过程中,"失败"的概念将被取消,而对学生的学习效果和就业状况更加关注;注重对教师的培训,以提升教学水平;教师要定期赴工商业企业了解工商业发展的最新动态,以便更好地讲授专业课程;学校董事会因教师和学生的加入,而具有更加广泛的代表性;政府以财政支持社区学院的长期发展;随着社区对实用课程需求的增加,社区学院成为城市不可缺少的组成部分;社区学院会提升其技术课程的学术层次,转变为具有应用性学位授予权的机构。② 在这种理想的社区学院之外,还强调协调中学后教育的两大层次——大学和学院之间的关系,不断加强各类院校之间的协作。不同省份不同层次的高等院校之间也以"学分互认""学分转移"或"学分银行"等形式,加强各类院校之间的学生流动性。③

加拿大的短期高等教育可追溯到 1903 年创办于大不列颠哥伦比亚省的初级学院——维多利亚学院。在这一时期,加拿大多数学院为私立学院,受教会控制,直到第二次世界大战后一些初级学院向公立学院转变,与新建的社区学院一起,进入加拿大省级中学后教育体系,服务地方经济的发展。

"社区学院"是加拿大公立短期高等教育机构的统称,这类学院是在 20 世纪 60 年代以来省级中学后教育体系扩展过程中出现的,将教育入学权利、教育公平和满足地方社会经济实际需要作为优先考虑。第二次世界大战后,特别是 20 世纪 60 年代以来,加拿大工业经济迅速腾飞,人口急剧增长,工业化和城市化进程加快,发展短期高等教育的呼声日渐高涨。联邦及省级政府

---

① 侯建国:《加拿大高等教育改革与发展》,高等教育出版社 2006 年版,第 91 页。

② Gordon Campbell. *Community Colleges in Canada.* Toronto, New York and London: Ryerson Press, 1971: 75.

③ [加]格兰·琼斯主编:《加拿大高等教育——不同体系与不同视角(扩展版)》,林容日译,福建教育出版社 2007 年版,第 7 页。

先后制订多部法案,并增加经费投入,为社区学院的发展提供了政策和经费保障。这一时期加拿大短期高等教育蓬勃发展,社区学院纷纷建立,多数省份社区学院体系初步建成,不同省份的社区学院形成了不同的课程模式与管理模式。

20世纪七八十年代,受世界石油危机和经济危机的影响,加拿大经济发生动荡。面对通货膨胀,失业率升高,人口出生率下降等不利境况,加拿大联邦与各省政府重视加强职业技术人才的培养,采取措施加强社区学院建设,使得短期高等教育仍保持了稳步发展。这一时期,加拿大大部省份社区学院体系继续发展完善,为西北地区服务的育空学院和北极学院建立起来;同时,加拿大还创造了具有鲜明特色的社区学院发展模式和经验:爱德华王子岛的荷兰学院CBE模块教学闻名国际,萨斯喀彻温省则将社区学院拓展为一个内涵更广的社区教育空间,社区学院教育的实用性特征也不断加强。

20世纪90年代以来,为适应知识经济时代的发展需要,加拿大联邦及各省政府制订了一系列推进短期高等教育发展的新政策,对社区学院的发展做出全面规划,在加强对社区学院的调查评估、提高教育质量、注重学生的技能培养、关注学生就业等方面取得了显著进展,进一步提升了加拿大短期高等教育的国际竞争力。

第七章　澳大利亚短期高等教育史

　　澳大利亚位于大洋洲,国土面积 768.23 万平方公里,人口约 2200 万,是人均拥有国土面积最大的国家之一。由于独特地理位置的影响,在历史上澳大利亚曾长期处于与世隔绝的状态。17 世纪,欧洲人开始陆续进入澳大利亚,1770 年,英国宣布对澳大利亚拥有主权,并于 1788 年建立了首个殖民区,到 19 世纪末,英国在澳大利亚的殖民区已达 6 个。1901 年 1 月,澳大利亚的 6 个殖民区改制为州(分别为维多利亚州、新南威尔士州、南澳大利亚州、塔斯马尼亚州、昆士兰州和西澳大利亚州),组建澳大利亚联邦,成为英联邦属国。1931 年,澳大利亚获得内政外交的独立自主权。1986 年,澳大利亚正式脱离英国,成为一个独立国家。

　　澳大利亚是当今世界经济最发达的国家之一。据世界银行统计,2016 年澳大利亚国内生产总值(GDP)约为 1.2 万亿美元,是全球第 14 大经济体,其人均国民生产总值为 51,257 美元,世界排名第 10。经济的繁荣与澳大利亚发达的教育特别是高等教育密不可分。作为一个典型的移民国家,澳大利亚在其发展历程中积极吸收欧美等国的办学经验,结合本国实际,形成了具有自身特色的高等教育发展模式。

　　澳大利亚的高等教育发端于 19 世纪中期,1850 年悉尼大学的创办标志着澳大利亚高等教育的正式起步。但直至二战时期,澳大利亚的高等教育始终处于缓慢发展的状态,除悉尼大学外,全国仅有墨尔本大学(1853 年)、阿德莱德大学(1874 年)、塔斯马尼亚大学(1890 年)、昆士兰大学(1909 年)和西澳大利亚大学(1911 年)等为数不多的几所大学。这些大学在办学模式上因循宗主国英国的牛津和剑桥两校,尽管也为社会输送了一批人才,但由于这一历史时期澳大利亚社会发展程度的滞后,大学的总体水平远远落后于欧洲和美国,类型也很单一,只有传统大学一种高等教育机构,并未发展出类似于美国的初级学院、英国的城市学院等新式高等教育机构。尽管澳大利亚在 19 世纪后期兴起了一批技术学校(如 1871 年建立的巴拉腊特矿业学校),但该类学校在办学层次上更多地属于中等教育阶段,主要招收未能升入文法学校的青年学生,因此并不是严格意义上的高等教育机构。

二战结束以后,随着经济特别是工业经济的发展,澳大利亚对高层次技术人才的需求日益旺盛,民主化进程的加速也促使民众对扩大高等教育的诉求与日俱增。在这种背景下,澳大利亚高等教育逐渐打破了单一化的发展格局,走上了多样化的发展道路。传统类型的大学数量不断增加,如到 20 世纪 70 年代,澳大利亚的大学总数就从原有的 6 所增至 19 所,到 20 世纪末增至 39 所,截至目前,澳大利亚传统类型的大学总数已达 42 所;除此以外,在二战以来的澳大利亚高等教育发展进程中,还出现了一大批以培养实用性、职业性人才为宗旨的新式高等教育机构,从类型属性来看,这些新式高等教育机构均可划入到短期高等教育之列,其中最有代表性的为高级教育学院和技术与继续教育学院。

高级教育学院(College of Advanced Education)作为一种被政府和社会所普遍认可的高等教育机构类型,源于 1964 年"澳大利亚第三级教育之未来委员会"(Committee on the Future of Tertiary Education in Australia)发布的一份报告,在这份题为《澳大利亚第三级教育》(*Tertiary Education in Australia*)的报告中,委员会正式提出秉持"平等但不相同"原则在传统大学之外设立新式高等教育机构的建议,此类高等教育机构被统称为"高级教育学院",主要侧重于开展高等职业教育。1965 年,澳大利亚联邦政府接受上述建议,宣布设立高级教育学院。20 世纪 70 年代是高级教育学院发展的辉煌期,最高峰时曾出现了 83 所高级教育学院,使澳大利亚出现了大学与高级教育学院并立的高等教育双轨制发展格局。进入 20 世纪 80 年代后,高级教育学院的发展开始受到内外诸多客观因素的制约,同时联邦政府基于财政问题的考虑,对高级教育学院的发展也采取了一定的限制措施。1988 年,联邦政府开始实施高等教育一体化改革,将高级教育学院纳入大学的框架,澳大利亚高等教育的双轨制格局就此终结,高级教育学院也由此退出历史舞台。

　　技术与继续教育学院(Technical and Further Education,TAFE)是澳大利亚于 20 世纪 70 年代正式确立的另一种新式高等教育类型,1973 年联邦政府技术与继续教育委员会的设立标志着这种新式高等教育机构开始步入澳大利亚高等教育体系之中。技术与继续教育学院的设立旨在促成技术教育与继续教育、学历教育与岗位培训的结合,是一种具有明显的高等职业教育性质的机构。自 20 世纪 70 年代出现之后,由于顺应了经济社会发展、产业结构转型、民众高等教育需求等方面的实际需要,技术与继续教育学院因而得到蓬勃发展,成为澳大利亚高等职业教育的基础与核心。

　　基于澳大利亚高等教育发展的上述特征,本章将对澳大利亚短期高等教育的考察范围限定在二战后出现的两类新式高等教育机构:高级教育学院和技术与继续教育学院。

第一节　澳大利亚高级教育学院的兴衰

　　高级教育学院孕育于二战之后澳大利亚经济社会迅猛发展的时期。二战后,澳大利亚社会各领域开始迅速医治战争创伤,重建产业经济。但是,相对单一的高等教育体制所导致的人才结构不合理以及高层次人才匮乏的现象也逐渐显露出来,战后重建计划急需大量各个领域(如工程、医学、科学与农业等)的专业高级人才,然而长期以来澳大利亚所形成的以传统大学为主体的高等教育系统却无法满足社会对上述领域专门人才的旺盛需求,在这种情况下,加之当时流行于西方国家的人力资本理论和凯恩斯经济学在澳大利亚社会也广被接受,澳大利亚联邦政府开始从整个国家的角度来思考高等教育的改革和发展方向。高级教育学院正是在这一背景下出现在澳大利亚高等教育舞台之上的。

一、高级教育学院的产生背景

　　单一结构的高等教育体制与规模化、多样化人才需求之间的矛盾,地方政府高等教育办学经费的紧张,以及英国多科技术学院的示范作用,为澳大利亚组建高级教育学院提供了历史契机。

(一)传统大学与人才需求的矛盾

二战后,澳大利亚工业生产对劳动力的需求不断增长,但当时澳大利亚劳动力稀缺,远不能满足社会发展的需要。联邦政府开始尝试采取包括增加移民的方式扩大澳大利亚的人口规模。1945 年,澳大利亚联邦政府总理弗兰克·福德(Frank Forde)就曾表示:"澳大利亚有 300 多万平方英里的土地,但仅有 720 万人口,在战前的岁月里,出生率的锐减表明在今后 30 年内澳大利亚人口的下降趋势,在尽一切可能提高出生率的同时,我们还必须认识到科学移民政策的必要。"其后,继任联邦政府总理约瑟夫·奇夫利(Joseph Benedict Chifley)上任之后,很快就设立了联邦移民部,并公开阐述了扩大战后移民的必要性:"如果我们要在世界事务中占据一定地位,如果我们要使我们的安全有保障,就必须用移民的方法使我们的人口大量增加。"[①]自此,澳大利亚加快了移民的步伐,移民数量开始快速增长,据统计,1947—1969 年,澳大利亚共接收移民近 200 万人。[②]

随着澳大利亚移民计划的加速和"生育高峰"的出现,5—14 岁的澳大利亚人口在 1947 年到 1954 年增加了 40%,在 1954 年到 1961 年增加了 30%,再加上联邦为复员军人制定的联邦重建计划,这一系列因素导致澳大利亚的大学在校生规模剧增,由 1945 年的 15586 人上升到 1948 年的 32453 人。1950 年时,17 岁青年中约 1% 的女生和 2% 的男生得以进入大学学习,到 1964 年时,这一比例分别达到了 3% 和 6%。1955 年之后的 20 年,澳大利亚总人口增加了 51%,学校人口增加了一倍,劳动力增加了 63%,大学入学人数则增加了将近 9 倍,要求上大学的人数日益递增。但是,二战后很长一段时期内澳大利亚的大学数量增长非常缓慢,除战前已有的悉尼大学、墨尔本大学、阿德莱德大学、塔斯马尼亚大学、昆士兰大学、西澳大利亚大学外,仅增加了澳大利亚国立大学、新南威尔士大学、新英格兰大学、莫纳什大学等 4 所大学。而且这些

---

① 王宇博:《澳大利亚——在移民中再造》,四川人民出版社 2000 年版,第 230 页。
② 王宇博:《澳大利亚——在移民中再造》,四川人民出版社 2000 年版,第 233 页。

大学的招生规模并不大,很难满足产业经济快速发展的需求。这促使联邦政府和社会各界开始认真思考扩大澳大利亚高等教育系统的承受能力、提高高等教育入学人口的问题。

(二)地方政府办学经费的紧张

依照澳大利亚宪法,教育属于州政府的管理范畴,各州政府负有投资辖区内大学、师范学院和技术学校的责任。二战后,联邦政府根据战后重建计划对各州的大学投入了相当数量的经费资助,但师范学院和技术学校仍然需要各州进行投资。在当时,澳大利亚的公立中小学师资主要由各州的师范学院培养,20世纪60年代,澳大利亚中等教育进入迅速发展阶段,师资供不应求,完全依靠各州师范学院承担中小学师资培养的情况已无法满足实际需要。因此,各州开始呼吁大学也应承担起教师教育的职能。围绕这个问题,澳大利亚各界出现了不同的看法,赞成者认为,随着澳大利亚教育的快速发展,中小学师资队伍对澳大利亚基础教育的整体水平乃至大学生的素质影响很大,因此大学有必要承担起培养高质量师资的任务。反对者认为,大学是进行精英教育的场所,承担过多的教师教育任务会影响到大学的发展方向。另外,大学的课程理论性很强,很多师范院校的学生达不到修习这种性质课程的学术水平。此后,尽管也有大学开始为中小学教师开设一些课程,如悉尼大学和昆士兰大学面向中小学教师开设了一些教育学本科学位课程,但接受培训的教师人数极少,根本解决不了各州师资短缺的问题。①

澳大利亚的技术学校主要进行技术教育和职业培训。如前所述,1871年成立的巴拉腊特矿业学校是澳大利亚第一所技术类院校。此类院校开设的课程具体实用,非常适应社会需求。二战之后,联邦政府高度重视技术教育与培训,同期接受技术教育与职业培训的学生规模在总数和增幅方面远超过大学,如1948年参加联邦政府战后重建计划的全日制大学生为11580人,部分时间制的大学生为7317人,而接受全日制职业技术教育的学生则为101495人。在维多利亚州,技术学校的全日制学生和部分时间制学生从1953年到1962年增长了23.3%,昆士兰州增长了41.8%,南澳大利亚州增长了51.8%,西澳

---

① 王斌华:《澳大利亚教育》,华东师范大学出版社1996年版,第139页。

大利亚州增长了 108.8%,塔斯马尼亚州增长了 17.1%,新南威尔士州增长了 80.2%。① 然而,与技术学校快速增长的招生规模相比,其所获得经费资助和实际所处的社会地位却仍很低。尽管每年联邦政府和各州政府都对技术学校给予一定的经费资助,但长期以来技术学校仍摆脱不了办学条件差、教学设施陈旧、师资待遇低下的窘境,在这种情况下,加大对技术学校投入力度的呼声不断高涨。

然而,由于缺乏联邦政府大力的财力支持,各州政府显然无法满足中小学师资培养和改善技术学校对资金的旺盛需求。

（三）英国多科技术学院的影响

二次大战结束后,英国政府十分重视高等科技教育的发展,从 1945 年政府发布的《帕西报告》到《巴洛报告》再到《技术教育》白皮书,都明确地表明了这一点。1945 年政府发布了《教育部长委任的高等技术教育特别委员会报告》,该委员会由帕西勋爵为主席,故后来该报告也被称为《帕西报告》。帕西委员会成立的目的是要在"考虑工业界要求的基础上,研究英格兰和威尔士发展高等技术教育的需求,以及大学和技术学院在这一领域各自应作出的贡献,并就在这一领域维持大学与技术学院之间的适当合作途径提出建议及其他考虑的问题"。② 经过调查和研究,《帕西报告》建议,英国应该严格选择若干所技术学院,把它们办成能够开设相当于大学学位水平的全日制技术课程的高等技术教育中心,这些学院仍旧由地方教育当局管理,但它们应享有较大的自主权。1946 年,政府又发表了以巴洛爵士任委员会主席的调查报告《枢密院议长委任的"科学人力"委员会报告》,巴洛报告建议扩展大学规模使人才的培养数量翻一番。巴洛支持帕西报告中关于加强高等技术教育的设想,建议创立若干所高层次的技术学院,开设全日制的学位课程,并加强大学工科系的教学和研究工作。③

《帕西报告》和《巴洛报告》对英国科技教育的发展起到了重要促进作用,

---

① 王斌华:《澳大利亚教育》,华东师范大学出版社 1996 年版,第 203 页。
② 徐辉、郑继伟:《英国教育史》,吉林人民出版社 1993 年版,第 323 页。
③ 倪学德:《战后初期英国工党政府的教育政策辨析》,《湖南师范大学学报》2005 年第 5 期。

到 20 世纪 50 年代中期，英国的科技教育发展进入了一个新的阶段。1956
年，英国首相罗伯特·艾登（Robert Anthony Eden）在一次演讲中指出："胜利
不属于人口最多的国家，而属于拥有最佳教育制度的国家。科学和技术使十
几名当代人拥有了 50 年前数千人才拥有的力量，我们的科学家正在进行卓越
的工作，我们要充分利用我们所掌握的知识，我们就需要更多的科学家、工程
师和技术员，我们决心补偿这种不足。"[1]同年，政府发表了《技术教育》白皮
书，白皮书提出了一项耗资高达一亿英镑的技术学院五年发展规划，建议成立
技术学院。1956 年教育部发出通知，决定将技术院校分成地方学院、区域学
院、地区学院和高级技术学院四个层次，技术学院尤其是高级技术学院的创立
促进了战后英国高等教育的发展，为英国 20 世纪 60 年代以后的高等教育大
发展奠定了基础。20 世纪 60 年代初《罗宾斯报告》发布以后，英国政府就开
始考虑高等教育发展的体制结构问题，1965 年 4 月 27 日，新上任 3 个月的教
育和科学大臣安东尼·克罗斯兰（A.Crosland）在伦敦伍立奇多科技术学院发
表了一次著名演讲，概述了建立英国高等教育双重制的构想。在演讲中他谈
道："目前对高等教育中的职业性、专业性和工业性课程的需求与日俱增，无
论在全日制学位水平上，在全日制准学位水平上，还是在部分时间制高级水平
等层次上，均是如此。大学不可能满足这种需求，因此我们认为需要设立一个
单独的系统，这一系统在高等教育体系中享有独立的传统和世界观。"[2]从
1965 年开始，英国高等教育被分为大学和多科技术学院、教育学院两大部分，
英国高等教育的双重制从此确立。

英国多科技术学院的建立对澳大利亚的高等教育产生了直接的影响，
1961 年 8 月，孟席斯总理任命了澳大利亚第三级教育之未来委员会，成立此
委员会的原因之一就是受到英国于 1956 年建立的多科技术学院的启发。[3]

在上述多重因素的共同影响下，1961 年，为了尽快调整高等教育和社会
需要之间的关系，"根据澳大利亚的需求和国力考虑高等教育的模式"，澳大
利亚联邦政府成立以莱斯利·马丁（Lesley H.Martin）为主席的"澳大利亚第

---

[1]　徐辉、郑继伟：《英国教育史》，吉林人民出版社 1993 年版，第 325 页。

[2]　徐辉、郑继伟：《英国教育史》，吉林人民出版社 1993 年版，第 335 页。

[3]　Alan Barcan.*A History of Australian Education*.London：Oxford University Press，1980：339.

三级教育之未来委员会",受命调查澳大利亚第三级教育存在的问题以及筹划未来的发展,调查内容涉及神学、医学、法律、教师培养、教育管理、学生资助,还涉及国防教育和技术教育等问题。委员会最终在1964年8月提交了两卷本的报告,次年8月又提交了第三卷,全称为《澳大利亚第三级教育》。该报告又因委员会主席马丁而被简称为《马丁报告》(Martin Report)。在这份报告中,高级教育学院作为一种充实和丰富澳大利亚高等教育体系的新式高等教育机构被正式确立。

二、1964 年《马丁报告》与高级教育学院的建立

《马丁报告》的第一卷勾勒出了能满足国家未来10年发展需要的第三级教育模式;第二卷主要是关于委员会在医学、法律、神学、国防等几个重要的学科领域中的调查结果;第三卷主要是关于基础性学科,尤其是第二卷中未曾涉及的。报告调查了大量的事实、观点和评价,归纳总结出最终的结论和建议,其中还包括美国哲学家的观点和对美国教育系统的研究。最后得出的结论是澳大利亚教育系统所面临的问题与北美教育系统所面临的问题很相似,都是源于增长的人口和随之增长的对高等教育的需求,最终的建议从总体上来讲也很相似,尽管侧重点有所不同。即,马丁委员会引用1961年曾主持过华盛顿经合组织会议的美国教育文化事务部(Bureau of Educational and Cultural Affairs)部长助理菲利普·库姆斯(Phillip Coombs)的观点,建议到1975年使澳大利亚高等教育入学人数翻倍,因为经济增长依赖教育和科学研究,在政策上绝对有必要使经济和教育比过去任何时候都更加紧密地结合起来。

马丁深受当时凯恩斯经济学的影响,对政府作为社会组织者应起的作用抱有极大的信心,"委员会相信澳大利亚的经济增长有赖于先进的高水平教育……把教育作为人力资本投资的一种形式既实际又实用",个人所获得的好处"只占社会收益的一小部分",因此,加大公共投资是必要的。[①] 在这样的理念指导之下,马丁委员会认为,当时的高等教育系统过于强调大学教育,而

---

① Lesley Martin.*Tertiary Education in Australia*:*Report of the Committee on the Future of Tertiary Education in Australia*.Canberra:Commonwealth Government Printer,1964:3.

远远不够重视其他非大学的第三级教育机构。马丁委员会认为在澳大利亚需要各种形式的第三级教育机构,建议建立"平等但不相同"的高等教育机构,以发展高等职业教育。《马丁报告》对大规模发展高等教育的建议是,在综合性大学之外再建立一些高等学府来丰富第三级教育的类型,从而满足社会对高等教育的整体需要。这些新建立的高等学府和大学具有"平等"的地位,但和大学是"不同"的类型,大学侧重普通高等教育,这些新成立的高级教育学院注重高等职业教育。《马丁报告》认为,整个第三级教育机构按承担教育教学任务和培养人才方向的不同可分为综合性大学、高级教育学院和教师教育学院三类,建议联邦政府和州政府共同承担第三级教育机构中各种类型机构的办学经费;现有的技术学校经过调整可发展为高级教育学院;各州应建立师范教育委员会管理教师教育学院,联邦政府也应给予相应的资助。

《马丁报告》中清楚地表达了要把教育目标与国家经济利益挂钩的愿望,把大学看成通过学术手段实现社会经济政治目标的一种工具,其中对高等教育进行了具有战略转折意义的定义:"教育应该被视为一种投资,通过提高全国人口的技能,通过加速整体技术进步,它可以产生直接显著的经济效益。"[1] 该报告明确指出,澳大利亚的经济增长取决并依赖于更高水平的高等教育。为了促进澳大利亚经济的持续增长,必须大规模发展高等教育,因为国家对教育的投资是国家繁荣昌盛的基础和源泉。但是,澳大利亚保守主义者并不这样认为,在他们看来,经过20多年的扩张以后,原来为上层社会培养精英的大学已转变成颁发证书的大众化教育系统,其地位也明显下降。这使得保守主义者不仅仅反对高等教育的大众化,也反对按照更公平的方式对高等教育资源重新进行分配。他们认为除了一些天才人物之外,弱势群体在成绩上的任何提高都会使传统意义上的成功者遭受惩罚。"如果公平有任何意义的话,它就意味着把资源从有天赋的、高智商的人才那里匀出一些来重新分配给那些相对较差的人,而同时也稀释了高水平人才的内涵"。[2] 此外,虽然马丁报

---

① Lesley Martin.*Tertiary Education in Australia*:*Report of the Committee on the Future of Tertiary Education in Australia*, Vol 1.Melbourne:Australian Universities Commission,1964:1-2.

② Lauchlan Chipman. *Liberty*, *Equality and Unhappiness*. Sydney:The Centre for Independent Studies,1978:12.

告在强调经济收益的同时还引述了教育的"非物质收益",即对民主、文化和对于人性的更深层次的理解,但其强调经济增长和教育投资增长正相关的主调是十分清楚的,尽管学界担忧教育的经济利益受到了不恰当地强调,但这很快变成了公众的信条,人们普遍认定,为了维持令人满意的经济增长率,需要对教育特别是高等教育投入更多的公共经费,以此来促进高等教育的发展,并推动社会经济的增长。[1] 由于《马丁报告》的各个部分是由不同的教育专家分头执笔而执笔人又各有侧重,所以这份报告时有表述混乱和概念不清。报告中的很多建议几乎都没有被政府采纳,但是,建立高级教育学院的建议得到了联邦政府的认同,激励和指导了澳大利亚高等教育的扩张活动。[2] 联邦政府据此将原有的师范学院、工艺学院和其他一些高等教育机构合并到这种新型的高级教育学院体系中来,形成了大学和高级教育学院并存的双轨制。高级教育学院以高等职业技术教育为中心,与企业、公司、政府机构有着广泛联系,不断地为各地区、各部门、各行业输送着大批具有大学毕业水平和一定实际工作能力的专门人才,缓解了澳大利亚高等教育结构同社会现实相脱节的矛盾。

1965 年 3 月 24 日,接受了《马丁报告》建议的联邦政府由总理孟席斯(Robert Menzies)宣布建立一系列新的"文凭学院"(Diploma College),即"高级教育学院"(College of Advanced Education)。孟席斯阐述了他对高级教育学院的理解,认为这种学院应该面向不期望学习大学课程的学生,或者期望学习非大学课程的学生,或者无法完成大学课程学习的学生,增加青少年接受高等教育的机会。如《马丁报告》所建议,高级教育学院属于高等教育领域,由结构功能调整后的技术学校、农学院等合并而成,主要以文凭教育和课程教学为主,这与大学的学位教育和研究性质不同。因此,尽管与大学开设有许多同名课程,高级教育学院却明确强调其重点在于专业训练而非理论研究,主要是培养学生实际的工作能力。以社区要求为依据,特别强调与社会实际的紧密联系,教学也非常注重实用,有些学院还安排学生到生产部门直接从事实际工作,被看作是"工业界、商业界与学院结合的地方"。高级教育学院一般是由

---

[1]　P.H.Partridge.*Tertiary Education: Society and the Future*.Sydney: Angus & Robertson,1965:5.

[2]　Susan Davies. "The Martin Committee and the Binary Policy of Higher Education in Australia".*Higher Education*,1991(3).

各州议会决定设立,只有堪培拉高级教育学院是直接由联邦议会决定设立的。虽然高级教育学院专门致力于技术领域和应用科学方面的教育并强调工读交替,但 1965 年 8 月成立的联邦高级教育咨询委员会(Commonwealth Advisory Committee on Advanced Education)仍指出:高级教育学院"旨在为学生开设达到大学水平的职业课程","不是简单地成为填鸭式的职业训练的场所"。1967 年澳大利亚大学委员会和澳大利亚联邦高级教育咨询委员会发布联合声明"大学和学院的功能",声明中也专门谈到了大学和高级教育学院的不同:大学将主要集中于科研功能,学院主要倾向于通过他们的技术课程反应社会需要,教授应用性的课程;在研究方面,大学有责任去追求其自身的目标,而学院的研究主要着眼于短期研究,并要和工业的需要紧密结合起来,且绝大多数研究要受到工业界的支持。①

三、高级教育学院的兴盛

高级教育学院的设立顺应了高等教育大众化的趋势,回应了澳大利亚经济社会发展对大规模、多样化高层次人才的需求,因此得到了社会各界的高度认可。社会普遍期望高级教育学院应该有高度的灵活性、适应性和多面性,如此才能适应社会中广泛多样的需求。在高级教育学院学习的学生大都有明确的工作规划和未来目标,所以学院的教学特别强调实际应用以区别于大学的理论研究。这一系列因素都促成高级教育学院在 20 世纪六七十年代形成了蓬勃发展的势头,它在澳大利亚高等教育体系中的地位也不断上升。特别是随着联邦资助力度的加大,高级教育学院在澳大利亚高等教育体系中的参与程度逐年上升,具体数字见表 7-1:

表 7-1　1968—1976 年澳大利亚高等教育参与率②

年份	高级教育学院	大学	总计
1968	3.5	7.2	10.7

① Alan Barcan.*A History of Australian Education*.London:Oxford University Press,1980:340.

② Bruce Williams.*Systems of Higher Education:Australia*,International Council for Educational Development.London:Oxford University Press,1978:3.

续表

年份	高级教育学院	大学	总计
1969	4.0	7.5	11.5
1970	4.6	7.9	12.5
1971	5.4	8.5	13.9
1972	6.1	8.6	14.7
1973	7.1	8.8	15.9
1974	8.0	9.2	17.2
1975	9.0	9.4	18.4
1976	9.5	9.6	19.1

　　这一时期高等教育学院快速发展的重要原因之一在于联邦政府的经费资助。《马丁报告》发布以后,联邦政府就进一步扩大了对第三级教育学生的资助。1965 年,联邦政府宣布在原来奖学金的基础上增加奖学金种类,给非大学机构里的第三级教育学生增加高级教育奖学金。1966 年,联邦奖学金计划分为联邦大学奖学金计划和高级教育奖学金计划,这样,联邦政府的奖学金计划扩大了覆盖面,不仅给大学在校生提供奖学金,也给高级教育学院的学生提供,另外,在第三级教育机构学习联邦资助的课程的学生也能享受到奖学金。[①] 从 1967 年开始,澳大利亚联邦政府和州政府比照向大学拨款的比例共同承担起向高级教育学院拨款的任务。1970 年,州教师教育学院并入高级教育学院。

　　在办学方面,高级教育学院也形成了自身的独特风格。长期以来,高级教育学院的教学重点放在本科生和本科生以下的层次,与大学相比,它们更注重开设范围广泛的应用课程和职业课程,如财会、建筑、艺术、应用化学、商业管理、数据处理、工程等。但不同高级教育学院开设的课程各有侧重,如 1971 年7 月在悉尼成立的新南威尔士高级教育学院的课程侧重工程和化学,而同年于悉尼西部成立的米切尔高级教育学院则主要开设财经和管理类课程。高级

----

① Turney. *Sources in the History of Australian Education*. 1788 – 1970. Sydney：Angus and Robertson Publishers,1975：437.

教育学院录取学生并不像大学那样侧重理论分析和逻辑推理等学术能力,而是注重学术能力之外的实际工作能力,其总体入学标准略低于大学,非全日制学生的数量也相当多。澳大利亚高级教育学院委员会认为,高级教育学院和大学是完全不同的机构,主要以教学为主,培养本科生以及本科以下的学生,具体分为三个层次,即本科学位、毕业文凭(只授予毕业文凭不授予学位)、准毕业文凭(主要授予2年制全日制学生),开设的课程应该具有职业技术教育倾向,强调实际应用。① 一般来说,高级教育学院的课程由学校自己决定,根据学院所在的地理位置和学生以及学校自身的特点,各所学院开设的课程有所侧重,在某些州,高级教育学院开设的课程必须经过学校以外的其他机构批准,比如新南威尔士州,高级教育学院开设的任何课程都需要得到高等教育学院委员会的评估和批准。

　　高级教育学院注重职业技术培训并和社会紧密结合的办学模式受到公众的热烈欢迎,加之政府拨款使其如虎添翼,发展迅速,在联邦政府的鼓励下,澳大利亚掀起了建立高级教育学院的热潮。维多利亚州率先行动,建立了维多利亚学院协会,管理本州高级教育学院的事务,维多利亚学院协会有权认可大学以外授予的学位和毕业文凭,学生可以通过部分时间制的学习获得学位。其他州也仿效维多利亚州相继建立了类似的组织,各地纷纷建立高级教育学院。由于各州情况不同,所以名称也略有不同,权限范围亦有所差异,但总的来说,高级教育学院是这类学院的总称,有些学院直接冠以"高级教育学院"的名称,如堪培拉高级教育学院、米切尔高级教育学院等,有的则冠以专门学院的名称,如音乐学院、护理学院等。有些高级教育学院是新成立的,有些是在其他学院的基础上建立起来的。到20世纪70年代,高级教育学院的发展达到极盛,最高峰时曾达到83所,数量远多于同时期的19所大学。至此,以大学水平的职业教育为导向的高级教育学院和以学术与研究为中心的大学比翼齐飞,澳大利亚高等教育双轨制正式形成。澳大利亚高等教育双轨制的形成不是市场选择的自然结果,而是缘于政府的人为安排,体现着联邦政府在高等教育领域宏观上的考量与调控。

---

① 王斌华:《澳大利亚教育》,华东师范大学出版社1996年版,第199页。

四、1988 年高级教育学院的终结

20 世纪 70 年代中后期,在经历了二十多年的高速发展之后,发达国家出现了经济萧条,美英两国 1974 年和 1975 年国民生产总值的增长速度都很缓慢,日本在 1974 年、德国在 1975 年甚至还出现了经济负增长。澳大利亚的经济发展速度也大大放慢了,坚持全民免费高等教育有些力不从心。经济危机的出现及其引发的一系列社会问题致使 1972 年上台的惠特拉姆(Edward Gough Whitlam)政府于 1975 年被时任总督约翰·罗伯特·克尔(Sir John Robert Kerr)解散。继任总理弗雷泽(John Malcolm Fraser)属自由党,虽然表面看来弗雷泽政府还是基本沿用了惠特拉姆政府的主要高等教育政策,但教育和其他需要花钱的部门一样,开始感受到了联邦政府高层的冷遇和态度的转变。

20 世纪 70 年代中后期的经济萧条一直持续到 80 年代,澳大利亚经济持续下滑甚至衰退。虽然澳大利亚的自然资源丰富,但人口严重缺乏,而且工业整体水平尤其是制造业远远落后于其他发达国家,使其难以在国际竞争中占据优势。虽然澳大利亚高等教育发展水平较高,但澳大利亚大学和科研机构中的科研成果多为尖端项目,往往是成果刚问世,专利就被其他国家买走,很少能应用到澳大利亚相对落后的工农业生产中去,这种科研和经济发展不相适应的状况为澳大利亚高等教育的发展带来了很大的困难,使澳大利亚高等教育在 20 世纪 80 年代后半期又一度陷入困境。为了促使经济复苏,澳大利亚政府采取了放松进出口限制、增加移民配额等一系列政策,在高等教育政策上也采取了一些急救措施,如从 1983 年起开始对外国留学生征收学费,对本国学生的入学录取也渐趋严格。但这些政策对整个高等教育并无明显效果,只是敲响了改革的钟声。

与澳大利亚国家经济形势的衰退形成对比的是,这一时期高级教育学院却呈现出持续壮大的发展态势。当初在联邦政府的全力干预下,高级教育学院应运而生并蓬勃发展,遍地开花。从很多方面看,20 世纪 60 年代确立的高等教育双轨制有其各司其职、避免冲突的好处与特点,所以在很长一段时间内,双方并没有跨越它们之间的界限。但随着时代的发展,情况开始慢慢发生变化。高级教育学院最初只颁发毕业证书而不授予学位。但从 1970 年起,以

前的文凭课程被一连串的学士学位课程所取代,高级教育学院授予学士学位的情形变得越来越普遍,尽管只可以授予普通学士学位(pass Bachelor Degree)而不能授予荣誉学士学位(Honours Bachelor Degree),但确实比只能颁发毕业证书提高了档次。到了 20 世纪 80 年代,有些高级教育学院已能提供研究性硕士学位(Master Degree by research),一些实力雄厚的学院甚至和大学合作,联合培养博士研究生,同时希望像大学一样得到科研资助并单独培养自己的博士生。

到 20 世纪 80 年代中期,高级教育学院发展到了顶峰,形成了一个与银行、企业、工厂、政府机构等社会各界有着紧密联系的高等专业教育体系。各州都要求高级教育学院在开设新课程时应充分阐明开设新课程的必要性,即论证为什么大学的现有课程不能满足社会的需要,因此高级教育学院对课程认可的重点放在了课程的新颖和与众不同上,这自然就导致一些市场要求还不明显但方向性强的课程成为高级教育学院生存发展的立足点。针对大学的语言专业侧重法语、德语和一些古典语言的通病,高级教育学院大力开发小语种教学。这样既可以通过开设新的语言课程获得颁发学士学位的资格,同时又避开了与大学课程的正面冲突。例如,在这种思想指导下,高级教育学院把表演艺术进行细分,诸如设计、话剧、舞蹈、音乐、视觉与表演等课程纷纷设立。① 一时间,课程名称陡然增多,更为细化专一,进一步体现出高级教育学院的独特之处。

与此同时,高级教育学院课程的灵活与新颖使得学校中半工半读的学生增多,高级教育学院相应地增加了夜授课程,而这又引发出新一轮的课程设计。在不长时间内,高级教育学院的课程几乎遍及各个领域,吸引了大批学生,有的大学步步紧跟,也设立了相同的课程与高级教育学院竞争。大学和高级教育学院作为高等教育机构的差异本来就是人为设定而非绝对性的本质差异,随着大学对高级教育学院的某种模仿,在双轨制实施十年后,高级教育学院和大学两类高校变得越来越没有太大的区别。当初马丁委员会创建高级教

---

① 殷惠光:《澳大利亚高等教育体制变革浅析——试论我国职业教育的发展方向》,《彭城职业大学学报》2001 年第 2 期。

育学院时的目标是要建立"平等但不相同"的高等教育机构,但20世纪80年代中后期大学和高级教育学院双方对此都不再认同。高级教育学院并不被大学认为是平等的机构,却做着和大学相同的事情,20世纪80年代末高级教育学院大都提供学位课程,甚至有一些还开设有联合培养博士的课程,偏离了当初所设定的轨道。至于其偏离轨道的原因可能是源于当初马丁称之为"学院性的教学机构"的构想中存在的瑕疵,或者源于这种构想实施过程中存在的瑕疵,或者根本不是因为任何瑕疵而是高级教育学院本身对于经济社会变化的一种自然而然地进化和适应。但无论如何,高级教育学院越来越像大学。

此外,在发展过程中高级教育学院越来越多的教师获得了硕士或博士学位,与大学教师之间的差距在逐渐缩小。同时,高级教育学院越来越重视科研,各种科研项目和培养出的研究生人数日益增多。还有,随着各类专业协会的成立与成熟,它们对其成员的认可要求进一步缩小了大学和高级教育学院之间在教授同类课程中存在的差异,因为这些协会对课程认证持有统一的标准,不会因毕业院校的不同而有不同的要求。

当初由于大学和高级教育学院在澳大利亚各有各的学生来源渠道,加之政府拨款相对充足,因而两者没有形成竞争态势。而且当初高级教育学院与大学在规模、师资、科研能力等方面确实存在相当大的差距,二者能够自行发展。但随着高级教育学院自身的不断发展和完善,加上当时的经济困境,高级教育学院开始觉察到联邦政府并未兑现当初《马丁报告》中要建立"平等但不相同"的高等教育机构的承诺,觉得自己并未受到公正待遇。而且在某些问题上,政府所采取的倾向性行动确实大大影响了高级教育学院的进一步发展。如澳大利亚联邦政府在20世纪80年代中后期对海外学生的招生宣传上总是极力推广各个大学而几乎不提及高级教育学院,造成无论是在澳大利亚还是海外,大学都被公认为是最高学府,这使高级教育学院开始意识到自己在双轨制中的尴尬身份与不利处境。尽管高级教育学院认为自己提供的学位就学术价值及实用价值而言与大学不相上下,可是,来高级教育学院学习的海外学生少之又少,实在无法与大学相提并论。政府在海外大力宣传大学,把海外学生都吸引到了大学里,高级教育学院就有

"后娘所生"之苦,深感大学"欺人太甚"。① 对此,高级教育学院进一步认为其原因在于政府对高级教育学院管理不善,指责政府在海外宣传澳大利亚高等教育时并没有说明高级教育学院与大学在澳大利亚所处的同等地位。

随着时间的推移,高级教育学院越来越发展壮大,与大学的界线变得模糊不清。西澳大利亚州的一所高级教育学院西澳技术学院 1986 年在州政府的立法支持下干脆改名为柯廷科技大学。然而,联邦政府教育部却宣布不承认这所新命名的大学为官方大学。原因在于澳大利亚不少高级教育学院比一些小大学还要大,并且拥有优秀的师资和先进的设备,如果它们转为大学,联邦政府必须给予相应经费,而联邦政府对大学的拨款高于高级教育学院,还要支付相应的科研经费,由于财政拮据,联邦政府不愿意也无力负担这笔额外的经费,也就不愿意承认这所自行改名的高级教育学院为大学。但不论如何,这已充分显示出高级教育学院再也不愿被同工不同酬地对待。1985 年澳大利亚对海外教育市场的开发则充当了澳大利亚双轨制改革的催化剂,加之当时经济转型对高等教育的冲击,改革势在必行。

面对经济上的持续下滑甚至一度衰退以及高等教育出现的种种问题,1987 年走马上任的就业、教育与培训部部长约翰·道金森(John Dawkins)在当年 12 月发表的《高等教育:政策讨论报告》(*Higher Education:A Policy Discussion Paper*)一书中,评价了高等教育对澳大利亚经济社会发展所起的影响和作用,同时提出了改革高等教育的方案。要求改革高等院校中的课程设置,使之能适应经济的发展;改革研究基金的发放,鼓励侧重应用技术;对本国的学生以课程为单位重新征收学费,对家庭困难的学生发放无息贷款;积极开发海外教育市场录取全自费的海外留学生等等。② 在澳大利亚经济不景气的背景下,该书一发表就引起了澳大利亚社会各界的极大关注。

1988 年 7 月,联邦政府又推出了白皮书,为澳大利亚高等教育的发展与改革制定了总体规划和具体措施,其中最重大的一项变革是逐步取消综合性大学与高级教育学院并存的双轨制,而代之以所谓"一体化"(Unified National

① 戴星东:《澳大利亚的高级教育学院》,《外国问题研究》1982 年第 2 期。
② John Dawkins.*Higher Education:A Policy Discussion Paper*.Canberra:Australian Government Publish Service,1987.

System）。目的在于改变高等教育的内部结构,使院校数目大大减少,而将其办学规模大大扩展,专业设置也更加多样化。一体化改革并不是直接将高级教育学院升格为综合性大学,而是采取按地区或专业性质归类的方法,或是若干所高级教育学院合并为新的技术大学,或是一所或几所高级教育学院归属于某所综合性大学。采纳一体化改革方案的院校将获得联邦政府经济上政策上的支持和优惠,如给予为期 3 年的基金用于有关学科的改革与发展。作为一体化改革的一部分,联邦政府将大学咨询委员会、高级教育学院咨询委员会和技术与继续教育咨询委员会整合为高等教育委员会,此外还设置了一个专门负责科研工作的咨询委员会。这两个委员会都属于联邦教育部管辖,通过其理事会向教育部长负责,协助其进行高等教育管理和改革。

联邦政府如此大力推行一体化改革,最直接的目的在于理顺澳大利亚高等教育的内部结构。联邦政府早在 1981 年就成立了高等教育调查团,对许多小规模的师范学院和专科学校进行调整合并,使整个澳大利亚高级教育学院的数量从 20 世纪 70 年代中后期的 83 所降至 46 所。但高级教育学院从整体而言仍是不断地发展,入学人数持续增加,专业设置不断扩大,越来越多的学院拥有了学位授予权。因为依照法律规定高级教育学院有权制定自己的课程,而且除堪培拉高级教育学院之外其他高级教育学院均由各自所属的州政府来管理,不在联邦政府的管辖范围之内,这使得高级教育学院几乎不受联邦政府的任何控制和管辖。在其日益壮大的情形下,为防尾大不掉,联邦政府想方设法加强对它的控制是很自然的事情,其中最好的办法就是将这些学院纳入大学的框架,在高级教育学院实现自己大学梦的同时也实现联邦政府的直接控制。道金森以一体化改革结束了澳大利亚从 1964 年至 1988 年长达 25 年的高等教育双轨制,高级教育学院由此也走向终结。

第二节　澳大利亚技术与继续教育学院的创立与繁荣

技术与继续教育学院创立于 20 世纪 70 年代,是在继承以职业教育为主要功能的原技术学校的基础上发展而成的一类新型高等职业教育机构。自

20世纪70年代确立其地位以来,技术与继续教育学院积极开展高层次、多领域的高等职业教育,为澳大利亚经济社会发展输送了大量实用人才,成为澳大利亚第三级教育的重要组成部分,也是澳大利亚高等职业教育领域面向全球展示出的一张"靓丽名片"。

一、1974 年《康甘报告》和技术与继续教育学院的创立

《康甘报告》(*Kangan Report*)即 1974 年澳大利亚技术与继续教育委员会发布的题为《澳大利亚技术与继续教育的需求》(*TAFE in Australia : Report on Needs in Technical and Further Education*)的报告,由于该委员会主席由梅耶·康甘(Myer Kangan)担任,因此该报告被简称为《康甘报告》。《康甘报告》公布成为澳大利亚技术与继续教育的重要转折点,从此之后,技术与继续教育成为高等教育系统中第三级教育的通用术语。技术与继续教育学院由技术学校、农业学院、师范学院以及其他教育机构组成,上述学院统称为技术与继续教育学院。

《康甘报告》的发布以及技术与继续教育学院的创立,其背景与 20 世纪70 年代澳大利亚产业结构的变化息息相关。和很多国家一样,澳大利亚的产业也分为三大类,即第一产业、第二产业和第三产业。第一产业主要指那些直接从自然资源中生产物品的产业,包括农业、畜牧业、渔业、林业、矿业及采掘业,它们的产品可以直接消费或者作为其他产品的原料。第二产业指那些把原料加工成其他产品的产业,也称为制造业。第三产业包括各种各样为生产服务和为生活服务的行业,统称为服务业。二战前,澳大利亚主要以第一产业为主,初级产品尤其是农业品在出口中长期占统治地位,制造业主要依赖从英国进口,服务业发展很缓慢。

二战以后,澳大利亚开始发展以制造业为重点的工业经济,制造业生产在国内生产总值中所占比例迅速上升,从战前的不到 20%上升到 1960—1961年的约 29%,并在 20 世纪 60 年代一直保持这个水平。农业生产在国内生产总值中所占比例迅速下降,从战前约占 23%降至 1960—1961 年约占 13%,到了 1970—1971 年降至约占 7%。矿业部门在国内生产总值中所占比例一直很小,在 1962—1963 年约占 1.5%,到 20 世纪 60 年代末期澳大利亚出现矿业

景气时才开始上升,到 1968—1969 年约占 2.1%。进入 20 世纪 70 年代,产业结构比例出现了变化,制造业比重开始下降,服务业所占比例稳步上升。[①]

表 7-2 1962—1963、1968—1969、1977—1978 年各产业部门占
澳大利亚国内生产总值比重(按当年价格计算%)

产业部门	1962—1963	1968—1969	1977—1978	变化百分点	
				1962—1963 至 1968—1969	1968—1969 至 1977—1978
农业	11.6	9.1	4.8	−2.5	−4.3
矿业	1.5	2.1	4.5	+0.6	+2.4
制造业	28.4	27.1	22.1	−1.3	−5.0
服务业	58.4	61.7	68.6	+3.3	+6.9

经济结构直接影响了社会就业的变化,从 20 世纪 70 年代中期起,世界经济进入萧条阶段,澳大利亚的经济也出现停滞现象,国内通货膨胀加剧,失业率上升,学生入学率下降,大批教师失业或者转行。在此时期,农业、矿业等传统产业的比重开始下降,一些新兴的产业如通信和金融业迅速发展起来,很多人从传统产业开始转移,新兴产业缺乏熟练技术工人,服务业的兴起也需要大批经过培训的员工,很多相关部门纷纷呼吁,要求工党关注技术教育与培训状况。1973 年,作为对来自技术教育部门压力的反应,联邦政府教育部成立了澳大利亚技术与继续教育委员会,任命康甘为委员会主席,该委员会的主要任务是对所有技术学校与培训机构进行调查。1974 年 4 月,该委员会提交了《康甘报告》,由此标志着技术与继续教育学院的诞生。

《康甘报告》一共分为两卷,第一卷包括五方面的内容。分别是:1、对技术与继续教育的概念进行界定,阐述了技术学校的现有规模与目标、师资情况、社会的发展对职业技术教育的挑战、提出了技术与继续教育的概念;2、介绍了各州职业技术教育的组织情况,包括组织结构与特征、学生参与率与选择的学科领域;3、社会对职业技术教育的需求,包括人口发展趋势、技术学校的

---

① 陈国庆:《战后澳大利亚经济》,天津人民出版社 1984 年版,第 60 页。

课程、各种教育类型的情况、劳动力市场的变化;4、对技术学校的资金资助,阐述了资助原则、教师培训、健康和福利、咨询服务、图书馆资源、技术教育设施、配套资金与非配套资金等等;5、对最终发布报告的建议性结构,建议最终报告应包括现状、委员会的组成、资助、研究的领域、教师、统计数据与职业趋势、建筑与设备等。第二卷的内容主要是数据统计表格和相应的分析。①

《康甘报告》明确提出了技术与继续教育的内涵与范畴。从历史上看,澳大利亚最初是英国流放犯人的地方,最早对犯人进行的是道德教育和技术教育,早期的澳大利亚技工学校和成人补习学校很多,学徒制很盛行,成人到学校进行半日制培训的也很多,所以,在澳大利亚历史上,对技术教育、继续教育和成人教育这几个名词一直混用,没有严格的界限。《康甘报告》正式提出了一个新的词汇"技术与继续教育",并在报告中对该词汇进行了界定:"技术与继续教育是指提供一系列连续的职业技术课程,目的是向学生传授以职业为导向的知识,从而培养学生的技能,提高个人的理解力。"技术与继续教育包括一般所说的成人教育项目,但对于那些没有教育计划和体系的活动则不包括在内。② 之所以对技术与继续教育进行如此界定,和康甘本人的思想有密切联系,1984年,康甘在新南威尔士技术与继续教育学院进行演讲时谈到了自己的哲学思想,主要阐述了五方面内容,包括强调个人的重要性、教育的主要目的是生存、教育就是学习、教学即交流、教育是为个人应付变化的准备。③ 康甘认为通过教育可以实现人的合理岗位转换,教会人们如何在失业率不断上升的社会求得生存与发展,这是教育非常重要的使命。④《康甘报告》充分反映出了康甘的思想,认为技术与继续教育不仅要满足人们的个体需要,通过技术教育增强企业的劳动生产率,进行专门的关键能力的培训,而且要使人们

① ACOTAFE.*TAFE in Australia:Report on Needs in Technical and Further Education*(Vol I).Canberra:Australian Government Publishing Service,1974:iii.

② ACOTAFE.*TAFE in Australia:Report on Needs in Technical and Further Education*(Vol I).Canberra:Australian Government Publishing Service,1974:21.

③ Peter Kearns,William Hall.*Kangan:20years on—a Commemoration TAFE 1974–1994*.Adelaide:NCVER Ltd,1994:58.

④ ACOTAFE.*TAFE in Australia:Report on Needs in Technical and Further Education*(Vol I).Canberra:Australian Government Publishing Service,1974:21.

学习综合技能和知识,满足个人发展和终身教育的需求。惠特拉姆工党政府的联邦教育部长比兹利(Beazley)在1980年的回忆录中曾专门介绍了康甘的教育思想和业绩,指出"康甘摒弃了技术学校仅仅满足行业劳动力需要的狭窄的观念,采纳了更加广泛的理念,从满足人们个体需要为出发点,人们可以自由地接受以就业为导向的教育,此报告在指导终身教育方面和重新获得教育机会方面,都取得了长足的进步"。①

　　长期以来,在澳大利亚社会上对职业技术教育存在一种看法,认为职业技术教育单纯属于培训范畴,在教育层次和地位上要低于主流教育(初等、中等和第三级教育)。针对这种看法,《康甘报告》明确提出把技术教育与继续教育结合到一起,把学历教育与岗位培训结合到一起,建立新型的技术与继续教育学院,实施新型的技术与继续教育。报告指出"人们太多地考虑技术与继续教育与主流教育的差别,实际上,技术与继续教育应该被认为是一种选择,不存在比其他教育高或低的问题"。建议学院应该扩大预备课程、转换课程,增加帮助成人接受所希望的职业教育课程的类型,特别提出要帮助妇女、土著人、远离市区的人以及残疾人等社会不利群体。② 当时社会上对《康甘报告》中提出的一些问题进行了争论,一些部门的专家极力反对"技术与继续教育"后面的"教育"一词,认为应该界定在培训的限度内,康甘坚持他的观点,认为技术与继续教育是一种体系,技术与继续教育学院是一种教育体制,如果取消了技术与继续教育后面的教育,那它就失去了一种教育体制的特征,国家的整体技术教育水平很难提高,会严重影响国家的社会和经济发展水平。③

　　从历史上看,早在19世纪晚期,澳大利亚就出现了技术学校,一直到20世纪中期,大量技术学校为相关产业领域培养了大批人才,对澳大利亚的经济发展起到了促进作用。澳大利亚教育家阿兰·巴肯(Alan Barcan)曾说:"到1947年,许多州建立了完备的中等技术教育,新南威尔士有3所技术高中,4

---

① 黄立志:《制度生成与变革:二战后澳大利亚技术与继续教育(TAFE)历史研究》,北京师范大学2006年博士学位论文,第22页。

② 黄立志:《制度生成与变革:二战后澳大利亚技术与继续教育(TAFE)历史研究》,北京师范大学2006年博士学位论文,第22页。

③ ACOTAFE. *TAFE in Australia: Report on Needs in Technical and Further Education* (Vol Ⅰ). Canberra: Australian Government Publishing Service, 1974:22.

所家政高中和 3 所农业高中。在维多利亚,有 30 所初级技术学校与高级技术学校。"①二战后,澳大利亚加快了工业化进程,技术学校的招生人数增长很快,20 世纪 60 年代中期以后,由于铁矿、铝土矿、石油等矿藏的勘探和开发,澳大利亚的经济进入了矿业景气时期,社会上急需大批的技术劳动力,很多人从传统的农牧业经济开始转向矿业经济行业。从此技术学校的发展速度加快,1965 年技术学校的在校生从 20 世纪 60 年代初期的 240000 人上升到了 362000 人。② 随着技术学校办学经费的提高,州政府无力负担开支,开始呼吁联邦政府进行资助,从 20 世纪 60 年代中期以后,联邦政府每年都拨出大量款项资助各州的技术学校。③ 但是长期以来技术学校一直带着 19 世纪末初创时期的痕迹,办学层次低,学校设备陈旧,各州的办学规模、课程设置、教师的待遇福利等都没有统一标准,尽管联邦政府每年都进行资助,但技术学校的办学条件仍旧没有得到明显改善。为此,康甘本人一直在呼吁联邦为技术教育投入更多资金。1971 年,康甘在堪培拉组织了一个国家培训会议,主要议题就是讨论联邦资助职业技术教育培训,在这次会议上,康甘呼吁联邦政府必须给予澳大利亚的技术教育以充分重视,加大投资力度,促使技术学校尽快发展,为社会培养更多的技术人才。《康甘报告》中也多次提到要提高教师的待遇,给教师提供培训的机会,提高他们的技能和教学水平。

长期以来,技术学校主要招收尚未修完中学课程的学生,录取标准远远低于大学和高级教育学院,技术学校的学生主要分为两类,一类是正规的学生,毕业时获得文凭,这批学生年龄较大,很多都已经参加了工作,他们从事全日制或半日制学习,所学的课程比较注重理论和科技知识。另外一类是 14 至 16 岁的学徒工,主要学习手工艺课程,所学课程和他们各自学徒的工种密切结合,学习期限不等,视学徒期长短而定。一般说,技术学校开设的课程主要是针对社会上急需的技术人才,比如,培养冶金工人、为实验室培养实验员、为医院培养护士和药剂师、为林场培养林业工作者、为农场培养农牧业工作者

① Alan Barcan.*A History of Australian Education*.London:Oxford University Press,1980:287.

② 王斌华:《澳大利亚教育》,华东师范大学出版社 1996 年版,第 204 页。

③ Alan Barcan.*A History of Australian Education*.London:Oxford University Press,1980:288.

等,还开设一些家政、娱乐、休闲的课程,比如家庭缝纫和裁剪、剧本表演、花卉栽培等。综合起来可以把技术学校的课程分为几种类型:第一,专业课程,学生毕业后获得毕业证书;第二,手工艺培训课程;第三,商业与职业培训课程,这类课程非常实用,主要培养社会上急需的技术人才;第四,人文和休闲课程。① 康甘委员会对很多所技术学校开设的课程进行了调查,在调查的基础上提出了技术与继续教育学院的课程设置构想,认为技术与继续教育学院的课程必须充分满足社会需求和个人愿望,要为工业、商业、贸易、行政、质量监督、服务、管理等部门培养各种人才,建议开设多种类型的课程,比如全日制课程、部分时间制课程、工读交替制课程、函授课程等来满足不同学员的需要。② 在设置技术与继续教育学院课程的时候,当时社会上有一部分人认为,课程的设置要体现行业特点,要具有较强的针对性,不然培养出来的人不能满足企业的需要。康甘认为,技术与继续教育学院的课程要结合社会的需要,但在具体设计技术与继续教育学院的课程时必须把握尺度,如果课程的针对性太强,将来很可能会出现一些问题,因为未来社会发展非常迅速,对于尚未走向工作岗位的大学生,未来的职业岗位具有很大的不确定性,技能培训面狭窄有可能会不利于充分就业,而如果技能培训过于宽泛,学生在就业时缺乏针对性和具体岗位目标,同样也不利于学生就业。康甘认为,学习是个持续的过程,“把人的一生划分为青年时代的正规教育和成年时代的就业两部分是不适当的,学校教育学习的知识和技能并不能受用终身,尤其在社会变化日新月异的时代,知识和技术更新速度很快,职业的结构和性质也经常变化,所以必须进行终身学习”。③《康甘报告》指出,技术与继续教育学院的学习和大学以及高级教育学院的学习有很大不同,技术与继续教育学院提倡学生在实践中学习并在操作中练习,这是非常重要的学习方式。技能的培养需要反复不断的练习和操作,即使教师教得再好,如果没有充足的实际操作条件和时间,技能也无法

---

① 王斌华:《澳大利亚教育》,华东师范大学出版社 1996 年版,第 203 页。

② ACOTAFE.*TAFE in Australia*:*Report on Needs in Technical and Further Education*(Vol I).Canberra:Australian Government Publishing Service,1974:43.

③ ACOTAFE.*TAFE in Australia*:*Report on Needs in Technical and Further Education*(Vol I).Canberra:Australian Government Publishing Service,1974:xxxvi.

习得。为此,技术与继续教育学院要给学生提供充分的实践时间和机会,教师要把学生的学习作为教育的中心,围绕学生的学习进行施教。① 在设计技术与继续教育学院的课程前要进行认真细致的调查和论证,要根据技术与继续教育的特点,并结合社会各个行业的需求,仔细考虑课程的设置,而且要注重学生和雇主对这些课程的反馈意见。

《康甘报告》在澳大利亚技术与继续教育发展史上具有深远的意义,它提出了技术教育与继续教育学院,并作为一种办学模式成为澳大利亚教育体系的重要组成部分。《康甘报告》出台以后,1975 年联邦政府颁布了《技术与继续教育法案》,随后建立了技术与继续教育委员会,提高了技术与继续教育在澳大利亚的地位,技术与继续教育学院正式成为高等教育的一部分,从此澳大利亚的第三级教育由三部分组成,大学、高等教育学院和技术与继续教育学院。

二、《康甘报告》颁布后技术与继续教育学院的蓬勃发展

《康甘报告》的发布为技术与继续教育学院的创立和发展开辟了道路。在联邦政府的支持下,各州开始积极创办技术与继续教育学院,并颁布了相关法案,确立其功能和地位。新南威尔士州率先积极行动起来,颁布了相关的法律,并把原来的技术教育部改为"技术与继续教育部"。1976 年,西澳大利亚州通过了《西澳大利亚州高等教育委员会法修正案》,申明中等教育后教育包括技术与继续教育,提高了技术与继续教育在该州的地位。南澳大利亚州、维多利亚州、昆士兰州都相继成立了独立的技术与继续教育机构。塔斯马尼亚州比较独特,该州的技术教育与成人教育仍然分属两个部门,技术教育由教育部的技术教育处管理,成人教育则由成人教育董事会管理。首都地区的技术与继续教育管理职能在 20 世纪 70 年代以前属于联邦教育部,1975 年,首都地区建立了一个临时的技术与继续教育部门进行管理,1976 年,联邦政府宣布该地区的技术与继续教育的管理移交给澳大利亚联邦政府教育部。②

---

① 黄立志:《制度生成与变革:二战后澳大利亚技术与继续教育(TAFE)历史研究》,北京师范大学 2006 年博士学位论文,第 63 页。

② Williams Bruce.*Systems of Higher Education*:*Australia*,*International Council for Educational Development*.London:Oxford University Press,1978:7.

　　澳大利亚各州相继成立专门的技术与继续教育管理部门以后,整个社会的技术与继续教育学院发生了很大的变化,主要体现在如下几个方面:

　　首先,澳大利亚技术与继续教育学院的课程发生了很大的变化。从 20 世纪 60 年代后期开始,澳大利亚联邦政府一直在考虑如何建立一个现代化的第三级教育体系和结构,以此来适应国内经济的发展,满足学生的各种需求。20 世纪 70 年代后期,技术与继续教育学院里中学毕业生的比例开始增加,为了适应这个变化,联邦政府首先从中学进行改革,推进普通教育与职业教育一体化的进程,在中学课程里加大职业技术课程的比例,并把一些职业技术课程纳入必修课的范畴。① 同时,技术与继续教育学院也在课程设置、教学方法方面做了相应调整,加强了与工商业的联系,以培养熟练掌握技术的各种人才。技术与继续教育学院十分注重工商业方面的供求关系,联邦政府建立了相关咨询委员会,邀请工商业的负责人和科研人员参加,由他们负责调查职业的变化趋势,获取培训机构的情况,提出教育培训计划和课程设施的意见,到 20 世纪 70 年代中期,注册技术与继续教育学院课程的人数明显增加,达到了近 65 万人,其中全日制学生 3.7 万人,部分时间制学生约 55.5 万人,远程教育学生 5.7 万人。②

　　其次,《康甘报告》颁布以后,联邦政府开始关注技术与继续教育学院,采取积极措施努力扶持。1973 年,联邦政府宣布建立澳大利亚技术与继续学院咨询委员会,1975 年改名为技术与继续教育学院委员会,1977 年,技术与继续教育学院委员会与大学委员会和高级教育委员会合并为联邦政府高等教育委员会,联邦政府高等教育委员会下设一个技术与继续教育学院咨询委员会,专门就澳大利亚技术与继续教育学院的总体发展提出咨询意见,调查技术与继续教育学院的发展现状,并提出政府资助技术与继续教育学院的标准。20 世纪 80 年代初期,联邦政府开始向各州下拨经费支持技术与继续教育学院的发

---

① 　V.Lynn Meek,Fiona Q.Wood.*Managing Higher Education Diversity in a Climate of Public Sector Reform Department of Employment*.http://www.dest.gov.au/archive/highered/eippubs/eip98-5/eip98-5.pdf.2010-11-9.

② 　Williams Bruce.*Systems of Higher Education*:*Australia*,*International Council for Educational Development*.London:Oxford University Press,1978:6.

展,技术与继续教育占联邦教育总投入的比例从 1982—1983 年度的 7.8%上升到 1987—1988 年度的 8.1%。[1] 1989 年,澳大利亚联邦政府有关部门决定采用一种基于能力的职业培训系统,同年建立了国家培训局(NTP)。以研究每个工业部门的能力标准,并开始在澳大利亚实施以能力为基础的培训计划,以改善教育与就业的关系。1991 年联邦政府颁布了《国家技能标准》,建立起了"澳大利亚能力标准体系"(ASF),以"能力单位"为基础将技能等级分为 8级,一级是一名能胜任工作的工人的基础水平,八级是高级专业人士或者管理人员的水平,这是一套面向技术和鉴定部门、培训提供商认可的认证方法。随后,联邦任命的费恩(Finn)委员会提出了"关键能力领域"的概念及内容,认为对所有年轻人来说,就业能力中有一些属于关键能力领域,这些关键领域是语言和交流、数学、科学和技术的理解、文化的理解、解决问题的能力、个人和人际交往能力。费恩委员会列出了每个关键领域的主要成分,建议"所有面向 15—19 岁人群的义务教育后的教育和培训,应当在其总体预期结果中达到至少六个关键领域内要求的能力水准"。[2] 为了保障关键能力培训的实施和延续,联邦政府还在中小学和技术与继续教育之间、技术与继续教育和高等教育之间,以及同一部门的各个学校之间建立了一套正式的学分转移安排。

由于澳大利亚政府的重视和财政支持,从 1975 年到 1996 年,技术与继续教育学院得到迅猛发展,在职业教育中的主导地位逐步确立。主要表现在四个方面。一是院校数量和在学人数快速增长。技术与继续教育学院的注册学生人数从 1975 年的 671013 人、1976 年的 768000、1978 年的 850000 人、1982年的 950000 人增至 1987 年的近 150 万人,是大学和高等教育学院学生总数的 3 倍多。技术与继续教育学院数量增幅也很大,如 1978 年有 400 所,到 20世纪 80 年代中期,包括分部在内的技术与继续教育学院达 1000 多所,其数量远远超过大学和高等教育学院的总和(大学 35 所、高等教育学院 40 多所)。技术与继续教育学院遍布澳大利亚各州,便于学生入学,满足了各州的教育需

---

① 黄立志:《制度生成与变革:二战后澳大利亚技术与继续教育(TAFE)历史研究》,北京师范大学 2006 年博士学位论文,第 73 页。

② [澳]西蒙·马金森:《澳大利亚教育与公共政策》,严慧仙、洪森译,浙江大学出版社2007 年版,第 111 页。

求,顺应了国家的发展。自20世纪80年代开始,技术与继续教育学院成为澳大利亚职业教育的主要提供者,在职业教育体系和高等教育系统中居于主体地位。二是教学方法和层次、类型多样,满足了不同层次的教育需求。技术与继续教育学院开设了全日制、兼职课程以及工读交替制课程、函授课程、企业学习日课程,课程内容丰富。课程层次有毕业证书、短期培训和学徒培训,迎合了社会的需要和个人的愿望。此外,技术与继续教育学院没有入学考试,也没有统一的录取标准,实行的是宽进严出的管理办法。此类学院通过提供各种层次和各种类型的中学后教育课程,满足未能进入高等教育学院和大学学习的中学毕业生的期望,使他们获得接受高等教育的机会,为社会各行业培养了大批高技能人才。三是注重加强与工商业的关系。技术与继续教育学院建立专门的咨询委员会,邀请工商业人士和科研人员参加,负责调查分析职业变化形势,指导学院课程设置和培训计划的制订,提高学院学生的就业率。技术与继续教育学院培养的技术工人和专业辅助人员在就业队伍中的比例较高,占就业人数的40%。四是注重职业教育研究。1981年成立的澳大利亚国家技术与继续教育研究中心,其主要职责是研发技术与继续教育国家主干专业标准,分析研究整理技术与继续教育统计数据,为其发展提供咨询意见。1983年该中心公布职业教育专业分类方案,获澳大利亚技术与继续教育委员会通过。1984年中心又发布技术与继续教育证书命名法模型,进一步完善了技术与继续教育管理结构体系,推动了技术与继续教育向更高层次发展。

技术与继续教育学院的蓬勃发展带动了这一时期澳大利亚高等职业教育整体水平的提升,在高层次职业人才培养方面出现了一些积极变化。

首先,注重学生能力培养,迎合社会的需要和个人的愿望。以技术与继续教育学院为主导的职业院校注重提高学生的操作技能,专业课程设计遵循能力本位教育理论,按照岗位需求,将从业者应具备的知识、应掌握的技能详细分解若干模块,并按相应的模块组织教学。课程的设置以行业组织制定的职业能力标准和国家统一的证书制度为依据,并把行业标准具体化,转换成课程以便于学生掌握。每一类证书需要开设的课程门类、课程数量,均由国家各类专业培训理事会及其咨询组织根据产业发展需要和企业团体提供的课程信息、就业市场信息、相关岗位的技能标准确定,并根据劳动力市场变化而调整。

围绕上述原则,技术与继续教育学院为技术、工业、商业、贸易、服务等部门培养了大批技能人才,如电工、汽车修理员、理发师、珠宝匠、管道维修人员、电视机维修人员等在社会上享有较高的声誉。

其次,课程内容广泛,注重实用性。为数众多的技术与继续教育学院开设了商业艺术、财会、商业、公共管理、化学、生物、卫生保健、冶金、建筑制图、电子通信、电气工程、机械工程、测量、绘图、工业设计、信息处理,餐馆和旅馆管理、人力资源管理、广告、家政、速记、秘书、酒吧服务、服装、戏剧艺术、妇女服饰、剪裁、园艺、绘画,公共演说、模特、交际与自我表达等多个职业课程群,这些课程都有很强的实用性。课程层次从毕业证书到学徒培训,充分考虑了培训对象的不同需要。前者录取标准比较高,毕业生得到雇主青睐,比较抢手,就业率非常高;后者层次虽然比较低,但因技术实用,也受用人部门的欢迎。此外,为方便学生选修职业课程,澳大利亚技术与继续教育学院每年出版课程册,详细列出学院开设的专业和课程,以方便学生选择课程。

再次,课程设置灵活,办学形式多样。技术与继续教育学院开设了全日制课程、兼职课程、半工半读课程、函授课程和企业学习日课程。此外,技术与继续教育学院还开设了大量的远程教育课程。由于地广人稀,特别是为了满足当地土著居民教育需求,澳大利亚政府大力发展远程职业教育,技术与继续教育学院顺应社会需求,设置了非正规的非学历课程。远程职业教育课程内容广泛,主要目的是在帮助学生更新知识、掌握新技能,提高教育水平。接受远程职业教育的学生一般年龄偏大,许多学生边读书边工作,普遍具有工作经验,有很强的适应性,就业率较高,很受学生欢迎。

三、20 世纪 90 年代以来技术与继续教育学院和澳大利亚高等职业教育改革

进入 20 世纪 90 年代以来,作为澳大利亚高等职业教育的主力,技术与继续教育学院在持续发展中,也不断根据经济社会环境的变化而展开了积极地调整与变革,带动了当代澳大利亚高等职业教育的整体改革。

值得注意的是,这一时期,经过数十年的发展,澳大利亚已经建立起比较发达的职业教育体系,呈现出健康、良好的整体发展态势,但也存在着一些亟待解决的问题,如职业教育超限度扩大招生影响教育质量,引起社会的不满和担忧;职业教育课程开发和管理的一些具体环节欠规范,影响职业教育与培训质量;技术与继续教育学院与大学的衔接缺乏统一的标准,实际操作还有不少困难;青年人较高的失业率(1996 年 15~19 岁的青少年失业率为 19.8%,20~24 岁的青少年失业率为 11.1%[①]),引发政府和民众对教育特别是职业教育的反思。澳大利亚有近一半劳动力的工作性质以兼职、非正式或合同雇佣为主。澳大利亚人需要掌握高技能,也需要在其职业生涯中通过再培训来提高技能水平。澳大利亚的高失业率和劳动力老龄化,也向职业教育提出了新挑战,如何鼓励尚未在劳动力市场从事全日制工作的民众接受再培训也成为政府和职业教育培训部门关注的问题。面对挑战,澳大利亚采取措施强化发展职业教育的国家战略。澳大利亚政府认识到全面参与全球信息经济对本国的未来至关重要,只有通过促进科研、教育和培训机构不断创造新的知识、提供新的技能并推动民众终身学习,才能确保国家在全球信息经济中应有的地位。为巩固经济发展成果,澳大利亚决定将职业教育继续作为提高国民素质的重要工具,并采取各项措施改革职业教育,推进职业教育发展。

在联邦政府层面,除了颁布相关法案、健全管理机构、完善职业教育与培训体系外,重点是通过国家资格框架的建立,强化中学、技术与继续教育学院和大学之间的相互衔接。1995 年澳大利亚启动并实施澳大利亚资格框架,2000 年资格框架在全国广泛实施,建立了全国统一的资格认证系统。该资格框架涵盖了澳大利亚义务教育后的教育证书、文凭和学位,包括从高中教育证书到博士学位共 12 个等级,每一级证书内容要求不同但又相互衔接。国家培训框架的主要组成部分是澳大利亚认可框架和培训包,后者将行业技能需求与职业培训目标有机结合,将能力标准与国家资格框架直接联系起来,学生要达到能力标准所需的最低考核要求。澳大利亚政府从 1998 年起在全国范围内指导、开发和推广各个行业的培训包。到 2002 年 10 月,澳大利亚国家培训署开发认证的培训包达 76 个,涉及澳大利亚的大多数行业。2001 年 6 月教育与培训部长联席会议决定对澳大利亚认可框架进行修订,将其更名为澳大

---

① 石伟平:《时代特征与职业教育创新》,上海教育出版社 2006 年版,第 220 页。

利亚质量培训框架。质量培训框架由国家培训署下设的国家培训质量委员会组织开发,并于 2001 年的 7 月 1 日在全国执行。澳大利亚质量培训框架主要包括注册机构的标准和州注册机构与课程认证机构标准。澳大利亚联邦政府认为,高水平的培训成果对满足雇主和职教系统有关各产品的要求必不可少,确保澳大利亚实施统一的高质量的培训标准是实现跨州、领地技能人才流动的基础。2004 年 6 月,澳大利亚对质量培训框架规定的培训质量的实施情况进行复核,发现该框架规定的培训标准有效地提高了注册培训机构的培训质量,同时也对某些标准的实施提出了调整建议。2003 年联邦政府对全国培训质量委员会进行调整,进一步扩大成员数量,成员涵盖联邦、州和领地政府、工商业、客户和培训院校的代表。

此外,通过建立全国统一的学历资格系统,衔接起各类教育机构,从而为民众提供了多样化的学习机会。1995 年澳大利亚学历资格框架建立,1998 年与之相应的澳大利亚认证框架也建立起来。2002 年澳大利亚学历资格咨询委员会发布《关于跨部门学历资格衔接的国家政策指南》,就同一学科领域的文凭和学士学位之间的学分转换水平提出准则。澳大利亚学历资格系统由义务教育后的 12 个资格等级组成,把义务教育后所有教育与培训的学历资格纳入全国统一的学历资格体系中。良好的学历资格衔接系统,保证了教育体系中各部门间的顺利衔接,使得学生在职业教育培训机构与高等院校之间的流动呈现逐步增长的趋势。同时学分转换制度的实施也极大地推动了中学、技术与继续教育学院和大学之间的学历学位衔接。根据学分转换制度,学生学完一个单元或模块并考核合格后,可获得相应的学分,累计学分达到规定的要求就能获得相应的证书或学位。学生在中学阶段所学的职业教育课程学分可随学生进入技术与继续教育学院转换为学院学分;学生在技术与继续教育学院所得学分可随学生进入大学后转换为大学的学分。不同的证书、文凭所规定的入学要求、培养目标、学习总时数和学制各不相同。在这一制度设计下,大量技术与继续教育学院的学生得以在毕业后进入大学接受进一步的教育,据统计,2001 年澳大利亚 22 万名大学新生中有 15300 人曾在技术与继续教育学院学习,所占比例从 1993 年的 3.9% 提高到 2001 年的 7%。同时,有83900 名进入技术与继续教育学院的学生拥有大学学士学位或研究生文凭,占技术与继续教育学院学生总数的比例从 1995 年的 3.4% 上升至 2001 年的 4.8%。为了更好地开展技术与继续教育,一些大学也设置了技术与继续教育部,或者在技术与继续教育学院开设分校,加强文凭、学历课程和学位课程的衔接,实现课程的大部分或全部学分转换,直至开设职业教育本科学位课程。维多利亚的 5 所大学,如墨尔本大学、马里迪大学设置了技术与继续教育部,查尔斯特大学在霍姆斯林技术与继续教育学院校区开设了商务研究学士学位,都收到了很好的效果。

这一时期技术与继续教育学院领域出现的一个值得关注的变化是学位证书授予权的获得。从 2002 年开始,澳大利亚一些州内实力较强的技术与继续教育学院,经过州教育部的评审批准,可以开办职业教育与培训的学士学位教育专业试点。这些州教育部明确规定,试点专业必须具有职业教育性质,一般是高等院校尚未开设的专业,或者是具有特色的专业,如园林、酿酒、餐饮、养殖、动画设计等。2005 年维多利亚州有 4 个技术与继续教育学院获得授权颁发学士学位和副学士学位。

社会各行业与技术与继续教育学院密切合作,推动高等职业教育改革的深入,是这一时期澳大利亚高等职业教育改革的另一特点。澳大利亚行业参与职业教育改革主要体现在以下几个方面:一是参与制定职业教育改革与发展战略。全国产业培训顾问委员会和州产业培训顾问委员会在制定澳大利亚职业教育与培训的三个战略规划(《1994—1997 澳大利亚职业教育和培训战略:迈向技能型的澳大利亚》《1998—2003 澳大利亚国家职业教育和培训战略:通向未来的桥梁》《2004—2010 澳大利亚国家职业教育和培训战略:塑造我们的未来》)过程中发挥了重要作用。这三个战略规划不仅集中体现了行业要求,确保了职业教育与培训的办学方向,而且更加有利于学生的职业教育和就业。二是积极参与新型职业教育课程的开发,保证了技术与继续教育学院教学内容的针对性和实用性。1992 年 9 月澳大利亚职业教育与培训课程委员会制定了《关于开发合格的职业教育与培训课程的方案》,要求各州教育服务处与当地行业联系,开发有针对性的职业教育与培训专业课程。新南威尔士州根据行业和课程类别设立了 7 个教育服务处,每个处联系 3—4 个行业,开发与管理 12—18 个类别的课程大纲。到 2002 年该州教育服务处已开发出 1000 多种不同层次、不同证书的课程,深受学生的欢迎。三是投资职业教育与培训。澳大利亚行业每年用于各种形式的职业教育与培训的费用大约为 25 亿澳元,2002 年每名雇员平均获得的培训费用为 458 澳元。澳大利亚各行业都将培训作为一种投资,认为职业教育与培训是提高企业、行业竞争力的重要手段之一。

大力推动技术与继续教育学院的国际化,也是这一时期澳大利亚高等职业教育发展的重要趋势之一。澳大利亚政府认识到经济的全球化必然带动教育的国际化。国际化教育是澳大利亚国际关系的重要组成部分,它有利于拓展国际间文化、经济和人民之间的交流,促进相互了解,同时也有利于夯实本国教育与培训体系及社会体制。① 1985 年澳大利亚联邦政府把教育作为重要的出口产业予以支持。1991 年澳大利亚确立教育出口战略和教育国际化战略。对此,澳大利亚成立了国际教育开发署、高等院校开发计划组织、国际教育协会和国际教育基金会,大力推进技术与继续教育学院的国际化,通过实施亚太地区高等院校交流计划、高等院校合作办学计划以及国际职业教育援助,积极开拓国外教育市场。技术与继续教育学院与海外高等院校签订 2000 多个合作办学协议,同世界 30 多个国家和地区开展了国际合作办学;实施远程教育,开设 1000 多门课程,远程职业教育从国内逐步走向世界,由技术与继续教育学院开发的职业培训计划及课程已在新西兰和亚洲国家推广实施。上述做法使澳大利亚成为世界上教育国际化推进速度最快的国家之一,澳大利亚成为世界第三大国际学生英语学习目的国和第四大高等教育目的国,每年有数以万计的国外留学生涌入澳大利亚,为澳大利亚带来丰厚的利润,仅 2001 年澳大利亚教育就创造了 102 亿澳元收入,推动 GDP 增长 1.5%;从 2000—2005 年,澳大利亚职业教育与培训收入从 43 亿上升到 100 亿澳元,教育出口已成为澳大利亚第三大出口产业。在澳大利亚的外国留学生数占其高等院校在校学生人数的比例从 2005 年的 25% 上升到 2006 年的 34.2%。②

---

① 黄日强、邓志军、张翌鸣:《战后澳大利亚职业教育研究》,开明出版社 2004 年版,第 143 页。
② 田凌晖:《澳大利亚高等教育发展:战略分析的视角》,《复旦教育论坛》2008 年第 1 期。

结语:外国短期高等教育的历史省思

第一节 短期高等教育的历史变迁、
主要功能及实践价值

作为一个学术概念和教育类型,短期高等教育在当代中国教育学界仍是一个相对陌生的名词。尽管早在 1979 年,张人杰教授就曾专门撰文呼吁要"认真研究短期高等教育发展中的理论问题、政策问题和实际问题",①但近40 年来,学界在这一领域的专题研究成果并不多见。在"中国知网"(CNKI)论文数据库中以"短期高等教育"为主题词进行检索,结果显示有 215 篇文献,作为关键词检索,结果为 63 篇,作为篇名检索,结果则仅为 28 篇。这在一定程度上反映出短期高等教育在国内教育学术研究领域仍处于边缘地带,或者说,短期高等教育作为一个有特定意涵的专属概念,在教育学术话语体系中缺乏必要的认可度和熟知度。那么,究竟什么是短期高等教育? 短期高等教育是如何出现并逐步发展壮大的? 它在实践中承担了什么样的功能、体现出怎样的价值? 上述问题仍然是需要我国教育学界认真思考的重大理论问题。

一、短期高等教育的历史变迁及内涵演变

在西方国家,短期高等教育作为一个具有确定含义的学术概念被广泛认可和接受,开始于 20 世纪六七十年代。但是,作为一种教育实践,短期高等教

---

① 张人杰:《国外短期高等教育的由来和发展》,《外国教育资料》1979 年第 1 期。

育的历史可溯源到 19 世纪末 20 世纪初兴起于美国的"初级学院运动"。

(一)短期高等教育的历史变迁

19 世纪后期,美国工业快速发展,社会对劳动者的素质提出了更高的要求;与此同时,急剧扩充的中等教育对高等教育形成了入学冲击,但当时美国的高等教育发展却相对缓慢,无法满足愈加旺盛的入学需求。在这种情况下,一些颇具影响力的高等教育界人士开始思考美国高等教育的未来走向问题,并尝试进行了探索性的改革。1892 年,时任芝加哥大学校长哈珀(William R. Harper)率先在芝加哥大学开展了将大学 4 年划分为两个阶段的改革实践,他将大学一二年级称作"初级学院",三四年级称作"高级学院"。根据哈珀的设计,学生在初级学院的学习既可以是终结性的,也可以是延续性的,这样不仅有利于削减学生的学习成本,扩大高等教育的受众范围,而且也有利于大学教育质量和学术水平的提高。更重要的是,初级学院模式的推广可以为众多小规模的 4 年制学院提供可供选择的发展途径,这类院校在转型为初级学院之后,经济负担随之大幅度降低,可以集中精力进行一二年级的教学,从而为大学三四年级培养新的高质量生源,也为社会造就更多的实用人才。在芝加哥大学的示范作用下,一大批初级学院经由不同方式陆续设立,到 1939 年,美国已有 575 所初级学院(其中公立 258 所,私立 317 所),在校生规模约 15 万人。[1] 作为美国初级学院的"精神之父",哈珀曾对初级学院的发展寄予厚望,他坚信这种新的教育类型将成为美国高等教育的重要组成部分,"学院生活的法则与个人生活法则相类似,在学院的发展方面,我们可以相信'适者生存'。那些变化了的以及新建的迎合当代需要的初级学院,将会生存下去并且繁荣起来"。[2] 事实的确如此,在哈珀等人的倡导之下,初级学院这种新生事物逐渐为社会所承认和接纳,并在二战以后逐渐转型为更具知名度的"社区学院",成为美国对世界高等教育结构体系改革做出的最重要的贡献之一。

诞生于 19 世纪末 20 世纪初的初级学院是世界范围内短期高等教育的最

---

① Arthur M.Cohen,Florence B.Brewer.*The American Community College*.San Francisco:Jossey-Bass,1982:9.

② John Aubrey Douglass.*The California Idea and American Higher Education*,*1850-1960 Master Plan*.Stanford:Stanford University Press,2000:116.

早实践。不过，当时除美国外，初级学院或类似的实施短期高等教育的机构在其他国家并未广泛出现。而且在办学定位上，这一时期初级学院的主要职能是为大学三四年级提供优质生源，因此在课程安排上与4年制大学的一二年级高度重合，虽然也开设了部分职业课程，但总体上还没有形成初级学院自身的办学特色，与二战后在各国得到蓬勃发展的短期高等教育仍有较大区别。

二战之后，西方主要国家迎来了高等教育发展的黄金期，短期高等教育也开始以崭新的面貌出现在世界高等教育舞台之上。自二战结束到20世纪六七十年代，仅仅经过20多年的实践，短期高等教育就已经成长为一种得到普遍接受、具有独特功能定位的高等教育类型，几乎所有西方国家都在本国高等教育体系内确立了短期高等教育的地位，形成了由短期高等教育和传统大学4年制构成的高等教育的双元结构。

二战之后短期高等教育的蓬勃发展有其深刻的历史背景。首先，如众所周知，二战结束之后由于大批复转军人要求接受高等教育，加之战后"婴儿潮"时期出生的儿童逐渐成长为适龄青年，西方国家陆续出现了高等教育的入学浪潮，面对急剧攀升的入学压力，各国原有高等院校无论是数量还是类型都难以为继，高等教育结构改革势在必行。各国普遍认识到，"要承担起当代社会不断赋予的新的多样化职能，对中等后（教育）体系进行重大结构改革至关重要"。① 因为原有以4年制大学为主导的高等教育体系本质上是服务于"精英教育"的，在高等教育日益步入大众化的时代，原有的高等院校既不能提供充足的入学机会，也无法单独培养现代社会所需的多样化人才。因而各国必须为更多的迫切需要接受高等教育的民众开辟新的入学渠道，短期高等教育这类新式高等教育机构的出现也就成为社会发展的必然。其次，二战之后西方国家普遍进入到经济恢复和快速发展时期，这一轮经济腾飞是伴随着新兴科技的广泛采用和新能源的大力开发而出现的，由此也带来产业结构的大规模调整以及职业和就业结构的剧烈变革。经济发展对就业人口的受教育层次、知识结构和技能水平提出了更新更高的要求。随之产生的教育问题是，

---

① OECD.*Short-Cycle Higher Education：A Search for Identity*.Paris：OECD Publications Center，1973：13.

为社会输送大量新式人才的职能应该主要由哪类机构承担？显然，仅仅依靠原有的中等和高等教育机构是远远不够的，"中等教育略显不足，而大学教育又高高在上"，①各国由此产生了发展一种介于中等教育和传统大学之间的新式教育机构的需要。

受上述因素的共同驱动，二战之后西方国家普遍兴起了发展"非大学院校"（non-university institutions）的热潮。此类机构属于中等后教育层次，主要招收接受过中等教育（高中教育）的毕业生，但又不同于传统的大学。两者之间的区别主要体现在入学标准、修业年限、专业导向、课程结构等方面，其中尤以修业年限的区别最为明显。由于修业年限普遍短于传统大学，因此学术界逐渐将此类机构命名为"短期院校"（Short-Cycle Institutions，SCIs）或"短期高等教育"（Short-Cycle Higher Education，SCHE）。②

基于不同的教育传统和现实需要，二战之后西方各国逐渐兴起了各具特色的短期高等教育机构或体系。此后，伴随着经济社会发展和高等教育结构改革，各国的短期高等教育又进行了持续的自我更新，存在形式更加灵活多样。在美国，原有的初级学院逐渐转型为更广为人知的社区学院；在日本，1950年首设短期大学，其后根据1961年《学校教育法》修正案又设立高等专门学校，到20世纪70年代逐渐形成了由短期大学、高等专门学校和专修学校构成的短期高等教育体系；在英国，最初承担短期高等教育功能的技术学院（校）、继续教育学院等到20世纪60年代发展成为多科技术学院，到21世纪初短期高等教育又以基础学位的形式广泛分布于各类院校；在法国，20世纪五六十年代先后出现了高级技术员班和大学技术学院；在德国，20世纪60年代的高等教育改革进程中出现了高等专业学院（以往通称为"高等专科学校"），到20世纪末逐渐转型为应用科技大学；此外，加拿大、澳大利亚以及很多欧洲国家，区别于传统大学的短期高等教育机构也在20世纪后半期得到了迅猛发展。

---

① OECD.*Short-Cycle Higher Education：A Search for Identity*.Paris：OECD Publications Center，1973：22.

② Snejana Slantcheva-Durst. "Short-Cycle Higher Education Across Europe：The Challenges of Bologna".*Community College Review*，2010（2）.

(二)短期高等教育内涵的演变

短期高等教育迅猛的发展势头很快引起了社会各界的普遍关注。1973年,经济合作与发展组织(OECD)在对其成员国(涵盖了当时 23 个主要的工业国)短期高等教育发展情况进行考察的基础上,发布了题为《短期高等教育:身份探索》(Short-Cycle Higher Education:A Search for Identity)的专题报告。报告观察到,对于绝大多数经合组织成员国而言,它们的高等教育改革都面临着一个关键的挑战,即为了满足越来越多的青年人接受中等后教育的需要,必须发展能提供多样化且有意义的学习机会的新型教育机构。面对这一挑战,各国所采取的策略虽有不同,但却呈现出共同的趋势,即均尝试创设一种在已有大学中被忽视或未能充分表现出的教育机构,其结果就是在各国高等教育领域中开辟出了"非大学机构"(non-university sector)这一新的教育类型。① 报告指出,这种新的教育类型,也就是通称的短期高等教育,在整个教育体系中处于中等后教育阶段,以培养学生具有中层人力职位所需知识技能为目标,所有在大学以外组建的中等后教育机构均属于这一类型。② 1973 年报告的发表,在某种程度上标志着短期高等教育基本确立了自身在世界教育舞台上的地位。

随着短期高等教育的快速发展及其作用的显现,短期高等教育作为一个具有特定意涵的教育类型开始得到更为广泛的接受和认可,在各国教育领域中的地位愈加稳固,功能也更为明确,积极发展短期高等教育成为几乎全球范围内各国教育结构和体系改革的共同趋势。不过,由于教育文化传统和体制上的差异,国际社会对短期高等教育机构的性质认定始终缺乏共识,例如,根据 1997 年联合国教科文组织发布的《国际教育标准分类法》(International Standard Classification of Education,ISCED),短期高等教育并不是一个独立的教育层次,在不同的国家,短期高等教育被划归到不同的教育层次,如在有的

① OECD.*Short-Cycle Higher Education:A Search for Identity*.Paris:OECD Publications Center,1973:14.

② OECD.*Short-Cycle Higher Education:A Search for Identity*.Paris:OECD Publications Center,1973:41.

国家被归为第四层次,在有的国家则被归为第五层次。① 这种情况显然无法适应短期高等教育在实践中的蓬勃发展态势,也无法回应理论界的诉求。经过长时间的酝酿,2011 年,联合国教科文组织发布了新版的《国际教育标准分类法》,新版本最终明确了短期高等教育的地位和属性,将短期高等教育列为独立的一个教育层次,即 9 级教育等级中的第 5 级,处于高等教育的第一阶段。为了便于归类,新版分类法还列举了短期高等教育的众多表述方式,如高等技术教育、社区学院教育、技师或高级职业培训、副学位阶段等。② 由此,作为高等教育领域内一个独立的教育类型,短期高等教育具有了国际公认的划分标准,其功能、特征也更加清晰、明确。

值得注意的是,短期高等教育近年来在实践领域的一些变化正在改变着人们对它的原有认识。从与传统大学的对比来看,以前的短期高等教育与传统大学起点相同(都建立在中等教育基础之上),区别在于办学职能和导向不同(以人才培养为主,突出实践性、应用性和职业性)、修学年限不同(一般低于 4 年)、教育层次不同(学士以下层次),这也是短期高等教育之所以得名的基本特征。而经过近年来短期高等教育的一系列改革,短期高等教育开始呈现新的发展样态。如,一些国家的短期高等教育已经突破了大学一二年级(或近似水平)的办学层次,开始进行本科阶段的教育,部分短期高等教育机构甚至获得了硕士乃至博士学位授予权,这一变化在学术界被称为短期高等教育的"高级化";在很长一段时期内,短期高等教育主要承担的是人才培养的教育职能,与传统大学最显著的职能差异体现在科研领域,但随着短期高等教育"高级化"趋势的显现,一些国家的短期高等教育机构(如德国的应用科技大学)开始结合自身优势积极从事应用型科研活动,很多院校还组建了技术转移中心等专门机构作为支撑。对于短期高等教育领域的上述变化,目前学术界还未进行深入系统的理论阐释与分析,但可以预见,这种变化势必对人们重新界定短期高等教育的内涵产生重要影响。

---

① Snejana Slantcheva-Durst. "Short-Cycle Higher Education Across Europe: The Challenges of Bologna". *Community College Review*, 2010(2).

② 联合国教科文组织:《国际教育标准分类法》,联合国教科文组织统计研究所 2013 年版,第 48 页。

二、短期高等教育的主要功能

如前所述,短期高等教育是在高等教育由精英阶段迈向大众化和普及化阶段的过程中,逐渐衍生出来的新的高等教育类型。自产生以来的百余年间,特别是二战结束以来,短期高等教育的功能不断丰富,陆续承担起时代赋予的新的教育使命,为满足社会和民众日益多样化的教育需求做出了应有的贡献。从世界各国短期高等教育的历史与现实来看,职业教育和转学教育通常被视为短期高等教育最主要的功能,同时形式多样的继续教育、成人教育、终身教育、社区教育等也是短期高等教育功能的重要补充。

(一)职业教育功能

职业教育是短期高等教育最主要的功能,也是短期高等教育最具特色的教育使命。

在短期高等教育的肇端——美国初级学院运动时期,就有学者看到了短期高等教育在职业教育方面的巨大价值。美国著名教育史学家卡伯雷(Ellwood P.Cubberley)在考察进步主义时期美国的学校教育体系时曾指出,从为社会培养更多实用人才的角度来看,初级学院作为一种新的教育类型,为满足社会不同阶层的教育需求和工业时代新的职业需要开辟了渠道。他进而认为,在提供持续而有效的职业训练方面,初级学院扮演了重要角色。[①]加利福尼亚大学职业教育教授罗伯特·莱昂纳德(Robert J.Leonard)认为,初级学院的出现为扩大职业培训的范围提供了更具群众基础的平台。曾任加利福尼亚州职业教育专员的埃德温·辛德(Edwin R.Snyder)也曾表示,初级学院是进行职业培训最适合的场所。[②] 这些论述从一个侧面说明,在短期高等教育的初生阶段,职业教育就已经成为这种新型教育机构的重要"标签"。

在二战之后各国积极推动短期高等教育蓬勃发展的时代,职业教育被进一步明确为短期高等教育最具标志性的职能特征。如,1949 年日本颁布的《短期大学设置基准》强调短期大学的主要目的是传授专深学艺、培养职业和

① Ellwood P.Cubberley.*Public Education in the United States:A Study and Interpretation of A-merican Educational History*.Boston:Houghton Mifflin Company,1947:558.

② John Aubrey Douglass.*The California Idea and American Higher Education*,*1850-1960 Master Plan*.Stanford:Stanford University Press,2000:124.

实际生活所需要的能力,此后出现的高等专门学校、专修学校等短期高等教育机构同样具有鲜明的职业教育导向;二战后英国的技术学院、高级技术学院和多科技术学院等机构均开设了大量职业导向的短期高等教育课程(专业),上述机构招收的授予技术文凭和全国高级证书/文凭学生数大都占其总招生规模的一半以上;①法国在20世纪50年代兴起的高级技术员班和60年代创建的大学技术学院,都是典型的高等职业教育机构;德国于20世纪60年代将原专科学校、工程师学校等中等教育机构统一升格为高等专门学校,并明确其性质为主要承担职业教育的非大学高等教育机构,体现出明显的职业教育特征。

众多国家教育实践充分表明,短期高等教育作为高等职业教育主力军的角色已经被广为认同。1973年经合组织发布的短期高等教育专题报告也非常明确地指出,短期高等教育"在很大程度上就是一种职业导向的中等后教育"。② 这样一种功能定位一直延续至今,并得到广泛认同,如联合国教科文组织2011年发布的《国际教育标准分类法》关于短期高等教育的表述为:"通常是为了给参加者提供专业知识、技艺和能力。通常,这些课程是基于实用和特定职业,培训学生进入劳务市场。"③毫无疑问,职业教育作为短期高等教育的基础功能,已经得到广泛认可,并且在实践中体现出了重要的历史和实用价值。

(二)转学教育功能

2011年联合国教科文组织发布的《国际教育标准分类法》对短期高等教育的功能界定中,除前述与职业教育相关的内容外,还有如下表述:"(短期高等教育)课程也能提供一条通向其他高等教育课程的途径。"④所谓"通向其他高等教育",实际上指的就是短期高等教育所承担的转学教育功能。

---

① Committee on Scientific Man-Power. *The Barlow Report*. http://www.educationengland.org. uk/documents/barlow1946/barlow1946.html.2013-09-08.

② OECD.*Short-Cycle Higher Education:A Search for Identity*.Paris:OECD Publications Center, 1973:14.

③ 联合国教科文组织:《国际教育标准分类法》,联合国教科文组织统计研究所2013年版,第48页。

④ 联合国教科文组织:《国际教育标准分类法》,联合国教科文组织统计研究所2013年版,第48页。

转学教育是短期高等教育诞生之初及其早期发展阶段首要的教育功能。在短期高等教育的发源地美国,创办初级学院的一个重要目的就是使之分担传统大学一二年级的教育教学职能,并为其三四年级提供优质的生源。因此,初级学院在课程设置上几乎是与大学一二年级的普通教育课程完全相同。例如,有学者在考察美国初级学院发展早期的课程体系后指出:"初级学院绝大多数课程的要求是从……四年制院校的课程计划中直接复制过来的……这些课程在必备条件、方法、目标和深度上与具有认证资格的四年制院校前两年的课程相当。"[1]

从初创一直到20世纪60年代,转学教育在美国初级学院(社区学院)的教育功能中始终处于优势地位。20世纪70年代,职业教育后来居上,社区学院的转学教育出现了衰减的趋势,在很多州的社区学院中,选择学士学位导向课程(即转学课程)的注册学生数量占社区学院注册学生总数的比例骤减,如在伊利诺伊州,这一比例从1966年的80%下降到1979年的32%,[2]再如1977—1978年间,纽约州社区学院学生毕业后升入4年制大学的比例仅为4.9%,华盛顿州更低至2.3%。[3] 不过,进入20世纪八九十年代后,社区学院的转学教育功能又重新开始复苏。有研究显示,到1989年,全美社区学院转学率已经上升至21.5%,到1995年达到了25.2%。[4] 转学教育的复苏在学生的学习目标上体现得更为明显,1989—1990学年,社区学院29.2%的新生期望获得学士以下学位,29.8%期望获得学士以上学位。至2003—2004学年,期望获得学士以下学位的学生所占的比例下降到18.6%,而期望获得学士以上学位的学生比例却上升到44.1%。[5] 转学教育在社区学院教育功能中的地

① Robert Patrick Pedersen. *The Origins and Development of the Early Public Junior College*: *1900—1940*. Columbia University, 2000:187.

② Gerald W. Smith. *Illinois Junior-Community College Development 1946 – 1980*. Illinois Community College Board, 1980:253.

③ Steven Brint, Jerome Karabel. *The Diverted Dream*: *Community Colleges and the Promise of Educational Opportunity in America*, *1900—1985*. New York & Oxford: Oxford University Press, 1989:250.

④ Jane V. Wellman. *State Policy and Community College-Baccalaureate Transfer*. Washingtong DC: National Center for Public Policy and Higher Education and the Institute for Higher Education Policy, 2002:12.

⑤ U.S. Department of Education. *Community College Student Outcome*: *1994—2009*. 2011:5.

位重新得以稳固。

除美国外,其他很多国家也都将转学教育作为短期高等教育机构的重要功能。例如日本的高等专门学校,设立之初实施的是高中起点的 5 年一贯制教育,以职业教育为主要功能,基本不开展转学教育。但是从 20 世纪 80 年代末起,高等专门学校毕业生的继续升学愿望开始日趋强烈,毕业生的升学率也直线上升,从 1990 年的 13%上升到 1995 年的 22%和 2000 年的 34%。[①] 转学教育由此也成为日本高等专门学校的重要教育功能。

短期高等教育开展转学教育,一方面有效缓解了传统大学在高等教育大众化时代所承受的巨大的入学压力,使传统大学能够免受大规模入学潮带来的质量危机,另一方面也充分体现了教育公平和机会均等的原则,对于那些在高中毕业时未达到 4 年制大学入学标准、但经过在短期高等教育机构的学习后具备了升入大学继续学习的能力的学生来说,短期高等教育机构的转学教育功能为他们提供了进一步求学的机会。随着知识经济的加速发展和社会对人才素质层次需求的提升,可以断言,转学教育仍将是未来各国短期高等教育机构的重要功能。

(三)其他教育功能

除了职业教育和转学教育这两个主要功能外,短期高等教育还承担起时代赋予的更为多样化的教育功能,这些教育功能在不同国家、不同历史时期和不同学术语境下有着不同的称谓,如继续教育、成人教育、终身教育、社区教育等。总体而言,这些教育功能有着类似的特征,如教育对象多为成人、以非全日制为主、采取工读结合的修学方式等。一般认为,短期高等教育承担的上述功能是对教育民主化、学习化社会和终身教育理念所提诉求的回应,传统大学在履行这些功能方面往往力有不及,而短期高等教育以其灵活的办学方式成为满足上述新的教育需求的有效载体。

为成人提供接受继续教育的机会是各国短期高等教育的普遍职能。在美国,社区学院本着服务社区的原则,面向所在社区的成人提供了其他教育机构

---

① 卢宁:《战后日本短期高等教育体系研究》,华东师范大学 2017 年博士学位论文,第81 页。

无法或不便提供的教育服务,针对他们的特殊需要开设了种类繁多的课程,涵盖儿童护理、药物滥用、老年人服务、学生成绩/学校效率、社区荣誉、失业与不充分就业、读写课程、社区经济发展等领域。此外,社区学院还为下岗人员开设再就业课程、为公众和从事相关服务的人士开设老年课程、妇女课程、退休人员课程、单亲父母课程等等。2004 年,美国教育部在《21 世纪的社区学院:全力提高劳动力市场应对能力的战略指南》中进一步明确呼吁社区学院应该面向成年劳动者设计更多的定制性及合同培训课程,与当地企业界、商业协会、劳工组织、经济开发机构、社区组织、政府、中等学校系统之间建立并保持起紧密的合作关系,以不断满足成人接受职业培训的多样化需求。①

日本的专修学校在服务成年公民方面也做出了积极探索,例如,专修学校开设的三级课程(分别为专门课程、高等课程和一般课程)中,一般课程就是以所有愿意接受教育训练的人为对象的,课程目的在于提高全民族的文化素质,实现高学历社会。一般课程的教育对象主要是家庭妇女和失业人员等。目前,专修学校已成为日本开展终身教育的重要场所。

英国自 20 世纪 60 年代就有大批成人进入到各类技术学院接受非全日制教育,规模远超过接受全日制教育的学生数。由于技术学院在专业设置上与工商业直接对接,因此很多在职雇员主动选择到技术学院接受继续教育,以提高职业技能进而获得更大的发展空间。多科技术学院设立之后,为了满足不同类型求学者(主要是面向在职员工)的教育需求,普遍采取了工读交替式的"三明治"课程设置,从 20 世纪 70 年代到 90 年代初,多科技术学院中选择工读交替学习方式的学生比例一直保持在 20%以上,而同期大学中的这一比例仅为 5%,这由此也成为英国多科技术学院的特色和优势之一。② 2001 年,英国政府开始推行"基础学位"制度,基础学位的设立目的旨在为雇主培养所需的兼具技术、学识及可转化能力的人才,政府希望基础学位成为终身教育的阶

---

① Keith MacAllum, Karla Yoder, Anne Rogers Poliakoff. *The 21st-Century Community College: A Strategic Guide to Maximizing Labor Market Responsiveness*. Washington DC: U.S. Department of Education, 2004: 57.

② John Pratt. *The Polytechnic Experiment: 1965–1992*. Buckingham: SRHE and Open University Press, 1997: 40.

梯,并且为很少有机会接受高等教育的人群提供新的途径。因此该学位的潜在人群是寻求更广职业空间的在职人员、高级学徒以及修读高级水平职业教育的毕业生。① 基础学位的实施主体是大学、继续教育学院和雇主组成的联盟,在实际运行中,联盟里的大学常常会委托继续教育学院来具体承担教学工作。因此,这一面向成人和在职群体的教育功能主要是以开展短期高等教育见长的继续教育学院来完成的。

短期高等教育承担的以成人为主要对象的上述教育功能,在很大程度上弥补了传统大学的人才培养短板,极大拓展了高等教育的受众范围,普遍提升了各国民众的受教育水平和整体国民素质,在积极回应和切实实践教育民主化、终身教育等现代教育理念方面发挥了不可替代的重要作用。

三、短期高等教育的实践价值

尽管短期高等教育的大规模发展仅有六七十年的历史,但却极大改变了高等教育的整体格局,在现代高等教育史和经济社会发展过程中扮演了重要角色。

(一)短期高等教育的大规模发展,推动了高等教育多元结构的形成,有效缓解了高等教育的入学压力,满足了高等教育大众化和普及化时代社会对多样化人才的需求

短期高等教育是在20世纪高等教育大众化进程中大规模发展起来的。高等教育大众化有两个基本特征,其一是规模化,其二是多样化。规模化意味着要为更多的人提供接受高等教育的机会,多样化意味着社会对高等教育的人才需求不再是传统大学时代的单一层次和单一规格。显而易见的是,仅仅依靠原有的传统大学,是无法充分且有效满足大众化时代提出的规模化与多样化需求的。这是因为,传统大学从办学理念到人才培养模式和功能定位等无不脱胎于精英教育的历史背景和社会土壤,其招生标准是高选择性而非开放性的,培养目标是精英导向而非大众导向的,这种办学特性

---

① HEFCE. *Foundation Degree Prospectus*. http://dera. ioe. ac. uk/11531/1/00_27. pdf. 2017-01-02.

与现代产业所需的大规模高级技能型人才之间存在明显的落差。尽管在二战后各国的高等教育发展进程中，曾经出现过部分国家和地区单纯依靠传统大学，通过扩大招生规模、丰富培养层次的方式来实现高等教育向大众化阶段过渡的尝试，但均未取得令人满意的实践效果，相反还在一定程度上制约了传统大学办学优势的发挥，造成人才培养质量的下滑。因此，依靠作为精英教育时代产物的传统大学来满足大众化背景下的社会需求，这一设想不仅不具备理论基础，而且在实践上也被历史所否定。大众化的趋势呼唤高等教育结构做出革命性的变革。而短期高等教育的出现和发展，在确保传统大学的职能与使命免受大众化冲击的同时，借助自身较为宽松的入学标准、灵活的办学模式、面向实践的人才培养机制等方面优势，极大满足了社会的入学需求，迅速扩大了高等教育规模，为社会输送了大量不同规格、不同层次的技术性人才。

作为高等教育大众化的生力军，短期高等教育在各国高等教育大众化进程中的重要作用得到了实践的反复验证。以美国为例，自二战结束到20世纪70年代被称为美国高等教育的"黄金时代"，高等教育学生规模从1940年的约150万骤增至1970年的约860万。在这一规模扩张的背后，社区学院扮演了重要角色。据统计，1940年，社区学院的学生规模为15万，占高等教育总规模的10%左右，社区学院学生与4年制本科生规模比为1∶8.25；二战结束后，高等教育规模开始加速增长，到1960年，社区学院学生总数为45万，比1950年增加1.84倍，同期4年制本科生增加1.27倍，社区学院学生与4年制本科生规模比为1∶6.14；1970年时，社区学院学生规模达到163万，比1960年增加3.61倍，同期4年制本科生增加1.89倍，两者规模比为1∶3.2。总体而言，就规模增长幅度来看，这一时期社区学院对美国高等教育整体规模的增长贡献率达到26%。[①] 20世纪70年代以后，社区学院的学生规模仍保持了加速增长，到20世纪90年代，社区学院学生规模较1970年增加3.46倍，而同期4年制本科生仅增加1.34倍，两者规

---

① 付雪凌:《高等教育大众化进程中高等职业教育发展研究》，华东师范大学2008年博士学位论文，第49页。

模比变为 1：1.25,形成了旗鼓相当的格局。① 除美国外,其他发达国家高等教育的大众化、普及化进程中短期高等教育的作用也非常显著。英国于 20 世纪 60 年代开始大力发展多科技术学院等新型高等教育机构,1963 年《罗宾斯报告》发表之后,多科技术学院开始加速发展,仅 1969—1973 年就建立了 30 多所多科技术学院,高等教育毛入学率在 10 年里几乎翻了一番;20 世纪 90 年代,多科技术学院获得与大学同等地位,高等教育规模再度扩充,到 1995 年毛入学率已接近 50%。法国于 1956 年建立高级技术员班,1958—1965 年间,高级技术员班在校生数以年均 20% 的速度递增;1964 年法国创办大学技术学院,发展速度同样惊人,创办 10 年后学生总数增加了 2.68 倍,同期增幅远远超过传统院校。这些案例充分说明,在高等教育向大众化、普及化阶段跃进的过程中,短期高等教育毫无争议地扮演了生力军的角色。② 也正是在这一进程中,作为大众化实现主体的短期高等教育与传统大学一同构建起了一个满足社会多元需求的高等教育发展格局,促使现代高等教育步入新的发展阶段。

(二)短期高等教育的大规模发展,向社会输送了大批适应现代工业和科学技术发展需要的中高级实用技术人才,极大地推动了各国的经济社会发展

现代工业的快速发展极大改变了以往的就业需求和职业结构,新兴科学技术的发明和应用也对从业者提出了更高的要求,社会需要更多的既具备扎实的理论基础又掌握娴熟职业技能的专门化人才。很显然,无论是中等教育(包括中等职业教育),还是传统高等教育,都无法满足这种专门化人才的培养需求,它需要借助高等职业教育的发展加以实现。以职业教育为主要职能的短期高等教育的大规模发展,在很大程度上满足了这种社会需求,其办学形式的灵活性、人才培养的多样性和市场与职业导向、面向地方社区的服务意识等特征,不但极大地拓展了自身的生存空间,而且为各国经济社会发展提供了不可或缺的人才支持。

美国社区学院是以培养职业人才服务经济社会发展的典型,由于具有立

---

① 高原、黄群:《发达国家高教大众化普及化进程中高等职教的发展规模》,《职教论坛》2005 年第 31 期。

② 高原、黄群:《发达国家高教大众化普及化进程中高等职教的发展规模》,《职教论坛》2005 年第 31 期。

足区域需求、办学形式灵活、直接面向就业市场等特点，社区学院普遍成为所在地区最主要的中高级技术工人和职员的"生产源"，而且人才培养质量也得到雇主的高度认可，如1998年一项全美范围内的调查表明，90%的企业主认为社区学院"提供的培训课程的质量满足了企业的需求"，培训效果"不错或很好"。社区学院培养职业人才的效果还直接反映在毕业生的对口就业情况上，据统计，1996年佛罗里达州社区学院职业课程毕业生在所学领域就业或继续接受教育的比例为72%，南卡罗来纳州为83%（1997年），伊利诺伊州为92%（2001年）。① 这一系列数据都从不同角度凸显出社区学院在为社会输送优秀职业人才、助力经济社会发展方面发挥的重要作用。

在日本，短期高等教育也是伴随着战后日本经济腾飞而逐步兴起和壮大的，它的发展有效满足了产业结构调整导致的人才需求变化，例如，从1960年到1985年，日本第一、二、三产业的比重从13：41：46演变为3：36：61，与之相适应，第一、二产业就业者的比重不断下降，第三产业就业者的比重明显上升，职业构造出现了白领化和专业化的趋势。这种趋势的形成，不仅增加了对专门人才数量的需求，而且增加了对许多新的职业就业人才的职业教育训练的需求。在这种情况下，专门学校发挥出为社会输送高质量职业人才的优势，成为这一时期日本高等教育发展的一大亮点。专门学校自身鲜明的办学特点使其能够敏锐捕捉社会需求，并能灵活有效地培养学生职业或实际生活上所需的实践技能。在课程设置上，专门学校开设数千种专业，内容涉及主要职业领域，既能最大限度地满足学生的专业志向，又能充分地为社会供应各种各样的职业技术人才。在教学方式上，专门学校非常重视理论与实践相结合，有的学校实习时间甚至占全部授课时间的一半以上，其实习方式有校内实习、校外实习和海外研修。这种理技并重的教学方式能卓有成效地培养学生的工作"即战力"。专门学校的上述特点赢得了求学者和用人单位的欢迎。专门学校成立不久，其学生数便迅速攀升，成为仅次于大学的高等教育机构。

除美国和日本外，其他发达国家在二战后的经济恢复与腾飞过程中也极大得益于短期高等教育的技术人才培养。加拿大的阿尔伯特省于1947年发

---

① 周志群：《美国社区学院课程变革与发展研究》，福建教育出版社2012年版，第167页。

现大油田后开始走上工业化道路,工业经济的快速发展吸引了来自欧美和加拿大其他地区的移民。这一系列变化都要求该省提供更多、更丰富的中学后教育服务,以满足迅猛增加的人口和转型后的经济对高等教育的需求。阿尔伯塔省迅速做出反应,通过创办初级学院和专科技术学院来增加高等教育机会,为本省的工业发展培养了大量技术人才,确保了工业经济的平稳快速发展。在澳大利亚,20 世纪 70 年代石油危机引发的经济萧条对澳大利亚经济发展造成了严重冲击,经济停滞、通胀加剧、失业率上升,同时农业、矿业等传统产业的比重开始下降,新兴产业如通信和金融业迅速发展起来,很多人从传统产业开始转移。经济危机和产业转型均对该国的中高层次技术人才培养提出了挑战。在这种背景下,技术与继续教育学院应运而生。通过灵活的就学方式和多样的课程设置,技术与继续教育学院吸引了来自不同背景、层次和职业领域的学生,使他们获得了接受高等教育的机会,并为社会各行业培养了大批高技能人才,在帮助澳大利亚走出经济危机、恢复经济增长方面发挥了重要作用。在这一过程中,技术与继续教育学院高度重视与工商业的联系,通过合作建立的咨询委员会,学院能够敏锐和及时把握职业变化形势,指导课程设置和培训计划的制订,以提高学院学生的就业针对性。从实际效果来看,技术与继续教育学院的毕业生在就业队伍的占比达到 40%。上述案例都从不同角度和不同侧面证明,短期高等教育在服务各国经济社会发展方面发挥了不可替代的积极作用。

(三)短期高等教育的大规模发展,极大拓展了现代高等教育社会服务职能的覆盖领域和实现路径,通过发挥其立足社区、面向社区、服务社区的优势,有效促进了所在社区的综合发展

社会服务是现代高等教育的重要职能之一。自 19 世纪中后期高等教育确立社会服务职能以来,传统大学始终是社会服务职能的首要承担者。但值得注意的是,在短期高等教育步入历史舞台之前,传统大学的社会服务职能主要是以技术转移的方式实现的,其服务对象也集中在工农产业领域。短期高等教育产生特别是二战后获得大规模发展的过程中,依托自身扎根社区的优势,顺应社区教育、公民教育、终身教育等先进教育理念,开始探索"学校-社区"间的新型互动模式,为基层社区和普通民众共享高等教育资源、提升整个

国家的国民教育水平开辟了道路,也进一步丰富了现代高等教育社会服务职能的内涵。以美国社区学院为例,二战后美国初级学院向社区学院的转型过程本身就是短期高等教育开展社区服务的集中体现。在这一转型过程中,社区学院逐渐由普通性教育机构发展成为社区性教育机构,为整个社区服务、向社区青年提供学院教育、以最低的价格和最简单的录取方式发现和发展个人才智成为这一时期社区学院发展的方向之一。同时,社区学院还逐渐成长为活跃的成人教育中心,努力服务于社区对中等后学校教育的需要,突出了职业训练的办学特色。此外,社区学院在实际上扮演了社区学习中心的角色,其课程计划和服务项目与社区文化传统、经济结构、生产实际密切结合,尽可能满足其所面对并服务的民众的需要和愿望。为了更好地开展社区服务,这一时期美国社区学院采取了一系列具体举措,包括在社会不利阶层中开展扫盲教育,为黑人和女性争取平等的教育权利,向社区民众免费或低价开放图书馆、体育场等内部资源和设施,根据社区居民需要开设多种实用课程、举办技术咨询等,这些社区服务活动的开展使社区学院成为名副其实的社区文化中心。①

由于具有显著的区域性特征,各国的短期高等教育机构在促进所在地区教育水平提升和经济社会发展方面相较传统大学具有更直接的优势。通常而言,短期高等教育机构入学门槛较低且学费低廉,同时由于区域分布广泛也便于居民就近入学,因此吸引了大量本地中低收入家庭的适龄青年入学。以法国大学技术学院和高级技术员班为例,这两种短期高等教育机构中来自本地中低收入家庭的学生比例明显高于传统大学,据统计,大学技术学院 33% 的新生、高级技术员班 40% 的新生来自当地普通工人和雇员家庭,这充分说明此类院校在提高所在地区国民教育水平方面的重要作用。此外,从经济角度来看,大学技术学院通过技术转移的方式有效提高了所在地区的经济活力,学院往往根据所在地区的经济发展需要,组织开展与地方产业发展相适应的技术推广项目,通过创建青年创业团队、与企业签订技术推广合同、开设大学科技文凭和职业学士文凭实习课程与指导项目、对企业职员进行新兴技术、软件

---

① 贺国庆、王保星、朱文富:《外国高等教育史》,人民教育出版社 2003 年版,第 511—512 页。

技术、设备与工艺技术的培训等方式,与所在地区的产业部门建立起稳固的联系,在企业的技术平台创建和运行过程中发挥出重要作用。在德国,借助双元制的教育教学模式,短期高等教育机构与所在地的工业企业形成了紧密的合作伙伴关系,为企业发展输送实用人才、提供技术支持成为这些院校的重要职能,如奔驰公司总部所在的斯图加特地区和大众集团所在的沃尔夫斯堡,是汽车制造业集中的地区,这两个地区的应用科技大学均以工程制造、电子、汽车为特色专业。不莱梅应用科技大学充分利用港口城市特色和邻近空中客车生产基地的优势,大力发展航空科技、船舶制造、航海技术等特色专业。魏恩斯蒂芬应用技术大学的两个校区均位于传统农业区,因此形成了以培养服务农业经济人才为主的办学特色,充分凸显出服务地方经济发展的作用。① 这也是各国短期高等教育社区服务职能的共同反映。

从 19 世纪后期作为一种理念开始兴起,至 19 世纪末、20 世纪初出现在教育实践领域,到 20 世纪五六十年代后的大规模发展,短期高等教育已经走过了一个多世纪的发展历程。百余年来,短期高等教育从无到有、由弱至强,逐渐发展成为在高等教育领域扮演着不可替代的重要角色的一种独特教育类型,尤其是在各国高等教育从精英阶段向大众化和普及阶段过渡的节点上发挥了关键性的作用。就此角度而言,短期高等教育不啻为近现代高等教育史上的重大实践创举和制度创新。

第二节　发达国家短期高等教育发展的历史经验

发达国家短期高等教育取得的显著成就,与各国政府和社会对短期高等教育的高度重视与积极扶持,以及短期高等教育自身的不断改革创新有着直接关系。考察发达国家短期高等教育的变迁历程,分析总结各国发展短期高等教育的主要举措和共同经验,不仅对丰富短期高等教育史研究有重要的学

---

① *Fachhochschule Weihenstephan*. http://www.fh-weihenstephan.de/ Fachhochschule Weihenstephan.2017-03-15.

术意义,同时也对我国发展具有本国特色的短期高等教育有着极为紧迫的现实价值。

一、以立法确立短期高等教育在高等教育体系中的地位

与传统高等教育特别是传统的 4 年制大学相比,短期高等教育不仅出现时间晚,而且由于在很长一段时期内其人才培养规格、层次等均无法堪比前者,因此在高等教育体系中的地位无法得到充分保障,这也在一定程度上导致社会民众对短期高等教育机构的认可度和接受度较低,影响到短期高等教育的健康发展,使之无法充分发挥应有的作用。为了赋予短期高等教育以明确的地位,切实保障短期高等教育功能的正常发挥,各国在发展短期高等教育的实践中采取了多重举措,其中最有力的措施就是通过立法形式为短期高等教育提供制度保障。

作为短期高等教育的源头,美国是最早为短期高等教育(初级学院)进行专门立法的国家。1907 年,加利福尼亚州议会通过了由参议员安东尼·卡米内蒂(Anthony Caminetti)提交的关于授权高中开设中等后课程的法案,这使加利福尼亚州成为美国第一个对初级学院进行立法的州。在该法案的推动下,加利福尼亚州先后有 18 个高中学区为高中毕业生设立了毕业后课程。①此后,加利福尼亚州又分别于 1917 和 1921 年再次颁布相关法案,对初级学院的地位、作用、设置标准、经费来源等做出进一步规定。这些法案的颁布和实施极大推动了加利福尼亚州初级学院的发展,使加利福尼亚州迅速成为美国各州初级学院的旗舰和范本。在加利福尼亚州的示范作用下,堪萨斯州、密歇根州、明尼苏达州、亚利桑那州、密苏里州等地也陆续通过了各州的初级学院立法。二战以后初级学院向社区学院的转型同样伴随着一系列教育立法的颁布与实施,其中对社区学院发展最具意义的一部立法是 1965 年颁布的《高等教育法》。作为美国历史上的首部全国性高等教育法案,1965 年《高等教育法》明确赋予社区学院和传统高等院校同等的地位,并且规定获得认证资格

---

① Carl G. Winter. *History of the Junior College Movement in California*. Sacramento: Bureau of Junior College Education, 1964: 1.

的社区学院学生可以和传统 4 年制大学的学生一样,平等地申请联邦政府向各州提供的就学贷款、助学金和奖学金。此后,来自低收入家庭的孩子、中学毕业成绩落后的学生、少数民族的学生和妇女纷纷迈入社区学院的校门。在该法案的推动下,社区学院出现了蓬勃发展的势头。此外,由于职业教育是社区学院的主要功能,因此和职业教育相关的一系列立法也对社区学院的发展起到了积极的推动作用,如 20 世纪 60 年代以来的《职业教育法》及其修正案、《帕金斯职业教育法》及其修正案等,均从不同角度对社区学院开展职业教育提供了有力保障。

与美国"先有实践、后有立法"的状况不同,日本短期高等教育的发展完全是在先行立法的一步步引导和规约下实现的。日本最早的短期高等教育机构——短期大学是根据 1949 年《学校教育法》修正案以及《短期大学设置基准》(1949 年)、《短期大学函授教育基准》(1950 年)、《关于短期大学的教育内容》(1951 年)、《短期大学教育课程标准》(1954 年)、《短期大学校舍设备标准》(1956 年)等一系列专门法令设立和发展起来的,这些法令对短期大学的目的、性质、组织机构、师资队伍、课程设置等都作了详细规定。1964 年《学校教育法》修正案明确了短期大学"恒久化"的法律地位,同时进一步规定了短期大学的教育目的和办学要求,为短期大学的发展提供了强有力的法律保障。短期大学"恒久化"地位的确立,加上此前根据 1961 年《学校教育法》修正案设立的高等专门学校,使日本形成了由大学教育和短期高等教育两部分构成的全新的高等教育体系,使日本高等教育体系由一元化走向多样化和市场化,为 20 世纪 60 年代日本经济高速增长和社会繁荣培养了大批急需的中级职业技术人才,并且大大加速了高等教育大众化的进程。20 世纪 70 年代,日本政府根据产业经济发展和高等教育自身改革的需要,相继通过了 1975 年《学校教育法》修正案、1976 年《专修学校设置基准》和一系列实施细则,以此为标志专修学校制度得以创立,自此日本最终形成了由短期大学、高等专门学校和专修学校组成的短期高等教育体系。20 世纪 90 年代以来,为了进一步保障和规范短期高等教育的发展,日本政府通过修订《短期大学设置基准》(1991 年)、《学校教育法》(1991 年、2002 年)、《专修学校设置基准》(2002年)和颁布《独立行政法人国立高等专门学校机构法》(2003 年)等立法活动,使短期高等教育在日本高等教育体系中的地位更加稳固，并且将短期高等教育推向了新的发展阶段。

除美国和日本外，英、法、德等发达国家在发展各自短期高等教育的过程中同样充分发挥了立法（包括政府的政策文本等）的保障作用。在英国，《1944 年教育法》确立了继续教育制度，为短期高等教育的开展奠定了法律基石；1956 年《技术教育白皮书》不仅厘清了各类技术教育机构的地位和作用，还详细规划了技术教育的发展路径，将英国的技术教育以及以技术教育为基础的短期高等教育提升到一个新阶段；1963 年《罗宾斯报告》、1966 年《关于多科技术学院以及其他学院的计划》、1972 年《詹姆斯报告》等为多科技术学院、开放大学以及各类技术和专业学院承担短期高等教育提供了法律依据，推动了短期高等教育在英国高等教育体系中的快速发展；2001 年《基础学位计划书》的颁布确立了基础学位制度，该制度为 21 世纪英国短期高等教育的快速发展注入了新的活力，吸引了越来越多的学生接受短期高等教育。在法国，短期高等教育的发展同样离不开法律法规的支持，例如大学技术学院的设立和发展都得到了相关法令的保障，1965 年《皮埃尔·洛朗报告》的出台明确了大学技术学院的办学定位、专业目标和组织结构框架，1969 年颁布的 69—63 号例外条令进一步保障了大学技术学院的办学自主权。在德国，1968 年《联邦各州统一专科学校的协定》标志着高等专业学院的诞生，该协定规范了高等专业学院的入学条件、学制、学习内容、毕业条件、学位授予及与其他类型学校的关系等内容，并明确其为传统高等教育框架内的新型高校，从而赋予了高等专业学院正式的法律地位；1976 年《高等教育总法》以及此后的系列修正案进一步确认了高等专业学院在高等教育中的合法地位，并且规定高等专业学院在法律上享有大学的各项权利。在《高等教育总法》及联邦系列职业教育立法的支持下，高等专业学院开始步入稳健发展的轨道，吸引力不断增强，学生数量成倍增长。

以立法形式赋予短期高等教育明确的法律地位，确保短期高等教育机构享有与传统大学同等或类似的权利，这种在发达国家普遍存在的举措对短期高等教育的健康发展起到了不可替代的推动作用。在法律法规和国家政策的积极引导下，短期高等教育在高等教育舞台上的边缘地位得以改变，社会和民众轻视或者忽视短期高等教育的观念也得以改观,这为短期高等教育的迅速崛起及其功能的充分发挥奠定了重要基石。

二、政府与社会共同为短期高等教育提供扎实的经费支持

是否具有充足的物质保障,是任何国家的任何类型教育能否健康和快速发展的关键要素。对于短期高等教育而言,来自外部的物质保障特别是经费支持有着特殊的重要性和紧迫性,这是因为,一方面,短期高等教育作为一种新型的教育机构,由于出现时间较晚,在经费保障的制度构建方面显然无法与传统教育机构相比,其吸引和筹集办学资金的能力也远远落后于那些有着悠久历史的传统大学;另一方面,由于职业教育是短期高等教育的主要功能之一,而众所周知,"与普通教育相比,职业教育由于在培养目标、专业设置、课程与教学安排等方面具有强烈的实用性、实践性特征,需要更多、更丰富的教学设备和实验场所,因此对教育经费的需求程度和保障力度有着更高的要求"。① 这两方面原因都促使短期高等教育对外部经费支持有着更为迫切的需求。面对短期高等教育对经费支持的迫切需求,主要发达国家基于各自的教育财政体制和教育发展传统,普遍对构建符合短期高等教育发展需要的经费保障机制进行了有效探索,相关举措为各国短期高等教育的健康快速发展提供了有力支持。

就来源而言,各国短期高等教育的经费构成大致可分为政府拨款、社会(企业)投资或捐助、学生学费三部分,其中政府拨款和社会投资普遍占据了较大比重,这也反映出各国政府和社会各界对短期高等教育的重视程度。

(一)政府拨款

政府拨款是各国短期高等教育最基础也是最主要的经费来源。美国初级学院在创办之初,就得到了政府(当时主要是州和地方政府)明确和连续的经费支持,如1917年加利福尼亚州就通过专门法案,规定向参加初级学院课程的学生按照每生年均30美元的标准提供资助,这开创了政府向初级学院提供

① 何振海:《我国职业教育经费立法保障的构建及其价值取向》,《职教论坛》2014年第28期。

经费支持的先河。在此后的发展进程中,地方政府和州政府逐渐加大了对初级学院的经费资助力度。20 世纪后期以来,随着全社会对职业教育重视程度的日益提高,联邦政府以立法形式不断提高对职业教育的经费支持程度,如1963 年《职业教育法》及其系列修正案、20 世纪 70 年代的生计教育相关法案、20 世纪 80 年代至今的系列帕金斯职业教育法案等,均对联邦政府资助各级各类职业教育做出了明确规定。作为实施高等职业教育的主阵地,社区学院由此获得了联邦政府的大量经费,如根据帕金斯职业教育法案,2014 年美国联邦政府用于社区学院的经费预算就高达 11 亿美元。① 经过多年发展,美国目前已经形成了以政府资助为主体的社区学院经费支持体系,据统计,近年来美国社区学院的经费来源构成中,联邦、州和地方三级政府拨款约占 71% 左右。② 作为发达国家短期高等教育发展的典范,德国在为短期高等教育提供政府经费支持方面也采取了很多创新举措,例如,政府除了为德国的短期高等教育机构——高等专业学院提供一般性财政支持外,还根据此类院校的发展需要,给予特殊项目的经费资助,特别是 20 世纪 90 年代以来在高等专业学院追求与大学等值化的进程中,联邦和州政府以"应用型科研开发资助项目"的形式,为高等专业学院开展应用研究、提升办学水平提供了大量经费,支持力度堪与大学比肩,1992 年联邦教育研究部启动该项目以来,到 1999 年共资助了 500 个应用型科研项目,资助经费总额达 7500 万马克。③ 在联邦政府的示范作用下,各州政府也采取了有力举措,如萨克森州科文部 1991 年成立"革新项目工作组",专门资助高等专业学院的应用型科研项目,最初年均资助经费约 320 万马克,后逐步提高至年均 500 万马克。④ 综合而言,政府充足的经费支持为各国短期高等教育的顺利发展和改革创新提供了坚实的基础,极大地推动了短期高等教育功能的实现。

(二)社会资助

除政府拨款外,社会各界特别是经济产业界的经费资助也是各国短期

---

① 杨红荃、夏雪薇:《比较视野中的高等职业教育经费投入研究》,《职教论坛》2017 年第34 期。

② 张晶晶:《美国职业教育经费投入与来源分析》,《职教论坛》2016 年第 28 期。

③ BMBF.*Die Fachhochschulen in Deutschland*.Bonn. 2000;21.

④ Ministerium für Wissenschaft und Kultur.*Forschung an Fachhochschulen*.Bonn. 1998;7.

高等教育重要的资金来源。由于具有强烈的职业和实用导向,短期高等教育与经济产业部门建立起了更为直接和紧密的联系,这成为很多国家的企业和雇主向短期高等教育机构提供经费的重要"催化剂"。以美国为例,绝大部分社区学院都通过与所在地企业开展"合同培训"的方式吸引了数量不菲的资金,特别是在政府实施倡导职业培训的政策背景下,美国企业每年都要编列专项预算投入员工培训,20 世纪 90 年代,美国企业对员工进行培训的开支年均递增 5.5%,其间的 1996 年经费总额达到了 560 亿。[1] 显然,由于在服务企业员工培训方面所扮演的特殊角色,社区学院成为企业培训经费的最大受益者。在德国,企业或第三方资助短期高等教育机构得到了政府立法的明确支持,根据 1998 年《高等教育总法》修正案,第三方经费(包括企业直接资助、集资资助、企业外资助和个人资助等)已经成为应用科技大学除政府资助之外最大的经费来源,以亚琛应用科技大学为例,目前该校一半以上的专业研究人员是利用第三方经费聘用的。澳大利亚也是企业资助短期高等教育的典型代表。作为澳大利亚短期高等教育的实施主体,技术与继续教育学院(TAFE)由于深度参与到行业企业的职业教育与培训中,因此获得了大量的企业投资,目前,澳大利亚企业界每年用于各种形式员工培训的费用约 25 亿澳元,利用企业培训经费,技术与继续教育学院一方面为企业培养合格适用的职业人才,另一方面极大改善了自身的办学条件,如建设实习实训基地、购置实践教学设备、聘请实训兼职教师等。此外澳大利亚的企业还建立了全国范围的模拟实训公司网络,为技术与继续教育学院提供相应的学习资源。[2]

　　充足和及时的政府拨款与社会投资为各国短期高等教育的快速健康发展注入了活力,而短期高等教育以高效率的人才培养和多样化职能的有效发挥助推了各国经济实力的增强特别是产业经济的繁荣。借助切实的经费保障,各国短期高等教育和国家经济社会发展实现了共赢。

---

　　① 杨红荃、夏雪薇:《比较视野中的高等职业教育经费投入研究》,《职教论坛》2017 年第 34 期。

　　② 杨红荃、夏雪薇:《比较视野中的高等职业教育经费投入研究》,《职教论坛》2017 年第 34 期。

三、积极促成短期高等教育与传统大学的优势互补和良性互动

系统考察发达国家短期高等教育的发展历程,有一个现象尤为值得关注,即各国短期高等教育自出现至今,始终在积极探索与传统高等教育特别是传统大学的关系定位。在高等教育体系日益呈现多元化趋势的时代背景下,短期高等教育借助与传统大学形成优势互补的结构样态与良性互动的发展格局,为自身的成长壮大赢得了广阔的空间。

(一)与传统大学形成优势互补的结构关系

可以肯定的是,短期高等教育是在传统大学无法全面和充分满足现代社会对高等教育多样化需求的背景下逐步产生并迅速发展起来的。随着技术革命的爆发和产业结构的深刻调整,现代社会各行业领域对中高级技术人才的需求日益旺盛。在实践中,这些中高级技术人才往往扮演的是高级专业人员助手的角色,而后者主要是由传统大学来培养的。由此带来的现实问题是,以培养高级专业人员见长的传统大学能否有效地完成培养充足的中高级技术人才的职能? 对此,历史给出了否定的答案:"普通大学即使加倍扩大它们的容量,如 1950 年起澳大利亚、英国、加拿大、日本和瑞典等国所做的那样,也难以满足这种要求。"①由此可见,短期高等教育的产生和发展,恰恰是为了弥补传统大学在人才培养方面的职能短板,两者之间从本质上说并非对立或竞争的关系,这为短期高等教育和传统大学在此后的发展进程中逐步形成互补型的结构关系奠定了历史基础。

不寻求在传统大学所擅长的职能领域与之进行竞争,而是积极发掘既能有效满足社会新的教育需求又能充分彰显自身办学优势和特色的教育职能,是各国短期高等教育健康发展的普遍特征。众所周知,短期高等教育是伴随着高等教育大众化的历史进程逐步成长起来的。在高等教育领域,首先受到大众化冲击的是带有浓厚精英时代印痕的传统大学,面对大众化所要求的提高民众入学机会、拓展人才培养类型和培养层次、积极对接地方和社区需求、有效服务产业经济发展等现实需要,传统大学显得力有不逮,勉力而为的结果只能是既稀释了传统大学的办学优势、降低其办学水平,又无法有效满足大众

---

① 张人杰:《国外短期高等教育的由来和发展》,《外国教育资料》1979 年第 1 期。

化的时代诉求,造成"双输"局面。短期高等教育正是在时代诉求和传统大学两者无法相互匹配的职能"真空"地带找到了发展契机,逐步形成并充分发挥出开放招生、学费低廉、学制灵活、课程实用、对接地方、职业导向等办学特色,成为各国推进高等教育大众化的有力主体,在极大拓展自身发展空间的同时,也在实际上扮演了缓解传统大学面临的大众化压力的"泄压阀",为传统大学免受大众化的冲击、保持自身的办学风格、专注于优势领域的职能发挥提供了助力,从而形成了社会、传统大学和短期高等教育三方共赢的良性发展格局。也正是在这一探索进程中,发达国家现代高等教育体系方得以逐渐形成。例如,在美国的高等教育体系中,社区学院与传统大学(包括研究型大学和一般4年制大学)形成了分工明确且互为补充的发展格局,其中社区学院承担了扩大入学机会、培养职业技术人才、实施成人继续教育和开展社区服务等大众化时代赋予的新的教育职能,从而有效避免了传统大学出现由于要兼顾新旧职能而造成的顾此失彼的尴尬局面。类似的情况在日本、英国、法国、德国等发达国家高等教育体系中同样存在。可以说,各国高等教育之所以能在大众化的冲击下保持了良好的发展势头,关键原因之一就在于短期高等教育这一新生事物出现之后能够准确地定位与传统大学的关系,以职能互补的形式丰富和发展了现代高等教育的体系内涵。

(二)努力开辟与传统大学的多样化合作渠道

在以差异化的职能分工构建与传统大学的互补性关系的同时,各国短期高等教育在其发展过程中还努力开辟与传统大学的合作渠道,通过两者之间的良性互动,极大延伸了短期高等教育的发展空间,并且为接受短期高等教育的学生提供了多样化的受教育机会,成为高等教育领域实现教育公平的重要路径。这也是各国短期高等教育得以健康发展的重要经验。

短期高等教育与传统大学之间的互动在形式和内容上都充分体现出多样性特征。以美国社区学院为例,社区学院自产生源头便与4年制大学保持了密切的联系,当时其首要职能是为大学三四年级输送合格生源,因此在课程设置上充分考虑到了与大学相互衔接的问题。在社区学院此后的发展进程中,尽管其职能不断更新和扩充,但向大学输送合格生源的转学教育职能始终得以保留。社区学院和4年制大学之间以转学教育为载体的互动形式是短期高等教育发展史上的一大创举,它一方面成功地提升了短期高等教育的社会认可度,吸引了更多的学生选择到短期高等教育机构就学,从而拓展了短期高等教育的生存空间,另一方面,对于那些高中毕业时未达到 4 年制大学录取标准、但经过 2 年社区学院的学习具备了进一步深造能力的学生来说,社区学院为他们提供了难得的教育桥梁,这一桥梁的存在对在社区学院学习的学生产生了极强的激励作用,"想要成功转学到 4 年制大学的强烈欲望激励着很多社区学院学生努力使自己变得更加优秀……一些研究发现,社区学院转学的学生很多能以优异的成绩毕业并获得学士学位,这说明社区学院学生在转学机制的激励下变得更加优秀"。① 在美国很多州的 4 年制大学中,都有相当比例的学生来自社区学院,如在加利福尼亚州,加利福尼亚大学的毕业生中约有三分之一是以社区学院为起点的。②

短期高等教育与传统大学互动的现象不只存在于美国,实际上,几乎所有国家的短期高等教育机构都以不同形式和大学保持了密切的合作关系,除最常见的转学教育外,两者还在教学资源共享、课程体系构建、教师专业发展等领域开展多样化的互动,这其中,英国自 2001 年开始实施的"基础学位"制度是近年来短期高等教育和传统大学开展合作的代表性案例。基础学位是由大学、继续教育学院和雇主组成的联盟共同合作开发和实施、连接中等教育和高等教育的新型学位证书,在实践中,基础学位通常是以大学提供基础学位课程并委托继续教育学院负责实施的方式来实施的。学生完成在继续教育学院的学业并获得基础学位后,有机会进入大学继续攻读本科学位,这一比例约占一半左右,例如 2003/2004 学年 54%获得基础学位的学生选择继续攻读本科学位,其中 71%的学生最终获得了学位。③ 可以说,两者之间的合作,一方面为那些因为各种原因失去了向上一层社会流动的阶梯的人提供了新的机会,另

---

① 彭跃刚:《美国社区学院发展与变革研究》,华东师范大学 2017 年博士学位论文,第60 页。

② 彭跃刚:《美国社区学院发展与变革研究》,华东师范大学 2017 年博士学位论文,第60 页。

③ Snejana Slantcheva-Durst. *The Role of Short-Cycle Higher Education Programs and Qualifications in the Knowledge-based Economies: Emerging Trends from the United States and Europe.* http://www.accbd.org/articles/index.php/attachments/single/432.2017-05-09.

一方面也通过将职业教育和学术教育相结合的方式在一定程度上提升了职业教育在英国教育体系中的地位,充分体现出短期高等教育的实践价值。

综合而言,短期高等教育自出现之后选择以优势互补和良性互动的方式处理与传统大学的关系,对短期高等教育的发展具有重要的现实意义,它使得作为一种新生事物的短期高等教育在发展过程中不仅没有受到传统大学的抵制,相反还因为扮演了传统大学"防波堤"的角色而得到后者的支持和鼓励,从而为短期高等教育迅速成长为现代高等教育体系的重要组成部分创造了广阔的空间。

四、以灵活高效的人才培养赢得社会对短期高等教育的认可

能否为社会输送大量优质的中高级职业人才,是以人才培养为主要职能的短期高等教育确立自身在现代高等教育体系中的地位、赢得社会尊重与认可的关键所在。各国短期高等教育在发展过程中,始终将人才培养规格和质量置于办学的首要地位,努力探索灵活高效的人才培养机制,形成了具有短期高等教育特色的人才培养模式。

(一)充分发挥短期高等教育在职业性和应用型人才培养领域的职能优势,积极推行理论与实践相结合的人才培养模式

培养中高级职业性和应用型人才是短期高等教育最重要的教育使命之一。值得注意的是,现代社会对职业性和应用型人才的素质要求较之以往已经发生了重要变化,单纯掌握特定技术技能的职业人才已经无法完全适应现代科技发展和产业结构调整的需求。各国的短期高等教育机构充分认识到这一变化,并在各自的办学实践中努力探索能够满足上述变化需求的人才培养模式。这种适应现代社会职业人才需求的培养模式最典型的特征是理论与实践的有机融合。以美国社区学院为例,社区学院很多专业在课程设置上都充分体现出学科性与职业性相结合的特点,如中缅因州社区学院(Central Maine Community College)建筑建造技术专业为学生开设的 23 门课程中,学科性课程有 13 门,职业性课程 8 门,兼具学科性与职业性的课程 2 门。[①] 学科性与

---

① 彭跃刚:《美国社区学院发展与变革研究》,华东师范大学 2017 年博士学位论文,第109 页。

职业性相结合的课程特点为学生未来的职业发展提供了更大的空间，"学生学习结束后，既可以在职业性课程所涉及的岗位或岗位群范围内就业，也可以把学科性课程所涉及的行业内就业作为备选项，因此就业的可能范围得到拓宽。实际上，这种课程结构在一定程度上也符合新职业主义倡导的理念——在开设的职业教育课程中重视学术性教育"。①

日本的短期高等教育机构在人才培养方面也充分体现出理论与实践相结合的特征，如在1964年通过的确立短期大学"恒久化"地位的《学校教育法》修正案规定，短期大学的教育目的是"教授、研究专门学问，培养职业及实际生活的必要能力"，与大学"教授深奥的专门学问，培养理性、道德及应用能力"的教育目的相比，短期大学在人才培养上突出了融合"专门学问"和"职业及实际生活"的特点；以培养能够胜任企业技术工作的毕业生为目的的高等专门学校，在教育教学领域着力推广高度专业化的技术理论和实践训练相结合的课程体系，也充分体现出上述短期高等教育人才培养模式的特征。

法国的大学技术学院设定的培养目标是：为工业和第三产业的活动培养干部和高级技术员，其任务是将抽象的设计或理论研究的结果具体化。该目标要求学院培养的人才"在技术方面应当受到比工程师更高深、更具体的培养，在对事物的一般认识方面应比普通技术员的眼界更开阔"，由此大学技术学院在人才培养方面兼具了传统大学和职业学校两方面的特征，突出了理论与实践的有机结合。

德国的短期高等教育机构在培养理论与实践相结合的人才方面的成就尤为显著，其"双元制"专业培养模式对学生的理论学习和实践训练提出了具体要求，如1996年公布的《对高等专业学院双元制改革的建议》中，明确规定企业也是学生重要的学习地点，作为实践基地的企业单位，不仅要为每个学生提供1—2个实践学期的实习岗位，还须配备指导人员并支付一定的实习工资、提供毕业设计题目、参与学校项目教学及教学内容的制定等。这种机制确保了高等专业学院的人才培养的理论深度和实践水平，造就了大批能够将理论

① 彭跃刚：《美国社区学院发展与变革研究》，华东师范大学2017年博士学位论文，第109—110页。

知识转化为实际应用技术的"桥梁式"职业人才,由此备受社会赞誉。

(二)立足于"双师型"教师队伍建设,为理论与实践相结合人才培养模式的实施提供师资保障

培养理论与实践相结合的中高层次职业性人才,是发达国家短期高等教育最重要的教育使命之一。为了更好地实现这一使命,各国短期高等教育普遍在教师队伍建设这一人才培养的关键环节进行了积极探索,并逐渐形成了以理论与实践并重、学术与技术互补、专职与兼职结合为主要特征的"双师型"师资队伍。

美国是较早开展双师型教师队伍建设的国家之一,美国的社区学院为了让学生接受更具实践性的课程教学,从20世纪中期就开始从社会上聘请具有丰富实践经验的各行业的专业人士到校担任兼职教师,"通过聘用兼职教师,课程可以更灵活地与生产实践结合起来,课程内容也能不断得到调整并更好地满足学生所需。这些兼职教师都有自己的专职工作,对自己的行业比较熟悉、精通,因此有利于培养各行各业所需的人才……(虽然)他们一般没有进过高等学校,没有学位,但是多年的工作经验使他们掌握了熟练的技术。从教学效果看,非师范院校毕业的学生和社会上拥有专业技能的人员,这些非科班出身的教师表现颇佳"。[1] 由于兼职教师在服务职业人才培养方面具有显著优势,因此广受欢迎,成为社区学院教师队伍中的重要组成部分,据统计,自20世纪中期以来,美国社区学院中兼职教师占全体教师的比例不断攀升,目前已达到60%以上,超过了专职教师的数量。[2] 除了广泛聘请兼职教师,社区学院还通过全员性培训的方式,不断提高专职教师的专业水平,以洛杉矶社区学院为例,该校自20世纪90年代中期开始实施综合性教师发展项目,资助教师就近到大学中选修与所从事专业相关的课程或教学项目,此外还鼓励教师到企业实践,以获取新的知识、技术,更新技能,提高教学能力。[3]

---

[1] 马健生、郑一丹:《美国洛杉矶社区学院教师的任用、培训经验与启示》,《外国教育研究》2004年第12期。

[2] 王建初:《美国社区学院的师资队伍建设研究》,《比较教育研究》2003年第3期。

[3] 马健生、郑一丹:《美国洛杉矶社区学院教师的任用、培训经验与启示》,《外国教育研究》2004年第12期。

澳大利亚的技术与继续教育学院在师资队伍建设方面也采取了专兼职相结合的思路,形成了特色化的双师型教师队伍。在专职教师方面,技术与继续教育学院要求专职教师除具有本科及以上学历和相应的教师资格证书外,还特别要求应具有至少3—5年的相关行业企业一线工作经验,而且在入职之后还必须在开展教育教学工作的同时到企业单位一线进行生产实践。对于兼职教师,技术与继续教育学院要求兼职教师应具备相应的专业技术资格、至少3年以上的专业相关工作经验和较强的操作技能与实践操作能力。目前,澳大利亚技术与继续教育学院形成了专兼结合、以兼为主的师资队伍,专职教师与兼职教师的比例约为1:3。①

法国的大学技术学院和高级技术员班自创建时就在教师队伍建设方面形成了多元融合的特色,如按规定,法国大学技术学院的教师队伍由来自高校、中学和企业界的三部分人员组成,各占总数的三分之一,学校的教学工作由上述人员共同完成。

通过组建双师型教师队伍,各国短期高等教育机构有效确保了教学活动的职业性和实践性,为培养理论与实践相结合的中高级职业人才提供了师资保障。

(三)激发企业对短期高等教育的参与积极性,积极推动校企融合的教育教学模式,为培养理论与实践相结合的人才提供平台保障

为企业输送优质的专业技术人才是各国短期高等教育的共同目标,因此各国短期高等教育机构均采取有效措施,充分调动企业的办学热情,使之积极参与到短期高等教育的教育教学活动之中,形成了校企融合的办学模式。

德国的双元制是校企融合办学模式的典范。所谓双元制,是指由企业和学校共同担负人才培养任务。学生一方面在学校接受专业理论知识培养,另一方面在企业接受实践技能培训,注重专业知识和企业实践的结合。如代根多夫应用科技大学的合作单位有安联保险、大众汽车、德国管理咨询公司等,每年超过一半的学生在实习期结束后与实习企业签订正式工作合同。双元制

---

① 王冠:《澳大利亚高职教师队伍建设经验及其启示》,《职业技术教育》2015年第20期。

课程偏重于应用研究,坚持职业能力与科研能力并重的培养策略。以纽伦堡应用科技大学机械与应用工程系为例,学生在 8 个学期中,第 1、2 学期为基础科学课程学习,第 3 学期到企业实习,认识企业产品的生产流程和技术,第 4、5 学期为专业技术基础理论课程学习,第 6 学期再次到企业实习,通过承担工程师工作熟悉未来职业,第 7、8 学期学生按专业方向选择 10 门左右的专业课程,同时进行机械工程实习和确定研究课题,开展毕业论文研究。4 年学习时间里,学校既重视理论基础学习又注重学生持续发展能力培养,采用理论实践循环交叉的模式,除每学期保证一定课时的实训外(20 课时),专门用 2 学期到企业实习,课时分配的实践性教学环节占到三分之二。2012 年 4 月,德国联邦职业教育研究所公布了不同院校开设的双元制大学课程的数量,其中应用科技大学数量居首,远高于其他类型的院校,体现了应用科技大学在实践特色上的明显优势。

美国近年来通过学徒制教育模式的实施,在推动社区学院开展校企融合方面取得了新的进展,2014 年,奥巴马政府召开"美国学徒制"白宫峰会(White House Summit on American Apprenticeship),将学徒制的项目作为振兴美国国家职业技能的重要战略。联邦教育部与劳工部合作成立注册式学徒制学院联合体(Registered Apprenticeship College Consortium,RACC),投资 1 亿美元,推动学院与企业间的合作。该联合体具有多重益处,学生在企业学习的经历可换取学分,获得一定的报酬,掌握就业技能;社区学院可以密切与相关企业的关系,提高课程与企业需要之间的契合度;企业可以较为容易招录到符合需要的人才,推广企业文化。这个一举多得的政策出台之后受到普遍欢迎,目前已成为美国社区学院校企合作的主流模式之一。

理论与实践相结合的人才培养导向,加上双师型教师队伍的支持和校企融合办学模式的保障,以及按此逻辑构建起的多元化、实用性课程体系和与之相适应的教育教学过程,共同形成了短期高等教育高质量人才培养的制度与实践支撑,促成各国短期高等教育充分发挥出为社会输送优质专业化、职业性人才的作用。灵活高效的人才培养为短期高等教育赢得了公众的普遍认可和社会的广泛支持。

五、通过改革不断促使短期高等教育的自我更新与完善

作为一种全新的高等教育类型,短期高等教育如何在发展过程中既能够充分满足内在诉求、切实发挥自身职能,同时又能够更好地结合经济社会和高等教育不断变化的发展态势,拓展短期高等教育的生存和发展空间,是各国短期高等教育自产生之后便始终面临的历史课题和现实挑战。面对这些问题,各国短期高等教育坚持以改革为手段,通过设立与完善学位制度、争取并强化办学自主权、确立市场化和个性化发展导向、建立并实施第三方评价机制、努力提升办学层次以获得与传统大学同等地位等改革举措,不断促使短期高等教育的自我更新与完善,将短期高等教育的发展水平推向了新的阶段。一次次的改革,成为促进短期高等教育持续向前发展的强大动力。

(一)短期高等教育学位制度的设立与完善

在短期高等教育史上,学位制度的设立和完善具有重大的历史意义。传统高等教育在发展过程中逐步形成了学士、硕士和博士三级学位制度,但短期高等教育产生之后,传统学位制度并未延伸或覆盖到这种新生的高等教育类型,由于没有专门的学位制度,最早出现的短期高等教育机构无法向其毕业生授予得到社会认可的学位,这显然会直接影响到民众对短期高等教育的接受程度。在这种情况下,美国初级学院率先引入了"副学士"学位。副学士学位最早起源于19世纪中期的英国,1865年,英国达勒姆大学首次提出了设立副学士学位的设想,1873年该校为完成2年学业的学生正式颁发副学士学位。1900年,芝加哥大学校长哈珀从英国引入副学士学位制度,向该校初级学院的毕业生授予该学位,其他大学随之效仿。不过这一时期的副学士学位的授予主体仍是传统大学,而不是现代意义上的短期高等教育机构(即独立设置的初级学院)。美国最早授予副学士学位的独立初级学院是路易斯学院,该校于1904年正式向其毕业生颁发副学士学位。美国第一所授予副学士学位的公立初级学院是堪萨斯市初级学院,该校于1916年为8名毕业生颁发了副学士学位。① 学位制度的设立特别是副学士学位授予权的获得,不仅是美国

---

① 梁博雅:《美国副学士学位:产生、发展及意义》,曲阜师范大学2016年硕士学位论文,第18—19页。

初级学院的重要制度创举,而且也开辟了短期高等教育的"学位时代",标志着传统三级学位制度向现代四级学位制度的转变,由此从学位制度层面确立了短期高等教育在高等教育体系中的地位。

美国初级学院学位制度的设立为其他国家短期高等教育提供了示范,各国根据自身的教育传统和现实需要普遍为接受短期高等教育的毕业生设立了多样化的学位。如英国于 20 世纪 70 年代设立了高等教育文凭、21 世纪初设立了基础学位,日本在战后短期高等教育蓬勃发展的时期陆续开发出专门士、高度专门士、准学士、短期大学士等学位,法国为大学技术学院和高级技术员班设立了高等技术文凭和高级技术员证书两种专门的毕业文凭,德国高等专业学院设立了专科工程师文凭等。借助学位制度的设立,短期高等教育在扩大高等教育入学机会、提升劳动力技能水平、推动社会公平及促进高等教育与职业教育融合等方面的作用得以有效凸显,特别是在消除短期高等教育"断头路"弊端方面发挥了积极作用,为短期高等教育的毕业生继续接受更高层次教育开辟了道路。

值得注意的是,近年来很多国家还在提高短期高等教育的学位级别方面进行了新的尝试,使短期高等教育不再局限于"副学士"的学位层次,如美国从 2001 年开始允许部分社区学院颁发学士学位,至目前全美约 200 所社区学院开设了学士学位课程;[1]法国在 2000 年前后创立了职业学士学位;德国在 20 世纪 90 年代赋予了高等专业学院毕业生与大学毕业生同等的学位地位(即允许高等专业学院的毕业生可直接升入大学攻读博士学位);英国于 2013年启动了技术学士学位计划。这些旨在提高短期高等教育学位层次和水平的举措进一步拓展了短期高等教育的发展空间,提升了短期高等教育在高等教育体系中的地位。

(二)争取和扩大办学自主权,促进短期高等教育市场化、个性化发展

争取独立的办学地位,扩大办学自主权,以此促成短期高等院校的市场化和个性化发展,是各国短期高等教育改革进程中的另一项重要内容。众所周

---

① 曹必文、刘青:《欧美高等职业教育的学位授予及其启示——以美国和瑞士为例》,《中国高教研究》2010 年第 9 期。

知,传统大学基于特定的历史背景而普遍具有独立的办学地位和较强的办学自主权,"大学自治"也由此成为现代大学的制度特征。相对而言,新生的短期高等教育在办学地位的独立性和办学权的自主性方面明显逊于传统大学,例如美国的初级学院最早只是大学一二年级的代称,身份地位完全附属于大学;即便出现独立设置的初级学院后,这些学院仍然不被视为具有完全法人资格的机构,缺乏自主权。美国学者罗伯特·佩德森(Robert P.Pederson)在考察美国初级学院早期发展状况后曾指出,早期的初级学院必须"获得大学、州教育厅或区域性协会的认证"并"接受由地方选举产生的学校委员会的管理和监督"①,这充分反映出初级学院身份和地位的弱化、虚化。实际上,作为高等教育的分支,短期高等教育与传统大学一样需要独立的办学地位和一定的办学自主权,特别是在短期高等教育逐步发展壮大后,为社会输送合格的中高层次职业技术人才已经成为短期高等教育的重要职能,该职能的有效发挥必然要求短期高等教育机构能够及时、灵活地应对市场变化,结合各院校自身优势开展个性化、特色化的人才培养,显而易见的是,如果不具备独立的办学地位和办学自主权,短期高等教育机构满足市场需求、寻求个性化发展也就无从谈起。

在这种背景下,各国短期高等教育结合各自的办学传统和管理制度,启动了一系列改革。在美国,源自大学的董事会制度在社区学院的引入和完善,为社区学院扩大办学自主权提供了制度保障。董事会制度是美国大学的制度创举,也是大学自治的体现。社区学院(初级学院)产生之初并未建立董事会制度,其管理权多归属于地方教育行政机构。在后续发展进程中,为争取更大的办学自主权,一些州的社区学院开始效仿大学组建学院董事会,取得显著成效。发展至今,董事会制度已成为美国社区学院治理体系的重要环节,董事会对社区学院事务具有"统筹、决定和监督权",学院院长由董事会任命、向董事会负责,同时董事会作为连接"学院与政府、社区、校友、企业等之间关系的重要中坚力量",在相关法律框架下享有并履行自主办学权。② 英国的多科技术

① Robert Patrick Pedersen. *The Origins and Development of the Early Public Junior College*: *1900-1940*.Columbia University,2000:105,107.

② 罗尧成、肖纲领:《高职院校理事会的职能定位与运行机制——美国社区学院董事会的经验借鉴》,《高校教育管理》2016年第1期。

学院也经历了从地方当局附属机构到独立法人地位的转变。20 世纪 60 年代，作为英国高等教育双元制中的一元，多科技术学院属于地方机构，没有独立的法人地位，学校的经费、校舍和人员雇佣均由地方当局负责。20 世纪 80 年代，主张多科技术学院脱离地方政府的呼声开始高涨，在此背景下，政府最终于 1988 年以立法形式明确了多科技术学院的独立法人地位，使之脱离了地方当局的管控，并在此基础上逐步获得了与大学同等的地位。在法国，大学技术学院设立之初是由大学区直接进行管理，后经过大学技术学院的积极争取，于 20 世纪 60 年代末最终获得了相对的办学自主权，1984 年《萨里瓦法案》又进一步明确了大学技术学院的办学地位，从制度层面赋予了大学技术学院更大的自由空间。在德国，高等专业学院最初由于缺乏全国性的立法支持，其办学地位始终得不到明确保障，在高等专业学院的努力和社会各界的呼吁下，联邦政府在 1976 年颁布的《高等教育总法》中首次明确了高等专业学院在高等教育中的合法地位，并于 1985 年和 1987 年的修订中进一步确认其法律上享有大学各项权利，由此高等专业学院开始步入稳健发展的轨道，吸引力得以不断增强。日本从 20 世纪 90 年代开始对短期高等教育机构实行弹性化管理，如 1991 年修订的《短期大学设置基准》，放开了对短期大学的很多硬性规定，如短期大学的学校占地面积只要对教育教学活动和质量不构成实质性影响，可以比原来减少一半；在教师数量和资质方面，规定教师无论有无研究业绩和教育经历，只要有实际水平就可被录用；在学校招生数量和教学内容方面也不再进行严格限制，可由各学校根据实际情况自行决定。上述规定明显增加了各短期大学的办学自主权，使之可以根据社会和学术发展的需要，开展具有各自特色的教育。

通过改革争取独立的办学地位和更大的办学自主权，对短期高等教育的发展而言具有不可估量的重要影响，特别是对于确保短期高等教育积极捕捉市场需求的能力，进而发挥出"有求必应、有变必应"的市场化、个性化办学优势，具有极为显著的推动作用。

（三）引入第三方评价机制，确保短期高等教育人才培养质量的不断提高

在为短期高等教育争取独立的办学地位和灵活的办学自主权的同时，各国基于确保人才培养质量的考虑，还对教育教学与人才培养活动的评价机制进行了积极探索，促使短期高等教育在不脱离经济社会发展现实轨道的前提下实现了人才培养质量的稳步提高。

一般而言,第三方评价能够更准确和客观地反映教育机构人才培养的实际状况,因此引入第三方评价成为各国探索建立短期高等教育合理、有效的评价机制的共同改革举措。日本自20世纪90年代通过修订《短期大学设置基准》赋予短期大学更大的教育自主权后,为了保障短期大学的教育质量、淘汰不合格的短期大学和促进短期大学的整体发展,又相应实施了针对短期大学的第三方评价制度。根据2002年修订的《学校教育法》,从2004年开始,所有短期大学都必须接受政府指定的认证评价机构"短期大学基准协会"的评价。与此同时,日本的高等专门学校和专修学校也开始按法律规定接受第三方评价。第三方评价制度的引入和实施使短期高等教育机构的运营状况置于学生、家长和社会公众的监督之下,对学校实现透明和健康运营,赢得社会的信任和政府的支持起到了重要作用。

在美国,第三方介入社区学院评价主要是通过行业机构认证制度的实施来实现的。以制造业职业技能认证体系为例,该体系是由国家制造业者协会和制造业研究中心发起,制造业标准委员会、国家金属制品加工研究中心、国际自动化协会、美国焊接协会等认证机构或行业协会积极参加的认证体系,涵盖国家职业准备证书、制造业技能标准委员会颁发的物流技师等数十种证书。为解决院校课程与企业需要之间不相适应的问题,该认证体系鼓励社区学院和企业合作开发课程,为学生提供最权威的职业技能培训和资格认证。认证制度的实施对社区学院培养适销对路的合格人才产生了积极影响,如2010年卡特彼勒公司决定在北卡罗来纳州福赛斯县投资4.26亿美元建厂,福赛斯社区技术学院抓住时机,主动为该公司培养员工,在制造业研究中心的大力支持下,这所学院对相关专业的课程体系进行改造,实现了证书课程与学历课程的高度融合。在福赛斯社区技术学院的示范带动下,北卡罗来纳州社区学院系统的58所学院都引入了职业技能认证体系,涉及 高端制造、航空航天、生物技术、能源等多个领域。到2015年2月,全美近40个州均有社区学院参加该认证体系。①

---

① 王辉:《校企协作助推产教融合:美国社区学院校企协作"项目群"的兴起》,《高等教育研究》2015年第3期。

加拿大从 20 世纪 90 年代开始启动了社区学院评价活动,具体举措是在各省成立社区学院评价小组(委员会)、课程审定委员会等机构,评价小组的职责是对社区学院进行调查评估、分析问题并提出整改建议,课程审定委员会主要负责评议、审定社区学院新开设的课程,保证了新课程的开设质量,同时也加强了社区学院之间课程方面的信息沟通和教育合作,避免了同一区域不同社区学院之间课程的重复设置、教育资源的浪费。

通过 20 世纪 90 年代以来的一系列改革,各国短期高等教育普遍形成了政府监督、院校自评和第三方评价共同构成的多元化评价机制,其中第三方评价的引入进一步提升了评估结果的准确性和客观性,使短期高等教育机构在人才培养上更具有方向性,由此成为短期高等教育提高办学质量的重要制度保障。

(四)促使短期高等教育的"高级化",追求与传统大学的等值地位

近年来,各国短期高等教育改革的另一重点方向是,在保持应用性和实践性特色的前提下,不断采取措施促使短期高等教育的"高级化",积极追求短期高等教育机构与大学的"等值"。自产生以来,短期高等教育的发展始终受到无法享受与传统大学等值待遇的困扰,无论是在法律地位上,还是在民众观念中,短期高等教育总处于高等教育领域内"二等公民"的尴尬境地,反映到实践中具体表现为:短期高等教育毕业生虽然有较高的就业率,但在就业覆盖领域、工资薪酬待遇、职业发展前景、接受高层次教育等方面与大学毕业生仍有明显差距,即毕业文凭"含金量"不等值。在有些国家还存在短期高等教育的教师在社会地位和薪资收入等方面明显低于大学教师的情况。这些现象显然对短期高等教育的健康发展形成了巨大的制约,也无法与短期高等教育在现代高等教育体系中的地位及其对现代社会所做的巨大贡献相匹配。

为了切实改变短期高等教育与传统大学"不等值"的格局,各国进行了积极探索,其中尤以德国高等专业学院(应用科技大学)追求与大学等值的改革举措最为典型。

在德国,虽然高等专业学院凭借优质和精准的人才培养得到了社会的广泛认可,但在制度设计上,高等专业学院和大学之间仍有显著差距,如按照规定,大学可授予学士或硕士学位,但高等专业学院只能授予学士学位,且毕业证书上必须加注"高等专业学院"字样,同时毕业生在接受进一步教育或在国家机构就业上也无法与大学毕业生受到同等待遇。高等专业学院的毕业生如果想攻读博士学位,必须在大学重新学习并获得大学学位;在政府文官职位划分中,大学毕业生可任高级职务,但高等专业学院的毕业生原则上只能担任较高级职务。这种差异显然不利于高等专业学院的发展。因此从 20 世纪 90 年代开始,政府和高等专业学院共同采取措施,寻求与大学的等值化,其代表性举措是修改立法为高等专业学院毕业生消除攻读高级学位的法律障碍。该工作自 1992 年启动,到 1995 年底德国所有州都修改了各自的《高等学校法》,从法律上确认高等专业学院毕业生可直升大学攻读博士学位,高等专业学院也可与大学联合培养博士生并由大学授予学位,为其优秀毕业生拓宽攻读博士学位的途径。

高等专业学院还在科研职能领域进行了探索。在历史上,科研并非短期高等教育的主要职能,但为了提高学术水平、发掘教师科研潜力并拓展毕业生攻读博士学位的渠道,从 20 世纪 90 年代起德国高等专业学院在发展自身科研职能方面进行了积极尝试,当然,为了避免在传统科研领域与大学形成竞争,高等专业学院的科研活动仍是在立足于自身优势的基础上开展的,重点进行的是应用型科研开发。此类活动得到了政府的大力支持,1992 年联邦教育部启动了针对高等专业学院的科研资助项目,截至 1999 年共资助约 500 个科研项目,投入经费 7500 余万德国马克,[①]应用型科研及与之相关的技术转让活动逐渐成为高等专业学院重要的工作任务之一。

1998 年高等专业学院更名为应用科技大学后,追求与大学等值化、促进自身高级化发展的努力进一步加速,如原在毕业证书上必须加注"高等专业学院"的规定被取消,改为颁发统一的学士、硕士毕业证,由此在形式上彻底消除了应用科技大学与大学之间的学历鸿沟,实现了等级和水平上的等值。2010 年以来,部分应用科技大学开始寻求博士学位授予权,经过积极准备和争取,2014 年,巴符州宣布州内应用科技大学可以招收博士生并有权授予博士学位。博士学位授予权的获得,不仅对德国应用科技大学,而且在整个短期

---

① BMBF.*Die Fachhochschulen in Deutschland*.Bonn.2000:21.

高等教育史上都具有重要的里程碑意义,它意味着短期高等教育内涵的丰富和角色的转变,是短期高等教育"高级化"的直接体现。

可以预见,最初因学制短而得以命名的"短期高等教育",在未来的发展进程中,将会逐渐摆脱这一表面印痕,成长为与传统大学"同水平但有差异"的高等教育机构。所谓同水平,是指短期高等教育将不再局限于"中等后初期"或"次高等"阶段,而是逐步覆盖中等后教育的所有层次,部分国家的短期高等教育可以授予从副学士到博士所有层级的学位;所谓"有差异",是指短期高等教育不会向着趋同于传统大学的方向发展,而是始终保持自身的实践性、应用性和职业性特色,形成与传统大学"平行、异轨"的发展格局,共同构建起一个更加完整、全面、合理、高效的现代高等教育体系。

第三节　对我国高等职业教育发展的现实借鉴

发达国家的短期高等教育是在高等教育大众化进程中快速发展起来的。它的兴起不但改变了高等教育的传统格局,而且在实践中成为助推发达国家经济社会发展特别是产业经济变革的重要力量。目前,我国高等教育已经进入大众化阶段,正在积极探索内涵式发展的实现路径;同时,新一轮技术革命也在深刻改变着我国经济社会发展的结构,特别是对产业经济发展及与之相适应的现代职业人才的规模、类型与技能素养提出了新的要求。在这一背景下,加快高等职业教育改革、建立具有中国特色的现代高等职业教育体系已成为社会共识。但高等职业教育的改革与发展,绝不能仅仅立足于对其自身具体问题的关注,而必须将之放诸高等教育整体架构、放诸经济社会发展宏观走向层面加以考察,由此才能准确把握高等职业教育改革的战略方向。在这一方面,发达国家大规模发展短期高等教育的历史经验,对我国有着极为现实的借鉴价值。

一、从战略高度确立高等职业教育在现代高等教育体系中的地位

考察发达国家短期高等教育的演进脉络,可以明显看出短期高等教育经历了从高等教育体系的边缘逐渐走向中心的转变历程。这一历程本质上反映

出短期高等教育在高等教育体系中所处地位的变迁轨迹。在萌生之初,短期高等教育实际上是作为高等教育的一种"补充"形式出现的,这一定位导致短期高等教育在很长一段时期内无论是人才培养规格还是学校办学层次都远低于传统大学,由此被视为高等教育中的"二等公民",造成社会民众对短期高等教育缺乏必要的认可度和接受度,影响到短期高等教育的健康发展。20 世纪五六十年代以来,短期高等教育开始作为一种独立形态出现在高等教育舞台之上,人们逐渐摒弃了将短期高等教育视为高等教育的"补充"或"附庸"的陈旧观念,并且从制度层面明确了短期高等教育是现代高等教育体系一个重要组成部分的身份定位,赋予其和传统大学平等的地位。体系内独立和平等地位的确立,使决策者在制定和实施相关政策举措时,能够将短期高等教育置于高等教育体系的宏观架构内加以考虑,而不是将其作为传统大学的辅助角色来对待。例如,短期高等教育的职能不再局限于单一的转学教育,职业教育、终身教育、成人教育、社区服务等逐渐发展成为短期高等教育的重要使命,这实际上是对现代高等教育功能的拓展和细分。另外,发达国家之所以能够有效缓解大众化时代高等教育面临的入学压力,保持高等教育数量与质量的同步提升,在很大程度上也要归功于短期高等教育独立地位的取得。

结合发达国家短期高等教育的发展经验,我国在制定高等职业教育改革策略的过程中,有必要进一步从战略高度确定高等职业教育在现代高等教育体系中的特定地位。尽管社会各界均充分认识到发展高等职业教育的重要性,然而忽视、轻视高等职业教育的观念和现象仍顽固存在。反映到决策上,与各级政府面向普通高等教育的各类"工程""计划""项目"的频繁出台相比,高等职业教育领域却明显缺乏有权威性、宣导性、普及性和社会认可度的高层级战略决策,而且,"对于高等职业教育发展不仅越来越缺乏有力的政策支持,更未形成相对独立的政策和话语体系"。[①] 这实际上反映出高等职业教育仍然没有获得与普通高等教育同等的地位。要充分认识到,现代高等教育体系是一个多样化的生态群落。多样化既是大众化时代高等教育的本质特

---

① 周建松:《系统论视角下的国家高等职业教育发展政策研究》,《中国高教研究》2014 年第 4 期。

征,也是社会对现代高等教育的内在要求,它直接体现于高等教育体系内部不同类型教育机构的平等与共生。对改革的决策者、主导者和实践者而言,高等职业教育是现代高等教育体系内一个有着特定功能、相对独立的组成部分,与普通高等教育有着同等的法律地位和身份属性,因此改革与发展高等职业教育的出发点,必须着眼于是否有效满足大众化时代社会对高等教育的发展诉求,着眼于能否切实符合高等教育的本质特征。这是厘清高等职业教育发展方向、确保高等职业教育决策科学性的逻辑起点。

二、正确处理高等职业教育与普通高等教育的关系

一般而言,现代高等教育体系通常由短期高等教育和普通高等教育(即传统的4年制大学)两部分组成。那么,这两部分应该形成怎样的关系定位,也就成为关乎现代高等教育体系构建和两种教育类型能否健康良性发展的关键所在。特别是对短期高等教育而言,由于在历史积淀、办学经验、学术声誉、社会地位等方面都明显弱于传统大学,因此正确处理两者关系显得尤为重要和紧迫。发达国家短期高等教育之所以能在20世纪中后期获得大发展,并在实践中充分彰显价值,一个重要原因就是它并未寻求与传统大学形成对立或者竞争的关系,而是积极开发既能有效满足社会新的教育需求,又能充分彰显自身办学优势和特色的教育职能,进而和传统大学形成优势互补的结构样态和良性互动的发展格局。这样的关系定位一方面避免了因职能重叠造成传统大学对短期高等教育生存空间的挤压,另一方面又由于主动承担起大众化时代提出的新的教育诉求而大大降低了传统大学面临的办学压力,为传统大学免受大众化的冲击提供了助力,促成了社会、传统大学和短期高等教育的三方共赢。例如,在美国的高等教育体系中,社区学院与传统大学形成了分工明确且互为补充的格局,社区学院承担扩大入学机会、培养职业技术人才、实施成人继续教育和开展社区服务等大众化时代赋予的新的教育职能,避免了传统大学由于要兼顾新旧职能而造成的顾此失彼的尴尬局面。类似情况在日本、英国、法国、德国等国同样存在。可以说,各国高等教育之所以能在大众化的冲击下保持了良好的发展势头,关键原因之一就在于短期高等教育能够准确定位与传统大学的关系,同时以职能互补的形式丰富和发展了现代高等教育的体系内涵。

发达国家正确处理短期高等教育与传统大学关系的实践，为我国高等职业教育的改革和发展提供了镜鉴。在我国高等职业教育领域，人们往往陷入一种误区，即，为了突出高等职业教育的重要性，有意或无意地夸大或拔高高等职业教育的功能范畴、服务领域、规格层次等，由此很容易造成高等职业教育与普通高等教育的职能重叠。同时，现实中还普遍存在高等职业教育试图"转型"为普通高等教育的倾向或趋势。这无形中会将高等职业教育推向普通高等教育的对立面。必须认识到，高等职业教育和普通高等教育不是非此即彼的关系，两者在现代高等教育体系中是和谐共生的。将两者对立起来的认识既不客观，也从根本上无助于高等职业教育的健康发展。作为一个多样化的生态系统，现代高等教育体系的各组成部分应该既相对独立又互为支撑，既有明确的职能分工又保持良性的合作与互动。高等职业教育的重要性，不在于它趋同于普通高等教育，而恰恰在于它的特异性或不可替代性；加快高等职业教育的发展，目的也不在于打造一批传统意义上的精英大学去和普通高等教育竞争，而是补齐现代高等教育的职能短板，使高等职业教育真正扮演起大众化时代赋予的新的教育角色，承担起普通高等教育不能或不擅承担的新的教育功能。具体而言，就是"通过以高等职业教育为载体来大力发展高等教育，既解决了我国高等教育规模问题，又实现了我国高等教育结构优化进而推进人力资源结构优化的问题"。① 正确处理高等职业教育与普通高等教育的关系，使两者形成互补、互动的角色定位，由此避免居于优势地位的普通高等教育对高等职业教育的空间挤压，相反还会由于高等职业教育扮演了大众化时代普通高等教育"防波堤"的角色而得到后者的肯定和支持，从而为之迅速成长为现代高等教育体系的重要组成部分创造空间。

三、充分发挥高等职业教育的产业支撑和社区服务职能

短期高等教育最大的职能优势和价值体现，在于它和经济社会发展特别是产业经济的紧密对接，在于它和所在社区的共生融合。这种职能优势不仅

---

① 周建松：《系统论视角下的国家高等职业教育发展政策研究》，《中国高教研究》2014年第4期。

为短期高等教育赢得了发展空间,还为其带来了广泛的社会认可和充裕的资源供给。

发达国家短期高等教育自产生之日就借助职业教育的渠道与产业经济建立起紧密联系,向各产业领域输送了一批又一批优质的专业技术人才。20世纪中后期以来,短期高等教育对接产业发展的渠道又从培养人才拓展到技术服务,通过应用项目开发为产业界提供"即可有效"的技术支持。始终坚持面向产业的办学定位,为短期高等教育改善办学条件提供了契机,以德国为例,20世纪90年代以来德国联邦和州政府为高等专业学院开展应用技术研究设立了专项经费,到1999年共资助了500个应用型科研项目,资助经费总额达7500万马克,资助力度堪与大学比肩。[①] 与此同时,短期高等教育成功的职业人才培养还极大激发了企业的办学热情,通过双元制的办学方式,短期高等教育机构和企业共同参与到专业技术人才培养的各个环节,学校根据企业要求设定人才培养规格,企业则为学生提供实习场地、师资支持和经费保障,这种校企融合的办学模式在发达国家短期高等教育领域得以普遍推广。

在与社区发展实现共生融合方面,发达国家的短期高等教育也取得了令人瞩目的成就,实际上,以美国社区学院为代表的众多短期高等教育机构已经成为所在地储备人力资源、开发社区文化、共享文教资源的"主阵地",面向社区"提供职业项目、发展性教育、继续教育、成人教育、高中同等学力预备项目、英语作为第二种语言的学习项目、员工发展项目等更多内容",同时社区学院还"建立和扩大了它们的校园,提供可以昼夜24小时使用的教室,开设线上课程供学生选择以此满足多样化社区中人们的多元需求",[②]极大提高了民众对社区学院的认可度和归属感,其独特价值得以充分彰显。

就我国而言,高等职业教育的真正发展,归根结底取决于能否为经济社会发展提供直接有效的支持,这也是高等职业教育自身价值最直观的体现。我国正处于经济转型的关键时期,在技术革命和经济转型的历史阶段,高等职业教育应该摆脱"看、等、要"的办学心态,提高触摸产业发展"末梢神经"的敏感

---

① BMBF.*Die Fachhochschulen in Deutschland*.Bonn.2000:21.
② 罗先锋、黄芳:《普及化阶段的高等职业教育》,《中国高教研究》2016年第8期。

度,发挥培养方式灵活、专业调整机动的办学优势,"加快培养经济社会发展重点领域急需紧缺人才;扩大应用型、复合型、技能型人才培养规模;同时建立人才培养与供给调整机制,构建好毕业生就业服务体系",①以高质量、及时有效的人才供给赢得政府、企业和社会的多渠道支持。在提高社会(社区)服务能力方面,高等职业教育机构要扭转以往重企业轻社区、重技术支持轻文化培育的发展倾向,积极向所在地区贴近,主动与所在社区融合,借助"接地气"的办学方式,在社区中体现"存在感",让民众直接感知到高等职业教育的独特魅力和特殊价值。实际上,这也是从根本上扭转社会对高等职业教育的认知偏见,提高民众对高等职业教育认可度的最基础最有效的途径。

---

① 周建松:《系统论视角下的国家高等职业教育发展政策研究》,《中国高教研究》2014 年第 4 期。

主要参考文献

中文文献

北京大学加拿大研究中心:《加拿大研究》,民族出版社 2004 年版。

曾子达:《加拿大社区学院》,北京大学出版社 1994 年版。

陈国庆:《战后澳大利亚经济》,天津人民出版社 1984 年版。

陈学飞:《美国、德国、法国、日本当代高等教育思想研究》,上海教育出版社 1998 年版。

陈颖、李亚美、董琦:《联邦德国高等学校法选编》,辽宁人民出版社 1987 年版。

范文曜、马陆亭:《国际视角下的高等教育质量评估与财政拨款》,教育科学出版社 2004 年版。

冯增俊、陈时见、项贤明:《当代比较教育学》,人民教育出版社 2008 年版。

付雪凌:《高等教育大众化进程中高等职业教育发展研究》,华东师范大学 2008 年学位论文。

高迎爽:《法国高等教育质量保障体系研究——基于政府层面的分析》,中国社会科学出版社 2014 年版。

国家教育委员会教育发展与政策研究中心:《发达国家教育改革的动向与趋势——美国、苏联、日本、法国、英国 1981—1986 年期间教育改革文件和报告选编》,人民教育出版社 1986 年版。

贺国庆、王保星、朱文富:《外国高等教育史》,人民教育出版社 2003 年版。

贺国庆、朱文富:《外国职业教育通史》(上下卷),人民教育出版社 2014 年版。

侯建国:《加拿大高等教育改革与发展》,高等教育出版社 2006 年版。

胡国勇:《日本高等职业教育研究》,上海教育出版社 2008 年版。

胡建华:《战后日本大学史》,南京大学出版社 2001 年版。

黄福涛:《外国高等教育史》,上海教育出版社 2003 年版。

黄立志:《制度生成与变革:二战后澳大利亚技术与继续教育(TAFE)历史研究》,北京师范大学 2006 年博士学位论文。

黄日强、邓志军、张翌鸣:《战后澳大利亚职业教育研究》,开明出版社 2004 年版。

蓝仁哲等:《加拿大百科全书》,四川辞书出版社 1998 年版。

联合国教科文组织：《国际教育标准分类法》，蒙特利尔：联合国教科文组织统计研究所 2013 年版。

梁博雅：《美国副学士学位：产生、发展及意义》，曲阜师范大学 2016 年硕士学位论文。

梁忠义、李守福：《职业教育》，吉林教育出版社 2000 年版。

卢宁：《战后日本短期高等教育体系研究》，华东师范大学 2017 年博士学位论文。

吕达、周满生：《当代外国教育改革著名文献（英国卷・第 1 册）》，人民教育出版社 2004 年版。

毛澹然：《美国社区学院》，高等教育出版社 1989 年版。

彭跃刚：《美国社区学院发展与变革研究》，华东师范大学 2017 年博士学位论文。

强海燕：《中、美、加、英四国基础教育研究》，人民教育出版社 2005 年版。

瞿葆奎：《教育学文集・日本教育改革》，人民教育出版社 1991 年版。

石伟平：《比较职业技术教育》，华东师范大学出版社 2001 年版。

石伟平：《时代特征与职业教育创新》，上海教育出版社 2006 年版。

孙祖复、金锵：《德国职业技术教育史》，浙江教育出版社 2000 年版。

滕大春：《美国教育史》，人民教育出版社 2001 年版。

万秀兰：《美国社区学院的改革与发展》，人民教育出版社 2003 年版。

王斌华：《澳大利亚教育》，华东师范大学出版社 1996 年版。

王晓辉：《比较教育政策》，江苏教育出版社 2009 年版。

王一兵：《八十年代发达国家教育改革的动向和趋势述评》，人民教育出版社 1994 年版。

王英杰：《美国高等教育的发展与改革》，人民教育出版社 2002 年版。

王宇博：《澳大利亚——在移民中再造》，四川人民出版社 2000 年版。

王仲达：《加拿大教育动态与研究（1996—1998）》，教育科学出版社 1999 年版。

吴式颖：《外国现代教育史》，人民教育出版社 1997 年版。

吴文侃，杨汉清：《比较教育学》，人民教育出版社 1990 年版。

邢克超：《战后法国教育研究》，江西教育出版社 1993 年版。

徐辉、郑继伟：《英国教育史》，吉林人民出版社 1993 年版。

徐理勤：《现状与发展：中德应用型本科人才培养的比较研究》，浙江大学出版社 2008 年版。

续润华：《美国社区学院发展研究》，中国档案出版社 2000 年版。

杨汉清、韩骅：《比较高等教育概论》，人民教育出版社 1997 年版。

杨克瑞：《战后美国联邦政府大学生资助政策研究》，北京师范大学出版社 2008 年版。

战后美国经济编写组：《战后美国经济》，上海人民出版社 1974 年版。

张炳杰：《德国的历史与两个德国的现状》，旅游教育出版社 1988 年版。

张人杰：《法国教育改革》，人民教育出版社 1994 年版。

赵中建：《全球教育发展的研究热点：90 年代来自联合国教科文组织的报告》，教育科学出版社 2003 年版。

中央教育科学研究所编辑组:《世界教育展望(II)》,教育科学出版社 1983 年版。

周志群:《美国社区学院课程变革与发展研究》,福建教育出版社 2012 年版。

[澳]西蒙·马金森:《澳大利亚教育与公共政策》,严慧仙、洪淼译,浙江大学出版社 2007 年版。

[德]哈达赫:《二十世纪德国经济史》,扬绪译,商务印书馆 1984 年版。

[德]汉斯格特·派泽特、格茜尔德·弗拉姆汉:《联邦德国的高等教育——结构与发展》,陈洪捷、马清华译,北京大学出版社 1993 年版。

[德]克里斯托弗·福尔:《1945 年以来的德国教育:概览与问题》,肖辉英、陈德兴、戴继强译,民教育出版社 2002 年版。

[德]韦·阿贝尔斯豪泽:《德意志联邦共和国经济史 1945—1980 年》,张连根、吴衡康译,务印书馆 1988 年版。

[德]约阿希姆 H.克诺尔:《西德的教育》,王德峰译,人民教育出版社 1980 年版。

[法]费尔南·布罗德尔等:《法国经济与社会史——50 年代至今》,谢荣康等译,复旦大学出版社 1999 年版。

[法]雅基·西蒙、热拉尔·勒萨热:《法国国民教育的组织与管理》,安延译,教育科学出版社 2007 年版。

[加]格兰·琼斯主编:《加拿大高等教育——不同体系与不同视角》,林容日译,福建教育出版社 2007 年版。

[美]L.迪安·韦布:《美国教育史:一场伟大的美国实验》,陈璐茜、李朝阳译,安徽教育出版社 2010 年版。

[美]伯顿·克拉克:《探究的场所》,王承绪译,浙江教育出版社 1995 年版。

[美]吉尔伯特·C.菲特、吉姆·E.里斯:《美国经济史》,司徒淳、方秉铸译,辽宁人民出版社 1981 年版。

[美]亚瑟·M.科恩、卡丽·B.基斯克:《美国高等教育的历程》,梁燕玲译,教育科学出版社 2012 年版。

[美]约翰·塞林:《美国高等教育史(第二版)》,孙益等译,北京大学出版社 2014 年版。

[英]G.N.克拉克:《新编剑桥世界近代史》第 9 卷,中国社会科学院世界历史研究所组译,中国社会科学出版社 1999 年版。

[英]埃德蒙·金:《别国的学校和我们的学校——今日比较教育》,王承绪、邵珊等译,人民教育出版社 2001 年版。

[英]邓肯:《英国教育》,杭州大学教育系外国教育研究室译,浙江教育出版社 1987 年版。

外文文献

A.J.Jenkinson."Higher National Diplomas".*The Vocational Aspect of Education*,1971(23:

56).

A.J.Jenkinson."What is the value of a National Certificate?." *The Vocational Aspect of Education*,1956(8:16).

Ach.Mitchell G.*Mythos Humboldt: Vergangenheit und Zukunft der deutschen Universitäten*.Vienna:Böhlau,1999.

ACOTAFE.*TAFE in Australia: Report on Needs in Technical and Further Education*(Vol I).Canberra:Australian Government Publishing Service,1974.

Alan Barcan.*A History of Australian Education*.London:Oxford University Press,1980.

Alan Matterson.*Polytechnics and Colleges*.New York:Longman Inc.,1981.

Alan PriceCrawfurd.*The Junior College Movement in Washington State from 1915–1955*.University of Denver,1959.

Aldea Landry,James Downey.*To Live and Learn: The Challenge of Education and Training*.Fredericton:Government of New Brunswick,1993.

Arthur M.Cohen,Florence B.Brewer.*The American Community College*.San Francisco:Jossey-Bass,1982.

Arthur M.Cohen.*The Community College in the American Educational System*.ERIC,1984.

H.C.Barnard.*A History of English Education: from 1760*.London:Richard Clay and Company Ltd,1961.

BMBF.*Basic and Structural Date* 2005.Bonn,2005.

BMBF.*Das Hoehsehul system in Deutseh-land*.Bonn:Wissensehaft,1994.

BMBF.*Die Fachhochschulen in Deutschland*.Bonn,2000.

Bruce Williams.*Systems of Higher Education: Australia*,International Council for Educational Development.London:Oxford University Press,1978.

C.A.Horn,P.L.R.Horn."The development of Polytechnics before 1914." *Journal of Further and Higher Education*,1982(6:1).

Carl G.Winter.*History of the Junior College Movement in California*.Sacramento:Bureau of Junior College Education,1964.

Dahrendorf R.*Bildung ist Bürgerrecht: Plädoyer für eine aktive Bildungspolitik*.Hamburg:Nannen-Verlag,1965.

Daniel Fallon.*The German University: A Heroic Ideal in Conflict with the Modern World*.Colorado:Colorado Associated University Press,1980.

Délégation à l'aménagement du territoire et à l'action régionale.*Développement universitaire et développement territorial: l'impact du plan Université 2000: 1990–1995*.Paris:La Documentation française,1998.

Dick Evans.*The History of Technical Education: A Short Introduction*.Cambridge:T Magazine Ltd,2007.

Duale Hochschule Baden-Württemberg.*Jahresbericht 2009-2010*.Stuttgart：DHBW，2010.

EdgarFrackmann."Resistance to Change or No Need for Change? The survival of German higher education in the 1990s."*European Journal of Education*，1990(2).

Educational Opportunity in America，*1900 - 1985*. New York & Oxford：Oxford University Press，1989.

Ellwood P.Cubberley.*Public Education in the United States*：*A Study and Interpretation of American Educational History*.Boston：Houghton Mifflin Company，1947.

Eurydice.*Vingt années de réforme dans l'enseignement supérieur en Europe*：*de 1980 à nos jours*.Etudes Eurydice. 2000.

George B.Vaughan.*The Community College in America*：*A Short History*.Washington D C：American Association of Community and Junior Colleges，1985.

Gerald W.Smith.*Illinois Junior—Community College Development 1946-1980*.Illinois Community College Board，1980.

Glen A Jones.*Higher Education in Canada*：*Different Systems*，*Different Perspectives*.New York and London：Garland Publishing，Inc.，1997.

Grant W. Vance，Lind C. George. *Digest of Education Statistics Edition*. Washington DC：National Center for Education Statistics，1975.

Gwyer Schuyler.*Historical and Contemporary View of the Community College Curriculum*，*New Directions for Community College*.San Francisco：Jossey-Bass，1999.

Helmut De Rudder.The Quality Issue in German Higher Education Policy.*European Journal of Education*. 1994(2).

Higher Education for American Democracy .New York：Harper & Brothers Publishers，1947.

Holuscha E. *Das Prinzip Fachhochschule*：*Erfolg oder Scheitern?*. Marburg：Universität Marburg，2012.

Inclusion and Community Values in Further Education. London and New York：Routledge，2003.

Jack M.Flint，F.Floyd Herr，Carl L.Heinrich.*The Kansas Junior College*.The State Department of Public Instruction，1968.

James Foreman-Peck.Spontaneous Disorder? A Very Short History of British Vocational Education and Training，1563-1973.*Policy Futures in Education*，2004(1).

Jane V. Wellman.*State Policy and Community College—Baccalaureate Transfer*. Washington DC：National Center for Public Policy and Higher Education and the Institute for Higher Education Policy，2002.

Joachim Munch.*Vocational Education and Training in the Federal Republic of Germany*.Berlin：European Centre for the Development of Vocational Training，1992.

John Aubrey Douglass. *The California Idea and American Higher Education*，1850 - 1960

Master Plan.Stanford：Stanford University Press,2000.

John Dawkins.*Higher Education：A Policy Discussion Paper*.Canberra：Australian Government Publish Service,1987.

John Pratt.*The Polytechnic Experiment：1965-1992*.Buckingham：SRHE and Open University Press,1997.

Johun P.Wilson,John Blewitt,Daphne Moody."Reconfiguring Higher Education：The Case of Foundation Degrees."*Education and Training*,2005(2).

Keith MacAllum,Karla Yoder,Anne Rogers Poliakoff.*The 21st Century Community College：A Strategic Guide to Maximizing Labor Market Responsiveness*.Washington DC：U.S.Department of Education,2004.

Lauchlan Chipman.*Liberty, Equality and Unhappiness*.Sydney：The Centre for Independent Studies,1978.

Lesley Martin.*Tertiary Education in Australia：Report of the Committee on the Future of Tertiary Education in Australia*,Vol 1.Melbourne：Australian Universities Commission,1964.

Madeline Patton.*Advancing Technological Education： Keeping America Competitive*. Washington DC：Community College Press,2005.

Martyn Walker."The Origins and Development of Mechanics'Institute Movement 1824-1890 and the Beginnings of Further Education."*Teaching in Lifelong Learning*,2012(1).

Ministerium für Wissenschaft und Kultur.Forschung an Fachhochschulen.Bonn,1998.

National Center for Education Statistics.*Digest of Education Statistics*.Washington DC,1990.

National Center for Education Statistics.*Digest of Education Statistics 2001*.Washington DC：Department of Education,2002.

Nick Davy. The College Perspective：Why We need a Diverse Academic and Higher Vocational Education Tertiary System. *Higher Vocational Education：A Collection of Think Pieces*. 2014.

Niederdrenk,Klaus.*Zur Rolle der Fachhochschulen im deutschen Hochschulszstem*.Bielefeld：W.Bertelsmann Verlag,2013.

Norman Lucas.*Teaching in Further Education：New Perspectives for a Changing Context*.London：Institute of Education,2004.

OECD. *Short-Cycle Higher Education： A Search for Identity*. Paris：OECD Publications Center,1973.

Organization for Economic Cooperation and Development.*Short—Cycle Higher Education：A Search for Identity*.Paris：OECD Publication Center,1973.

P.H.Partridge.*Tertiary Education：Society and the Future*.Sydney：Angus & Robertson,1965.

Pedersen,Robert Patrick.*The Origins and Development of the Early Public Junior College：1900-1940*.Columbia University,2000.

Peter Kearns, William Hall. *Kangan: 20 years on—a Commemoration TAFE 1974-1994*. Adelaide: NCVER Ltd, 1994.

Peter Venables. *Higher Education Developments: The Technological Universities 1956-1976*. London: Faber and Faber, 1978.

Robert Patrick Pedersen. *The Origins and Development of the Early Public Junior College: 1900-1940*. Columbia University, 2000.

Roy Fisher. "From Business Education Council to Edexcel foundation 1969-1996: the short but winding road from technician education to instrumentalist technicism". *Journal of Education and Work*, 2004(2).

Rüegg W. *A History of the University in Europe, Universities since 1945*. Cambridge: Cambridge Unversity Press, 2011.

Saskatchewan. *Report of the Minister's Advisory Committee on Community College*. Regina: Department of Continuing Education, 1972.

Slantcheva-Durst, Snejana. "Redefining Short—Cycle Higher Education Across Europe: the Challenges of Bologna." *Community College Review*, 2010(10).

Snejana Slantcheva—Durst. "Short—Cycle Higher Education Across Europe: The Challenges of Bologna." *Community College Review*, 2010(2).

Statisticsches Bundesamt Deutschland. *Statistical Yearbook 2008*. Wiesbaden, 2008.

Statisticsches Bundesamt. *Bildung und Kultur: Schnellmeldungsergebnisse der Hochschulstatistik zu Studierenden und Studienanfänger/-innen*. Wiesbaden: Statisticsches, 2010.

Steven Brint, Jerome Karabel. *The Diverted Dream: Community Colleges and the Promise of Educational Opportunity in America, 1900 - 1985*. New York, Oxford: Oxford University Press, 1989.

Steven Brint, Jerome Karabel. *The Diverted Dream: Community Colleges and the Promise of National Center for Education Statistics*. Washington DC: Department of Education, 2016.

Susan Davies. "The Martin Committee and the Binary Policy of Higher Education in Australia." *Higher Education*, 1991(3).

Teichler U., Bikas C. Sanyal. *Higher Education and the Labour Market in the Federal Republic of Germany*. Paris: The UNESCO Press, 1982.

Terry Hyland, Barbara Merrill. *The Changing Face of Further Education: Lifelong Learning, Inclusion and Community Values in Further Education*. London and New York: Routledge, 2003.

The President's Commission on Higher Education, Higher Education for American Democracy. New York: Harper & Brothers Publishers, 1947.

Thomas D. Snyder. *120 Years of American Education: A Statistical Portrait*. Washington DC: Department of Education, 1993.

Toward the 21ˢᵗ Century: Federal and Provincial Support to Postsecondary Education in Cana-

da: *A report to parliament*, *1993 – 1994*. Ottawa: Education Support/Student Assistance Branch, Minister of Human Resources Development. 1995.

Turney. *Sources in the History of Australian Education*. *1788 – 1970*. Sydney: Angus and Robertson Publishers, 1975.

U.S. Department of Education. *Community College Student Outcome*: *1994 – 2009*. 2011.

UlrichTeichler. Recent Development in Higher Education in the Federal Republic Germany. *European Journal of Education*, 1982(2).

UNESCO. *International Standard Classification of Education* (2011). Montreal: Quebec, UNESCO Institute for Statistics, 2012.

W.A.C. Stewart. *Higher Education in PostwarBritain*. London: The Macmillan Press Ltd, 1989.

W.H.G. Armytage. *Four Hundred Years of English Education*. London: The Syndics of the Cambridge University Press, 1964.

Wissenschaftsrat(WR). *Empfehlungen zur Entwicklung der Fachhochschulen in den* 90*er Jahren*. Köln: Wissenschaftsrat, 1990.

Wolter, A. From State Control to Competition: German Higher Education Transformed. *The Canadian Journal of Higher Education*, 2004(3).

《日本教育年鉴》,1991 年。

[日]仓内史郎:《关于专门学校的教育改善和 18 岁人口急减期的应对的调查研究》,《文部省科学研究费研究成果报告书》,1998 年。

[日]大泽胜、高木修二:《日本的大学教育》,早稻田大学出版社 1981 年版。

[日]海后宗臣、寺崎昌男:《大学教育(战后日本教育改革:第 9 卷)》,东京大学出版会,1969 年版。

[日]荒木光彦:《技术者之姿——支撑技术立国的高专毕业生们》,世界思想社 2007 年版。

[日]近藤博之:《高等专门学习的展开和技术者教育的今天的课题》,《大阪大学教育社会学·教育计划论研究集录第 2 号》,1981 年。

[日]文部科学省:《从数字看日本的教育》,国立印刷局 2006 年版。

[日]文部省:《产业教育九十年史》,东洋出版社 1974 年版。

[日]文部省:《学制百年史》,帝国地方行政学会 1973 年版。

[日]塚原修一:《专门学校的新展开和作用》,《日本劳动研究杂志》2005 年第 9 期。

[日]文部科学省:《文部科学统计要览》,2014 年。